GRAMMAIRE COPTE

J. VERGOTE

GRAMMAIRE COPTE

TOME Ia

INTRODUCTION, PHONÉTIQUE ET PHONOLOGIE,
MORPHOLOGIE SYNTHÉMATIQUE
(STRUCTURE DES SÉMANTÈMES)

PARTIE SYNCHRONIQUE

*Ouvrage publié avec le concours
de la Fondation Universitaire de Belgique*

PEETERS
LEUVEN
1992

ISBN 90-6831-425-4
D. 1992/0602/53

AVANT-PROPOS

Le projet de composer une grammaire copte naquit en 1942. Devant le succès qui échut à la *Egyptische Grammatica* de A. de Buck, publiée en 1941 et vite épuisée (réédition en 1944), A. A. Kampman, Directeur du *Nederlandsch Instituut voor het Nabije Oosten* de Leiden, m'invita à préparer un ouvrage similaire, consacré à la langue copte. Celui-ci devait, dans mon esprit, se différencier de la grammaire déjà existante de G. Steindorff par son caractère descriptif ou synchronique. Ce livre classifie en effet certains phénomènes grammaticaux du copte selon les catégories de la grammaire égyptienne et il emprunte à celle-ci une terminologie qui ne se justifie pas toujours. Il n'était d'autre part pas possible de priver l'usager de la grammaire des données diachroniques qui expliquent les phénomènes décrits. En outre, la plupart des égyptologues ne s'intéressent au copte qu'en raison de ses rapports avec la langue ancienne. Je me proposai donc de combiner les deux méthodes en imprimant un commentaire historique sur les pages faisant face à celles comprenant l'exposé synchronique.

Les difficultés surgirent aussitôt au sujet de la partie phonétique. Les deux ouvrages relativement récents de W. H. Worrell et de W. Czermak arrivaient à des conclusions tellement différentes sur l'histoire des consonnes égyptiennes et coptes qu'une nouvelle enquête s'imposait afin d'élucider le problème. Cette étude devint l'objet d'un ouvrage préliminaire, la *Phonétique historique de l'égyptien*, paru en 1945.

Une grammaire scientifique devait aussi, à mon avis, dans sa structure et sa terminologie tenir compte de l'état actuel de la linguistique. Ce fut l'occasion d'un examen approfondi des nombreuses théories sur les fondements de la grammaire, dont les conclusions se révélèrent désastreuses : il apparut que toutes les anciennes conceptions dans ce domaine étaient remises en question et aucun auteur ne proposait une solution satisfaisante. La recherche d'une définition valable des concepts de substantif, adjectif, etc., avec lesquels le grammairien doit opérer sans cesse, m'amena à élaborer une nouvelle théorie grammaticale, fondée principalement sur Ch. Bally, mais où la théorie de la transposition fut remplacée par la théorie des « three ranks » d'O. Jespersen, amendée à son tour par la distinction, empruntée à

L. Hjelmslev, entre « mot » et « terme » primaire, secondaire, tertiaire. Les résultats de cette étude parurent sous le titre *Onderzoek naar de grondslagen van de algemene grammatica. De rededelen*, avec un résumé en français : *Enquête sur les fondements de la théorie grammaticale. Les parties du discours*, dans les *Mededelingen van de Kon. Vlaamse Academie*, 1951. Ils furent confrontés avec la théorie de L. Tesnière dans un compte rendu de son livre, paru dans *Orbis*, 9 (1960), p. 477-494.

Entretemps le problème de l'évolution, en copte, des voyelles égyptiennes, liée à la dialectologie, et celui de la vocalisation de l'égyptien se posèrent avec de plus en plus d'acuité. Th. W. Thacker, grâce à une analyse minutieuse de l'orthographe des verbes dits variables, réussit à restituer les principales voyelles dans la plupart des formes conjuguées du verbe égyptien (1954). Après avoir en partie corroboré ses résultats par de nouveaux arguments, tirés du copte et des transcriptions cunéiformes, tout en les complétant et en modifiant la structure de certaines formes (*Chron. d'Ég.*, 31 (1956), p. 16-53), j'ai montré que ce système de conjugaison, reconstruit plus ou moins théoriquement, se trouve attesté in concreto dans les transcriptions grecques des anthroponymes égyptiens : *De oplossing van een gewichtig probleem : de vocalisatie van de Egyptische werkwoordvormen*, avec un résumé français *La solution d'un problème important : la vocalisation des formes verbales égyptiennes*, paru dans les *Mededelingen* susmentionnés en 1960.

Des articles de W. Vycichl, parus en 1952, 1953, 1957, 1959, avaient établi pour deux formes nominales une identité de structure et pour deux autres une parenté entre les langues sémitiques et l'égyptien. J'avais moi-même, en 1962, constaté l'identité pour deux autres schèmes nominaux lorsque l'ouvrage de G. Fecht, paru en 1960, fit entrevoir la possibilité d'entreprendre une étude systématique de la structure des sémantèmes égyptiens dans ses rapports avec celle des sémantèmes sémitiques. Ce travail parut en 1965 sous le titre *De verhouding van het Egyptisch tot de Semietische talen*, avec traduction française : *Le rapport de l'égyptien avec les langues sémitiques*, dans les *Mededelingen* déjà cités. Il élucida d'une manière définitive la structure et la vocalisation des substantifs égyptiens, des adjectifs et des verbes à l'infinitif. Les règles qui se dégageaient de cette recherche permirent en outre d'expliquer la formation du pluriel : *The Plural of Nouns in Egyptian and in Coptic*, dans *Orientalia* (Rome), 38 (1969), p. 77-96.

Cette masse de données nouvelles déborde de loin le cadre que j'avais assigné, à l'origine, à cette grammaire. Il fut décidé d'éditer d'abord, avec l'Introduction, la Phonétique et la Phonologie, ainsi que la Formation des mots. La partie synchronique donne une description et une analyse de l'état de langue appelé le copte, considéré en lui-même, sans aucune interférence historique. Seul le § 58bis groupe toutes les références à l'autre partie qui permettent de trouver l'explication des phénomènes phonologiques et de leur diversité dans les dialectes. La partie diachronique équivaut en fait à une grammaire historique de l'égyptien. Elle montre comment l'égyptien est né du protosémitique et comment il s'est développé, en suivant ses propres lois, jusqu'en copte. C'est l'histoire documentée d'une langue qui s'étend sur plus de 3000 ans, la plus longue qui soit.

Nous espérons que cet ouvrage, fruit de trente années de recherches, trouvera un bon accueil auprès des usagers. Paraissant 150 ans après le déchiffrement des hiéroglyphes par Champollion, il permet de mesurer l'immense progrès accompli dans la connaissance de cette langue de haute civilisation grâce aux efforts assidus des égyptologues et des coptisants.

Heverlee, 19 août 1972.

LISTE DES SIGLES

BIFAO	*Bulletin de l'Institut Français d'Archéologie orientale*
BSAC	*Bulletin de la Société d'Archéologie copte*
CR du GLECS	*Comptes rendus du Groupe Linguistique d'Études chamito-sémitiques*
Crum, *CD*	W. E. Crum, *A Coptic Dictionary*, Oxford, 1939 (et réimpressions)
CSCO	Corpus Scriptorum Christianorum Orientalium
Gardiner, *On.*	A. H. Gardiner, *Ancient Egyptian Onomastica*, 3 vol., Oxford University Press, 1947
JNES	*Journal of Near Eastern Studies*
n.l.	nomen loci
n.p.	nomen personae
OC	*Oriens Christianus*
Publ.IFAO	*Publications de l'Institut Français d'Archéologie orientale*
Ranke, *PN*	H. Ranke, *Die ägyptischen Personennamen*, 2 vol., Glückstadt, 1935-1952
VC	vieux copte
Worrell, *CS*	W. H. Worrell, *Coptic Sounds* (Univ. of Michigan Stud., Humanistic Ser., XXVI), Ann Arbor, 1934
Worrell, *CT*	W. H. Worrell, *Coptic Texts in the University of Michigan Collection* (Univ. of Michigan Stud., Humanistic Ser., XLVI), Ann Arbor, 1942
ZNTW	*Zeitschrift für die neutestamentliche Wissenschaft.*

NOTE. Pour des raisons typographiques nous avons dû renoncer à donner des exemples du « système long » de la surligne (cf. H. J. Polotsky, *Orient. Lit.-Ztg.*, 1957, col. 223-225).

INTRODUCTION

La langue copte

1 Le copte est la langue parlée et écrite de l'Égypte chrétienne. Les documents les plus anciens qui en sont conservés datent du IIIe siècle après J.-C. Les usagers l'appelaient « langue égyptienne » : **ⲧ-ⲁⲥⲡⲉ ⲙ̄ⲙⲛ̄ⲧⲣ̄ⲙ̄ⲛ̄ⲕⲏⲙⲉ**. Notre appellation moderne a le même sens puisque le mot grec *αἰγύπτιος* est à l'origine du terme « copte » = *qubṭi* par lequel les Arabes désignent les habitants chrétiens du pays. La conquête de l'Égypte par l'Islam, en 642, balaya la civilisation grecque qui y existait et inaugura le déclin du copte. Les documents coptes non-littéraires, écrits sur papyrus, qui nous sont conservés datent précisément pour la plupart du VIIe et du VIIIe siècle, mais leur nombre diminue rapidement et il ne s'en trouve plus après le Xe siècle. Il en ressort que depuis lors la vieille langue du pays avait été supplantée par l'arabe. Nous devons donc accueillir avec une certaine réserve l'affirmation de l'écrivain Maqrizi selon laquelle, au XVe siècle, les chrétiens du Ṣa'îd, c.-à-d. de Haute-Égypte, parlaient presque exclusivement le copte. Le Père Vansleb, un jésuite qui voyagea en Égypte au XVIIe siècle, relève comme une curiosité sa rencontre avec un vieillard qui savait encore s'exprimer dans cette langue.

2 En 1936, Werner Vycichl découvrit à Zēnīya, un village situé à environ six kilomètres au nord de Louxor, diverses personnes qui prétendaient avoir conservé, dans leur famille, une certaine pratique du copte parlé. William H. Worrell, mis au courant de l'évènement, se rendit à Louxor et, ensemble, ils recueillirent toutes les données que ces personnes purent leur fournir. Ces matériaux furent édités par W. Vycichl, *Pi-Solsel, ein Dorf mit koptischer Überlieferung*, dans *Mitt. dt. Inst. f. äg. Altertumskunde Kairo*, 6 (1936) Heft 2, et par W. H. Worrell - W. Vycichl, Chap. VI : *Popular Traditions of the Coptic Language*; Chap. VII : *Texts in Phonetic Transcription*, dans W. H. Worrell, *CT = Coptic Texts in the University of Michigan Collection* (Univ. of Michigan Stud., Humanistic Ser., XLVI), Ann Arbor, 1942, p. 295-342 et 343-354. Ils servent à nous renseigner, sans doute, sur une certaine prononciation traditionnelle du copte. Quant à la nature de la langue que ces gens prétendaient « parler », il suffira, pour s'en faire une idée, de consulter la lettre copte-arabe qu'adressa à Georges Legrain le Khalil Bisada ou Khalīl abu Bsāde (ⲡⲥⲁⲧⲉ) de qui précisément certains habitants de Zēnīya disent tenir leur connaissance du copte. Nous avons édité cette lettre, avec la traduction française qui l'accompagnait, en appendice à l'ouvrage posthume de G. Legrain, *Une famille copte de Haute-Égypte*, Bruxelles, 1945, p. 122-126. Elle se compose de mots coptes rassemblés à coups de dictionnaire et mis bout à bout dans l'ordre des termes arabes, sans le moindre souci de la morphologie ou de la syntaxe coptes.

Les dialectes coptes

3 Le mot « copte » est un nom générique s'appliquant, non pas à une langue uniforme, mais à une série de dialectes. Six de ces parlers régionaux, au moins, furent élevés au rang de langue écrite et littéraire. En appliquant les méthodes de la dialectologie moderne, il est possible de déterminer leur aire naturelle. Il s'avère en effet que dans un pays où les parlers régionaux ne furent pas bouleversés par des migrations — comme par exemple dans la Grèce antique — ceux-ci se différencient de proche en proche. Les parlers qui ont en commun le plus de particularités phonétiques (isophones) ou lexicales et grammaticales (isoglosses) se situent donc géographiquement le plus près les uns des autres. La répartition dialectale fondée sur les isophones sera examinée à la fin du chapitre sur la phonétique. Voici les principaux résultats de cette étude (carte p. 59).

1. Le sahidique, désigné par la lettre S, est de loin le dialecte le plus important. Son nom est emprunté au terme arabe *Ṣaʿîd*, désignant la Haute-Égypte. C'est le parler naturel de la région située entre Héracléopolis et Memphis, et qui s'étendait peut-être jusque dans le Delta oriental. Devenu très tôt une langue écrite et littéraire, il se diffusa comme tel à travers l'Égypte entière. Certains indices portent à croire que le sahidique devint en outre la langue parlée de la région située au sud de son aire naturelle et s'étendant jusqu'à Ashmouneïn-Hermopolis : des textes non-littéraires provenant de cet endroit sont écrits dans un sahidique tellement pur que Steindorff considérait celui-ci comme le parler naturel d'Ashmouneïn et d'Antinoé. Quant aux autres régions, il est vraisemblable que, dans les villes, les habitants

qui se distinguaient au point de vue intellectuel et social parlaient, outre leur dialecte propre, le sahidique, au moins avec les personnes originaires d'une région différente. Dans des circonstances analogues, les gens de condition moindre pratiquaient sans doute cette langue commune avec plus ou moins de succès, selon leur degré d'instruction. Presque toute la littérature copte originale fut écrite en sahidique. Outre la Bible, un grand nombre d'œuvres religieuses furent traduites du grec dans ce dialecte.

2. Le bohaïrique (sigle : B) est le parler du Delta ou du moins de sa partie occidentale, à laquelle se rapporte le nom arabe *Buḥaira.* Le Wâdi en-Natrûn fut aussi l'aire naturelle de cet idiome. Les plus anciens textes connus en bohaïrique sont la lettre P. Michigan 1526 (éd. W. H. Worrell, *CT*, p. 175) et le P. Michigan 926, un livre scolaire formant un cahier de huit feuillets et comprenant, outre un syllabaire, des citations de l'Épître aux Romains et du Livre de Job (éd. Elinor H. Husselman, dans *JNES* 6 (1947), p. 129-151). Ces documents sont attribués par les éditeurs resp. au IVe-Ve siècle et au IVe siècle. De la même époque date aussi le *Papyrus Bodmer III. Évangile de Jean et Genèse I-IV*, 2 (éd. R. Kasser [CSCO 177-178], Louvain, 1958).

Le bohaïrique acquit une importance particulière dans l'Église d'Égypte lorsque, vers le milieu du VIe siècle, les patriarches monophysites transférèrent leur siège d'Alexandrie au monastère de S. Macaire dans le Wâdi en-Natrûn. Les couvents de Nitrie constituent notre principale source pour la connaissance de la littérature bohaïrique, à l'exception des textes bibliques et liturgiques. Après le cinquième et dernier sac de S. Macaire par les nomades, peu après 817, les moines reconstituèrent leur bibliothèque en transposant en bohaïrique un grand nombre d'œuvres sahidiques. Ces manuscrits datent du Xe au XIIIe siècle (voir la liste des mss. datables dans H. G. Evelyn White, *The Monasteries of the Wadi'n Natrûn*, I, New York, 1926, p. xxiv). La Bible bohaïrique « classique », au contraire, est indépendante de la version sahidique. Vers l'an 1000 elle devint le texte officiel et le bohaïrique est actuellement, à côté de l'arabe, la langue liturgique de toute l'Église chrétienne d'Égypte.

3. Le fayoumique (sigle : F) est le parler naturel de l'oasis située à l'ouest du Nil et appelée en arabe *al-Faiyûm*, d'après l'ancien nom copte ⲡⲓⲟⲙ « la mer », désignant le lac (Birket) Qârûn. Les plus anciens manuscrits offrent un type différent des documents plus récents, qu'on pourrait appeler le vieux-fayoumique. Les textes litté-

raires, généralement fragmentaires, s'échelonnent entre le IVe et le VIIIe siècle environ; il n'en existe pas qui soient postérieurs au XIe siècle. De nombreux textes non-littéraires prouvent que le fayoumique a offert une forte résistance au sahidique. Il s'en trouve encore qui appartiennent au VIIIe siècle; parmi les plus récents, il faut mentionner deux textes datés de 966 et de 987.

4. Un nouveau dialecte fut identifié par P. E. Kahle et décrit dans *Bala'izah*, p. 220-227 (voir infra). Il l'appelle « middle egyptian » et le désigne par le sigle M. Celui-ci rappelle fâcheusement le « memphitique » (= bohaïrique) de l'ancienne terminologie tandis que le terme « moyen égyptien » visait anciennement le fayoumique et prête à confusion avec le stade classique de l'égyptien hiéroglyphique. C'est pourquoi nous préférons la dénomination *oxyrhynchite* et le sigle O : le centre de cette aire dialectale, qui s'étendait probablement depuis Héracléopolis jusqu'au-delà de Minya, semble en effet se trouver à Oxyrhynque. Il existe, dans ce dialecte, un ms. des *Actes* datant du IVe/Ve siècle, dont l'édition doit paraître aux États-Unis, et un autre, de même époque, contenant le texte complet de l'Évangile de S. Matthieu. Un troisième ms. important doit être édité en Allemagne. Le nombre infime de ces documents fait croire que l'oxyrhynchite fut de bonne heure supplanté par un autre dialecte, à savoir le sahidique.

5. Le subakhmimique (sigle : A_2) se parlait dans la région qui s'étend, au sud, à un endroit situé entre Akhmîm et Ishqâw (Aphroditopolis), au nord, à quelque point en aval (ou en amont ? voir infra § 5) d'Ashmouneïn (Hermopolis) et d'Antinoé. Le centre le plus important en était sans doute Assiout; c'est pourquoi certains auteurs appellent ce parler « l'assioutique ». Le subakhmimique gagna beaucoup en importance grâce à la découverte, faite en 1933 à Medînet Mâdi dans le Fayoum, de sept mss. manichéens rédigés dans ce dialecte. Aucun manuscrit subakhmimique n'est postérieur au Ve siècle.

6. L'akhmimique (sigle : A) était le parler de la région s'étendant depuis Akhmîm (Panopolis) jusqu'à Assouan, probablement avec Thèbes comme centre. Le dossier actuel des textes akhmimiques, comme celui du subakhmimique, se distingue par l'ancienneté de ses manuscrits : à l'exception d'un papyrus datant peut-être du VIe/VIIe siècle, ils sont antérieurs au Ve siècle. Il en résulte qu'à partir de cette époque les tendances particularistes dans le sud de l'Égypte ont été définitivement vaincues par le sahidique, qui, dès avant l'époque

copte, avait commencé à s'y diffuser en tant que langue écrite et littéraire.

4 Seuls le sahidique et le bohaïrique ont duré assez longtemps pour être « standardisés », c.-à-d. pour éliminer la plupart de leurs variations orthographiques et pour se créer, dans ce domaine, des règles stables. La situation est différente pour les autres dialectes, qui, de ce fait, pourraient être qualifiés de « mineurs ». Ceux-ci n'ont jamais entièrement dépassé le stade des tâtonnements orthographiques : chacun des manuscrits qui les représentent est plus ou moins individualisé par rapport aux autres témoins du même dialecte. Si l'on tient compte de ce phénomène, on ne verra pas dans chaque graphie aberrante des mss. une variété dialectale ou l'influence d'un dialecte différent. À cela s'ajoutent les anomalies dues à l'ignorance de l'orthographe et qu'on peut appeler des vulgarismes. D'autres particularités ne sont pas non plus des faits de « langue » mais des faits de « parole ». La diglossie de beaucoup d'auteurs pouvait avoir pour conséquence que ces usagers d'un dialecte introduisaient inconsciemment des habitudes de leur parler naturel dans la langue commune qu'ils écrivaient. Ou bien la transposition, fréquente, de textes d'un idiome dans un autre laissait subsister des particularités dialectales de l'original. Voilà la signification qu'il faudra attribuer la plupart des fois aux sigles employés p.ex. par W. E. Crum : S^a, B^s etc. indiquent un texte sahidique qui présente des formes akhmimiques ou un document bohaïrique comprenant des particularités sahidiques. Étant donné qu'en règle générale les parlers sont, au point de vue phonétique, géographiquement bien délimités, il arrivera plutôt rarement qu'on ait affaire à un texte dénotant l'existence, en tant que langue, d'un dialecte « mêlé » ou intermédiaire.

Les principales sources des dialectes « mineurs » sont énumérées dans :

J. Simon, *Note sur le dossier des textes fayoumiques*, dans *ZNTW*, 37 (1938), p. 205-211 ; compléments dans l'art. ci-après, p. 497, n. 1 ;
Id., *Note sur le dossier des textes subakhmimiques*, dans *Le Muséon*, 59 (1946), p. 497-509 ;
Id., *Note sur le dossier des textes akhmimiques*, dans *Mémorial Lagrange*, Paris, 1940, p. 197-201 ;
P. E. Kahle, *Bala'izah*, I, Londres, 1954, p. 193-268.

Outre le dialecte « moyen égyptien » (p. 220-227, voir supra), cet auteur a encore identifié un dialecte « semi-bohaïrique » (sigle : sB, p. 231 sq. ; pour la localisation p. 248 ; voir notre carte, p. 59), qui n'est, toutefois, représenté que par un seul texte. Celui-ci peut aussi bien être un témoin d'un bohaïrique non standardisé.

5 R. Kasser, *Compléments au Dictionnaire copte de Crum* (*Publ. IFAO*. Bibl. d'Études coptes, 7), Le Caire, 1964, en classifiant un grand nombre de formes absentes du *CD*, tente de distinguer par des sigles la plupart des phénomènes, discutés plus haut, qui trahissent des influences interdialectales en faisant en outre le départ entre graphies anciennes, non standardisées, et vulgaires.

Dans ses *Compléments morphologiques au Dictionnaire de Crum*, dans *BIFAO*, 64 (1966), p. 19-66, le même auteur distingue neuf dialectes. Ce sont, outre les six idiomes reconnus par tous :

P, le dialecte du *Papyrus Bodmer VI. Livre des Proverbes*, ed. R. Kasser (CSCO 194-195), Louvain, 1960 ;

H, représenté par le seul Papyrus Morgan Codex C. 31, dont J. Drescher prépare l'édition et que Kasser localise à Hermopolis (el-Ashmouneïn). S'il s'avérait qu'il s'agit d'un dialecte autonome, il faudrait tracer au sud de cette ville la limite septentrionale de l'aire naturelle de A_2 (cf. § 3, sub 5°).

G, l'idiome d'un petit nombre de documents dont quatre furent publiés par W. E. Crum, *Coptic Documents in Greek Script*, dans *Proceedings of the British Academy*, 25 (1939), p. 249-271. Cet éditeur avait reconnu le caractère bohaïrique de ce dialecte, influencé peut-être, dans quelques détails, par le dialecte disparu du Delta oriental qu'Eutychius appelait le bouchmourique.

Première Partie

PHONÉTIQUE ET PHONOLOGIE

L'alphabet

6 Le copte s'écrit avec les 24 lettres de l'alphabet grec, auxquelles furent ajoutées, pour rendre les phonèmes propres à l'égyptien, 8 lettres empruntées à l'écriture démotique. Une forme cursive de cette écriture, assez semblable à celle des documents grecs, était usitée pour les papyrus non-littéraires coptes. Pour les œuvres littéraires, la forme onciale de l'écriture grecque est généralement demeurée en usage.

Voici l'alphabet copte avec les noms bohaïriques modernes des lettres, selon la prononciation des gens de Zēnīya (Worrell, *CT*, p. 314-327).

	Nom	Transcription phonologique	Transcription phonétique		Nom	Transcription phonologique	Transcription phonétique
ⲁ	alfa	á, à	á, à	ⲣ	rōw	r	r
ⲃ	bēda, vēda	b	b (v)	ⲥ	sámma	s	s
ⲅ	ġamma	g	g	ⲧ	daū	t	t
ⲇ	dalda	d	d	ⲩ	ha, hæ	y, w	j, ẉ
ⲉ	ējæ	e, ə	æ, ə	ⲫ	fīj	ph	ph
ⲍ	zāda	z	z	ⲭ	kij	kh	kh
ⲏ	hāda	ē	é:, è:, è	ⲯ	ǽbsi	ps	ps
ⲑ	tútte	th	th	ⲱ	ō'	ō	ó:
ⲓ	jōda	ī, i, j	i:, i̦, j	ϣ	šaj	š	š̆
ⲕ	kabba	k	k	ϥ	fāj	f	f
ⲗ	lōla	l	l	ϧ ⳉ	ḫāj*	x (ou ẖ)	x_2
ⲙ	mēj	m	m	ϩ	hōri	h	h
ⲛ	ni'	n	n	ϫ	ǧánǧa	č	č
ⲝ	æksí	ks	ks	ϭ	šīma	B čh	čh
ⲟ	ōw	o	ò			SFA$_2$A c	k'
ⲡ	bej	p	p	ϯ	dīj, dī	tī, ti	ti:, ti

* Nous donnons ce nom bohaïrique aussi au ⳉ akhmimique, qui a la même valeur phonétique.

Bibliographie de la Paléographie :

H. Hyvernat, *Album de paléographie copte*, Paris, Rome, 1888.
E. Tisserant, *Specimina codicum orientalium. Tabulae in usum scholarum editae* 8, Bonn, 1914.
V. Stegemann, *Koptische Paläographie*, Heidelberg, 1936.
Maria Cramer, *Koptische Paläographie*, Wiesbaden, 1964.

La prononciation moderne du copte

7 Bibliographie :

W. H. Worrell, *CS* = *Coptic Sounds* (Univ. of Michigan Stud., Humanistic Ser., XXVI), Ann Arbor, 1934, p. 122-143.
G. P. G. Sobhy, *The Traditional Pronunciation of Coptic in the Church of Egypt*, dans *BSAC*, 6 (1940), p. 109-117.
Maria Cramer, *Vat. copt.* 18 *und die Aussprache des Koptischen*, dans *OC*, 45 (1961), p. 78-94 : *Nachtrag*, *ibid.*, 46 (1962), p. 116.

La prononciation actuelle du bohaïrique liturgique est largement tributaire de la réforme introduite dans ce domaine par le patriarche Cyrille IV (1854-1861). Elle fut, en effet, propagée par Claudius Labīb (mort en 1919) lorsque celui-ci lança son mouvement tendant à faire revivre parmi les chrétiens d'Égypte la vieille langue nationale. L'ancienne prononciation, usitée avant la réforme, paraît encore survivre dans certains milieux de Haute-Égypte. W. H. Worrell, dans *CS*, avait établi celle-ci en se fondant sur : 1. un texte médical sahidique datant du IXe ou Xe siècle (éd. E. Chassinat) et un texte alchimique un peu plus récent (éd. L. Stern), comprenant tous les deux de nombreux mots d'origine arabe ; 2. un texte arabe transcrit en caractères coptes, appartenant au genre des Apophtegmes et datant peut-être de la période entre le Xe et le XIIIe siècle ; partagé entre Cambridge et Le Caire, il fut édité en partie par P. Casanova, en partie par G. Sobhy ; 3. des textes liturgiques coptes, probablement plus récents, transcrits en caractères arabes (éd. E. Galtier). En outre, Worrell avait analysé les descriptions qu'ont données de la prononciation usitée en leur temps M. de C. Rochemonteix (1891), J. D. Prince (1902) et G. P. Sobhy (1915 ; 1918). Il en avait conclu, avec Rochemonteix, que la prononciation moderne du copte « is hardly more than the pronunciation of a conventional Arabic-letter transcription» (*CS*, p. 142). Les données recueillies à Zēnīya l'amenèrent à réviser ce jugement : « modern pronunciation of Coptic, when it follows the ‚old' school, is not nearly so much Arabicized and not nearly so arbitrary as was supposed» (*CT*, p. 327 sv.).

Il convient cependant d'observer que, dans cette prononciation « ancienne», il ne se trouve aucune consonne qui n'appartienne pas à l'inventaire phonologique de l'arabe. Remarquons en particulier que ⲡ et ⲫ y ont la valeur /b/ ; ⲑ et ⲭ équivalent resp. à /t/ et /k/ ; ϫ est assimilé au *ǧim* arabe ; ϣ (šaj) et ϭ (šīma) se prononcent tous les deux /š/. Ce système contient donc des contradictions. Il demeure, malgré tout, irrationnel et conventionnel.

Il nous faut par conséquent, comme on l'a fait pour le grec et le latin, essayer de reconstituer la prononciation antique du copte. Nous ne prétendons pas par là déterminer exactement comment les Coptes de l'époque classique parlaient leur langue. Mais notre analyse doit tendre à établir le nombre des unités les plus petites de la langue servant à distinguer les mots entre eux ainsi que les caractéristiques phonétiques qui rendent le mieux compte de leur comportement dans les différentes positions et combinaisons. Elle n'offrira suffisamment de garanties que si elle se fonde sur une comparaison avec les états plus anciens de la langue égyptienne. Les données qui suivent tiennent compte des résultats de cette étude diachronique.

L'alphabet et l'inventaire phonologique du copte

De même que dans toutes les autres langues, il n'y a pas de correspondance exacte entre les signes de l'alphabet et le nombre des phonèmes coptes.

A. — *D'une part, l'alphabet copte a des symboles en trop.*

8 Ainsi ⲫ, ⲑ, ⲭ, dans tous les dialectes autres que le bohaïrique, ne représentent pas des phonèmes mais les combinaisons de phonèmes /p+h/t+h/k+h/ :

Ex. ⲫⲱⲃ = ⲡϩⲱⲃ, la chose ; ⲑⲉ = ⲧϩⲉ, la manière ; ⲣⲟⲭ = ⲣⲟⲕϩ, brûlé.

En B, au contraire, ils représentent devant l'accent les phonèmes /ph/th/kh/ formant une corrélation avec les non aspirés /p/t/k/, p.ex. dans ⲫⲉ, ciel ; ⲑⲟϣ, frontière ; ⲭⲱ, placer. En début de syllabe atone et en fin de syllabe, cette corrélation est neutralisée : /ph/ devient /p/ etc.

Ex. ⲙⲫⲱⲣ, non ; ⲙⲡⲉⲣ- (suivi d'un infinitif accentué), ne...pas ; ϣⲑⲟⲣⲧⲉⲣ, troubler ; ϣⲧⲉⲣⲑⲱⲣ, troublé.

Cependant dans les mots à réduplication il se produit souvent une assimilation à distance : ex. ⲫⲟⲛⲫⲉⲛ (Qualitatif ⲫⲉⲛⲫⲱⲛ), déborder ; ⲫⲟⲧⲫⲉⲧ, s'abattre ; ⲫⲁⲥⲫⲉⲥ, ruse ; ⲁⲫⲱⲫ, Apophis.

Inversement, devant les sonantes (b, l, m, n, r) et devant les semi-voyelles (j, w) en fonction consonantique, ⲫ, ⲑ, ⲭ, avec les valeurs /ph/th/kh/, représentent des variantes combinatoires de /p/t/k/ : p.ex. ⲫⲓⲱⲧ, le père ; ⲑⲙⲁⲩ, la mère ; ⲭⲟⲩⲁⲃ, tu es saint ; cf. en S ⲡⲉⲓⲱⲧ, ⲧⲙⲁⲁⲩ, ⲕⲟⲩⲁⲁⲃ.

9 Les lettres ⲝ, ⲯ, ϯ rendent également des combinations de phonèmes :

Ex. ⲝⲟⲩⲣ = ⲕⲥⲟⲩⲣ, anneau ; ⲯⲓⲥ = /psīs/, neuf ; ϯⲙⲉ = /tīmə/, village.

C'est pourquoi, dans le dictionnaire, ils sont classifiés sous *k*, *p*, *t*.

10 Les lettres ⲅ, ⲇ, ⲍ ne figurent en principe que dans les mots grecs. Cependant ⲅ et ⲍ se rencontrent parfois dans des mots coptes, indiquant que /k/ et /s/ tendent à devenir sonores, /g/ et /z/ (variantes combinatoires), en contact avec /n/ :

Ex. ⲙⲟⲩⲛⲅ̄ à côté de ⲙⲟⲩⲛⲕ̄, former ; ⲁⲛⲍⲏⲃⲉ, variante de ⲁⲛⲥⲏⲃⲉ, école. Cf. ⲛ̄ⲇⲉⲉⲣⲉ, à côté de ⲛ̄ⲧⲏⲣ, dieux.

B. — *D'autre part, le copte doit combiner des lettres pour représenter certains phonèmes ou il doit donner à une même lettre plus d'une valeur.*

11 Ainsi ⲟⲩ représente la voyelle /u/, aussi bien longue : ⲙⲟⲩⲛ /mūn/, rester, durer, que brève : ⲧⲟⲩⲉⲓⲟ /tujò/, éloigner. En outre, il rend la semi-voyelle /w/ en position croissante : ⲟⲩⲁ /wá/, un ; ⲟⲩⲱⲛ /wōn/, ouvrir ; ⲥⲟⲩⲟ /swò/, blé, et après les voyelles ⲟ, ⲱ, ⲟⲩ : ϩⲟⲟⲩ /how/, jour ; ϫⲱⲟⲩ /čōw/, leur tête ; ⲙⲟⲩⲟⲩⲧ /mūwət/, tuer. Après les autres voyelles, /w/ est généralement représenté par ⲩ : ⲛⲁⲩ /náw/, voir ; ⲡⲉⲩϩⲏⲧ /pewhēt/, leur cœur ; ⲥⲛⲏⲩ /snēw/, frères.

En BF, ⲟⲩ se conserve plus souvent, notamment après ⲏ, ex. B ⲥⲛⲏⲟⲩ : F ⲥⲛⲉ(ⲟ)ⲩ, frères, BF ⲛⲏⲟⲩ, venir.

Le ⲩ voyelle est réservé aux mots grecs : ⲯⲩⲭⲏ /psykhē/, âme.

12 La combinaison ⲉⲓ, à côté de ⲓ, représente tantôt la voyelle /i/ tantôt la semi-voyelle /j/. L'orthographe, pas toujours régulière, permet d'énoncer comme suit, pour SAA₂, les règles générales :

/i/ s'écrit ⲓ : ⲡⲓⲕⲣⲟ, la rive-là ;

/i:/ constituant seul la syllabe s'écrit ⲉⲓ : ⲉⲓⲛⲉ, apporter, ⲉⲓⲣⲉ, faire ; à la fin ou à l'intérieur de la syllabe, il s'écrit ⲓ : ⲡⲓⲥⲉ, faire cuire ; ⲥⲓⲃⲧ, poix ; ⲡⲓⲛ, souris ; mais ⲥⲉⲓ (rarement ⲥⲓ), se rassasier.

/j/ est de préférence rendu par ⲉⲓ dans la syllabe accentuée, sauf à la fin du mot : ⲉⲓⲱⲧ, père ; ⲣⲙ̄ⲉⲓⲏ /rəmjē/, larme (rarement ⲓⲱⲧ) ; ⲧⲁⲉⲓⲟ /tajò/, honorer ; ⲧⲟⲩⲉⲓⲟ /tujò/, éloigner (à côté de ⲧⲁⲓⲟ, ⲧⲟⲩⲓⲟ) ; ⲙⲁⲉⲓⲛ /májn/, signe ; ϫⲟⲉⲓⲧ, olive ; mais ϫⲟⲓ /čoj/, bateau ; ⲡⲁⲓ /páj/, celui-ci (exceptionnellement ϫⲟⲉⲓ, ⲡⲁⲉⲓ).

En syllabe atone, il est normalement écrit ⲓ en fin de syllabe : ⲁⲓⲥⲱⲧⲙ̄ /ajsōtəm/, j'ai entendu ; ⲉⲓⲥⲱⲧⲙ̄ /ejsōtəm/, tandis que j'entends ; ⲡⲉⲓⲣⲱⲙⲉ /pejrōmə/, cet homme-ci. Mais ⲉⲓⲉⲣⲟ /jərò/, fleuve (rarement ⲓⲉⲣⲟ).

En BF, /i/i:/j/ sont toujours représentés par ⲓ : ⲓⲛⲓ, ⲓⲱⲧ. En syllabe accentuée, ⲉⲓ représente donc une diphtongue : ⲙⲉⲓ /mej/, vérité, justice ; ϩⲉⲓ /hej/, tomber ; B ⲉⲣⲫⲉⲓ /erphej/, temple. Cf. S ⲙⲉ, ϩⲉ, ⲣ̄ⲡⲉ. Ce dernier cas se rencontre aussi en A : ⲙⲉⲓⲛⲉ, variante de ⲙⲉⲉⲓⲛⲉ /mejnə/, signe, et en A₂ : ⲥⲉⲓⲛⲉ, correspondant à A ⲥⲉⲉⲓⲛⲉ, médecin ; cf. S. ⲥⲁⲉⲓⲛ. D'autre part, A ϩⲉⲓⲉ, tomber ; ⲣ̄ⲡⲉⲓⲉ, temple, étant des variantes de ϩⲉⲉⲓⲉ, ⲣ̄ⲡⲉⲉⲓⲉ, se lisent /hejə/ərpejə/.

13 De même que (ⲟ)ⲩ, (ⲉ)ⲓ, les lettres ⲃ, ⲗ, ⲙ, ⲛ, ⲣ sont tantôt des consonnes et tantôt elles ont une fonction vocalique. Dans ce dernier emploi, les « sonantes » sont atones : ⲙ̄ⲕⲁϩ /m̥kàh/, souffrir ; ⲥⲱⲧⲙ̄ /sōtm̥/, entendre ; ⲕⲛ̄ⲧⲉ /kn̥te'/, figue ; ⲧⲙ̄ⲙⲟ /tm̥ò/, nourrir, ou bien accentuées : ϣⲙ̄ϣⲉ /šm̥šə/, servir ; ⲕⲛ̄ⲛⲉ /kn̥ə/, être gras.

On remarquera que, lorsque la sonante se trouve devant une voyelle, elle est redoublée. Ce procédé servait à indiquer qu'elle était décroissante, c.-à-d. qu'elle avait le point vocalique devant elle. Cela signifie, si nous représentons par *chva* ou ə ce point vocalique, qu'il ne fallait pas lire /tmo/kne/ ni /ətmo/əkne/ mais /təmò/ et /kónə/. La « supralinear stroke » ou surligne, qui indique plus ou moins la répartition des syllabes, aurait sans doute suffi pour atteindre ce but : tout comme elle montre d'une part que м̄каϩ et ϣм̄ϣе se prononcent /əmkàh/ /šə́mšə/ (non pas /məkàh/šmə́šə/) *кн̄е pouvait suggérer la lecture /kə́nə/. Mais la présence de la consonne redoublée marquait plus clairement, grâce à l'analogie кн̄не — кн̄те' etc., que la sonante était décroissante et constituait une syllabe fermée. À moins que le redoublement n'ait été introduit avant l'invention de la surligne : il était alors le seul moyen de suggérer la prononciation exacte.

La notation m̥, n̥ etc. est ambiguë parce que la sonante peut être aussi bien croissante que décroissante : i.e. *dr̥tós a donné δρατός et δαρτός, écorché. C'est pourquoi nous continuerons à la remplacer par əm, ər etc. Étant donné que le *chva* indique le point vocalique, *ənəm*, par exemple, doit toujours se lire *ən əm*, jamais ə-*nəm*. Dans l'examen phonologique qui suit, ce *chva* accompagnant une sonante sera noté par $ə_2$ afin de le distinguer du $ə_1$, caractérisé également par la surligne, et du $ə_3$, avec lequel il alterne parfois (voir § 52-58).

14 Les dialectes coptes, à l'exception de B et O, possèdent en outre un phonème qui n'est pas représenté par une lettre de l'alphabet mais par le redoublement des différentes voyelles : c'est l'occlusive laryngale sourde appelée aussi « coup de glotte » ou *'aleph* et transcrite ordinairement par /'/. Elle se trouve normalement en fin de syllabe devant consonne. Celle-ci appartient à la syllabe suivante : πωωνε, changer; μηηϣε, foule; μοονε, nourrice; μεεγε, penser; ou à la même syllabe (cf. § 68) : ϣωωτ, couper; ογηηв, prêtre; οοϩ, lune; ογααв, pur; cf. aussi ωω, concevoir (un enfant). Ces graphies équivalent donc à /pō'nə/mē'šə/ et à /šō't/wē'b/o'h/ etc.

AA_2 présentent un /'/ à la fin de certains mots monosyllabiques, où il est noté par l'hiatus *a-e* : вαε, palmier; ναε, avoir pitié; A ϩαε, apparaître (astres). En BF, il s'est transformé en /j/ : ваι, ναι, ϣαι resp. веι, νει, ϣει. En S, seuls des manuscrits archaïsants présentent des formes comme ναα, avoir pitié; ογαα, un; μεε, vérité; οο, étant, et cela uniquement devant la copule πε, τε, νε (cf. H. J. Polotsky, dans *Orient. Lit.-Ztg.*, 22 (1957), col. 231 et dans *Orientalia*, N.S., 26 (1957), p. 348 sq.). Cela pourrait indiquer que le *'aleph* final, en voie de disparition, s'est maintenu le plus longtemps dans un syntagme tel que ογμεε τε, c'est vrai, parce que celui-ci était ressenti comme un seul mot, dans lequel la laryngale occupait la même position que dans πωωνε etc.

Le *'aleph* est exceptionnellement croissant dans FA ⲟⲩⲁⲉ(ⲉ)ⲧ⸗ /wa'ǽ't⸗/, seul (cf. A_2 ⲟⲩⲁϩⲉ(ⲉ)ⲧ⸗).

Les valeurs différentes représentées par ⲏ, ⲁ, ⲉ seront examinées aux §§ 38-47.

A. Les phonèmes consonantiques

15 Le sahidique (ainsi que A_2F) possède 17 phonèmes-consonnes :

	Labiales		Labio-Dent.		Dentales		Prépalatales*		Postpal.		Vél.	Laryngales
Occl. sourdes	p	:			t	:	č : c	:	k	:		ʼ
Fricat. sourdes			f	:	s	:	š	:				h
Fricat. sonores	w̦ : ƀ	:					j					
Occl. nas. son.	m	:			n							
Lat., Vibr. son.					l : r							

ⲡ	:			ⲧ	:	ϫ : ϭ	:	ⲕ	:		ⲁⲁ etc.
		ϥ	:	ⲥ	:	ϣ	:				ϩ
(ⲟ)ⲩ : ⲃ	:					(ⲉ)ⲓ					
ⲙ	:			ⲛ							
				ⲗ : ⲣ							

L'akhmimique a les mêmes phonèmes et, en plus, le ⳉ = /x_2/ (cf. § 26).

* Afin de simplifier ce tableau nous classons comme prépalatales aussi bien les dentales prépalatales, articulées avec la pointe de la langue /č/š/, que les vélopalatales /c/j/ articulées avec le dos de la langue.

16 ⲡ est l'occlusive sourde /p/. Cela ressort, par exemple, du fait que l'article ⲡ et le pronom possessif ⲡⲁ sont toujours rendus par *p* (ou *ph*) dans les transcriptions grecques des papyrus d'époque gréco-romaine. On comparera ⲡ-ⲉⲣⲡⲉ', le temple, *Περπηις* et le nom de lieu ar. *Birbā*; le nom de mois ⲡⲁ-ⲱⲛⲉ, celui (le mois de la fête) de la Vallée, *Παυνι* et ar. *ba'unah.*

17 ⲧ représente /t/, cf. le nom de lieu (ⲛⲓ-)ⲧ-ⲉⲛⲧⲱⲣⲉ, (On de) la déesse, *Τεντυρις* ar. *Dandāra.* Il peut devenir sonore sous l'influence de *n* : ⲛ̄ⲇⲉⲉⲣⲉ, pluriel de ⲛⲟⲩⲧⲉ, dieu.

18 ϫ, au lieu de l'actuel /ğ/ et /g/ (prononciation « réformée » conforme à celle de ar. *ğim* au Caire), a la valeur de la dentale prépalatale affriquée sourde /č/ = [tš] puisqu'il rend la combinaison ⲧ + ϣ dans ϫⲡⲟ, engendrer (de ⲧ + ϣⲱⲡⲉ), ϫⲡⲓⲟ, faire des reproches (de ⲧ + ϣⲓⲡⲉ). Le grec, ne possédant pas ce phonème, le rendait tantôt par *s*, tantôt par *t*, ex. le nom de personne ϫⲓϫⲱⲓ, la boucle de cheveux, *Σισοις*, *Τιθοις*; les noms de lieu ϫⲉⲙⲛⲟⲩϯ: *Σεβεννυτος*, ar. *Samanūd*; ϫⲁⲁⲛⲉ, ϫⲁⲛⲓ : *Τανις*, ar. *Ṣān*.

19 ϭ représente en SOAA₂F un *k* mouillé [k'] comme dans anglais *cure* (mais sans l'aspiration). Nous le transcrivons par /c/. Il se distingue du ⲕ par cette mouillure. Le grec, ne possédant pas de phonème équivalent, le rend généralement par /k/, ex. ⲡ-ⲉϭⲱϣ, l'Éthiopien = le Nubien, *Πεκυσις* et *Πεκως*, mais on trouve aussi des essais de transcription plus fidèle : ϭⲁⲙⲟⲩⲗ, n.p. *Τουαμ-κιαμουλ* = *Καμηλοφάγος*; F *ϭⲓⲛϭⲱⲗ : SA₂ ϭⲓⲛϭⲱⲣ, n.p. *Κινκιωλ* = *Τάλιντον* (P. Michigan, IV, p. 223-225).

En B, ϭ s'oppose à ϫ exactement de la même manière que ⲫ, ⲑ, ⲭ forment une corrélation avec ⲡ, ⲧ, ⲕ (§ 8), ex. ϫⲓϭⲱⲓ ,boucle de cheveux; devant sonante : ϭⲛⲟⲛ, être tendre, vis-à-vis de ϫⲏⲛ, tendre. Il a donc dans ce dialecte la valeur d'un ϫ aspiré /čh/ (cf. angl. *child*, avec aspiration). Ce /čh/ est devenu /š/ dans la prononciation moderne, l'arabe ne possédant ni /čh/ ni /č/.

20 ⲕ doit être classé comme postpalatale [k₂], non comme vélaire [k₃] ou *qof*. Aucun changement de voyelle (comme p.ex. dans ar. *kaf* ~ *qof*) ne plaide en faveur de cette dernière éventualité. Pour la transcription phonologique, le symbole /k/ peut suffire. Sous l'influence de *n*, ⲕ décroissant peut devenir sonore : ⲙⲟⲩⲛⲅ̄, former, variante de ⲙⲟⲩⲛⲕ̄, ⲁⲛⲅ̄, moi.

21 /'/ ou l'occlusive laryngale sourde (*'aleph*) est représentée par le redoublement de la voyelle. L'infinitif ⲕⲁⲁ⸗ par exemple, s'ajoute le suffixe 1ᵉ pers. sing. ⲧ : ⲕⲁⲁ⸗ⲧ, me laisser, tout comme un verbe se terminant par une consonne : ϣⲟⲡ⸗ⲧ, me recevoir; ⲟⲩⲁϩ⸗ⲧ, me mettre. Après une voyelle, ce suffixe est ⲓ : ⲧⲁϩⲟ⸗ⲓ, me placer. En A, la sonante devient croissante dans ⲟⲩⲁⲁⲃⲉ, pur (S ⲟⲩⲁⲁⲃ), comme dans ⲥⲱⲧⲙⲉ, entendre (S ⲥⲱⲧⲙ̄). Mais le même phénomène s'y produit lorsqu'une fricative, une sonante ou même une semi-voyelle précèdent la sonante : A ⲚⲞⲨϨⲘⲈ, sauver; ϪⲰⲢⲘⲈ, faire signe; ⲞⲨⲀⲒⲚⲈ, lumière (S ⲚⲞⲨϨⲘ̄, ϪⲰⲢⲘ̄, ⲞⲨⲞⲈⲒⲚ). Les arguments en faveur de l'occlusive /'/, à l'exclusion de la laryngale fricative (sonore) /ʿ/ ou *ʿayin*, ne peuvent donc être fournis que par des données diachroniques.

/'/ n'existe pas en B et en O.

22 ϥ est la fricative sourde labio-dentale /f/. Les Grecs, ne possédant pas ce phonème, le transcrivirent par *φ*, qui représente en réalité [ph] : ⲘⲚ̄ϥⲈ : *Μεμφις*; cf. B ⲫⲒⲞⲘ : n.p. *Πα-φιωμις*, celui de la mer, ou du lac. Ceci explique pourquoi il peut aussi être transcrit par *π* : ex. Ⲉϥ-ⲞⲚϨ, *'Επωνυχος*, qu'il soit vivant. Pour la valeur sporadique [v] de ϥ voir § 28.

23 ⲥ est la fricative dentale sourde /s/. Elle pouvait devenir sonore au contact d'une nasale : ⲀⲚⲌⲎⲂⲈ, variante de ⲀⲚⲤⲎⲂⲈ, école.

24 ϣ est la chuintante /š/ (fricative dentale sourde). À défaut de symbole pour ce phonème, inexistant dans leur langue, les Grecs employaient *σ* : ϢⲈⲚⲞⲨⲦⲈ, *Σενουθιος*, fils de dieu. Les documents G (voir § 5 in fine) le distinguent de /s/ par la graphie *σζ* ex. ⲈⲒϢⲒⲚⲒ : *εισζινι*, je m'informe; les textes du début de l'occupation arabe firent de même : ar. *Rašīd* : *Ρασζιδ*.

25 ϩ est la fricative laryngale sourde /h/. Cela ressort du fait qu'il rend l'esprit rude du grec, p.ex. dans les mots ϨⲀⲄⲒⲞⲤ : *ἅγιος*, saint; ϨⲞⲘⲞⲖⲞⲄⲈⲒ : *ὁμολογεῖν*, reconnaître, et même dans ϨⲢⲎⲦⲰⲢ : *ῥήτωρ*. Par suite d'un phénomène d'hyperurbanisme, certains mots présentant un esprit doux en grec sont régulièrement écrits avec ϩ : ϨⲈⲐⲚⲞⲤ, ϨⲈⲖⲠⲒⲤ, ϨⲈⲖⲠⲒⲌⲈ, ϨⲒⲆⲒⲰⲦⲎⲤ etc.; cf. ϨⲀⲘⲎⲚ et ϨⲢⲈⲠⲀⲢⲒⲞⲤ : *riparius*. En B, /h/ manifeste une tendance à s'amuir, ainsi qu'il appert de l'opposition avec S dans les mots suivants : ⲀⲐⲢⲈ' : ϨⲀⲦⲢⲈ', double, jumeau; ⲀⲘⲞⲒ : ϨⲀⲘⲞⲒ, *utinam*; ⲀⲘϢⲈ' : ϨⲀⲘϢⲈ', charpentier; ⲀⲢⲈϨ : ϨⲀⲢⲈϨ, garder. Il se fait ainsi que ϩ est plus fréquemment omis dans les mots grecs figurant dans les textes bohaïriques : ⲀⲄⲒⲞⲤ, ⲈⲂⲆⲞⲘⲀⲤ, ⲞⲘⲞⲖⲞⲄⲒⲚ.

26 ϧ/ⳉ représentent en bohaïrique, resp. en akhmimique la spirante sourde qui, dans le tableau du § 15, se placerait en-dessous de /k/

comme ayant une articulation postpalatale [x2] (cf. all. *lachen*). Nous la rendrons simplement par /x/ (voir § 31) et par *ẖ*. Une prononciation vélaire [x3] (comme dans hollandais *lachen*), qui serait le fait de certains individus ou de l'une ou l'autre région, n'est pas à exclure. Sa valeur vélopalatale ressort de la transcription grecque par χ = [kh], ex. B ϧⲣⲟϯ : A *ⳉⲣⲁⲧ : *Ἁρ-ποχρατης*, Horus l'enfant; ⲁϥ-ⲱⲛϧ : *Ἀπυγχις*, qu'il vive. Les Grecs procédaient donc de la même manière que les Français qui rendent le *ẖ* = [x3] égyptien par *kh* : *Twt-ʿnḫ-imn* — Toutankhamon.

Dans certains cas, A ⳉ correspond à ϣ dans les autres dialectes :
A ⲥⲁ(ⲁ)ⲛⳉ : S ⲥⲁⲁⲛϣ : B ϣⲁⲛ(ⲉ)ϣ : F ϣⲏⲛϣ : A2 ⲥⲁⲛⲉϣ, faire vivre, nourrir;
A ⳉⲱⲡⲉ: BF ϣⲱⲡⲓ : SA2 ϣⲱⲡⲉ, devenir (P ϧⲱⲡⲉ: Asc.Is. ϣ̈ⲱⲡⲉ)
A ⳉⲁⲣⲡ : BFS ϣⲟⲣⲡ : A2 ϣⲁⲣ(ⲉ)ⲡ, premier (P ϧⲟⲣⲡ: Asc.Is. ϣ̈ⲁⲣⲡ)
Dans d'autres cas, ϧ et ⳉ s'opposent à ϩ dans SFA2 :
B ϧⲙⲟⲙ : A ⳉⲙⲁⲙ : S ϩⲙⲟⲙ : FA2 ϩⲙⲁⲙ, être chaud
B ⲱⲛϧ : A ⲱⲛⳉ : SF ⲱⲛϩ : A2 ⲱ(ⲱ)ⲛϩ, vivre (P ⲱ⁺ϧ)

27 (ⲟ)ⲩ n'est pas un [w] simple, mais vélarisé. Il convient donc de le représenter en transcription phonétique par [ẉ] comme les consonnes vélarisées ou « emphatiques » hébraïques et arabes *ṣ*, *ḍ*, *ṭ*. C'est le *w* de fr. *oui*, angl. *water*. La vélarisation est attestée par les variantes grecques qui substituent à *w* une occlusive vélopalatale : ⲡ-ⲟⲩⲱⲛϣ, le loup : n.p. *Πουωνσις* et *Φιγουνσις*; ⲟⲩⲟϫ, sain et sauf : n.p. *Ἁρ-υωτης* et *Ἁρ-γωθης*; ⲟⲩⲏⲣ, grand(e): n.p. *Σ-(ο)υηρις* et *Σ-γηρις*, il/elle appartient à la grande (déesse). Le phénomène est à comparer à l'évolution : francique **wardōn* > franç. *garder* (ital. *guardare*); francique **warnjan* > franç. *garnir* (ital. *guarnire*). Notre transcription phonologique utilisera le symbole /w/, mais /ẉ/ partout où cela nous paraîtra utile.

28 ⲃ alterne avec diverses variantes graphiques qui s'expliquent le mieux si on lui attribue la valeur de la fricative bilabiale sonore /ƀ/ (cf. espagnol *caballo*). Son rôle de sonante montre aussi qu'il doit, comme une fricative, avoir une certaine durée. La différence avec l'occlusive /b/ est à peine perceptible pour une oreille peu exercée et l'on comprend ainsi comment les Grecs pouvaient le transcrire par β p.ex. ⲃⲁ, palme : *βαϊον*; ⲃⲏϭ, faucon : n.p. *Βηκις*. Il suffit de substituer à la fente horizontale des lèvres une ouverture arrondie pour qu'il devienne [w] (sans vélarisation) comme fr. *huit.* Cette articulation doit avoir existé en certains endroits de l'Égypte ou avoir été le propre de certains individus, ainsi que l'attestent des graphies comme ⲉⲩⲉⲓⲏⲛ pour ⲉⲃⲓⲏⲛ, personne misérable; ⲟⲩⲏⲏⲃ pour ⲃⲏⲃ, caverne, ou, inversement, ⲃⲏⲣ pour ⲟⲩⲏⲣ, combien (grand)?, ⲃⲱϩⲙ pour ⲟⲩⲱϩⲙ̄, répliquer. Le [ƀ] a souvent tendance à se transformer en labio-dentale [v], comme ce fut le cas en grec moderne. Ce changement s'est aussi opéré sporadiquement en Égypte si l'on en juge d'après les graphies ⲉϥⲓⲱ pour ⲉⲃⲓⲱ, miel; ϥⲓⲣ pour ⲃⲓⲣ, corbeille, ou inversement ⲃⲓ pour ϥⲓ, porter; ⲛⲟⲃⲣⲉ pour ⲛⲟϥⲣⲉ, profit; ⲥⲛⲟⲃ pour ⲥⲛⲟϥ, sang. Si ⲃ est actuellement appelé *bēda* et *vēda* et prononcé par certains [v], cela se fait probablement sous l'influence du grec moderne.

Le ⲃ décroissant terminant la syllabe finale accentuée et brève devait avoir un frottement très réduit. Cela faisait ressembler [ƀ] à [b], mais étant donné l'inexistence d'occlusives sonores en copte, il fut remplacé par /p/. On comparera ⲟⲩⲟⲡ, être pur, et ⲟⲩϣⲁⲡ, emprunt, à ⲟⲩⲁⲁⲃ, pur, saint; ⲟⲩⲱϣⲃ̄, répondre de. Le mot ϩⲓⲡ, où /p/ se trouve exceptionnellement après une voyelle longue, fut transcrit par *ἶβις*.

29 (ⲉ)ⲓ note la fricative prépalatale mouillée ou semi-voyelle /j/ sans qu'on puisse dire si celle-ci était très fermée comme le *yod* allemand (ex. *ja*) ou très ouverte comme le *yod* français (ex. *hier*). Normalement transcrite par *ι* en grec, elle peut aussi être rendue par *γ* : *Ἑριευς* et *Ἑργευς*, ceux qui sont contents; *Πορεϊβθις* et *Πορεγεβθις* pour *ⲡ-ⲟⲩⲣ-ⲉⲓⲉⲃⲧ, le grand de l'orient; *Πανομιευς* et *Πανομγευς* pour *ⲡⲁ-ⲛ-ⲉⲙⲓⲉⲩ, celui des lion(ne)s. La dernière graphie indique que le changement /g/ > /j/ devant voyelle antérieure, propre au grec moderne, existait déjà dans la langue des papyrus.

30 ⲙ, ⲛ, ⲗ, ⲣ sont les sonantes sonores /m/n/l/r/. Ils ne posent pas de problèmes particuliers. On pourrait se demander pourquoi, dans tous le dialectes coptes, *m* et *n* provoquent le changement de /ó:/ en /u:/ mais, comme nous ne connaissons dans aucune langue un phénomène parallèle, celui-ci ne paraît pas dépendre d'une articulation particulière des deux nasales. Aucun indice ne nous incite à croire que /l/ fut, par exemple, vélarisé comme le [ḷ] anglais ou russe. Diverses données d'ordre diachronique plaident en faveur du caractère apical-alvéolaire de *r* copte. Le changement fréquent de /r/ en /l/ fayoumique fait supposer que, dans ce dialecte, il n'était pas vibré, donc [ɹ] comme le *r* anglais. Il pourrait aussi trahir l'existence d'un « flapped *r* », comme p.ex. en haoussa.

31 Comparons avec le tableau précédent (§ 15) celui des 19 phonèmes consonantiques du bohaïrique.

	Labiales	Labio-Dent.	Dentales	Prépalatales	Postpal.	Vél.	Laryngales
Occlus. sourdes	(p)* :		t :	č :	k	:	—
Occl. sourd. asp.	ph :		th	čh :	kh		
Fricat. sourdes		f	s :	š :	x	:	h
Fricat. sonores	ẉ : ƀ :			j			
Occl. nas. son.	m :		n				
Lat., Vibr. son.			l : r				
	(ⲡ) :		ⲧ :	ϫ :	ⲕ	:	—
	ⲫ :		ⲑ :	ϭ :	ⲭ		
		ϥ :	ⲥ :	ϣ :	ϧ	:	ϩ
	(ⲟ)ⲩ : ⲃ :			ⲓ			
	ⲙ :		ⲛ				
			ⲗ : ⲣ				

* (p) : n'est en B qu'une variante combinatoire de /ph/ ou de /ƀ/.

Définitions phonologiques des consonnes coptes

32 On constate que seul le dialecte bohaïrique possède une corrélation composée de deux séries, dont la première est marquée par l'aspiration, /ph/th/čh/kh/, l'autre non marquée /p/t/č/k. La paire /ph/ - /p/ est corrélative parce que les deux phonèmes se trouvent dans une relation privative (aspiration - non aspiration), proportionnelle (la même opposition revient dans les paires /th/ - /t/ etc.) et bilatérale (il n'existe pas de phonèmes sonores /b/d/ǧ/g/). La même observation vaut pour les paires /th/ - /t/ etc. Rappelons que cette corrélation est neutralisée en début de syllabe atone et en fin de syllabe (§ 8).

Il existe en outre une opposition bilatérale équipollente, en bohaïrique et en akhmimique, entre /k/ et /x/. Le premier phonème doit se définir comme une occlusive postpalatale, le second comme une fricative postpalatale. Dans les dialectes autres que BO, il existe une opposition semblable entre /'/, occlusive laryngale, et /h/, fricative laryngale. Leur distribution est toutefois différente : /'/ ne se trouve, en principe, qu'en fin de syllabe devant consonne (§ 14). De la même manière on peut voir, dans SOFAA₂, entre /p/ et /w̦/ƀ/ une opposition entre occlusive bilabiale et fricative bilabiale. Dans ces mêmes dialectes, l'opposition bilatérale privative /c/ - /k/ se définit le mieux, à notre avis, comme : palatale mouillée - palatale non-mouillée. À leur tour, /w̦/ et /ƀ/ participent à une opposition bilatérale privative : le premier phonème est une frication bilabiale vélarisée, le second une fricative bilabiale simple.

Pour tous les autres phonèmes consonantiques du copte il n'existe que des oppositions isolées et équipollentes. Seuls leur lieu et/ou leur mode d'articulation sont pertinents et doivent figurer dans la définition. Ainsi /t/ est une dentale; /č/ est une affriquée (prépalatale) *; /f/ est une labio-dentale, /s/ une sifflante, /š/ une chuintante; /h/ est en BO une laryngale; /j/ est une prépalatale; /m/ est une sonante labiale, /n/ une sonante dentale, /l/ une liquide latérale et /r/ une liquide vibrante **.

Un pareil système est considéré, par les phonologues, comme complexe et d'un rendement pauvre, un système phonologique étant d'autant plus simple qu'il se fonde sur plus d'oppositions multilatérales et proportionnelles.

B. Les phonèmes vocaliques

Inventaires antérieurs

33 a. Établir l'inventaire des phonèmes vocaliques dans un dialecte copte est une entreprise délicate. Les principales grammaires du sahidique, G. Steindorff, *Lehrbuch der koptischen Grammatik*, et W. C. Till, *Koptische Grammatik*, se bornent à énumérer les voyelles : ⲁ ⲉ ⲏ ⲓ ⲟ ⲱ ⲟⲩ. Elles considèrent ⲏ, ⲱ comme longues, ⲉ, ⲟ comme brèves; elles admettent que ⲓ et ⲟⲩ peuvent être longues et brèves. Elles

* Exceptés /t/č/ en B; voir premier alinéa.

** « sonante » signifie ici « son non bruyant », c.-à-d. « non occlusif, non fricatif », et « liquide » signifie « sonante non nasale », cf. N. S. Troubetzkoy, *Principes de phonologie*, trad. Cantineau, Paris, 1949, p. 69.

y ajoutent un « Murmelvokal » ou « Strichvokal », qui peut figurer dans une syllabe accentuée et dans une syllabe atone et qu'elles rendent, l'une par ə, l'autre par ï. W. Till remarque en outre, § 50, que ⲏ,ⲱ étaient probablement des sons fermés, ⲉ et ⲟ des sons ouverts.

b. A. Śmieszek, *Some Hypotheses concerning the Prehistory of the Coptic Vowels* (*Polska Akademja umiejetności. Prace komisji orjentalistycznej*, 23), Cracovie, 1936, a essayé de déterminer la valeur phonétique des voyelles coptes en se fondant sur leur origine égyptienne, illustrée par les transcriptions cunéiformes, et sur leur comportement dans les différents dialectes. Il s'appuie en outre sur la transcription des noms égyptiens dans les papyrus grecs.

Voici ses résultats. ⲱ et ⲟⲩ représentent la même voyelle longue, articulée entre ō et ū et qu'il transcrit par *ō/ū*. ⲟ est une voyelle brève et très ouverte, que l'auteur représente par *å*, l'assimilant ainsi à [ɔ] dans la transcription de l'A(ssociation) P(honétique) I(nternationale). Le ⲁ akhmimique qui lui correspond est un /A/ postérieur, articulé avec arrondissement des lèvres comme angl. *swan* ; ce serait donc le [ɒ] de l'API. Ce ⲁ existe aussi dans les autres idiomes coptes, où il remplace ⲟ devant les anciennes fricatives laryngales et vélopalatales ', *h*, *ḥ*, *ẖ*, c.-à-d. pratiquement devant ', *h* et parfois devant *š* coptes. Śmieszek, méconnaissant le caractère consonantique du /'/ copte, considère ⲁⲁ etc. comme un [ɑ:] (long) etc. ⲓ, ⲉⲓ, ⲏ ont la même valeur [i:]. ⲉ en syllabe accentuée fermée représente, en A et F, un /E/ ouvert [ɛ] se rapprochant de *ä* (c.-à-d. [æ]) et le ⲁ qui lui correspond en BS est un /A/ antérieur ou palatal, donc [a] comme dans angl. *wax*.

c. Le premier essai d'analyse phonologique est dû à E. E. Knudsen, *Sahidic Coptic Vowel Phonemes*, dans *Acta Orientalia*, 26 (1961), p. 29-42. L'auteur est d'avis qu'on ne saurait établir la valeur phonétique absolue des voyelles sahidiques, mais seulement leurs positions relatives. Il distingue 6 phonèmes vocaliques /a/e/ə/i/o/u/ auxquels il ajoute trois traits prosodiques : la longueur vocalique pour /e:/i:/o:/u:/, le caractère syllabique occasionnel des consonnes *b*, *l*, *m*, *n*, *r* et une brièveté extrême de ə, qu'il oppose en tant que $ə_2$ = [ə̆] à $ə_1$ = [ə] (ex. la dernière syllabe de ⲥⲟⲡⲥⲡ̅ opposée à celle de ⲱⲛⲉ). Après avoir mentionné la possibilité qu'en bohaïrique ⲏ et ⲱ soient plus fermés que ⲉ et ⲟ, il dit ignorer si cette distinction s'applique en sahidique.

d. L'étude de J. H. Greenberg, *The Interpretation of the Coptic Vowel System*, dans *J. african Lang.*, 1 (1962), p. 22-29, prend comme point de départ le bref exposé de Ch. Kuentz, *Quantité ou timbre? À propos des pseudo-redoublements de voyelles en copte*, dans *CR du GLECS*, 2 (1934), p. 5-7. Celui-ci fut le premier à énoncer l'hypothèse que la différence entre ⲉ et ⲏ, entre ⲟ et ⲱ repose sur une opposition de timbre (ou de qualité), non de quantité. Greenberg avance plusieurs arguments, empruntés notamment à la morphologie copte, pour confirmer cette théorie et il invoque en outre, comme preuve externe, les transcriptions de mots arabes en lettres coptes, et inversement, dans les textes que nous avons énumérés au § 7. D'autre part, il souscrit à l'opinion de Kuentz selon laquelle les voyelles redoublées du copte représentent des voyelles longues. Un système vocalique à trois quantités différentes n'existant qu'en esthonien, il s'ensuit que ⲏ ⲱ (ⲉ)ⲓ ⲟⲩ doivent être brèves. Greenberg établit ainsi les correspondances suivantes :

En $BSAA_2$	/a/ɛ/e/i/ɔ/ o/ u/	en F	/æ/e/i/ɑ/ o/ u/
	ⲁ ⲉ ⲏ ⲓ ⲟ ⲱ ⲟⲩ		ⲉ ⲏ ⲓ ⲁ ⲱ ⲟⲩ

Nouvelle analyse phonétique et phonologique des voyelles

34 Il nous faut combiner certaines des méthodes précitées et tenir en même temps compte des correspondances dialectales et du rendement phonématique. En distinguant ainsi un plus grand nombre de phonèmes vocaliques et, en outre, des variantes combinatoires, nous réduisons d'autant les réalisations possibles de chaque phonème et nous serrons de plus près leur valeur phonétique absolue.

Étant donné que, du point de vue des voyelles, SB s'opposent généralement à AA_2FO, nous ne donnerons, dans les §§ 34 à 58, sauf avis contraire, que des exemples de S et de A, ceux-ci étant considérés comme représentatifs de chaque groupe.

La comparaison entre les dialectes, pratiquée par Śmieszek, ainsi que certains des arguments avancés par Greenberg montrent que le trait pertinent des différentes voyelles coptes est leur qualité ou leur timbre. Même si leur quantité originelle ne joue plus un rôle phonologique, elle peut cependant s'être conservée. Une situation analogue se rencontre dans les langues germaniques (cf. L. F. Brosnahan, dans L. Kaiser, *Manuel of Phonetics*, Amsterdam, 1957, p. 292 sv.). La quantité pouvait par exemple servir à marquer plus nettement les oppositions dues au timbre, ou certaines d'entre elles. Puisque la possibilité existe qu'elle joua l'un ou l'autre rôle secondaire, il nous paraît plus prudent de tenir compte de la quantité des voyelles dans l'exposé qui suit.

I. *Les voyelles dans les syllabes accentuées*

35 Le /i:/, écrit tantôt ⲉⲓ tantôt ⲓ, se trouve dans tous les dialectes (cf. § 12). Il a comme variante combinatoire ou allophone [1]) ⲏ, que les différents idiomes présentent uniformément dans les mêmes mots et dont la valeur est à déterminer ultérieurement (§ 43).

Ce phonème est rendu par *ι* dans les transcriptions grecques :
Πετ-οσιρις : ⲟⲩⲥⲓⲣⲉ, celui qu'Osiris a donné;
Φιβις : ⲫⲓⲃ, l'ibis;
'Αγχο-ριμφις : ⲣⲓⲛ⸗ϥ, que son nom vive.

36 Le fait que ⲱ, dans tous les dialectes, devient ⲟⲩ = /u:/ après *m* et *n* plaide en faveur de son caractère fermé, donc /ó:/, ex. ⲙⲟⲩⲛ, rester, durer; ⲛⲟⲩⲧⲉ, dieu. En A, ⲟⲩ est en outre variante combinatoire de ⲱ devant /'/ et à la fin du mot : ϣⲟⲩⲟⲩⲧ, couper; ⲕⲟⲩ, mettre.

Exceptionnellement tous les dialectes ont ⲱ devant le suffixe -ⲧⲛ, comme S ⲙ̄ⲙⲱⲧⲛ̄, vous (complément direct); ⲧⲙ̄ⲙⲱⲧⲛ̄, vous nourrir. En outre, B a ⲛⲱⲧⲉⲛ, à vous (et ⲛⲱⲟⲩ, pour eux, § 46) et AA_2F donnent ⲛⲱϊ, ⲛⲱⲧⲛ(ⲉ) : ⲛⲱⲧⲉⲛ etc., les miens, les vôtres. Mais SB ⲛⲟⲩϊ, ⲛⲟⲩⲧ(ⲉ)ⲛ.

O a en règle générale un /ò/ correspondant à /ó:/ des autres dialectes : ⲣⲟⲙⲉ, homme. Il présente cependant un /ó:/ en syllabe finale et /u:/ après *m* et *n* : ⲁⲩⲱ, et; ⲙⲟⲩ, mourir.

À défaut d'autre chose, les Grecs, dans les papyrus, transcrivent le /ó:/ égyptien par *υ*, la voyelle arrondie la plus fermée dont ils disposaient. Ils la prononçaient probablement [u:], lui donnant la valeur qu'elle avait dans les dialectes grecs autres que l'ionien-attique (où elle équivalait à [y] comme dans fr. *dur*). En effet, le ⲟⲩ égyptien est également rendu par *υ*, et en outre par *ου*, qui était en grec une « fausse diphtongue » [ó:ʷ]. Il existe cependant des variantes graphiques en *ω*. Partout où elles peuvent être datées, elles ne sont pas

[1]) À la manière des linguistes européens, nous employons ces deux expressions comme des synonymes; cf. J. Knobloch, *Sprachwissenschaftliches Wörterbuch* (Heidelberg, 1963), s.v. *Allophon*.

antérieures au IIe siècle av. J.-C., époque à laquelle le *ω* grec se ferma en [ó:]. C'est sur cette nouvelle valeur qu'est fondée la graphie normale copte ⲱ pour /ó:/.

Exemples de noms propres contenant /ó:/ :
Π-αχυμις : S ⲁϩⲱⲙ : B ⲁϧⲱⲙ, l'aigle, var. *Π-αχωμις* [II p];
Π-ρεμ-εβυθις : ⲉⲃⲱⲧ, l'homme d'Abydos;
Π-εκυσις: ⲉϭⲱϣ, le Nubien, var. *Π-εκωσ[ις]* [ép. ptol.];
Τ-εντυρις, Τ-εντυρα : (ⲛⲓ-)ⲧ-ⲛ̄ⲧⲱⲣⲉ, Dandāra (litt. On [ou : la ville ?] de la déesse), cf. *Ψεν-τ-εντωρις* le fils de la déesse [III p];
Τ-υβι : ⲧ-ⲱⲃⲉ, nom de mois signifiant « le sacrifice »;
Πα-υνι : ⲡⲁ-ⲱⲛⲉ, id. signifiant « celui (le mois de la Fête) de la Vallée »;
Νεφθυς : ⲛⲉⲃⲑⲱ, déesse Nephthys (litt. la maîtresse du château : *ϩⲱ);
Θυνις : ⲑⲱⲛⲉ (= ⲧ-ϩⲱⲛⲉ), le lac, le canal;
Πα-υρις, Ψεν-υρις : ϩⲱⲣ, celui de/le fils d'Horus; var. *Πα/Ψεν-ωρος* [II p];
Μι-υσις : *ϩⲱⲥ, le lion rugissant; var. *Μι-ωσις* [ép. rom.].

Exemples de noms propres contenant /u:/ :
Πετε-αμυνις/αμουνις : ⲁⲙⲟⲩⲛ, celui qu'Amon a donné;
Τατε-ανυβις/ανουβις : ⲁⲛⲟⲩⲡ, celle qu'Anubis a donnée;
Πετ-ενυρις/ονουρις : ⲁⲛϩⲟⲩⲣⲉ, celui qu'Onouris a donné;
'Αθυμις : ⲉⲧⲱⲙ, ⲁⲧⲟⲩⲙ, dieu Atoum;
Πα-μυθης/μουθης, celui de Mout;
Σεβ-εν-νυτος : B ϫⲉⲙ-ⲛⲟⲩϯ, le veau du dieu, cf. *Ψεμ-π-νουτις*, le fils du dieu;
Πα-χνυμις/χνουμις, celui de Khnoum.

37 Outre le ⲟⲩ allophone, le copte possède aussi un phonème /u:/, p.ex. dans ϩⲟⲩⲛ, l'intérieur; ⲥⲟⲩⲣⲉ, épine; ⲕⲣⲟⲩⲣ, grenouille. Ce dernier mot se trouve en transcription dans le n.p. *Πο-κρουρις*, celui de la (déesse) grenouille.

38 L'opposition entre SB ⲟ : AA₂F ⲁ fait supposer que le second est un /A/ postérieur /à/ et que le premier est un /O/ ouvert /ò/. Ex. ϩⲗⲟϭ : ϩⲗⲁϭ, être doux; ⲃⲟⲧⲉ : ⲃⲁⲧⲉ, abomination. Ceci est confirmé par les transcriptions grecques qui, avec une régularité remarquable, rendent le ⲟ copte par *ω*. Le o-mega grec avait, dans la langue classique, la valeur [ò:]; on l'a donc choisi pour son timbre en faisant abstraction de sa quantité.

Voici quelques anthroponymes transcrits en grec :
'Α-μωσις : *'Α-μασις* = ⲙⲟⲥⲉ : ⲙⲁⲥⲉ, la lune (ⲟⲟϩ, ⲁϩ-) est née;
Τα-φ-ιωμις : *Τα-φ-ιαμις* = ⲉⲓⲟⲙ : ⲉⲓⲁⲙ, celle de la mer;
Πα-τ-ουωμ(π)τις : *Πα-τ-ουαμ(π)τις* = ⲟⲩⲟⲙⲧⲉ : ⲟⲩⲁⲙⲧⲉ, celui de la grosse tour;
Π-οωρις : *Π-ουαρις* = ⲟⲩϩⲟⲣ : ⲟⲩϩⲁⲣ, le chien;
Πα-τ-σω[ντις] : *Πα-τ-σαντις* = ϣⲟⲛⲧⲉ : ϣⲁⲛⲧⲉ, celui de l'acacia;
Νεφερ-ως : *Νεφερ-ας* = ϩⲟ : ϩⲁ, le beau quant au visage;
Cf. en outre :
Πα-π-ωις : ⲟϩⲉ, celui de l'étable, ou du parc pour bestiaux;
Π-εβως : B ⲉⲃⲟ (S ⲙ̄ⲡⲟ), le muet;
Φαραω, *Φερως* : ⲡ-ⲣ̄ⲣⲟ', le roi;
Σαν-σνως : A ⲥⲁⲛ-ⲥⲛⲟ, (les) deux frères.

39 Il existe, en SB, un ⲁ qui est une variante combinatoire ou allophone de ⲟ, c.-à-d. il remplace celui-ci : partout devant h (et B ϧ); devant š qui correspond à A ⳉ; dans certains cas devant ' (aussi dans les formes correspondantes de B, où ' s'est amui) et en finale. L'influence des laryngales suggère qu'il a la même valeur /à/ que le ⲁ de AA_2F.

Ex. ⲙ̄ⲕⲁϩ, souffrir; ⲡⲁϩⲣⲉ : ⲫⲁϧⲣⲓ, médicament; ⲙⲁϣⲉ : ⲙⲁϣⲓ (A ⲙⲁⳉⲉ), balance; ⲟⲩⲁⲁⲃ : ⲟⲩⲁⲃ, pur; ⲧⲃⲁ : ⲑⲃⲁ, dix mille.

Le ⲟ se rencontre, au contraire, devant S 'h et dans les mots correspondants en B : ⲟⲟϩ : ⲓⲟϩ, lune; ⲕⲟⲟϩ : ⲕⲟϩ, angle; ⲥⲟⲟϩⲉ : ⲥⲟϩⲓ, redresser. — Autre exception : ϣⲟⲟⲡ : ϣⲟⲡ, étant; ⲙⲟⲟⲛⲉ : ⲙⲟⲛⲓ, nourrice; ϣⲟⲟⲙⲉ : ϣⲟⲙ, léger, etc.

Inversement, en AA_2 ⲟ est, dans certains cas, un allophone de /à/ devant ' et en finale : ⳉⲟⲟⲡ, étant; ⲉⲓⲟⲟⲣⲉ, fleuve; ⲃⲟⲟⲛⲉ, le mal; ⲧⲉⲕⲟ', détruire; ϩⲟ visage; aussi dans ⲟⲟϩ, ⲕⲟⲟϩ, ⲥⲟⲟϩⲉ. Mais ⲟⲩⲁⲁⲃⲉ : ⲟⲩⲁⲁⲃ, ⲧⲃⲁ, ⲥⲁ(ⲁ)ⲛⳉ : ⲥⲁⲛⲉϣ, faire vivre.

En FO, /à/ demeure : ϣⲁⲁⲡ, ⲙⲁⲁⲛⲓ, ⲓⲁⲁⲣ, ⲧⲁⲕⲁ', ⲁ(ⲁ)ϩ, ⲕⲁϩ.

40 L'opposition SB ⲁ : AA_2FO ⲉ révèle pour le premier une valeur de /A/ antérieur /á/ : ⲣⲁⲛ : ⲣⲉⲛ, nom; ⲟⲩϫⲁⲓ : ⲟⲩϫⲉ(ⲉ)ⲓ, être sain et sauf; ⲡⲁϣⲉ : ⲡⲉϣⲉ, moitié. Cela ressort en outre du fait qu'en S même, ⲉ est un allophone de /á/ devant h et, dans certains cas, devant ʾ et à la finale du mot. Exx. ⲧⲉϩⲛⲉ, front; ⲥⲉⲉⲡⲉ, rester; ϩⲉ(ⲉ), tomber (A ϩⲉ(ⲉ)ⲓⲉ); ⲁⲗⲉ', monter. Cf. cependant (S:A) ⲁⲁ⸗ϥ : ⲉⲉ⸗ϥ, le faire; ⲧⲁⲁ⸗ϥ : ⲧⲉⲉ⸗ϥ, le donner; ⲙⲁⲁϫⲉ : ⲙⲉⲉϫⲉ, oreille; ⲟⲩⲁ : ⲟⲩⲉ, un; ϣⲁ : ϣⲉ, nez.

En B, le ⲉ se présente dans les mêmes cas, malgré la chute de ʾ : ⲧⲉϩⲛⲓ, ⲥⲉⲡⲓ, ϩⲉⲓ (= /hej/), ⲁⲑⲣⲉ', jumeau.

En principe, ce ⲉ peut représenter le son le plus proche de [á], c.-à-d. [æ] (cf. angl. *cat*), ou un son un peu plus éloigné, p.ex. le *e* ouvert [è] de angl. *pen*. Il sera montré plus loin (§ 44) que cette dernière articulation est une des valeurs de ⲏ, avec laquelle ⲉ alterne d'ailleurs dans certaines conditions. Il s'ensuit qu'il faut voir dans ⲉ le phonème /æ/.

Puisque le grec ne possède ni [á] ni [æ], les transcriptions ne nous donnent aucune indication précise. Le premier est rendu par *α*, le second tantôt par *ϵ*, tantôt par *η* :

Θϵν-οβαστις :*Θϵν-οβϵστις*, la fille d'Oubastet;

Ψο-σναυς : *Σαν(ϵ)-σνϵυς* : *Σαν-σνως* = ⲥⲛⲁⲩ : ⲥⲛⲉⲩ : ⲥⲛⲟ, les deux frères;

Cf. *Πα-νι-σναυς* : *Πα-νϵ-σνϵυς*, *Πα-νϵ-σνηυ*, *Πα-νϵ-σνηους*, celui des deux (dieux);

Νϵβ-ρασι : *Νϵβ-ρησις* = ⲣⲁϣⲉ : ⲣⲉϣⲉ, la dame de la joie;

Π-ϵρπηις, *Π-ϵρφηις* = S ⲣ̄ⲡⲉ': B ⲉⲣⲫⲉⲓ, le temple;

Τηνις : ⲧⲉϩⲛⲉ, n.l. signifiant « front » (Gardiner, *On.*, II 93*);

Φατρης, *Φαθρης* : ϩⲁⲧⲣⲉ', le frère jumeau;

Νϵφϵρ-σης : ⲥⲉ, celui au beau siège.

41 Étant donné le rendement phonématique de l'opposition entre /á/ et /à/ en SB, il serait utile de la marquer dans l'orthographe, au moins chaque fois qu'une confusion est à craindre. Selon les règles énoncées, il ne peut y avoir qu'un /à/ devant h et ẖ. Le ⲁ qui ne se trouve pas devant h, ẖ, ʾ, š ou en finale est toujours /á/. Il suffira donc de marquer le /á/ lorsqu'il se trouve devant ʾ ou en finale : ⲁⲁ́⸗ϥ, ⲧⲁⲁ́⸗ϥ, ⲙⲁⲁ́ϫⲉ, ⲟⲩⲁ́, ϣⲁ́ (cf. § 40) et devant š : ⲡⲁ́ϣⲉ, moitié; ⲣⲁ́ϣⲉ, se réjouir.

42 Le problème du ⲏ est plus compliqué que ne l'ont reconnu Śmieszek et Knudsen dans les études mentionnées au § 33. Ayant remarqué que les Coptes de Zēnīya (cf. § 2) prononcent ⲏ tantôt [i:] tantôt [æ:] (comme angl. *man*; dans W. H. Worrell, *CT*, p. 314 svv. la transcription est toujours *ā*), W. Vycichl en conclut que le ⲏ du copte classique recouvre deux sons : [œ:] (comme fr. *eu*) et [é:] (*Nouveaux aspects de la langue égyptienne*, dans *BIFAO*, 58 [1959], p. 52). Th. O. Lambdin a pris comme point de départ la même prononciation, considérée comme traditionnelle; puis, en se fondant sur certaines données diachroniques et sur la comparaison entre les dialectes coptes, il a admis pour le ⲏ du copte classique deux valeurs, qu'il désigne par $\bar{e}_2$ et $\bar{e}_3$ (*The Bivalence of Coptic* Eta *and Related Problems in the Vocalization of Egyptian*, dans le *JNES*, 17 [1958], p. 177-193).

43 Le ⲏ qui se transcrit en grec par *ι* devait être un /E/ fermé long /é:/. Il ne pouvait d'abord pas être rendu par *η* parce que celui-ci représentait, en grec classique et au début de la période hellénistique, un /E/ ouvert long [è:]. Mais déjà avant le début du IIe siècle av. J.-C., *η* commença à se fermer en [é:] et des transcriptions en *η* apparaissent aussitôt à côté de celles en *ι*. À l'époque où fut établie l'orthographe copte, ⲏ pouvait donc noter ce son.

Voici quelques exemples :
'Αθριβις = ⲁⲑⲣⲏⲃⲓ, n.l. signifiant «le château (du pays) du milieu»;
'Ισις : Σεν-ησις = ⲏⲥⲉ, Isis; Le fils d'Isis;
Νεχθε-νιβις : Νεχτε-νηβις = B ⲛⲏⲃ, Puisse le seigneur être fort (ou victorieux);
Μοι-ρις : Μα-ρης = ⲣⲏ, l'ordre cosmique appartient à Rē (cf. J. Vergote, dans *Z. äg. Spr.*, 87 [1962], p. 66-76);
Κρικις : Κρηκις, n.l. = ϭⲉⲣⲏϭ, chasseur (cf. J. Yoyotte, dans *Rev. d'Égypt.*, 14 [1962], p. 84);
Cf. aussi ass. *Ḫininši* : ϩⲛⲏⲥ, n.l. Ahnās;
Νεφ-ο-ρ(ε)ιτης = ⲣⲏⲧ «Seine Grossen sind fest (stark) geworden» (Ranke, *PN*, I 170.18; II 62).

Certains de ces mots présentent, dans d'autres combinaisons, une voyelle *a*: ainsi ⲣⲏ dans *'Ρα-μεσσης*, C'est Rē qui l'a engendré; B ⲛⲏⲃ dans *Νεχθε-ναβυς*, Puisse son seigneur être fort (victorieux). En outre ϭⲉⲣⲏϭ, chasseur, devient au pluriel ϭⲉⲣⲁϭⲉ. Dans d'autres formes de pluriels, une forme en ⲏ s'oppose à une forme en ⲁ :
Plur. de ⲛⲟⲩⲧⲉ, dieu: ⲛ̄ⲧⲏⲣ et ⲛ̄ⲧⲁⲓⲣ; ⲛ̄ⲁⲉⲉⲣⲉ;
Plur. de ϭⲙⲉ, jardinier : ϭⲙⲏⲩ et ϭⲙⲁⲩⲉⲓ; ϭⲙⲉⲉⲩ etc.

La même opposition se retrouve dans les prépositions :

ⲛⲁϥ, à lui : ⲛⲏⲧⲛ̄, à vous; ⲛ̄ⲙⲙⲁϥ, avec lui : ⲛ̄ⲙⲙⲏⲧⲛ̄, avec vous;

ⲉϩⲣⲁϥ, vers lui : ⲉϩⲣⲏⲧⲛ̄, vers vous; (ⲛ̄)ⲛⲁϩⲣⲁϥ, devant lui: ⲛⲁϩⲣⲏⲧⲛ̄, devant vous.

Étant donné que /i:/ en syllabe ouverte est normalement le pendant de /á/ en syllabe fermée (§ 71), il faut supposer que le premier phonème s'est, dans ces mots, ouvert en [é:]. La cause du changement paraît être, sauf pour ⲏⲥⲉ, le voisinage d'une sonante ou d'une semi-voyelle. C'est pourquoi nous considérons ce /é:/ comme un allophone de /i:/.

/i:/ ne change pas dans les infinitifs de la classe *i* (§ 106, p.ex. ⲉⲓⲛⲉ, apporter) ni dans les substantifs de cette classe lorsqu'ils se présentent comme des « noms du grand nombre » (§ 97, ex. ⲧⲣⲓⲙ, trèfle; ⲥⲓⲙ, herbe).

Le nom précité *Νεφορ(ε)ιτης*, si l'interprétation en est exacte, contient le qualitatif ⲣⲏⲧ du verbe ⲣⲱⲧ, croître. D'autre part le nom *Ἁρ-κιν(ν)ις* doit être rapproché de *ḥr-ḳn.w*, Horus a vaincu (Ranke, *PN*, II 81, n. 2); le verbe dont il comprend le qualitatif *ⲕⲏⲛ doit alors être *ḳn*, à 2 radicales, non *ḳnỉ*. Le seul autre qualitatif d'un verbe monosyllabique de la classe *o* qui soit attesté en transcription grecque, à savoir ⲙⲏⲛ de ⲙⲟⲩⲛ, demeurer, ne présente que des formes en *η* : *Μαρα-, Φρα-, Σοκ-μηνις*, Marês, Le (dieu) Rē, Sobek est durable, etc. En nous fondant sur ces indices nous proposons la valeur /é:/ pour le ⲏ des qualitatifs de ce type : ⲕⲏⲧ, bâti; ⲏⲡ, compté; ϩⲏⲡ, caché, ainsi que pour ϩⲏⲙ, ⲕⲏⲙ, de ϩⲙⲟⲙ, être chaud; ⲕⲙⲟⲙ, devenir noir etc.

44 Dans d'autres mots coptes, ⲏ n'a apparemment aucune relation avec /i:/. Contrairement à l'allophone précédent, il est un phonème qui caractérise une classe *e* de substantifs et de verbes, opposée à la classe *i* et à la classe *o*; exx. ⲡⲣⲏϣ, natte, couverture; ⲕⲙⲏⲙⲉ, obscurité; ϩⲏ, partie antérieure, début (§ 98).

On reconnaîtra ces types de mots dans les transcriptions

Ἀμεν-εμμ-ης, Μεντ-εμ-ης : ϩⲏ, Amon, Montou est devant;

Σα-χπηρις : *ϩⲡⲏⲣⲉ, celui qui vint le premier à l'existence (cf. ϣⲱⲡⲉ : ϩⲱⲡⲉ, devenir).

Dans cette classe de substantifs, il y a même lieu de distinguer une catégorie où, au masculin et au féminin, ⲏ est une voyelle brève.

Alors que pour les autres voyelles l'opposition entre longue et brève est en général scrupuleusement respectée, un certain nombre de mots en ⲏ présentent des variantes en ⲉ et même des variantes à sonante (§ 54). Ou bien les transcriptions grecques comprennent des formes en ε à côté de formes en η. Étant donné que ces variantes ne sont pas, comme les allophones, déterminées par des règles phonétiques, elles sont des variantes libres.

Voici quelques exemples importants :

B ⲟⲩⲏϣⲥⲓ, ⲟⲩⲉϣⲥⲓ : S ⲟⲩⲉϣⲥ(ⲉ), largeur;
S ⲛⲏⲃⲧⲉ : B ⲛⲉⲃϯ, tressage, claie;
S ⲙⲏⲣϣ : ⲙⲉⲣϣ : ⲙⲣ̄ϣ, homme roux, en grec *Π-μερσις*;
S ϩⲏⲙϫ : ϩⲉⲙϫ : ϩⲙ̄ϫ, vinaigre;
S ⲛⲏ : vieux copte ⲛⲉ, Thèbes (litt. la ville) : *Πα-νε(ς)*, *Πα-νη(ς)*, celui de Thèbes;
S ϣⲏⲙ : ϣⲙ̄ : S^a ϩⲏⲙ : ϩⲙ̄ : A ⳉⲏⲙ, petite personne, chose, quantité : *Ψεμ*, cf. *Βησ-σημ*, Bes le petit; *Παχομ-χημις*, Pakhôme le petit;
S ⲟⲩⲏⲣ, combien grand? combien? cf. *Π-ουηρις*, *Π-ουερις*, le grand (homme);
S ⲏⲣⲡ : anc. nubien ⲟⲣⲡ, vin : *ἔρπις* (Hipponax);
S ⲕⲏⲙⲉ, Égypte (litt. le [pays] noir) : *Π-κημις*, *Π-κεμις*, l'(homme) noir.

Dans les deux premiers mots, la syllabe fermée fait apparaître comme irrégulier un ⲏ long (voir § 71). Dans le dernier, la comparaison avec ⲕⲙⲟⲙ, devenir noir, ⲕⲙⲏⲙⲉ, obscurité, fait également conclure à une syllabe fermée à voyelle brève /kemmə/. Mais en dehors de quelques cas exceptionnels de ce genre, seule l'étude diachronique peut nous renseigner sur la quantité de ⲏ.

Il est à remarquer que, contrairement aux transcriptions grecques citées dans le § 43, celles examinées dans le présent paragraphe ne présentent pas de variantes en ι [1]). Ce fait, de même que l'alternance

[1]) Une seule exception se présente, à notre connaissance, dans le nom du faucon ⲃⲏϭ. Les variantes S ⲃⲉϭ, ⲃϭ : B ⲃⲏϫ, ⲃⲉϫⲓ montrent que ⲏ est ici de la même nature que dans les mots susmentionnés. Cependant F a, outre ⲃⲏϭ, la variante ⲃⲓϭ. Dans les anthroponymes, où ce nom intervient dans de nombreuses combinaisons, la forme *β(ε)ιχις*, *βικις* se trouve en règle générale dans les documents appartenant à l'aire du fayoumique, s'étendant à Oxyrhynque et au SW du Delta (P. Brux. Inv. E 7616).

avec ⲉ = [æ], nous font supposer que ⲏ représente ici le phonème le plus proche de celui-ci, à savoir tantôt /è/ tantôt /è:/. Il faut donc conclure que dans les transcriptions les plus anciennes les Grecs ont utilisé η avec sa valeur classique en faisant abstraction de sa quantité. Les Coptes, de leur côté, ont donné ici à ⲏ deux valeurs conventionnelles, dont l'une, /è:/, leur était peut-être connue grâce à une certaine tradition scolaire du grec ancien. Si, dans l'orthographe copte ou dans la translitération, on veut distinguer entre les trois valeurs de *êta*, nous proposons : ⲏ́ = *ē* = /é:/; ⲏ = *ê* = /è:/; ⲏ̀ = *è* = /è/.

À côté des variantes libres susmentionnées il existe aussi un ⲉ = /æ/ allophone de /è/ devant ʾ et en finale du mot : SAA₂ ϣⲉⲉⲣⲉ : B ϣⲉⲣⲓ, fille; A ⲙⲉⲉⲣⲉ : B ⲙⲉⲣⲓ, midi; mais F ϣⲏⲏⲗⲓ, ⲙⲏⲏⲣⲉ (voir ci-après); S ⲙⲉ, vérité, justice. Mais ⲏ se conserve dans S ⲟⲩⲏⲏⲃ, prêtre; ⲧⲏⲏⲃⲉ, doigt; ⲙⲏⲏϣⲉ, foule, et dans les formes correspondantes de BA₂ (F irrégulier).

45 Le ⲏ doit aussi être bref [è] lorsqu'en F il se substitue à ⲉ devant ʾ et à la fin du mot : (A : F) ⲥⲉⲉⲡⲉ : ⲥⲏⲏⲡⲓ, rester; ⲙⲉⲉⲩⲉ : ⲙⲏ(ⲏ)ⲟⲩⲓ, penser; ϩⲉ(ⲉ)ⲓⲉ : ϩⲏ(ⲏ)ⲓ, tomber; ϩⲉ : ϩⲏ, manière; ⲙⲛ̄ⲧⲣⲉ' : ⲙⲉⲧⲣⲏ, témoin; devant j précédant une consonne : ⲙⲉⲉⲓⲛⲉ : ⲙⲏⲓⲛ, signe; en outre dans F ⲛⲏⲓ, ⲛⲏⲕ, ⲛⲏϥ (A ⲛⲉⲓ, ⲛⲉⲕ, ⲛⲉϥ), à moi, à toi, à lui; et dans ⲉϩⲗⲏⲓ (S ⲉϩⲣⲁⲓ), vers le haut, vers le bas.

A₂ présente un /á/ comme allophone de ⲉ = /æ/ devant j non final : ⲙⲁⲉⲓⲛ, signe; ϩⲁⲉⲓⲉ, tomber; ⲙⲁⲉⲓⲉ, aimer.

46 En B, ⲏ se substitue dans certains cas à /á/ devant j précédant une consonne et devant j final : (S : B) ⲙⲁⲉⲓⲛ : ⲙⲏⲓⲛⲓ, signe; ⲧⲁ̈ⲁ̈=ⲩ : ⲧⲏⲓⲧ=ⲟⲩ, les donner; ⲛⲁ=ⲓ : ⲛⲏ=ⲓ, à moi; ⲉϩⲣⲁⲓ : ⲉϩⲣⲏⲓ, vers le haut; ⲉϧⲣⲏⲓ, vers le bas.

Mais ⲁⲓⲧ=ⲟⲩ, les faire; ⲟⲩϫⲁⲓ ,être indemne, etc.

B ⲱ est un allophone de /ò/ dans certains cas devant w et j: ⲙⲱⲟⲩ, eau; ⲣⲱⲟⲩϣ, prendre soin de, souci; ⲉⲣⲱ=ⲟⲩ, vers eux (S ⲙⲟⲟⲩ, ⲣⲟⲟⲩϣ, ⲉⲣⲟ=ⲟⲩ); ⲱⲓⲕ, pain; ⲛⲱⲓⲧ, farine (S ⲟⲉⲓⲕ, ⲛⲟⲉⲓⲧ).

Mais : ⲉϩⲟⲟⲩ, jour; ⲥⲟⲟⲩ, six; ⲧⲟⲟⲩⲓ, matin; ϫⲫⲟⲓ, bras; ⲟⲓ, étant; ϫⲟⲓ, bateau.

Le parallélisme avec ⲱ = /ó/ nous fait supposer ici dans ⲏ un /E/ fermé /é/.

47 Inversement, en BF, dans de nombreux cas, ⲏ représentant

/é:/ (§ 43) s'ouvre en /æ/ et ⲱ/ⲟⲩ (plus rarement en F) s'ouvre en /ò/ devant h : ⲙⲉϩ, rempli; ⲟⲩⲉϩ, mis; (S ⲙⲏϩ, ⲟⲩⲏϩ); ⲫⲟϩ, atteindre; ⲙⲟϩ, remplir; ⲟϩⲓ, se tenir (debout); ⲛⲟϩⲉⲙ, sauver (S ⲡⲱϩ, ⲙⲟⲩϩ, ⲱϩⲉ, ⲛⲟⲩϩⲙ̄).

Cf. cependant ⲑⲱϩⲉⲙ, inviter; ⲟⲩⲱϩⲉⲙ, répéter, répondre; ⲛⲟⲩϩⲓ, sycomore (S ⲧⲱϩⲙ̄, ⲟⲩⲱϩⲙ̄, ⲛⲟⲩϩⲉ).

La principale caractéristique du dialecte O est la substitution totale, sauf en finale, de ⲟ à ⲱ (cf. § 36).

Dans les phénomènes décrits aux §§ 45-47, l'opposition entre voyelle longue et voyelle brève paraît être complètement neutralisée.

48 Jusqu'ici on pouvait supposer que l'allophone est généralement le son le plus voisin du phonème auquel il se substitue. Parfois, cependant, l'écart entre les deux est plus grand. Outre le cas précité de B, où /á/ est remplacé par /é/ dans ⲙⲏⲓⲛⲓ, etc., il faut signaler, en A, la substitution de /ò/ à /æw/ en finale : ⲛⲟ, voir; heure; ⲙ̄ⲙⲟ, là-bas (A_2F ⲛⲉⲩ, ⲙ̄ⲙⲉⲩ).

49 En A, /i:/ est un allophone de /è:/ devant ʾ et en finale : ⲙⲓⲉ, vérité, justice; ⲉϩⲓ, partie antérieure, début (SAA_2 ⲙⲏⲉ, SA_2 ⲉϩⲏ). De même, /i/ se substitue à /è/ devant ʾ : ϯⲉⲓⲃⲉ, doigt; ⲟⲩⲓⲉⲓⲃⲉ, prêtre (SA_2 ⲧⲏⲏⲃⲉ, ⲟⲩⲏⲏⲃ,).

50 En F (et en O) /æ/ est une variante combinatoire de /à/, dans certains cas, devant h, ʾ, š et en finale : (ⲉ)ⲙⲕⲉϩ, souffrir; ⲡⲉϩⲗⲓ, médicament; ⲟⲩⲉⲉⲃ, pur; ⲕⲉⲉ⸗ⲥ, la placer; ⲟⲩⲃⲉϣ, devenir blanc; ⲛⲉϣϯ, force, protection; ⲧⲃⲉ, dix-mille (SA ⲙ̄ⲕⲁϩ, ⲡⲁϩⲣⲉ : ⲡⲁϩⲣⲉ, ⲟⲩⲁⲁⲃ : ⲟⲩⲁⲁⲃⲉ, ⲕⲁⲁ⸗ⲥ, ⲟⲩⲃⲁϣ : ⲟⲩⲃⲁϩ, ⲛⲁϣⲧⲉ : ⲛⲁϩⲧⲉ, ⲧⲃⲁ).

Cf. cependant : ⲧⲁϩⲉⲙ, invité; ⲟⲩⲁϩⲙ⸗, répéter; ⲙⲁⲁⲛⲓ, ⲧⲁⲕⲁ (§ 39); ⲧⲁϣ, frontière.

II. *Les voyelles dans les syllabes atones*

51 Lorsqu'on examine les voyelles qui figurent en syllabe non accentuée, il est utile d'introduire la notion de *monème*, désignant la plus petite unité de la langue qui comprend un signifiant et un signifié (cf. infra § 75, Remarque). Le monème peut être un sémantème, c.-à-d. un substantif, un adjectif, un verbe, ou, d'autre part, un morphème, c.-à-d. un des outils grammaticaux. Le mot, caractérisé par l'unité d'accent, se compose souvent de deux ou de plusieurs monèmes : ex. ϭⲃ-ϫⲟⲉⲓⲧ, feuille d'olivier (de ϭⲱ(ⲱ)ⲃⲉ); ⲁ-ϥ-ϩⲉⲧⲃ-ⲡ-ⲣⲱⲙⲉ, il (ϥ) tu (ϩⲉⲧⲃ) -a (ⲁ) l'(ⲡ) homme (ⲣⲱⲙⲉ) (de ϩⲱⲧⲃ). Nous caractérisons dans la suite la forme atone en la faisant suivre d'un petit trait : ϭⲃ̄-, ϩⲉⲧⲃ̄-. Parmi les morphèmes, l'article, les pronoms, les prépositions, les conjonctions, les nombreux «préfixes» de la conjugaison s'appuient la plupart des fois sur un substantif ou sur un verbe et sont par conséquent dépourvus d'accent. Lorsque, dans ces morphèmes, il n'y a pas d'alternance, comme dans l'article défini ⲡ : ⲡⲉ etc., l'opposition entre ⲉ et ⲁ a souvent une valeur phonématique. Elle sert ainsi, par exemple, à distinguer en S le Parfait I ⲁ⸗ϥ- du Circonstanciel du Présent ⲉ⸗ϥ-. Quoique leurs rapports respectifs ne changent pas selon les dialectes, ainsi que c'est le cas pour ⲉ, ⲁ accentués, il est à supposer qu'ils ont la même valeur phonétique que ceux-ci, à savoir /æ/ et /à/.

Une opposition régulière se rencontre p.ex. dans la préposition « vers », soit seule soit dans ses nombreuses combinaisons : Ex. SBF(O) ⲉ-, ⲉⲣⲟ⸗ : ⲉⲗⲁ⸗, vers; ⲉⲃⲟⲗ : ⲉⲃⲁⲗ, dehors; ⲉϩⲟⲩⲛ : ⲉⳉⲟⲩⲛ, à l'intérieur; ⲉⲛⲉϩ, éternellement — AA₂ ⲁ-, ⲁⲣⲁ⸗, ⲁⲃⲁⲗ, ⲁⳉⲟⲩⲛ : ⲁϩⲟⲩⲛ, ⲁⲛⲏϩⲉ. On peut lui comparer SBF ⲡⲉ̱ϫⲁ⸗ϥ : AA₂ ⲡⲁ̱ϫⲉ⸗ϥ il dit.

52 La syllabe atone présente en SAA₂ un des trois types suivants. 1. Elle se compose de deux ou de trois consonnes non sonantes; elle est dépourvue de voyelle et marquée par la surligne : ⲥⲱ-ⲧ̄ⲡ̄, choisir; ⲧ̄ⲥ̄-ⲧⲟ /təs-tò/, rejeter, repousser; ⲧ̄ϩ̄-ⲡⲟ /thə-pò/, accompagner; ⲥⲟⲧ̄ⲡ̄ϥ̄, le choisir, à diviser en /sò-tpəf/ (cf. § 68). 2. Elle est constituée par une sonante décroissante ou par 2, 3 ou 4 consonnes dont la 2ᵉ ou la 3ᵉ est une sonante décroissante; elle est dépourvue de voyelle et marquée par la surligne : ⲙ̄-ⲕⲁϩ, souffrir; ϣⲣ̄-ϣⲱⲣ⸗ϥ, l'abattre; ⲙⲛ̄ⲧ-ⲣⲱⲙⲉ, humanité; ⲛⲁ-ϩⲙⲛ̄, nous sauver; ⲡϣⲙ̄ⲧ-ϣⲉ, les 300; ϩⲱ-ⲧⲃ̄, tuer; ϣⲧⲟⲣ-ⲧⲣ̄, troubler. En A, toutefois, cette sonante en fin de mot devient croissante et la dernière syllabe est du type 3 : ⳉⲱ-ⲧⲃⲉ, ⳉⲧⲁⲣ-ⲧⲣⲉ; en A₂ seulement dans le groupe *-wn* : ⲥⲁⲩⲛⲉ, savoir. 3. Elle est constituée par un ⲉ initial : ⲉ-ϩⲉ', vache, ou par une ou deux consonnes précédées ou suivies de ⲉ : ⲉⲙⲥ-, immerger; ϭⲉ-ⲣⲏϭ, chasseur; ⲥⲉ-ⲧ̄ⲡ̄-, choisir, notamment en finale : ⲕⲱ-ⲧⲉ, tourner; ⲱ-ⲛⲉ, pierre; enfin par CeC, la dernière consonne (C) n'étant pas une sonante : ⲕⲉⲧ-, tourner; ⲙⲉⲥ-, engendrer, ou par CCeC, lorsque la seconde consonne est une sonante : ϩⲟ-ⲧⲃⲉϥ, le tuer. Cette dernière graphie, contrastant avec ⲥⲟ-ⲧⲡ̄ϥ̄ (sans sonante) ci-dessus, est usuelle dans les manuscrits soignés.

Il est hautement probable que le pcint vocalique des syllabes du premier et du deuxième type a la résonance de la voyelle médiane [ə], qui se trouve aussi en syllabe atone dans beaucoup d'autres langues. Mais la même valeur revient sans doute aussi au ⲉ des syllabes du troisième type. Ici encore, les exemples ne manquent pas en dehors du copte. On s'imagine mal comment la syllabe initiale de ⲉϩⲉ', ou finale de ⲕⲱⲧⲉ, pourrait être rendue graphiquement sinon par ⲉ. Les graphies ⲉⲙⲥ-, ⲥⲉⲧⲡ-, ⲕⲉⲧ- attestent mieux que *ⲙ̄ⲥ-, *ⲥⲧ̄ⲡ̄-, *ⲕ̄ⲧ̄- les rapports de ces monèmes avec ⲱⲙ̄ⲥ̄, ⲥⲱⲧ̄ⲡ̄, ⲕⲱⲧⲉ. D'ailleurs, ⲥⲧ̄ⲡ̄- pouvait se lire aussi bien /stəp/.

Nous croyons donc que nous avons, dans ces trois types de syllabes, affaire à un même phonème /ə/. Celui qui se rencontre dans les syllabes du premier type sera considéré comme l'archiphonème et noté $ə_1$; les deux autres, $ə_2$ et $ə_3$, seront traités comme des réalisations différentes de celui-ci. Remarquons que ces chiffres sont différents de ceux adoptés par Knudsen (cf. § 33c).

L'hypothèse précitée est corroborée par les transcriptions grecques qui rendent /$ə_2$/ par o-micron = [ó], le son qui est en grec le plus proche de la voyelle médiane. Des variantes, qui apparaissent à la même époque, montrent qu'on a aussi employé ϵ avec la valeur conventionnelle [ə]. Voici quelques exemples :

Μοντ-ομμ-ης [II a] : *Μεντ-εμ-ης* [II a] = *ⲙⲛ̄ⲧ-ⲙ̄-(ϩ)ⲏ, Montou est devant;

Νοβ-ωνχις [III a] : *Νεβ-ωνυχος* [III a] = *ⲛ(ⲉ)ⲃ-ⲟⲛϩ, le seigneur est vivant;

Χαπ-ον-χω(ν)σις [II a] = *ⲛ̄-ϩⲟⲛⲥ (seul ϣⲟⲛⲥ est attesté), qu'il vive pour Khonsou;

'Οσορ-απις [II a] : *'Οσερ-απις* [III a] = ⲟⲩⲥⲣ̄-, l'Osiris Apis.

Or, les exemples suivants de /$ə_3$/ sont transcrits de la même manière, ce qui plaide en faveur de la valeur [ə] de ce ⲉ :

Τ-βοκ-ανουπις = *ⲃⲉⲕ-, la servante d'Anoubis;

Βοκ-ο-ρινις [III a] : *Βοκχ-ο-ρις* [Diod.] (pour *Βοκ-ον-ρις*) = *ⲃⲉⲕ-ⲛ̄-ⲣⲓⲛ(ϥ), le serviteur de son nom.

Μον-κο-ρης : Μεν-χε-ρης, le ka (ⲕⲉ-) de Rē est durable;
'Οβοστ-ορταις [III a] : *'Οβεστ-ερταις* [III a] = *ⲟⲩⲃⲉⲥⲧ-ⲣ̄ⲧⲁⲓ⸗ⲥ, c'est Oubastet qui l'a donné(e).

53 En B, /ə₂/ n'existe qu'à l'initiale du monème : dans les manuscrits les plus anciens, ⲙ et ⲛ en fonction vocalique sont marqués, non par la surligne, mais par un point ou un accent qu'on appelle le ϫⲓⲛⲕⲓⲙ : ⲙ̇ⲕⲁϩ, souffrir; ⲛ̇ⲕⲟⲧ, dormir; ⲁϥⲙ̇ⲙⲁⲩ, c'est là qu'il est. En F, /ə₂/ y est remplacé par ⲉ + sonante : ⲉⲙⲕⲉϩ, ⲉⲛⲕⲁⲧ(ⲕ). Ce même phénomène se présente, en BF, pour ⲣ, ⲗ à l'initiale, en BFO pour la sonante voyelle en toute autre position : ⲉⲣⲟⲩⲟⲧ : (ⲉ)ⲗⲟⲩⲁⲧ, être joyeux; ϣⲉⲣϣⲱⲣ⸗ϥ : ϣⲉⲗϣⲱⲗ⸗ϥ, l'abattre; ⲥⲱⲧⲉⲙ, ⲥⲉⲧⲉⲙ-, entendre; ϣⲧⲟⲣⲧⲉⲣ : ϣⲧⲁⲗⲧⲉⲗ, troubler. Nous n'assimilerons pas ce ⲉ à /ə₃/. Puisque B possède le /ə₁/ et que les sonantes sont précisément les sons les plus aptes à remplir la fonction de voyelle, ce ⲉ ne peut être une réalisation différente de /ə₂/. La régularité du phénomène montre qu'il s'agit d'un allophone de /ə₁/ et fait supposer pour ce ⲉ la valeur [æ]. En effet, si les sonantes peuvent absorber une voyelle précédente, elles tendent parfois aussi à lui céder leur sonorité. En anglais, *children* se prononce [čəldrən]; en allemand *wird* devient souvent [vərt]. Mais, d'autre part, la sonante allonge la voyelle dans angl. *child, kind, land,* etc. Le développement d'une voyelle devant la sonante n'est qu'un autre aspect de la même tendance.

54 En S /ə₂/ figure aussi en syllabe accentuée en tant qu'allophone de /á/, en AA₂ en tant qu'allophone de /æ/ lorsque la sonante ne se trouve pas en finale (comme dans S ⲣⲁⲛ : AA₂ ⲣⲉⲛ, nom); exx. ⲃⲗ̄ϫⲉ, potterie, tesson; S ⲕⲛ̄ⲛⲉ : AA₂ ⲕⲛ̄ⲛ(ⲉ)ⲓⲉ, être gras; SA₂ ⲧⲗ̄ⲧⲗ̄ : A ⲧⲗ̄ⲧⲗⲉ, tomber goutte à goutte; ϣⲙ̄ϣⲉ, servir.

Dans ces mêmes dialectes, /ə₂/ peut être une variante libre de /è/ : ⲙⲣ̄ϣ, homme roux; ϩⲙ̄ϫ, vinaigre (cf. ⲙⲏⲣϣ, ϩⲏⲙϫ, § 44).

Le /ə₂/ accentué est transcrit en grec de la même manière que celui en syllabe atone :
Τ-ουορτις : Τ-ουερτις = ⲧ-ⲟⲩⲣ̄ⲧ /twərt/, la rose;
Τ-σονε-σοντις : *Τ-σενε-σονθις* = *ⲧ-ⲥⲉⲛⲉ-ⲥⲛ̄ⲧⲉ, les deux sœurs.

55 En B (et O), ce /á/ accentué devant une sonante ne se trouvant pas en finale a comme allophone /æ/ : ⲃⲉⲗϫ, ⲕⲉⲛⲓ, ⲧⲉⲗⲧⲉⲗ, ϣⲉⲙϣⲓ; cf. aussi les états pronominaux : ⲉⲛ⸗ϥ, l'amener; ϫⲉⲙ⸗ϥ, le trouver (de ⲓⲛⲓ, ϫⲓⲙⲓ). En F, /æ/ dans la même position est remplacé par ⲏ : ⲃⲏⲗϫⲓ, ⲕⲏⲛⲛⲓ, ϣⲏⲙϣⲓ. Cependant le phonème /æ/ s'est conservé dans ⲉⲛⲧ⸗ϥ, ϭⲉⲛⲧ⸗ϥ. Le timbre de ce ⲏ, auquel nous attribuons la valeur /è/ (bref), est un nouvel argument pour voir dans le ⲉ devant sonante, en BF, le son voisin /æ/.

56 En BF, /i/ est une variante combinatoire de /ə₃/ à la fin du mot : ⲱⲛⲓ, pierre; ⲕⲱϯ, tourner (S ⲱⲛⲉ, ⲕⲱⲧⲉ). En F, toutefois, /ə₃/ se maintient lorsqu'un ʾ précède la dernière radicale : ⲙⲉⲉϫⲉ, oreille; ⲙⲏⲏϣⲉ, foule; ⲧⲱⲱⲃⲉ, rétribuer, etc. (H. J. Polotsky, dans *Z.äg.Spr.*, 67 [1931], p. 74-77). Dans le dialecte P (cf. supra, § 5), un *a* correspond au *e* final dans les mêmes mots : ⲙⲁϣⲧⲁ, ⲙⲏϣⲁ, ⲧⲱⲃⲁ, etc. (E. Edel, *Z.äg.Spr.*, 86 [1961], p. 106, n. 1).

Dans quelques textes représentant un subdialecte de A₂ (Acta Pauli, Ascensio Isaiae, Genèse de Berlin, Evangelium Veritatis), /i/ se substitue à /ə₃/ final dans le Qualitatif des verbes du type ϫⲓⲥⲉ, p.ex. ϫⲁⲥⲓ, élevé; ⲥⲁϣⲓ, étant amer (S ϫⲟⲥⲉ, ⲥⲁϣⲉ), dans certains pluriels : ⲉⲓⲁϯ, pères; ϩⲁⲗⲉϯ, oiseaux (S ⲉⲓⲟⲧⲉ, ϩⲁⲗⲁ́(ⲁ́)ⲧⲉ) et dans certains mots masculins, p.ex. ⲥⲁⲛⲓ voleur; ⲛⲁⲃⲓ, péché (S ⲥⲟ(ⲟ)ⲛⲉ, ⲛⲟⲃⲉ), cf. Edel, *art. cité*, p. 103-106.

Il se trouve, d'autre part, sporadiquement dans quelques manuscrits SAF un /i/ en tant que variante libre de /ə₃/ dans des mots tels que ϭⲓⲥ-, ϫⲓ-, ϭⲓⲡⲏ, pour ϭⲉⲥ-, moitié; ϫⲉ-, dire; ϭⲉⲡⲏ, hâte.

En S, /u/ peut figurer comme variante libre de /ə₃/ : régulièrement dans ⲡⲟⲩ-, ton (de toi [femme]); parfois dans le suffixe de la 3ᵉ pers. plur. -ⲥⲟⲩ au lieu de -ⲥⲉ, plus rarement dans ⲧⲱⲛⲟⲩ, très, et dans ⲧⲟⲩⲛⲟⲩ ⲉⲓⲁⲧ⸗, pour ⲧⲟⲩⲛⲉ ⲉⲓⲁⲧ⸗, révéler. A présente lui aussi la variante ⲧⲟⲩⲛⲟⲩ ⲉⲓⲉⲧ⸗.

57 Dans tous les dialectes, certains mots présentent en syllabe atone un /à/ qui n'est pas un phonème (cf. § 51) mais une variante libre de /ə₃/. Le même mot s'écrit tantôt ⲉϫⲱ tantôt ⲁϫⲱ, tenaille, pince, en S; un autre ⲁϫⲱ et ⲉϫⲱ, vipère, en B. Au contraire, le ⲁ apparaît régulièrement dans SB ⲁⲛⲟⲕ, moi; ⲁⲙⲛ̄ⲧⲉ : ⲁⲙⲉⲛϯ, Hadès; (ϩ)ⲁⲣⲉϩ, garder; ⲁⲛⲁϣ, serment; ⲁⲗⲉʾ : ⲁⲗⲏⲓ, monter; ⲧⲁⲕⲟ, détruire; ⲧⲁⲛϩⲟ : ⲧⲁⲛϧⲟ, vivifier = AA₂FO ⲁⲛⲁⲕ, ⲁⲣⲏϩ : ⲁⲗⲉϩ (A plus souvent ⲉⲣⲉϩ, ⲉⲣⲏϩ ou ⲁ/ⲉⲣⲏϩⲧⲉ); ⲁⲛⲁϩ : ⲁⲛⲉϣ; F ⲁⲗⲏ. Mais AA₂ ⲉⲙⲛ̄ⲧⲉ, ⲧⲉⲕⲟ, A ⲧⲛ̄ϩⲟ. Inversement AA₂ et B donnent la préférence à /à/ dans les verbes présentant un ϩ : ⲛⲁϩⲙⲉ- : ⲛⲁϩⲙ- : ⲛⲁϩⲉⲙ-, sauver; ⲙⲁϩ-, remplir, etc.

En F, plus rarement en S, /à/ apparaît parfois comme variante libre de /ə₁/ devant h et après sonante ou semi-voyelle : ⲱⲛⲁϩ, vivre; ⲧⲱⲃⲁϩ, prier; ⲥⲱⲟⲩⲁϩ, rassembler.

58 Tous les dialectes possèdent un ⲟⲩ et un ⲓ en syllabe atone. Les exemples S ϩⲟⲩ-ⲙⲓⲥⲉ, jour anniversaire (de ϩⲟⲟⲩ, jour) et SB ⲧⲟⲩ(ⲉ)ⲓⲟ' : F ⲧⲟⲩⲓⲁ', éloigner (causatif de ⲟⲩⲉ, être loin), comparés à ϭⲃ̄-ϫⲟⲉⲓⲧ, feuille d'olivier (de ϭⲱⲱⲃⲉ) et à ⲧⲙ̄ϩⲟ', allumer (causatif de ⲙⲟⲩϩ, brûler) montrent que dans les syllabes *həw*, *təw* la semi-voyelle est devenue formateur de syllabe en se transformant en voyelle. Ce /u/ doit donc être considéré comme une variante combinatoire de /ə₁/ devant w.

Les transcriptions grecques, qui rendent /u/ par *ο* = [ó], *υ* = [u] ou par *ου*, montrent que cette voyelle peut aussi se substituer à *wə*- (cf. d'ailleurs ⲥⲟⲩⲗⲱⲗ⸗ϥ, l'envelopper, de ⲥⲟⲩⲟⲗⲟⲩⲗ̄ = /swólwəl/). Il en ressort en outre que sporadiquement /ə/ pouvait se maintenir.

Exemples de *əw*- :

Φθο-σνευς = *ϥⲧⲟⲩ-ⲥⲛⲏⲩ (de ϥⲧⲟⲟⲩ), (les) quatre frères;
Θοτ-μωσις : *Τυθ-μωσις* : *Τουθ-μωσις* = *ⲑⲟⲩⲧ-ⲙⲟⲥⲉ (de ⲑⲟⲟⲩⲧ), Thot est né ;
Φοτ-νουφις (de ⲡ-ϩⲟⲟⲩⲧ), le bon mâle;

Φθο-μι[νις] : *Φθου-μινις* (de ⲡ-ⲧⲏⲩ), le souffle de Mîn.

Exemples de *wə*- :

'Ον-νωφρι(ο)ς: *Οὐν-νωφρις*: *Οὐε-νωφρις*: *Γε(ν)-νωφρις* = *ⲟⲩⲛ̄-ⲛⲟϥⲣ̄, l'être est bon (cf. ⲟⲩⲟⲛ, quelqu'un, quelque chose);
'Ορσε-νουφις : *Οὐρσε-νουφις* : *Οὐερσε-νουφις* = *ⲟⲩⲣ̄ϣⲉ-, le bon gardien;
Τ-ορτ-ομ-μινις: ⲧ-ⲟⲩⲣⲧ-, la rose de Mîn;
Π-ορ-εϊβτις : *Π-ουρ-εγεβθις*, le grand de l'Orient (cf. ⲟⲩⲏⲣ, combien grand ?);
Π-ορ-τιος : *Π-ορ-τιους* : *Π-ουρ-τιϋ* = *ⲡ-ⲟⲩⲣ-ϯⲟⲩ, le (plus) grand des cinq.

De la même manière, dans SAF ⲥϯ-ⲛⲟⲩϥⲉ, bonne odeur, parfum, /i/ dérive de /stəj/, état atone de ⲥⲧⲟⲓ. Dans S ϥⲓ ⲣⲟⲟⲩϣ : B ϥⲓ ⲣⲱⲟⲩϣ : AA₂ ϥⲓ ⲣⲁ(ⲟ)ⲩϣ : F ϥⲓ ⲗⲁ(ⲟ)ⲩϣ, prendre soin de; S ϫⲓ ϩⲁⲡ : B ϭⲓ ϩⲁⲡ : AA₂F ϫⲓ ϩⲉⲡ, passer en jugement, /i/ semble être une simple réduction du /i:/ des infinitifs ϥⲓ et ϫⲓ : ϭⲓ. Mais dans ce type de verbes on voit apparaître un *yod* dans la participium conjunctum ϥⲁⲓ-ⲛⲁϩⲃ, porteur de joug = bête de somme; ϫⲁⲓ-ⲃⲉⲕⲉ', receveur de salaire = salarié, mercenaire (cf. § 87, 2) ainsi que dans le causatif ⲧⲥ(ⲉ)ⲓⲟ rassasier (de ⲥⲉⲓ). Il en résulte que ces infinitifs dérivent en fait de /fij/čij/ et leur état atone de /fəj/čəj/. Nous pouvons par conséquent établir ici aussi la règle que /i/ est un allophone de /$ə_1$/ devant j.

Irrégularités et exceptions. Origine des particularités dialectales

58bis On aura remarqué que les règles relatives aux voyelles sont souvent sujettes à des restrictions : nombreux sont les exemples où nous avons observé qu'un changement donné se produit « dans certains cas » et où des dérogations à la règle furent citées. La plupart des fois, ces irrégularités trouvent une explication dans l'étude diachronique de la langue. Celle-ci dévoile en outre la raison d'être des différences entre les dialectes, tant au point de vue des consonnes que des voyelles. Afin de permettre une orientation rapide sur ces problèmes, nous mettons ci-après en parallèle les paragraphes de la présente partie synchronique (**S**) avec ceux de la partie diachronique (**D**) de notre ouvrage.

Consonnes :

S 8 = **D** 17, 20	**S** 18-19 = **D** 21	**S** 24 = **D** 28 h	**S** 28-29 = **D** 24
S 15 = **D** 29	**S** 19 = **D** 23	**S** 26 = **D** 25	**S** 31 = **D** 29

Voyelles :

S 36 = **D** 33	**S** 43 = **D** 34	**S** 49 = **D** 35, 38	**S** 55 = **D** 37
S 37 = **D** 39	**S** 44 = **D** 35, 38, 28 g	**S** 50 = **D** 28 f, 36	**S** 56 = **D** 28 g, 41, 43, 63
S 38 = **D** 36	**S** 45 = **D** 37	**S** 52 = **D** 42	**S** 57 = **D** 28 f, 42
S 39 = **D** 28 f, g, 36	**S** 46 = **D** 36, 37	**S** 53 = **D** 43	**S** 58 = **D** 41
S 40 = **D** 28, 37	**S** 47 = **D** 28 h, 33, 34	**S** 54 = **D** 37, 38	

Schémas phonologiques des voyelles

59 L'analyse qui précède permet d'établir des schémas clairs et relativement simples des phonèmes vocaliques dans les différents dialectes. Ceux-ci seront disposés selon le trapèze classique, que nous donnons ici dans une forme simplifiée, d'abord dans la notation de l'Association Phonétique Internationale, ensuite dans celle que nous empruntons à M. Grammont, *Traité de Phonétique*, Paris, 1939 (voir le tableau complet de l'API p.ex. dans E. Dieth, *Vademekum der Phonetik*, Bern, 1950).

	V. antérieures non arrondies	V. antérieures arrondies	V. médiane	V. postérieures non arrondies	V. postérieures arrondies
Fermé	i	y			u
	e	ø	ə		o
	ɛ	œ			ɔ
	æ				
Ouvert	a			ɑ	ɒ
Fermé	i	y			u
	é	œ́			ó
			ə		
	è	œ̀			ò
	æ				
Ouvert	á			à	ɒ

Dans les schémas qui suivent, les phonèmes sont imprimés en caractères plus grands. Les variantes combinatoires sont indiquées par une ligne pleine et appelées « allophones » (p.ex. é: —→ [est allophone de] i:) ; les variantes libres ou les réalisations différentes d'un phonème, appelées ci-après « variantes », sont indiquées par un pointillé (ex. : æ - - - -→ [est variante libre de] è). Les chiffres entre parenthèses renvoient aux paragraphes de la description qui précède.

60 *Sahidique*

V. longue accentuée — V. brève accentuée — V. atone

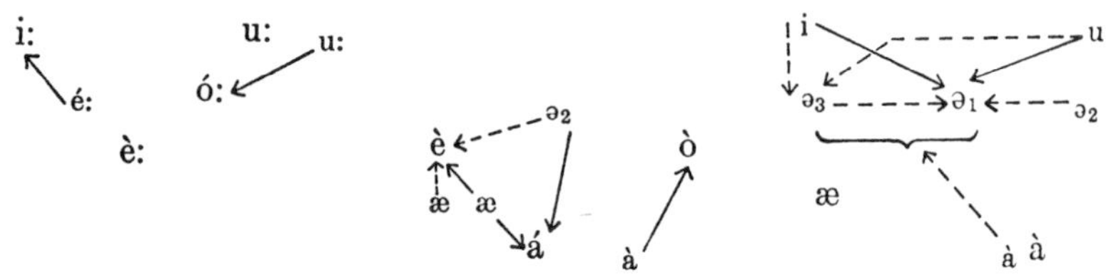

i: (35) ⲉⲓⲛⲉ, ϯ

é: allophone de i: devant et après sonante (43) ⲣⲏ, ⲛⲏⲧⲛ̄, ϭⲉⲣⲏϭ, (ⲏⲥⲉ)

è: (44) ⲡⲣⲏϣ, ⲕⲙⲏⲙⲉ, (ⲉ)ϩⲏ

ó: (36) ⲁϩⲱⲙ, ⲛ̄ⲧⲱⲣⲉ, ⲡⲱϩ

u: allophone de ó: après m, n (36) ⲙⲟⲩⲛ, ⲛⲟⲩⲧⲉ

u: (37) ϩⲟⲩⲛ, ⲥⲟⲩⲣⲉ, ⲕⲣⲟⲩⲣ

è (44) ⲙⲏⲣϣ, ⲧⲏⲏⲃⲉ, ⲛⲏⲃⲧⲉ, ϩⲏⲙϫ

æ allophone de è devant ' et in fine (44) ϣⲉⲉⲣⲉ, ⲙⲉ

æ variante de è (44) ⲙⲉⲣϣ, ϩⲉⲙϫ

$ə_2$ variante de è (54) ⲙⲣ̄ϣ, ϩⲙ̄ϫ

á (40) ⲣⲁⲛ, ⲟⲩϫⲁⲓ, ⲡⲁ́ϣⲉ, ⲙⲁⲉⲓⲛ, ⲟⲩⲁ́, ⲧⲁ́ⲁ́⸗ (cf. 41)

æ allophone de á devant h, ' et in fine (40) ⲧⲉϩⲛⲉ, ⲥⲉⲉⲡⲉ, ϩⲉ(ⲉ), ϩⲁⲧⲣⲉ'

$ə_2$ allophone de á devant sonante non finale (54) ⲃⲗ̄ϫⲉ, ⲕⲛ̄ⲛⲉ, ⲧⲗ̄ⲧⲗ̄

ò (38) ϩⲗⲟϭ, ⲃⲟⲧⲉ, ϣⲟⲟⲡ, ϩⲟ, ⲟⲟϩ (cf. 39)

à allophone de ò devant h, ', š et in fine (39) ⲙ̄ⲕⲁϩ, ⲟⲩⲁⲁⲃ, ⲙⲁϣⲉ, ⲧⲃⲁ

$ə_1$ (52) ⲧ̄ⲥ̄ⲧⲟ, ⲥⲱⲧ̄ⲡ̄, ⲥⲟⲧ̄ⲡ̄ϥ

i allophone de $ə_1$ devant j (58) ⲥϯ-ⲛⲟⲩϥⲉ, ϥⲓ ⲣⲟⲟⲩϣ

u allophone de $ə_1$ devant et après w (58) ϩⲟⲩ-ⲙⲓⲥⲉ, ⲧⲟⲩⲉⲓⲟ, ⲥⲟⲩ-ⲗⲱⲗ⸗ϥ

à variante de $ə_1$ (après sonante) (57) ⲱⲛⲁϩ

$ə_2$ autre réalisation de $ə_1$ devant sonante (52) ⲙ̄ⲕⲁϩ, ϣⲣ̄ϣⲱⲣ⸗ϥ, ϩⲱⲧ̄ⲃ̄, ϣⲧⲟⲣⲧⲣ̄

$ə_3$ autre réalisation de $ə_1$ (52) ⲉϩⲉ', ϭⲉⲣⲏϭ, ⲥⲉⲧⲡ-, ⲕⲉⲧ-, ϩⲟⲧⲃⲉϥ

i variante de $ə_3$ (56) ϭⲓⲥ-, ϫⲓ-

u variante de $ə_3$ (56) ⲡⲟⲩ-, -ⲥⲟⲩ, ⲧⲱⲛⲟⲩ

à variante de $ə_3$ (57) ⲁϫⲱ, (ϩ)ⲁⲣⲉϩ, ⲧⲁⲛϩⲟ

æ, à } sont des phonèmes servant à distinguer entre eux différents morphèmes (51), p.ex. ⲁϥ- et ⲉϥ-, ⲉ-, ⲉⲣⲟ⸗ etc.

61 *Bohaïrique*

V. Longue accentuée V. brève accentuée V. atone

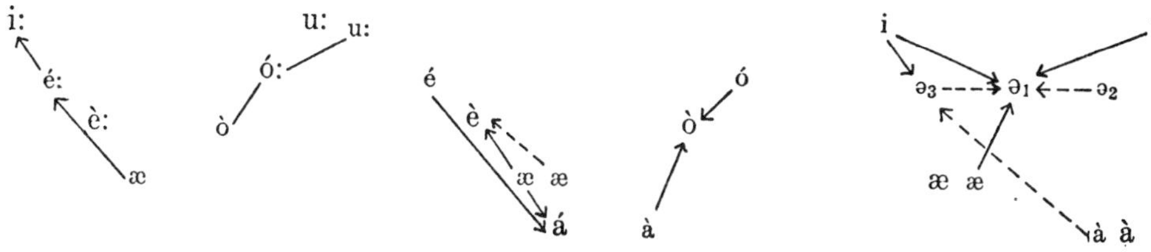

i: (35) ⲓⲛⲓ, ϯ
é: allophone de i: devant et après sonante (43) ⲣⲏ, ⲛⲏⲃ, ⲛⲏⲧⲉⲛ, ϫⲉⲣⲏϫ
æ allophone de é: devant h (47) ⲙⲉϩ
è: (44) ⲫⲣⲏϣ, ϩⲣⲏ̅ϣ̅ⲓ, poids, ϩⲏ
ó: (36) ⲁϧⲱⲙ, ⲥⲱⲧ̅ⲡ̅
u: allophone de ó: après m, n (36) ⲙⲟⲩⲛ, ⲛⲟⲩϯ
ò allophone de ó: devant h (47) ⲫⲟϩ, ⲟϩⲓ
u: (37) ϧⲟⲩⲛ, ⲥⲟⲩⲣⲓ, ⲭⲣⲟⲩⲣ

è (44) ⲙⲏⲣϣ, ⲧⲏⲃ, ⲭⲏⲙⲓ
æ allophone de è devant ʾ amui (44) ϣⲉⲣⲓ
æ variante de è (44) ⲛⲉⲃϯ, ϩⲉⲙϫ
á (40) ⲣⲁⲛ, ⲟⲩϫⲁⲓ, ⲫⲁ́ϣⲉ, ⲟⲩⲁ́ⲓ
æ allophone de á devant h, devant ʾ amui, en finale (40) ⲧⲉϩⲛⲓ, ⲥⲉⲡⲓ, ϩⲉⲓ, ⲁⲑⲣⲉʾ
et devant les sonantes non finales ⲃⲉⲗϫ, ⲕⲉⲛⲓ, ⲧⲉⲗⲧⲉⲗ (55)
é allophone de á devant j + consonne et devant j final (46) ⲙⲏⲓⲛⲓ, ⲧⲏⲓ=ϥ, ⲛⲏ=ⲓ
ò (38) ϩⲗⲟϫ, ⲃⲟϯ, ϣⲟⲡ, ϩⲟ, ⲓⲟϩ
à allophone de ò devant h, ẖ, š, devant le ʾ amui et en finale (39) ⲙ̇ⲕⲁϩ, ⲫⲁϧⲣⲓ, ⲙⲁϣⲓ, ⲟⲩⲁⲃ, ⲑⲃⲁ
ó allophone de ò devant j et w (46) ⲱⲓⲕ, ⲛⲱⲓⲧ, ⲙⲱⲟⲩ, ⲣⲱⲟⲩϣ

$ə_1$ (52) ⲧ̅ϩ̅ⲡⲟ, ⲥⲱ̅ⲧ̅ⲡ̅, ⲥⲟⲧ̅ⲡ̅ϥ̅
i allophone de $ə_1$ devant j (58) ϭⲓ ⲱⲙⲥ, être baptisé, ϥⲓ ⲣⲱⲟⲩϣ
u allophone de $ə_1$ devant et après w (58) ⲧⲟⲩⲓⲟ, ϥⲧⲟⲩ-
æ allophone de $ə_1$ devant sonante (53) ⲉⲣⲟⲩⲟⲧ, ϣⲉⲣϣⲱⲣ=ϥ, ϧⲱⲧⲉⲃ, ϣⲧⲟⲣⲧⲉⲣ
$ə_2$ autre réalisation de $ə_1$ devant m, n à l'initiale (53) ⲙ̈ⲕⲁϩ
$ə_3$ autre réalisation de $ə_1$ (52) ⲉϩⲉʾ, ϫⲉⲣⲏϫ, ⲥⲉⲧⲡ-, ⲕⲉⲧ-, ϧⲟⲑⲃⲉϥ
i allophone de $ə_3$ en finale (56) ⲕⲱϯ, ⲱⲛⲓ
à variante de $ə_3$ (57) ⲁϫⲱ, ⲁⲣⲉϩ, ⲧⲁⲛϧⲟ
æ, à } sont des phonèmes servant à distinguer entre eux différents morphèmes (51), p.ex. ⲁϥ- et ⲉϥ-, ⲉ-, ⲉⲣⲟ= etc.

62 *Akhmimique*

V. longue accentuée — V. brève accentuée — V. atone

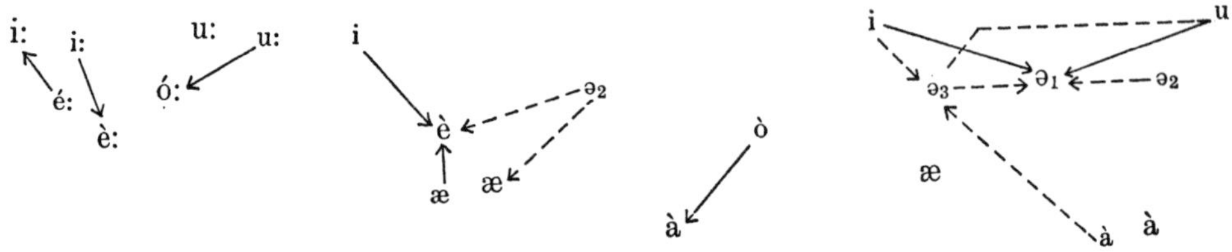

i: (35) ⲉⲓⲛⲉ, ϯ, ⲣⲓ

é: allophone de i: devant et après sonante (43) ⲛⲏⲧⲛⲉ, ϭⲉⲣⲏϭ (pas en finale)

è: (44) ⲡⲣⲏⳉ

i: allophone de è: devant ʾ et in fine (49) ⲙⲓⲉ, ⲉϩⲓ

ó: (36) ⲁⳉⲱⲙ, ⲥⲱⲧ̄ⲡ̄, ⲡⲱϩ

u: allophone de ó: après m, n, devant ʾ et in fine (36) ⲙⲟⲩⲛ, ⲛⲟⲩⲧⲉ, ϣⲟⲩⲟⲩⲧ, ⲕⲟⲩ

u: (37) ⳉⲟⲩⲛ, ⲥⲟⲩⲣⲉ

è (44) ⲕⲏⲙⲉ, ⲏⲣⲡ

æ allophone de è devant ʾ (44) ϣⲉⲉⲣⲉ

i allophone de è devant ʾ (49) ϯⲉⲓⲃⲉ, ⲟⲩⲓⲉⲓⲃⲉ

ə2 variante de è (54) ⲙ̄ⲣϣ, ϩⲙ̄ϫ

æ (40) ⲣⲉⲛ, ⲟⲩϫⲉ(ⲉ)ⲓ, ⲡⲉϣⲉ, ⲟⲩⲉ, ⲙⲉ(ⲉ)ⲓⲛⲉ, ⲧⲉⲉ=, ⲧⲉϩⲛⲉ, ⲥⲉⲉⲡⲉ, ϩⲉ(ⲉ)ⲓⲉ

ə2 allophone de æ devant sonante non finale (54) ⲃⲗ̄ϫⲉ, ⲕⲛ̄ⲛⲓⲉ, ⲧⲗ̄ⲧⲗⲉ

[ò allophone de æw en finale (48) ⲛ̄ⲟ]

à (38) ϩⲗⲁϭ, ⲃⲁⲧⲉ, ⲙ̄ⲕⲁϩ, ⲟⲩⲁⲁⲃⲉ, ⲙⲁⳉⲉ, ⲧⲃⲁ

ò allophone de à devant ʾ et in fine (39) ⳉⲟⲟⲡ, ⲧⲉⲕⲟ, ϩⲟ, ⲟⲟϩ

ə1 (52) ⲧ̄ⲥ̄ⲧⲟ, ⲥⲱⲧ̄ⲡ̄, ⲥⲁⲧ̄ⲡ̄ϥ

i allophone de ə1 devant j (58) ⲥϯ-ⲛⲟⲩϥⲉ, ϥⲓ ⲣⲁⲩϣ

u allophone de ə1 devant et après w (58) ⲙⲟⲩ̄-ⲛ̄ⲙⲉ, source; ϥⲧⲟⲩ-

ə2 autre réalisation de ə1 devant sonante (52) ⲙ̄ⲕⲁϩ, ⳉⲣ̄ⳉⲱⲣ=ϥ

ə3 autre réalisation de ə1 (52) ⲉϩⲉʾ, ϭⲉⲣⲏϭ, ⲧⲉⲕⲟ, ⲕⲱⲧⲉ, ⳉⲁⲧⲃⲉϥ, ⳉⲱⲧⲃⲉ, ⳉⲧⲁⲣⲧⲣⲉ

i variante de ə3 (56) ϫⲓ-

à variante de ə3 (57) ⲁ̱ⲛⲁⲕ, ⲁⲣⲏϩ, ⲛⲁϩⲙⲉ-, ⲙⲁϩ-

u variante de ə3 (56) ⲧⲟⲩⲛⲟⲩ ⲉⲓⲉⲧ=

æ, à } sont des phonèmes servant à distinguer entre eux différents morphèmes (51), ex. ⲁϥ- et ⲉϥ-, ⲁ-, ⲁⲣⲁ= etc.

63 *Subakhmimique*

V. longue accentuée — V. brève accentuée — V. atone

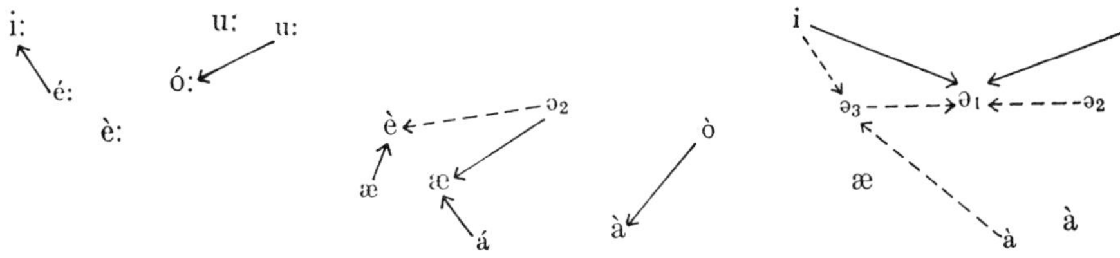

i: (35) ⲉⲓⲛⲉ, ϯ

é: allophone de i: devant et après sonante (43) ⲛⲏⲧⲛ̄, ϭⲉⲣⲏϭ

è: (44) ⲙⲏⲉ, ⲉϩⲏ

ó: (36) ⲥⲱⲧⲡ̄, ⲕⲱⲧⲉ, tourner, ⲕⲱ

u: allophone de ó: après m, n, parfois in fine (36) ⲙⲟⲩⲛ, ⲛⲟⲩⲧⲉ, ⲕⲟⲩ

u: (37) ϩⲟⲩⲛ, ⲥⲟⲩⲣⲉ

è (44) ⲧⲏⲃⲉ, ⲟⲩⲏⲏⲃ, ⲏⲣⲡ

æ allophone de è devant ʾ (44) ϣⲉⲉⲣⲉ

ə_2 variante de è (54) ϩⲙ̄ϫ

æ (40) ⲣⲉⲛ, ⲟⲩϫⲉⲉⲓ, ⲡⲉϣⲉ, ⲟⲩⲉ, ⲟⲩⲉ(ⲉ)ⲓ, ⲧⲉⲉ=, ⲥⲉⲉⲡⲉ, ϩⲁⲧⲣⲉʾ, ⲥⲛⲉⲩ

ə_2 allophone de æ devant sonante non finale (54) ⲙ̄ⲙⲉ, savoir

á allophone de æ devant j non final (45) ⲙⲁⲉⲓⲛ, ϩⲁⲉⲓⲉ

à (38) ϩⲗⲁϭ, ⲃⲁⲧⲉ, ⲟⲩⲁⲁⲃ, ⲧⲃⲁ

ò allophone de à devant ʾ et in fine (39) ϣⲟⲟⲡ, ⲧⲉⲕⲟ, ϩⲟ, ⲟⲟϩ

ə_1 (52) ⲧ̄ϩ̄ⲡⲟ, ⲥⲱⲧ̄ⲡ̄, ⲥⲁⲧ̄ⲡ̄ϥ

i allophone de ə_1 devant j (58) ϯ ⲱⲙⲥ, baptiser; ϥⲓ ⲣⲁⲟⲩϣ

u allophone de ə_1 devant et après w (58) ϥⲧⲟ̄ⲩ-

ə_2 autre réalisation de ə_1 devant sonante (52) ⲙ̄ⲧⲁⲛ, ϣⲣ̄ϣⲱⲣ=ϥ, ϩⲱⲧⲃ̄, ϣⲧⲁⲣⲧⲣ̄

ə_3 autre réalisation de ə_1 (52) ϭⲉⲣⲏϭ, ⲧⲉⲕⲟ, ⲕⲱⲧⲉ, ϩⲁⲧⲃⲉϥ

à variante de ə_3 (57) ⲁ̱ⲛⲁⲕ, ⲁⲣⲏϩ, ⲛⲁϩⲙ-, ⲙⲁϩ-

[i variante de ə_3 en finale dans un subdialecte (56) ϫⲁⲥⲓ, ⲉⲓⲁϯ, ⲥⲁⲛⲓ]

æ } sont des phonèmes servant à distinguer entre eux différents morphèmes (51)
à } ex. ⲁϥ- et ⲉϥ-, ⲁ-, ⲁⲣⲁ= etc.

64 *Fayoumique*

V. longue accentuée — V. brève accentuée — V. atone

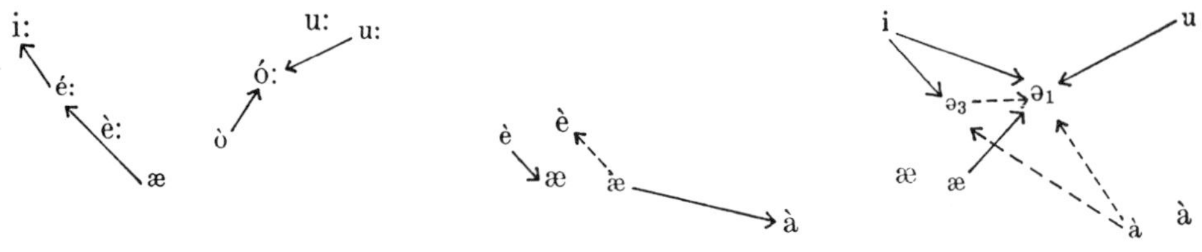

i: (35) ⲓⲛⲓ, ϯ
é: allophone de i: devant et après sonante (43) ⲛⲏⲧⲉⲛ, ϭⲣⲏϭ
æ allophone de é: devant h (47) ⲙⲉϩ (et in fine? ⲣⲉ, soleil)
è: (44) ⲡⲣⲏϣ, ⲙⲏⲓ, ϩⲏ
ó: (36) ⲥⲱⲧ̄ⲡ̄
u: allophone de ó: après m, n (36) ⲙⲟⲩⲛ, ⲛⲟⲩϯ
ò allophone de ó: devant h (47) ⲡⲟϩ, ⲟϩⲓ
u: (37) ϩⲟⲩⲛ, ⲥⲟⲩⲣⲓ, ⲕⲣⲟⲩⲣ

è (44) ⲙⲏⲣϣ, ⲧⲏⲏⲃⲉ, ⲟⲩⲏⲏⲃ, ϩⲏⲙϫ, ϣⲏⲏⲗⲓ
æ variante de è (44) ⲙⲉⲣϣ, ⲧⲉⲉⲃⲉ, ⲟⲩⲉϥ, ϩⲉⲙϫ
æ (40) ⲣⲉⲛ, ⲟⲩϫⲉⲓ, ⲡⲉϣⲓ, ⲟⲩⲉ, ⲧⲉⲓ=, ⲥⲛⲉⲩ; aussi ⲉⲛⲧ=, ϭⲉⲛⲧ=
è allophone de æ devant ʾ, in fine, devant j + consonne et devant j final (45) ⲥⲏⲏⲡⲓ, ϩⲏ(ⲏ)ⲓ, ϩⲏ, ⲙⲉⲧⲣⲏ, ⲙⲏⲓⲛ, ⲛⲏ=ⲓ ainsi que devant sonante non finale (55) ⲃⲏⲗϫⲓ, ⲕⲏⲛⲛⲓ
à (38) ϩⲗⲁϭ, ⲃⲁϯ, ϣⲁⲁⲡ, ⲧⲁⲕⲁ, ϩⲁ, ⲁ(ⲁ)ϩ
æ allophone de à devant h, š, ʾ et in fine (50) ⲉⲙⲕⲉϩ, ⲟⲩⲃⲉϣ, ⲟⲩⲉⲉⲃ, ⲧⲃⲉ

$ə_1$ (52) ⲥⲱⲧ̄ⲡ̄, ⲥⲁⲧ̄ⲡ̄ϥ̄
i allophone de $ə_1$ devant j (58) ⲥϯ-ⲛⲟⲩϥⲓ, ϥⲓ ⲗⲁⲟⲩϣ
u allophone de $ə_1$ devant et après w (58) ⲧⲟⲩⲓⲁ, ⲥⲟⲩ-, jour x
æ allophone de $ə_1$ devant sonante (53) ⲉⲙⲕⲉϩ, ϣⲉⲗϣⲱⲗ=ϥ, ϩⲱⲧⲉⲃ, ϣⲧⲁⲗⲧⲉⲗ
à variante de $ə_1$ après sonante (57) ⲱⲛⲁϩ
$ə_3$ autre réalisation de $ə_1$ (52) ⲉϩⲏ, ⲥⲉⲧⲡ-, ⲕⲉⲧ-, ϩⲁⲧⲃⲉϥ; (56) ⲙⲉⲉϫⲉ, ⲙⲏⲏϣⲉ
i allophone de $ə_3$ en finale (56) ⲱⲛⲓ, ⲕⲱϯ; variante dans ϭⲓⲥ-, ϫⲓ-
à variante de $ə_3$ (57) ⲁ̱ⲛⲁⲕ, ⲁⲗⲉϩ, ⲁⲗⲏ, ⲧⲁⲛϩⲁ
æ, à } sont des phonèmes servant à distinguer entre eux différents morphèmes (51) p.ex. ⲁϥ- et ⲉϥ-, ⲉ-, ⲉⲗⲁ= etc.

Définitions phonologiques des voyelles coptes

65 Les schémas qui précèdent permettent de faire aisément l'inventaire phonologique des voyelles coptes. Si l'on fait abstraction de SB /à/æ/, qui ne sont phonèmes que dans les morphèmes atones, SBAA₂F comptent 8 phonèmes vocaliques (O en possède sept).

La classification phonologique des voyelles se fait d'après leurs caractéristiques 1. de localisation, c.-à-d. leur point d'articulation, antérieur, médian ou postérieur; 2. d'aperture ou mode d'articulation, dans lequel intervient l'opposition entre arrondies et non arrondies; 3. de résonance, représentant en gros l'opposition nasalisées - non nasalisées.

Il peut être utile de comparer le système vocalique copte avec celui du français, la langue romane qui est la plus riche en phonèmes vocaliques. L'inventaire établi par G. Hammarström, et transposé dans notre notation, distingue 19 phonèmes, avec les nombreuses corrélations que voici :

Voyelles antérieures non arrondies	i	é		è	è:	á
Voyelles antérieures arrondies	y	œ́	ə	œ̀	œ̀:	
Voyelles postérieures	u	ó		ò	ò:	à
Voyelles nasalisées				œ̃		æ̃
				õ		ã

(Voir G. Hammarström, *The Romance Languages*, dans L. Kaiser, *Manual of Phonetics*, Amsterdam, 1957, p. 280-281. L'auteur compte un minimum de 17 phonèmes mais en donne 18 dans son tableau. Nous ajoutons l'opposition, supprimée par lui, entre /œ́/ de *peu* et /œ̀/ de (*ils*) *veulent*.)

Le tableau suivant montre que le système vocalique du copte est, comme celui des phonèmes consonantiques, asymétrique et dépourvu de corrélations. Les voyelles coptes se définissent au moyen de leurs caractéristiques de localisation (et secondairement par leur quantité ?). Le tableau vaut pour SB :

Voyelles antérieures (longues)	i:	(é:)		è:		
Voyelles postérieures (longues)	u:	ó:				
Voyelle médiane			ə			
Voyelles antérieures (brèves)				è	(æ)	á
Voyelles postérieures (brèves)				ò		(à)

(é:), (æ) et (à) sont des allophones. En AA₂F, au contraire, /æ/à/ sont des phonèmes et (ò) n'existe qu'en tant qu'allophone; /á/ fait défaut, sauf en A₂, où il est allophone.

C. La syllabe

66 L'orthographe des manuscrits bohaïriques les plus récents conduit à la conclusion qu'une syllabe copte ne peut pas commencer par deux consonnes explosives ou en position croissante. Tout comme ⲙ̇ⲧⲟⲛ, repos, doit se lire *əmton*, ⲥ̇ϩⲓⲙⲓ, femme; ⲭ̇ⲗⲟⲙ, couronne; ⲕ̇ⲥⲱⲧⲉⲙ, tu entends; ⲡ̇ϣⲏⲣⲓ, le fils, en vertu du *činkīm*, équivalent à *əs-hīmi*, *əkh-lom*, *ək-sōtem*, *əp-šēri*. L. Stern, *Koptische Grammatik*, § 6, avait déjà vu dans ce phonème une influence de l'arabe, où la structure de la syllabe est soumise à la règle précitée. En effet, dans les manuscrits antérieurs à la fin du XIVe siècle, le *činkīm* ne se trouve que sur ⲙ, ⲛ précédant une autre consonne (ⲙ̇ⲧⲟⲛ) et, en outre, sur la voyelle qui forme à elle seule une syllabe : ⲁϥⲓ ⲉⲃⲟⲗ, il sortit; ⲁ̀ⲛⲟⲙⲓⲁ̀, péché. D'autre part, l'aspiration de l'occlusive devant les sonantes et les semi-voyelles en position croissante (§ 8) n'apparaît que lorsque les deux consonnes forment avec la voyelle qui les suit un « chaînon explosif » ainsi qu'en témoignent les exemples suivants :

ⲫⲙⲱⲓⲧ, le chemin; ⲑⲙⲁⲩ, la mère = ⲡⲉⲙⲑⲟ, le devant
   mais ⲡⲉⲕⲙⲱⲓⲧ, ton chemin = (ⲙ̇)ⲡⲉⲕⲙ̇ⲑⲟ, devant toi
ⲉ̀ⲑⲟⲩⲱϣ, qui veut = ⲉ̀ⲧⲉⲙⲙⲁⲩ, qui est là
ⲭⲟⲩⲱϣ, tu veux = ⲕⲉⲙⲙⲁⲩ, tu es là
   mais ⲁⲕⲟⲩⲱϣ, (que) tu veux (Prés. II); ⲁⲕⲙ̇ⲙⲁⲩ, c'est là que tu es.

L'article ⲡ, ⲧ est explosif et croissant dans les deux premiers mots au même titre que dans ⲡⲉⲙⲑⲟ; la même observation vaut pour le ⲧ de la particule relative ⲉⲧ- et pour la préformante ⲕ du Présent I. Au contraire, la limite syllabique se trouve après le ⲕ implosif ou décroissant de ⲡⲉⲕ- et de ⲁⲕ- du Présent II (cf. H. J. Polotsky, *Une question d'orthographe syllabique*, dans *BSAC*, 12 [1946-47], p. 25-35; paru en 1949). Il ressort de ceci qu'en copte une syllabe peut commencer par deux consonnes croissantes et rien ne nous interdit de transposer ces données du bohaïrique aux autres dialectes.

67 Selon l'opinion la plus courante, une syllabe copte doit toujours commencer par une consonne : des mots tels que ⲱⲡ, compter; ⲉⲧⲡⲱ, charge, commencent en réalité par 'aleph : *'ōp*, *'etpō*. Cette règle est expressément formulée par G. Steindorff, *Lehrbuch*, § 62 (cf. E. E. Knudsen, *art. cité* au § 33, no. 4.1). Les §§ 31-32 de W. C. Till, *Kopt. Gramm.*, ne sont pas clairs, mais peuvent être interprétés dans le même sens. La manière dont, par exemple, l'article se joint au substantif dans ⲡⲉⲙⲑⲟ (ci-dessus); ⲡⲏⲓ, la maison; ⲧⲱⲃⲉ, le sacrifice, s'oppose à cette conception. La présence de l'occlusive laryngale décroissante est toujours marquée par la voyelle redoublée et on ne voit pas pourquoi elle ne pourrait pas être notée en position croissante. Dans le seul cas de cette espèce que nous avons relevé, à savoir FA *wa'ẹ́'təf*, sa présence est marquée par un hiatus : FA ⲟⲩⲁⲉⲉⲧ⸗ϥ, lui seul, à côté de F ⲟⲩⲁⲉⲧ⸗ϥ (§ 14).

68 Sur la base des deux remarques qui précèdent, nous supposons pour la syllabe accentuée l'existence des 9 types suivants. Les 6 premiers peuvent contenir soit une voyelle longue soit une brève; les types 2, 4, 6, 8, 9 peuvent comprendre une sonante en fonction vocalique à condition qu'elle soit suivie d'une consonne; 7, 8, 9 ne présentent que des voyelles brèves sauf lorsqu'ils comprennent un /'/ (pour B ⲱⲓⲕ, ⲣⲱⲟⲩϣ; F ⲙⲏⲓⲛ, cf. § 46 et 45).

1. v : (ⲁϥ)-ⲉⲓ (= /iː/), il alla; (ⲉϥ)-ⲟ, lui étant
2. vc : ⲱϣ, crier; ⲁϣ, combien; ⲛ̄ⲧ⸗ϥ, l'amener
3. cv : ⲥⲱ, boire; ⲡⲉ, ciel
4. cvc : ⲕⲱⲧ, bâtir; ⲥⲟⲡ, fois; ϩⲣ̄-ⲃ, forme
5. ccv : ⲥⲙⲟⲩ, bénir; ϩⲧⲟ, cheval
6. ccvc : ⲥϭⲏⲣ, naviguer; ϣⲧⲁⲙ, fermer; ⲕⲣⲙ̄-ⲣⲙ̄, murmurer
7. vcc : ⲟⲉⲓⲕ, pain; ⲟⲟⲩϣ, bouillie de farine; ⲉⲉⲧ, enceinte
8. cvcc : ⲙⲁⲉⲓⲛ, signe; ⲟⲩⲁⲁⲃ, saint; ⲃⲱⲱⲛ, mauvais ; ϥⲛ̄ⲧ, ver
9. ccvcc : ⲥⲛⲁⲉⲓⲛ, flâner; ⲑⲟⲟⲩⲧ, dieu Thot; ⲡϥⲛ̄ⲧ, le ver

Si, dans les types 5, 6 et 9, la première des deux consonnes est une sonante ou une semi-voyelle, elle devient décroissante et constitue une syllabe séparée : ⲙ̄ⲣⲱ, port; ⲟⲩϣⲏ, nuit; ⲙ̄ⲧⲟ présence; ⲗ̄ϩⲱⲃ, vapeur.

À propos des types 7-9, il n'y a pas de doute que lorsque la première des consonnes finales est j ou w, elle forme avec la voyelle une diphtongue et le tout constitue une seule syllabe. L'unité de la syllabe est aussi conservée, croyons-nous, lorsque cette consonne est l'occlusive laryngale : ⲃⲱⲱⲛ etc.

Les mêmes types, sauf 7, se retrouvent dans la structure de la syllabe atone, où v représente le point vocalique (ə₁), la fonction vocalique de la sonante (ə₂), ⲉ (ə₃) ou une de ses variantes.

1. v : ⲉ-ϩⲉ', vache ; ⲁ-ⲙⲟⲩⲛ, dieu Amon
2. vc : ⲣ̄-ⲧⲟⲃ, artabe ; ⲉⲧ-ⲡⲱ, charge ; ϩⲣ̄-ⲃ, forme
3. cv : ϭⲉ-ⲡⲏ, hâte ; ⲛⲟⲩ-ⲧⲉ, dieu
4. cvc :ⲥⲱ-ⲧ̄ⲡ, choisir ; ϩⲃ̄-ⲥⲱ, vêtement ; ⲙⲉⲥ- engendrer
5. ccv : ⲧ̄ϩ-ⲡⲟ (/thə-/), accompagner ; A ϩⲱ-ⲧⲃⲉ, tuer
6. ccvc : ⲥⲟ-ⲧⲡ̄ϥ, le choisir ; ⲧⲥⲃ̄-ⲕⲟ, diminuer ; ϩⲟ-ⲧⲃⲉϥ, le tuer ; ⲛⲁ-ϩⲙⲛ̄, nous sauver
8. cvcc : ⲥⲟ-ⲗⲉⲡϥ, le briser ; ⲙⲛ̄ⲧ-ⲣⲱⲙⲉ, humanité
9. ccvcc : ⲡϣⲙ̄ⲧ-ϣⲉ, les 300

La division de ⲥⲟ-ⲧⲡ̄ϥ et de ϩⲟ-ⲧⲃⲉϥ, repose sur les formes B ϧⲟⲑⲃⲉϥ, ⲥⲟⲑⲙⲉϥ, etc. Si nous appliquons les mêmes critères qu'au § 66, il nous faut lire ϧⲟ-ⲑⲃⲉϥ. Lorsque la seconde radicale est une sonore ou une semi-voyelle, des manuscrits très anciens en SFA₂ montrent après celle-ci une voyelle anaptyctique qui suggère la séparation S ⲥⲟ-ⲗⲉⲡϥ, le briser ; ⲧⲟ-ⲙⲉⲥϥ, l'enterrer ; ⲥⲟ-ⲟⲩⲁϩϥ, le rassembler (cf. H. J. Polotsky, dans *Z.äg.Spr.*, 69 [1933], p. 125-129). Ceci atteste l'existence de syllabes atones du type 8 qui ne contiennent pas de diphtongue. L'absence de ladite voyelle dans les formes où le suffixe est *n* ou une voyelle y fait conclure à la séparation ⲥⲟⲗ-ⲡⲛ̄ ⲥⲟⲗ-ⲡⲟⲩ. Malgré cela, les graphies classées sous 6 et 8 indiquent que la dernière syllabe de l'infinitif -ⲧⲃ, -ⲗⲡ était ressentie comme une unité qui devait le moins possible être rompue par l'adjonction du pronom suffixe. C'est pourquoi nous assimilons à ⲥⲱ-ⲧ̄ⲡ (type 4) les verbes qui, à cause de la présence d'une sonante ou d'une semi-voyelle, pourraient théoriquement être monosyllabiques : ⲱ-ⲛ̄ϩ, vivre, et même ⲥⲱ-ⲟⲩ̄ϩ, rassembler (cf. la graphie attestée ⲥⲱ-ⲟⲩⲁϩ). Cette division doit être étendue aux qualitatifs à voyelle brève : ⲥⲟ-ⲧ̄ⲡ ⲟ-ⲛ̄ϩ ⲥⲟ-ⲟⲩ̄ϩ ; la variante ⲥⲟⲟⲩⲁϩⲥ de ⲥⲟⲟⲩϩⲥ, rassemblement, plaide elle aussi en faveur de cette conception.

Remarque. — Conformément aux données ci-dessus, le tableau de la structure des sémantèmes (§ 78) présente comme des mots dissyllabiques les types I.o ⲥⲱⲧ̄ⲡ : cōcəc et IV.o ⲥⲟⲧ̄ⲡ : cocəc. L'uniformité du système nous oblige à traiter de la même manière, *du point de vue structural*, les mots représentant les types de syllabes accentuées 7 et 8. Malgré ce qu'on vient de dire, ⲃⲱⲱⲛ sera donc assimilé au type dissyllabique précité I.o ; ⲟⲉⲓⲕ, ⲟⲟⲩϣ, ⲟⲩⲁⲁⲃ tombent dans la catégorie des dissyllabiques IV.o et ⲙⲁⲉⲓⲛ, ⲉⲉⲧ dans la catégorie IV.i.

D'autre part, les mots appartenant aux types de syllabes accentuées 5 et 6 seront dans la suite, en vertu du même principe d'uniformité, comptés parmi les dissyllabiques : ϩⲧⲟ sera, comme ϩⲗⲟϭ, assigné au schème III.o : *əhto*, *əhloc*, et ϣⲧⲁⲙ au type III.i *əštám* à cause du parallélisme avec ⲙ̄ⲧⲟ et ⲟⲩϣⲁⲡ ; ⲥⲙⲟⲩ et ⲥϭⲏⲣ offrent une analogie structurale avec respectivement VIII.o ⲗ̄ϩⲱⲃ et VIII.e ⲉⲃⲓⲏⲛ. Enfin, ⲥⲛⲁⲉⲓⲛ (supra, no. 9) devra même être assimilé au type trissyllabique XIII.i.

La relation accent-syllabe

69 Chaque mot copte porte l'accent sur l'avant-dernière ou sur la dernière syllabe, qui, seule, est pleinement vocalisée tandis que les syllabes atones ont un point vocalique /ə/ ou une de ses variantes.

Cette règle vaut aussi pour le mot au sens large, caractérisé par un accent unique mais composé de plusieurs monèmes, dont certains peuvent cependant, au lieu de /ə/, représenter un morphème atone (§ 51). La possibilité des combinaisons entre morphèmes et sémantèmes est en effet très grande et elle aboutit volontiers à la constitution de mots-phrases (remarquez l'accent !), p.ex. ⲛⲧ-ⲛ-ⲛ-ⲧ-ⲙⲛⲧ-ϩⲗⲗⲟ', et (ⲛ̄ⲧ) nous (ⲛ) apportons (ⲛ) la (ⲧ) vieill (ϩⲗⲗⲟ)-esse (ⲙⲛⲧ) ; ou ⲁ-ϥ-ϩⲉⲧⲃ-ⲡ-'ⲣⲱⲙⲉ, il (ϥ) tu (ϩⲉⲧⲃ)-a (ⲁ) l'(ⲡ) homme (ⲣⲱⲙⲉ) ; ou ⲁⲛⲅ-ⲟⲩϩⲗⲗⲟ' je (ⲁⲛⲅ) [suis] un (ⲟⲩ) vieillard (ϩⲗⲗⲟ).

Lorsqu'un substantif forme avec un autre substantif ou avec un adjectif un mot composé, il peut perdre son accent et sa voyelle : il se met alors à « l'état construit », que nous caractérisons, dans la grammaire, par un petit trait, p.ex. ϭⲃ̄-ϫⲟⲉⲓⲧ, feuille (ϭⲱ(ⲱ)ⲃⲉ) d'olivier ; ϩⲟⲩ-ⲙⲓⲥⲉ, jour (ϩⲟⲟⲩ) de naissance, anniversaire ; ⲥϯ-ⲛⲟⲩϥⲉ, parfum, litt. bonne odeur (ⲥⲧⲟⲓ).

L'infinitif du verbe transitif se combine, dans les verbes composés et dans certains temps du verbe simple, de la même manière avec le substantif qui lui sert de complément direct. On a toutefois l'habitude d'appeler cette forme atone du verbe son « état nominal », ex. ⲥⲉⲕ ⲙⲟⲟⲩ, puiser (de ⲥⲱⲕ, tirer) de l'eau ; ⲁϥ-ϩⲉⲧⲃ ⲡⲉϥⲥⲟⲛ, il tua son frère.

Il y a lieu de désigner de la même manière la forme atone des ainsi nommés verbes de qualité et de ceux qui leur sont assimilés lorsqu'elle se joint à un substantif-*sujet* : ⲛⲁϣⲉ ⲥⲟⲩⲛⲧⲥ̄ϥ, sa valeur est grande; ⲡⲉϫⲉ ⲡⲉϥϣⲏⲣⲉ, son fils dit.

Certains morphèmes ont également un état plein ou absolu et un état atone ou réduit. C'est le cas des pronoms et des adjectifs pronominaux, que nous appellerons plutôt, pour des raisons qui seront exposées plus loin, les pronoms primaires et les pronoms secondaires. Le pronom personnel indépendant ⲁⲛⲟⲕ, ⲛ̄ⲧⲟⲕ, je, tu, etc., possède, outre cet état absolu, un état réduit ⲁⲛ̄ⲅ- ⲛ̄ⲧⲕ- etc. À côté du pronom démonstratif primaire ⲡⲁⲓ, celui-ci; ⲡⲏ, celui-là, le pronom démonstratif secondaire a les formes réduites (ϩⲣⲁⲓ) ϩⲙ-ⲡⲉⲓ-ϩⲟⲟⲩ, ce jour-ci, et ⲡⲓ-ⲕⲣⲟ, ce rivage-là. Le pronom possessif primaire a un état réduit ⲡⲁ ⲡⲛⲟⲩⲧⲉ, celui du seigneur, et le pronom possessif secondaire présente les formes ⲡⲁ-ⲏⲓ, ma maison; ⲡⲉⲕ-ⲏⲓ, ta maison, (ceci vaut aussi pour le féminin sing. et pour le pluriel comm.). Le pronom indéfini primaire « l'/un autre » possède un état absolu masc. ϭⲉ ou ⲕⲉ, fém. ⲕⲉⲧ, plur. ⲕⲟⲟⲩⲉ; le pronom secondaire correspondant a un état réduit invariable : ⲕⲉ-ϩⲁⲓ, un autre époux; ϩⲉⲛ-ⲕⲉ-ϣⲁϫⲉ, d'autres paroles.

Les prépositions s'appuient normalement sur un substantif et se mettent à l'état réduit : ϩⲛ̄ ⲧⲡⲉ, dans le ciel; ϩⲁ ⲟⲩϣⲓ, sous un boisseau. La forme absolue correspondante se rencontre dans l'adverbe ⲉ-ϩⲟⲩⲛ, dedans; ⲉ-ϩⲣⲁⲓ, en-dessous. Dans ⲉ-ϫⲙ̄ ⲡⲕⲁϩ, sur la terre; ϩⲁ-ⲧⲛ̄ ⲑⲁⲗⲁⲥⲥⲁ, près de la mer, les éléments ϫ et ⲧ sont les formes construites correspondant aux formes pronominales ϫⲱ⸗, ⲧⲟⲟⲧ⸗ du § 70, 3.

70 Plusieurs des monèmes précités se combinent, outre avec un substantif, avec un pronom personnel qui prend la forme d'un suffixe. Ils conservent alors leur accent, mais l'adjonction du morphème provoque parfois une distribution différente des syllabes. On peut les appeler pour cette raison des « mots variables ». 1. Les premiers à mentionner sont les infinitifs des verbes transitifs, qui s'adjoignent ainsi, dans certains temps, leur complément direct. Cette forme s'appelle l'« état pronominal ». On la caractérise, dans la grammaire, par un double trait oblique.

Dans les différents schèmes qui ont une voyelle longue à l'état absolu (cf. § 105, 1, 1a, 8; 106, 1), l'adjonction du suffixe provoque l'abrègement de la voyelle. Dans nos exemples, le suffixe de la 3e pers.

masc. sing. ϥ représente tous les autres, excepté celui de la 2e pers. plur. ⲧⲏⲩⲧⲛ̄, devant lequel le verbe se met à l'état nominal (ex. ⲥⲉⲧⲡ ⲧⲏⲩⲧⲛ̄).

ⲥⲱⲧⲡ, choisir — ⲥⲟⲧⲡ⸗ϥ, le choisir ⲕⲱⲧ, bâtir — ⲕⲟⲧ⸗ϥ
ⲡⲱϭⲉ, briser — ⲡⲟϭ⸗ϥ etc. ϫⲓⲥⲉ élever — ϫⲁⲥⲧ⸗ϥ

Exception : le type monosyllabique (§ 106, 7) ϥⲓ, porter — ϥⲓⲧ⸗ϥ, sauf ϯ, donner — ⲧⲁⲁ⸗ϥ.

Lorsque le verbe à l'état absolu a une voyelle brève en première syllabe (§ 105, 3, 5, 5a, 6, 10), son état pronominal présente un ⲱ dans la seconde syllabe :

ⲥⲟⲟⲩⲛ, savoir — ⲥⲟⲩⲱⲛ⸗ϥ, le savoir ; ⲙⲟⲥⲧⲉ, haïr — ⲙⲉⲥⲧⲱ⸗ϥ ; ⲥⲟⲟⲩⲧⲛ̄, (re)dresser — ⲥⲟⲩⲧⲱⲛ⸗ϥ etc. ; ⲥⲕⲟⲣⲕⲣ̄, rouler — ⲥⲕⲣ̄ⲕⲱⲣ⸗ϥ ; ϩⲟⲧϩⲧ, rechercher — ϩⲉⲧϩⲱⲧ⸗ϥ

Les verbes dérivés en -o (§ 93 ; 109), p.ex. ⲧⲁⲛϩⲟ, vivifier, ont un état pronominal ⲧⲁⲛϩⲟ⸗ϥ mais à la 2e pers. plur. soit ⲧⲁⲛϩⲱ⸗ⲧⲛ̄, vous vivifier ; soit ⲧⲥⲁⲃⲉ ⲧⲏⲩⲧⲛ̄, vous renseigner.

2. Les verbes de qualité et assimilés qui s'adjoignent un suffixe-*sujet* ont en général, à l'état pronominal, une voyelle longue :

ⲛⲁⲛⲟⲩ⸗ϥ, il est bon ⲛⲉⲥⲱ⸗ϥ, il est beau

Mais ⲡⲉϫⲁ⸗ϥ, il dit ; ⲉϩⲛⲁ⸗ϥ, il veut, qui ont à la 2e pers. plur. ⲡⲉϫⲏ⸗ⲧⲛ̄, ⲉϩⲛⲏ⸗ⲧⲛ̄.

3. Un certain nombre de substantifs qui se réfèrent pour la plupart à des parties du corps et qui interviennent souvent dans des expressions prépositionnelles s'emploient régulièrement à l'état pronominal :

ⲉⲓⲁⲧ⸗ϥ, son œil ⲉ-ϫⲱ⸗ϥ, sur lui (litt. : sur sa tête)
ⲉⲃⲟⲗ ϩⲓ-ⲧⲟⲟⲧ⸗ϥ, par lui (litt. : par sa main)

Parmi ceux-ci ϩⲣⲁ⸗, visage, devient à la 2e pers. plur. ϩⲣⲏ⸗ⲧⲛ̄ (cf. § 43).

Dans les deux suivants, l'état absolu s'oppose comme suit à l'état pronominal :

ⲣⲟ, bouche — ⲣⲱ⸗ϥ, sa bouche ⲣⲁⲛ, nom — ⲣⲓⲛ⸗ϥ, son nom.

4. Comme on peut difficilement parler de l'« état pronominal d'un pronom », il vaut mieux appeler « état suffixal » les formes :

du pronom possessif primaire ⲡⲱ⸗ϥ, le sien
du pronom indéfini primaire ⲁϩⲣⲟ⸗ϥ, pourquoi ; 2e pers. plur. ⲁϩⲣⲱ⸗ⲧⲛ̄ etc.

5. Parmi les prépositions, relevons les exemples suivants d'état suffixal :

ⲉ- : ⲉⲣⲟ⸗ϥ, vers lui ; 2e pers. pl.	ⲉⲣⲱ⸗ⲧⲛ̄
ⲛ̄- : ⲙ̄ⲙⲟ⸗ϥ, de lui ; le —	ⲙ̄ⲙⲱ⸗ⲧⲛ̄ (cf. § 36)
ⲛ̄- : ⲛⲁ⸗ϥ, à lui —	ⲛⲏ⸗ⲧⲛ̄ B ⲛⲱ⸗ⲧⲉⲛ ; 3e pers. ⲛⲱ⸗ⲟⲩ
ⲙⲛ̄- : ⲛ̄ⲙ̄ⲙⲁ⸗ϥ, avec lui —	ⲛ̄ⲙ̄ⲙⲏ⸗ⲧⲛ̄ : B ⲛⲉⲙⲱ⸗ⲧⲉⲛ ; 3e pers. ⲛⲉⲙⲱ⸗ⲟⲩ
ⲛ̄ⲥⲁ- : ⲛ̄ⲥⲱ⸗ϥ, derrière lui —	ⲛ̄ⲥⲱ⸗ⲧⲛ̄

71 On décèle, dans ces mots « variables », une tendance à allonger une voyelle brève lorsqu'elle passe d'une syllabe fermée en syllabe ouverte, et inversement. Mais cette tendance est contrecarrée dans de très nombreux cas.

Là où elle s'exerce, on constate qu'en S, dans la syllabe accentuée :

à /ó:/ ou à son allophone /u:/ correspond /ò/

à /i:/ ou à son allophone /é:/ correspond /á/ (ϫⲓⲥⲉ : ϫⲁⲥⲧϥ, ⲣⲁⲛ : ⲣⲓⲛϥ, ϩⲣⲁϥ : ϩⲣⲏⲧⲛ̄)

sous réserve des règles relatives aux variantes combinatoires exposées aux §§ 39, 40 et 54, exx. ⲧⲁϩⲙ⸗, inviter ; ϣⲁⲁⲧ⸗, couper ; ⲟⲩⲁϣ⸗, désirer ; ϭⲛ̄ⲧ⸗ trouver.

Règles pour la séparation des mots

72 Les manuscrits coptes, comme tous les autres documents anciens, présentent la *scriptio continua*. Les éditeurs de ces textes se trouvent toutefois dans l'obligation d'en faciliter la lecture en séparant les « mots » les uns des autres. Deux systèmes s'opposent ici actuellement. Le premier, appelé par R. Kasser le système « de Louvain » parce qu'il fut inauguré par L.-Th. Lefort, considère comme « mot » tous les monèmes qui sont agglutinés autour d'un seul accent. Cette méthode est la plus conforme à la structure de la langue copte. Le second système, préconisé par W. C. Till, introduit quelques coupures supplémentaires. Il impose au lecteur un effort d'analyse moins considérable et il tend à différencier certaines formes qu'on aurait tendance à confondre. C'est le système qui sera suivi dans la présente grammaire.

Il y a lieu de séparer, malgré l'unité d'accent :

1. L'état nominal de l'infinitif des verbes transitifs — et leur complément direct. C'est la clé de voûte du système, qui permet de découper les mots-phrases en leurs principaux éléments et d'éviter qu'ils atteignent une longueur exagérée. Ainsi ⲉⲧⲙ̄ⲙⲉⲥⲧⲉⲡⲉⲧⲛⲁϫⲉⲟⲩϣⲓⲛⲉ (accent sur ϣⲓ) dans L.-Th. Lefort, *Œuvres de S. Pachôme* (CSCO, 159), p. 50, l. 7 du bas, devient ⲉⲧⲙ̄ⲙⲉⲥⲧⲉ ⲡⲉⲧⲛⲁϫⲉ ⲟⲩϣⲓⲛⲉ, afin de ne pas haïr — celui qui répandra (dira) — une nouvelle.

Cela permet de distinguer au premier coup d'œil, par exemple,

ϯ ϩⲓⲥⲉ, donner de la peine	ϯϩⲓⲥⲉ, je souffre
ⲛ̄ ⲟⲩϫⲱⲱⲙⲉ, apporter un livre	ⲛ̄ⲟⲩϫⲱⲱⲙⲉ, d'un/ à un livre; un livre
ⲁϥϣ̄ ⲱⲡ, il sut compter	ⲁϥϣⲱⲡ, il acheta

W. C. Till en a tiré la conclusion logique qu'il faut isoler aussi les autres monèmes à l'état nominal ou réduit (voir § 69) à l'exclusion des substantifs composés et des pronoms secondaires. Ils sont cités ci-après sous les nos. 2 à 5.

Exception. — L'état nominal ⲣ̄ de l'infinitif ⲉⲓⲣⲉ, faire, se joint au verbe grec p.ex. dans AA₂ ⲣ̄ⲁⲓⲧⲉⲓ : B ⲉⲣⲁⲓⲧⲓⲛ : F ⲉⲗⲁⲓⲧⲓⲛ, demander. Le mot grec n'était sans doute pas ressenti comme le complément direct de « faire » mais ⲣ̄ remplit plutôt une fonction semblable à la désinence *-ieren* de all. *exzerpieren, assortieren,* etc.

2. L'état nominal des verbes de qualité — et leur sujet : ⲛⲁⲛⲟⲩ ⲡⲉⲕⲛⲁ, ta miséricorde est bonne. Cf. pour les verbes qui leur sont assimilés : ⲡⲉϫⲉ ⲡϫⲟⲉⲓⲥ, le Seigneur dit; ⲟⲩⲛⲧⲉ ⲡⲁⲉⲓⲱⲧ, mon père a; ⲟⲩⲛ̄ ⲗⲁⲁⲩ, il y a quelque chose; ⲙⲛ̄ ⲕⲉ, il n'y a pas d'autre.

3. L'état nominal des verbes, les substantifs désignant des parties du corps (§ 70) — et le suffixe de la 2e pers. plur. ⲧⲏⲩⲧⲛ̄, ex. ⲧⲥⲁⲃⲉ ⲧⲏⲩⲧⲛ̄, vous renseigner; ϩⲱⲧ ⲧⲏⲩⲧⲛ̄, vous-mêmes (cf. ϩⲱⲱⲕ, toi-même); ⲛ̄ⲧⲉ ⲧⲏⲩⲧⲛ̄, de votre part (cf. ⲛ̄ⲧⲟⲟⲧϥ̄, de sa part); ⲣⲁⲧ ⲧⲏⲩⲧⲛ̄, votre pied (cf. ⲣⲁⲧⲛ̄, notre pied).

4. La forme réduite du pronom personnel indépendant — et le prédicat nominal : ⲁⲛⲅ̄ ⲟⲩϣⲱⲥ, je suis un berger; ⲛ̄ⲧⲕ ⲟⲩⲉⲃⲟⲗ ⲧⲱⲛ, d'où es-tu ? En outre, l'état réduit du pronom possessif primaire ⲡⲁ, ⲧⲁ, ⲛⲁ — et le substantif qui en dépend : ⲡⲁ ⲡⲛⲟⲩⲧⲉ, celui (l'homme) de Dieu; ⲛⲁ ⲡⲣ̄ⲣⲟ', ce qui appartient au roi. Cette règle se justifie moins bien, à première vue, étant donné que les syntagmes

de la seconde espèce servent à créer d'innombrables anthroponymes, p.ex. ⲡⲁⲡⲛⲟⲩⲧⲉ : *Παφνουτιος*, celui qui appartient à Dieu, etc. Il paraît utile néanmoins d'établir ainsi, dans la phrase, une opposition générale entre les pronoms primaires et les pronoms secondaires. Les premiers ont pour la plupart un accent propre, les seconds s'appuient étroitement sur les substantifs. Leurs fonctions syntaxiques sont également différentes. Même si le pronom personnel et le pronom relatif sont toujours des pronoms primaires, il est bon de maintenir certaines distinctions. Ainsi l'isolement du pronom personnel ⲁⲛⲅ̄ etc. le différencie, en tant que variante de ⲁⲛⲟⲕ etc., du pronom personnel enclitique et du pronom personnel suffixe. Le pronom relatif ⲉⲧⲉ' a son accent propre (excepté dans ⲉⲧⲉⲩⲛ, où il y a), tandis que ses autres formes, ⲉ-, ⲉⲧ-, ⲛ̄-, (ⲉ)ⲛⲧ- s'agglutinent aux autres éléments de la phrase. Le pronom indéfini primaire « l'/un autre », avec ses formes variables m.sg. ϭⲉ (ⲕⲉ), f.sg. ⲕⲉⲧ, pl.c. ⲕⲟⲟⲩⲉ doit aussi être considéré comme accentué contrairement au pronom secondaire correspondant.

5. L'état réduit des prépositions — et le substantif qui en dépend, à l'exception des prépositions unilitères ⲉ-, vers, pour; ⲛ̄/ⲙ̄, de, à.

Cette règle permet de distinguer, entre beaucoup d'autres, les syntagmes suivants :

ⲙⲛ̄ ⲧⲉϥⲙⲁⲁⲩ, avec sa mère	ⲙⲛ̄ⲧⲉϥ ⲙⲁⲁⲩ, il n'a pas de mère
ⲉϫⲛ̄ ⲟⲩ, sur quoi ?	ⲉϫⲛⲟⲩ, pour demander
ⲛ̄ϩⲛ̄ ϣⲁϫⲉ, pas en mots	ⲛ̄ϩⲉⲛϣⲁϫⲉ ⲁⲛ, pas de mots

Elle entraîne la séparation des éléments suivants.

6. La copule ⲡⲉ, ⲧⲉ, ⲛⲉ — et les monèmes qui précèdent.

On évite ainsi la confusion entre, p.ex.

ⲟⲩⲁ ⲡⲉ, il est un	ⲟⲩⲁⲡⲉ', une tête
ⲧⲉⲥⲙⲏ ⲧⲉ, c'est la voix	ⲧⲉⲥⲙⲏⲧⲉ, son centre
ⲉⲛⲥⲁϩ ⲛⲉ, puisqu'ils sont les maîtres	ⲉⲛⲥⲁϩⲛⲉ, nous approvisionnons

7. La particule enclitique ϭⲉ — et le mot précédent.

ⲧⲉⲛⲟⲩ ϭⲉ, maintenant donc

8. La particule interrogative ⲉⲛⲉ — et le reste de la phrase.

Celle-ci ressemble en effet à la préformante ⲉⲛⲉ- du prétérit circonstanciel ⲉⲛⲉ ⲙⲛ̄ ⲕⲉⲟⲩⲁ, n'y a-t-il pas un autre ? cf. ⲉⲛⲉⲙⲛ̄ ⲕⲉⲟⲩⲁ, s'il n'y avait pas un autre ;

ⲉⲛⲉ ⲕⲥⲟⲟⲩⲛ ⲙⲡⲁⲥⲟⲛ, connais-tu mon frère ? cf. ⲉⲛⲉⲕⲥⲟⲟⲩⲛ ⲙ̄ⲡⲁⲥⲟⲛ, si tu connaissais mon frère.

9. Le ⲛ̄ϭⲓ proclitique, les conjonctions proclitiques — et les monèmes qui suivent :

ⲛ̄ϭⲓ ⲛ̄ϣⲁϫⲉ, c.-à-d. les paroles ⲛ̄ϭⲓⲛϣⲁϫⲉ, les discours
ϫⲉ ⲉϥⲉⲛⲁⲩ, afin qu'il voie
ⲉϣϫⲉ ⲛ̄ⲧⲟⲕ ⲡⲉ ⲡⲁⲉⲓⲱⲧ, si tu es mon père

10. Le mot ϣ(ⲉ), fils, fille — et le patronyme qui suit.
ⲥⲟⲩⲁ ⲡϣ(ⲉ) ⲛ̄ϩⲱⲣ, Swa, fils de Hōr.

Tous les autres monèmes atones doivent être unis, dans l'écriture, à ceux avec lesquels ils forment des syntagmes. Il ne nous paraît pas utile de les distinguer par un signe ', appelé *komma*, ainsi que R. Kasser l'a proposé.

Bibliographie

W. C. Till, *La séparation des mots en copte*, dans *BIFAO*, 60 (1960), p. 151-170.

Id., *Zur Worttrennung im Koptischen*, dans *Z.äg.Spr.*, 77 (1941-42), p. 48-52.

R. Kasser, *Comment séparer les mots en copte ?*, dans *Le Muséon*, 78 (1965), p. 307-312.

APPENDICE

Les aires naturelles des dialectes coptes

Les conceptions relatives à la localisation géographique des dialectes coptes ont fort évolué depuis l'apparition des premières grammaires scientifiques de cette langue. La principale innovation a consisté à reconnaître que le sahidique n'est pas l'idiome de Thèbes, l'ancienne capitale, et de sa *khōra*, où se parlait plutôt l'akhmimique (à preuve : les nombreux akhmimismes dans les textes sahidiques non-littéraires provenant de cette région). Le sahidique a commencé sa diffusion en tant que langue écrite et littéraire à partir d'une région située beaucoup plus au nord. Cette conclusion découle de l'enquête dans laquelle W. H. Worrell appliqua aux parlers coptes les méthodes de la dialectologie moderne (*CS*, p. 63-82). Celle-ci admet comme principe fondamental que les idiomes qui ont en commun le plus grand nombre de particularités phonétiques (isophones) ou lexicales et grammaticales (isoglosses) se situent géographiquement le plus près les uns des autres (cf. supra, § 3).

A. En se fondant sur les isophones, Worrell distingue six régions. La Ire région, le Delta, est le domaine de B, au moins dans sa partie occidentale. L'auteur fait en effet remarquer que le mot arabe *buḥaira* ne désigne que cette partie, et non le Delta entier, ainsi que le croyaient les premiers coptisants. Il suppose donc qu'il peut avoir existé dans la Basse-Égypte deux dialectes, dont celui situé à l'est fut supplanté par B. Worrell ne dit pas quel était ce dialecte. Un parler du Delta était le bouchmourique qui, selon l'hypothèse de J. Krall et de W. E. Crum, influença peut-être les documents coptes-melkites écrits en caractères grecs (voir le dialecte G, § 5). Ceux dont la provenance est connue furent en effet écrits à Tannīs (grec *Θεννησις*), dans le district de Manzaleh, et à Thmouïs.

La IIIe région, le Fayoum, est le domaine de F, dialecte qui au VIIIe siècle se diffusa jusqu'à Héracléopolis et même plus loin dans la Vallée.

La IIe région comprend la Vallée depuis le Caire jusqu'à hauteur du Fayoum. Ici commence la IVe région, qui s'étend jusqu'à Ishqâw et jusqu'à Qâw, sur la rive droite. Le S est le parler naturel de ces deux régions et notamment de la ville d'Oxyrhynque. Worrell fait remarquer ici que le nom arabe *aṣ-ṣaʿīd* s'applique à toute la Haute-Égypte, exactement comme le nom de Thébaïde, employé par les auteurs grecs et latins.

La partie de la Vallée depuis Ishqâw jusqu'à Thèbes constitue la Ve région; la VIe région s'étend au sud de Thébes. Elles sont l'aire naturelle de A. Quant a A_2, Worrell se borne à le situer au sud de S et au nord de A; il note en outre que l'Évangile de Jean en A_2 fut trouvé à Qâw.

B. En réexaminant le problème dans *Bala'izah,* I, Paul-E. Kahle a étudié tous les manuscrits et les textes non-littéraires antérieurs au VIe siècle, essayant de les dater et de déterminer leur lieu d'origine. Il a relevé non seulement leurs particularités phonétiques mais aussi certaines caractéristiques morphologiques et lexicales et il a ensuite brossé un tableau très nuancé des dialectes coptes. Celui-ci donne, outre une localisation plus nette, une idée plus exacte de leur évolution chronologique, de l'action qu'ils ont exercée les uns sur les autres et des différents degrés de standardisation dans l'orthographe.

Les conclusions auxquelles arrive P.E. Kahle sont les suivantes. Thèbes était l'aire naturelle de A; ce dialecte s'est diffusé vers le nord au début du Ve siècle de manière à servir de langue littéraire dans la région d'Akhmîm à la fin de ce siècle. A_2 était originairement le parler de la région comprise entre Abydos et Ashmouneïn, et s'étendant peut-être plus en aval. Au nord de cette région, l'auteur a découvert l'existence d'un nouveau dialecte, qu'il appelle le moyen-égyptien (M). Les principaux témoins en furent trouvés à Oxyrhynque et à el-Qaïs. Kahle suppose que ce parler se diffusa vers le sud parce qu'il est représenté par quelques rares textes à Wadi Sarga, à Baouit et à Deir el-Matmar. Au nord d'Oxyrhynque, jusqu'à Héracléopolis, existait une variété de cet idiome, ou bien le même dialecte y subit une forte influence de F, en attendant d'être entièrement supplanté par celui-ci dans la seconde moitié du Ve siècle. Le Fayoum est l'aire de F.

B est le dialecte du Delta, mais une variété appelée semi-bohaïrique (sB) était, selon Kahle, en usage dans la région de Memphis et s'étendait peut-être jusqu'à Héracléopolis. Puisque le seul représentant de ce subdialecte provient de Bala'izah, cette localisation est uniquement fondée sur la parenté existant entre B et M. Enfin, aucune place ne restant plus dans la Vallée pour S, Kahle émet « sous réserve et avec quelque hésitation » l'hypothèse que celui-ci était le parler naturel d'Alexandrie. Déjà avant l'introduction du christianisme, cet idiome était le principal dialecte littéraire non seulement dans le Delta mais dans toute la Haute-Égypte.

C. Nous avons, dans un article intitulé *Les dialectes dans le domaine égyptien*, dans la *Chronique d'Égypte*, 36 (1961), p. 237-249, tenté de trouver une solution à ces opinions fort divergentes. En nous fondant, comme Worrell, sur les isophones, nous avons dressé de ceux-ci un tableau plus complet et plus facile à analyser (voir infra, p. 58).

Un décompte des 24 phénomènes examinés donne les résultats que voici (rappelons que le sigle O = oxyrhynchite se substitue au sigle M de Kahle; cf. § 3, sub 4°).

B = S : 12				
B = F : 11	F = S : 11			
B = O : 9	F = O : 15	S = O : 13		
B = A_2: 8	F = A_2: 12	S = A_2: 19	O = A_2: 14	
B = A : 6	F = A : 7	S = A : 12	O = A : 8	A_2 = A : 17

Les nombres des isophones sont proportionnels aux distances entre les aires dialectales telles qu'on les établit actuellement. Ainsi B et A, qui se trouvent aux deux extrémités du territoire, n'ont que 6 isophones en commun; F et A en ont 7. Le chiffre est, au contraire, de 17 pour A_2 et A, que tous considèrent comme contigus; pour les aires également limitrophes F - O et O - A_2 il est respectivement de 15 et de 14.

Il y a lieu de tenir compte de l'importance relative des phénomènes. Ainsi les particularités d'ordre consonantique qui portent dans le tableau les nos. 1, 2, 6 classent S définitivement, avec F, A, A_2, parmi les parlers de la Haute-Égypte. Les nos. 8 et 12, relatifs à des phonèmes vocaliques, apparentent S à B. La combinaison de ces données prouve que S devait se trouver quelque part entre B et A_2A et qu'il ne pouvait occuper la position isolée dans le Delta que Kahle lui assigne. C'est pourquoi nous le localisons dans la partie du territoire correspondant à la Région II (sahidique) de Worrell, avec, éventuellement, une extension dans le Delta oriental, au cas où B n'appartenait vraiment qu'à l'ouest du Delta. Les nombres de 12:11:13 isophones que S a en commun respectivement avec B, F et O reflètent bien cette situation. L'opposition entre les chiffres 13 pour les dialectes contigus S - O et 19 pour S - A_2 peut s'expliquer par l'influence que O subissait latéralement de la part de F (cf. les nos. 9, 11, 14).

Quant au dialecte « semi-bohaïrique », l'unique texte identifié par Kahle n'est pas un argument suffisant pour admettre l'existence d'une variété particulière de B. Presque toutes ses caractéristiques peuvent être considérées comme purement orthographiques et s'expliquent par l'hypothèse d'un texte bohaïrique non encore standardisé ou, plutôt, ayant subi l'influence du sahidique littéraire. Cette dernière possibilité est d'ailleurs envisagée par Kahle lui-même (p. 241). Notons aussi que le rapport établi entre ce texte et Memphis est purement factice.

Notre délimitation des aires dialectales ressemble plus ou moins à un compromis entre Kahle et Worrell. Comme ce dernier ignorait encore l'existence de O, il faut assigner à ce parler la partie de la Région IV où Kahle le situe. Contrairement aux données très vagues de Worrell sur l'aire de A_2, nous traçons, avec Kahle, la limite septentrionale de ce parler quelque part en aval d'Ashmouneïn. Quant à sa limite sud, Kahle ne dit nulle part pourquoi il la fait descendre jusqu'à Abydos. Puisque A n'était pas encore une langue littéraire au début de la période copte, nous ne voyons pas par quels moyens il aurait pu se diffuser vers le nord. Il faut plutôt admettre que toute la région depuis Akhmîm jusqu'à Assouan était le domaine naturel de A, probablement avec Thèbes comme centre.

Dans une étude récente, P. Nagel défend l'opinion que le dialecte P (cf. § 5) est la forme littéraire la plus ancienne du parler de Thèbes, dont les témoins les plus récents sont les documents non-littéraires du Monastère d'Épiphane, datant du VIe/VIIe siècle (*Der frühkoptische Dialekt von Theben*, dans *Koptologische Studien in der DDR* (*Wiss. Z. der Martin-Luther-Universität Halle-Wittenberg*, Sonderheft), 1965, p. 30-49). Il en résulterait que l'akhmimique n'est pas le parler originel de cette région. Étant donné que le caractère sahidique est prédominant dans P, on pourrait même en conclure que Thèbes est l'aire naturelle de S, ce qui signifie un retour à la conception ancienne (cf. H. J. Polotsky, *Coptic*, dans Th. A. Sebeok e.a., *Current Trends in Linguistics. VI. Linguistics in South West Asia and North Africa*, La Haye - Paris, 1970, p. 561). Nous croyons que P représente une forme archaïque de S, un protosahidique non encore nivelé par le contact avec les autres parlers régionaux. Tout en ayant avec A_2 quelques isophones de plus en commun que S (p.ex. le no. 23 du tableau ci-après), il ne présente pas les akhmimismes typiques des textes thébains non-littéraires et il se localise, lui aussi, entre B et A_2, en particulier par son traitement caractéristique des fricatives vélo-palatales (cf. § 26), à savoir ϧ comme B (no. 5) et /ç/ anticipant /š/ (no. 3) comme le subdialecte de A_2 conservé dans l'Ascension d'Isaïe. Ce dernier, qui possède, outre ⳉ = B ϧ, un *-i* final dans certains mots (§ 56), est à considérer comme un témoin du protosubakhmimique. (J. Vergote, *Le dialecte copte P* (*P. Bodmer VI : Proverbes*). *Essai d'identification*, à paraître dans *Rev. d'Égypt.*, 25 [1973]).

TABLE DES ISOPHONES

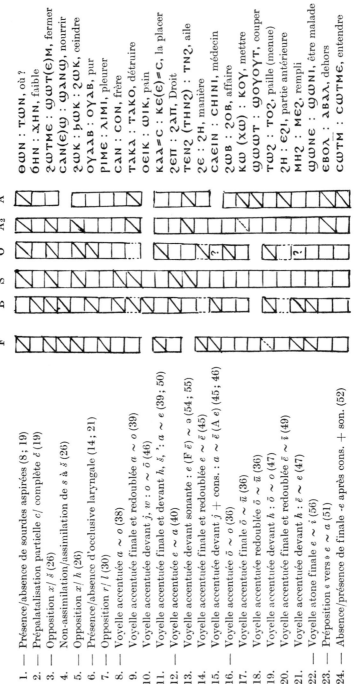

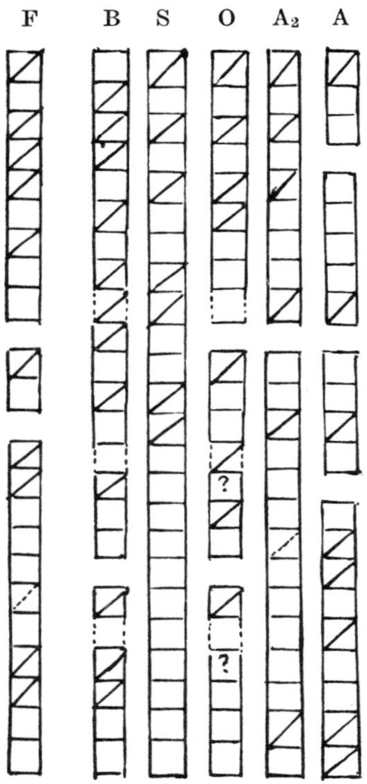

1. — Présence/absence de sourdes aspirées (8 ; 19)	ⲑⲱⲛ : ⲧⲱⲛ, où ?
2. — Prépalatalisation partielle c/ complète $\check{c}$ (19)	ϭⲏⲛ : ϫⲏⲛ, faible
3. — Opposition x/ $\check{s}$ (26)	ϩⲱⲧⲙⲉ : ϣⲱⲧ(ⲉ)ⲙ, fermer
4. Non-assimilation/assimilation de s à $\check{s}$ (26)	ⲥⲁⲛ(ⲉ)ϣ : ϣⲁⲛϣ, nourrir
5. — Opposition x/ h (26)	ϩⲱⲕ : ⳉⲱⲕ : ϩⲱⲕ, ceindre
6. — Présence/absence d'occlusive laryngale (14 ; 21)	ⲟⲩⲁⲁⲃ : ⲟⲩⲁⲃ, pur
7. — Opposition r/ l (30)	ⲣⲓⲙⲉ : ⲗⲓⲙⲓ, pleurer
8. — Voyelle accentuée $a \sim o$ (38)	ⲥⲁⲛ : ⲥⲟⲛ, frère
9. Voyelle accentuée finale et redoublée $a \sim o$ (39)	ⲧⲁⲕⲁ : ⲧⲁⲕⲟ, détruire
10. Voyelle accentuée devant j, w : $o \sim \bar{o}$ (46)	ⲟⲉⲓⲕ : ⲱⲓⲕ, pain
11. Voyelle accentuée finale et devant h, $\check{s}$, ' : $a \sim e$ (39 ; 50)	ⲕⲁⲁ⸗ⲥ : ⲕⲉ(ⲉ)⸗ⲥ, la placer
12. — Voyelle accentuée $e \sim a$ (40)	ϩⲉⲡ : ϩⲁⲡ, Droit
13. Voyelle accentuée devant sonante : e (F $\bar{e}$) $\sim ə$ (54 ; 55)	ⲧⲉⲛϩ (ⲧⲏⲛϩ) : ⲧⲛϩ, aile
14. Voyelle accentuée finale et redoublée $e \sim \bar{e}$ (45)	ϩⲉ : ϩⲏ, manière
15. Voyelle accentuée devant j + cons. : $a \sim \bar{e}$ (A e) (45 ; 46)	ⲥⲁⲉⲓⲛ : ⲥⲏⲓⲛⲓ, médecin
16. — Voyelle accentuée $\bar{o} \sim o$ (36)	ϩⲱⲃ : ϩⲟⲃ, affaire
17. Voyelle accentuée finale $\bar{o} \sim \bar{u}$ (36)	ⲕⲱ (ϫⲱ) : ⲕⲟⲩ, mettre
18. Voyelle accentuée redoublée $\bar{o} \sim \bar{u}$ (36)	ϣⲱⲱⲧ : ϣⲟⲩⲟⲩⲧ, couper
19. Voyelle accentuée devant h : $\bar{o} \sim o$ (47)	ⲧⲱϩ : ⲧⲟϩ, paille (menue)
20. Voyelle accentuée finale et redoublée $\bar{e} \sim \bar{i}$ (49)	ϩⲏ : ⲉϩⲓ, partie antérieure
21. Voyelle accentuée devant h : $\bar{e} \sim e$ (47)	ⲙⲏϩ : ⲙⲉϩ, rempli
22. — Voyelle atone finale $e \sim i$ (56)	ϣⲱⲛⲉ : ϣⲱⲛⲓ, être malade
23. — Préposition « vers » $e \sim a$ (51)	ⲉⲃⲟⲗ : ⲁⲃⲁⲗ, dehors
24. — Absence/présence de finale -e après cons. + son. (52)	ⲥⲱⲧⲙ̄ : ⲥⲱⲧⲙⲉ, entendre

Légende du tableau des isophones. — Afin de distinguer les phonèmes des variantes combinatoires ou libres, les premiers sont marqués d'un trait. La case blanche correspond à la première partie de la nomenclature des phénomènes, le trait oblique à la seconde partie. Le pointillé oblique signifie que le phonème n'intervient que dans certains cas. Les cases en pointillé des numéros 9, 14 et 20 indiquent que seule la voyelle accentuée finale est visée (dialectes sans *'aleph*). Les numéros entre parenthèses renvoient aux paragraphes qui précèdent.

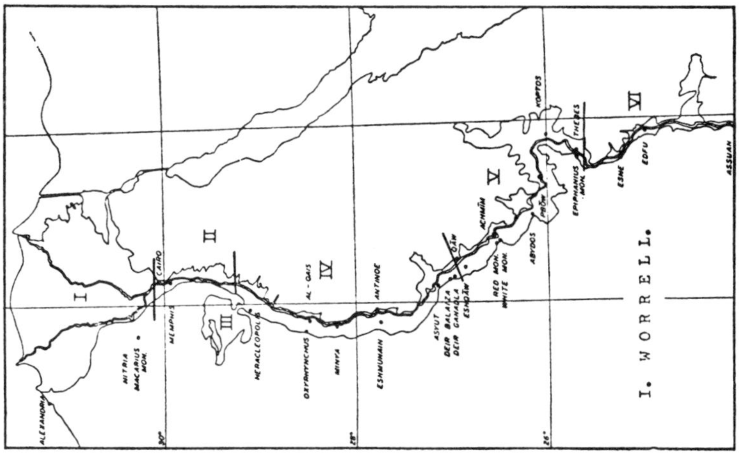

I. WORRELL.

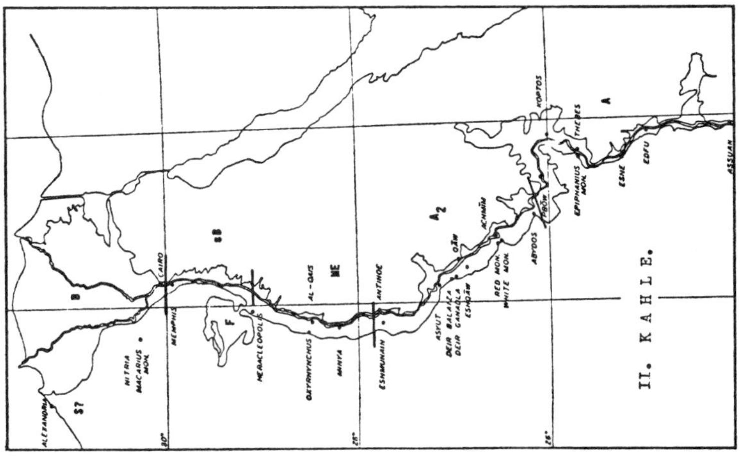

II. KAHLE.

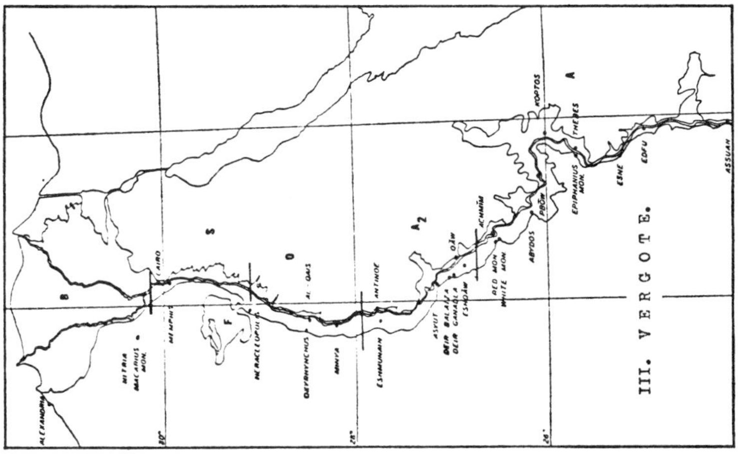

III. VERGOTE.

Deuxième Partie

MORPHOLOGIE SYNTHÉMATIQUE

Préliminaires

73 La morphologie doit établir, selon nous, l'inventaire des morphèmes et déterminer leurs fonctions dans la langue donnée. Cela ne peut se faire sans qu'on examine en même temps leurs rapports avec les sémantèmes, auxquels ils sont si étroitement liés qu'il est rare de trouver des sémantèmes purs, ne comprenant pas un quelconque morphème. La morphologie doit par conséquent s'occuper aussi de la structure des sémantèmes.

Nous définissons comme suit ces deux catégories de signes linguistiques.

Un sémantème est un mot 1° qui se réfère à un être ou une chose, à une propriété, à un procès ; ou 2° qui, en se référant à autre chose (p.ex. une relation de lieu ou de temps), est marqué par un morphème lexical comme étant destiné à remplir dans la phrase une fonction primaire (sujet, complément direct ou indirect), secondaire (prédicat — ou déterminant d'un substantif), tertiaire (déterminant d'un verbe ou d'un adjectif). Des sémantèmes de la seconde espèce sont par exemple les mots *antériorité, antérieur, antérieurement.* Les sémantèmes sont donc les substantifs, les adjectifs, les verbes et les adverbes de manière, dérivés d'adjectifs ou d'autres sémantèmes.

Un morphème est un signe servant 1° à créer avec un mot ou le radical d'un mot un sémantème (morphème lexical) ; 2° à former une phrase en combinaison avec les sémantèmes (morphème syntaxique). Cela donne lieu à une division de la morphologie en morphologie synthématique et morphologie syntagmatique (cf. A. Martinet, dans *Cahiers F. de Saussure,* 26 [1969] = *Mélanges H. Frei,* II, p. 85-90).

74 Le morphème revêt une des *formes* suivantes :

1. Le morphème est un mot ou un affixe, c.-à-d. un élément phonétique (un phonème, une ou plusieurs syllabes) qui s'ajoute au séman-

tème (*bon-té, riche-sse, dé-périr*), au radical du sémantème (*offr-ande*) ou à un autre morphème (*dort-ig, heut-ig*).
2. Le morphème peut être représenté par la nature ou par la disposition des éléments phonétiques du sémantème. Ces éléments sont les consonnes, les voyelles ou l'accent du sémantème. Les modifications que ceux-ci subissent s'appellent « changement interne », exx. angl. *men, feet*, exprimant le pluriel par opposition à *man, foot*; all. *Väter* : *Vater*. Angl. *held, struck*, all. *gaben*, opposés à *hold, strike, geben* expriment le passé. Quant aux consonnes, angl. *house*, avec /s/, *wreath*, avec /þ/, sont des substantifs, contrairement à (*to*) *house*, avec /z/, « habiter » et (*to*) *wreathe*, avec /đ/, « couronner ». Le radical nu peut en outre acquérir une valeur morphématique en vertu de son opposition avec d'autres formes, enrichies d'un morphème du 1er type. On dit alors qu'il possède un « morphème-zéro ». C'est le cas, p.ex., pour fr. (*le*) *cours, cours* (2e pers. de l'impératif), (*le*) *vol*, comparés à *courir, voler.*
3. Le morphème peut être représenté par la place des sémantèmes dans la proposition, par l'accent et l'intonation de la phrase. Les morphèmes de ce genre jouent un rôle d'autant plus grand que ceux du 1er ou du 2e type font défaut dans une langue donnée.

75 D'après leurs *fonctions*, les morphèmes se divisent en quatre catégories :
1. Les *actualisateurs* sont les morphèmes qui font passer la langue dans la parole : c'est par l'actualisation modale qu'un ou plusieurs mots exprimant une représentation deviennent une phrase, c.-à-d. l'acte de parole par excellence (ex. « *Rain !* ») ; c'est aussi par l'actualisation que les signes de la langue peuvent devenir des termes de la phrase. Les actualisateurs sont par conséquent des morphèmes syntaxiques. Actualiser un concept, c'est identifier à une représentation réelle du sujet parlant le concept virtuel d'être ou de chose, de qualité, de procès. Cette identification s'opère au moyen de la localisation du concept dans l'espace ou dans le temps par rapport au sujet parlant, ou par la quantification. Les actualisateurs sont donc l'article, les pronoms secondaires possessif, démonstratif, interrogatif, indéfini, le nom de nombre cardinal et ordinal, les morphèmes indiquant le nombre du substantif, le temps, le mode, l'aspect syntaxique du verbe (p.ex. l'aoriste et le parfait grecs), les adverbes de circonstance, les morphèmes de gradation des adjectifs et des adverbes de manière.

2. Les *caractérisateurs* spécifient ou modifient les concepts virtuels d'une manière ou d'une autre sans les actualiser. Ils donnent en général naissance à de nouveaux concepts virtuels et sont par conséquent des morphèmes lexicaux. Ce sont, par exemple, les préfixes ajoutés aux sémantèmes dans *dés-espoir*, *re-coin*, *im-possible*, *dé-charger*, *re-faire*, les prépositions ou adverbes de circonstance dans les mots composés *contre-coup*, *après-midi*, *entr-ouvrir*, *pour-chasser*. La spécification propre au genre lexical est également une caractérisation, par opposition au genre syntaxique, qui ne se manifeste que dans la parole et qui est une actualisation, p.ex. ὁ et ἡ ἵππος, ὁ et ἡ θεός *le détenu*, *la détenue*, etc.
3. Les *représentants* se réfèrent à ce qui est donné dans la situation ou se substituent à un concept déjà actualisé, contenu dans le contexte; ils peuvent aussi remplacer une proposition ou une phrase entière. Ce sont des morphèmes syntaxiques. Les représentants sont le plus souvent les pronoms primaires. Parmi les pronoms personnels, la 1e et la 2e personne, désignant le sujet parlant et l'interlocuteur, sont toujours données dans la situation. La 3e personne peut l'être lorsqu'elle se réfère à un tiers assistant à la conversation. Elle peut aussi se substituer à un concept déjà actualisé, p.ex. « J'avais un chien; un jour *il* (ou : *celui-ci*) disparut ». On trouve un représentant d'une phrase dans l'exemple « Vous avez fait de grosses pertes d'argent et *cela* par votre faute ». Les pronoms personnels rendus par les désinences personnelles des verbes qui se conjuguent comme en grec et en latin sont également des représentants. La même fonction peut encore être remplie par le nom de nombre en fonction primaire, p.ex. « J'ai vu *deux* de ces soldats » ; cf. « I prefer a hard pencil to a soft *one* ». En outre par *en*, *y* et *ici*, *là* dans *ici-dessous*, *là-dessus*, etc., ex. « J'aime le théâtre et j'*y* vais souvent ». Exceptionnellement un sémantème peut se vider de son contenu jusqu'à remplir ce rôle, ex. « Bill will misbehave just as John *did* ».
4. Les *ligaments* relient entre eux les sémantèmes, les propositions, parfois aussi des morphèmes. À côté des ligaments purs, qui n'indiquent qu'un rapport syntaxique, il existe des ligaments lexicalisés exprimant, outre ce rapport, une notion particulière. Nous distinguons :

a. les ligaments syntaxiques : les prépositions et les cas, les conjonctions, les désinences personnelles des verbes qui se conjuguent comme en français, les diathèses (« voix » active, passive, moyenne), les morphèmes du participe, du gérondif, de l'adjectif verbal, du supin.

Le nominatif du sujet, en grec et en latin, l'accusatif du complément direct sont des ligaments purs. Mais le datif grec d'instrument ou d'accompagnement est un ligament lexicalisé. La préposition *de* est un ligament pur dans *la maison de mon père, la création du monde*; elle est lexicalisée dans *il descend de la montagne*; *avec* et *vers* sont toujours des ligaments lexicalisés.

b. les ligaments lexicaux sont les morphèmes lexicaux qui indiquent la valence syntaxique des sémantèmes. Ils ne relient pas directement les sémantèmes entre eux (comme les cas, les prépositions, les conjonctions, etc.) mais ils montrent dans quelles combinaisons syntaxiques le sémantème donné peut entrer avec d'autres sémantèmes à l'intérieur de la phrase. Dans nos langues occidentales, ces ligaments sont généralement des désinences de dérivation. Dans fr. *bon-té*, all. *Reich-tum*, cette désinence montre que le mot, qui se réfère à une propriété, ne remplira pas la fonction d'adjectif mais la fonction primaire de sujet ou d'objet. Le morphème-zéro qui marque fr. *vol*, all. *Schlag* par opposition à *voler*, *schlagen* indique que cette notion de procès s'emploiera également en fonction primaire. Le mot *planétaire*, tout en se référant à une chose, apparaît grâce à ce morphème comme destiné à remplir la fonction secondaire d'adjunctum ou de déterminant de substantif. Ces trois exemples sont des cas de « transposition » ou de « translation ».

Les morphèmes précités sont des ligaments purs. On a affaire à des morphèmes lexicaux lexicalisés dans *chercheur*, *nageur* (l'homme qui cherche, nage), *arrosoir*, *rasoir* (instrument), *brasserie*, *boucherie* (lieu où l'action s'exerce), *chevelure*, *denture* (collectif).

Remarque. — On aura remarqué que nous restituons au mot « morphème » la signification qu'il avait avant d'être usurpé par certains structuralistes pour désigner les plus petites unités de la langue comprenant un signifiant et un signifié. Pour ces signes-là nous empruntons le terme de « monème » à A. Martinet, *Éléments de linguistique générale* (Paris, s.d. [1960]), p. 20.

76 Modification de la fonction des morphèmes et cumul. Certains morphèmes peuvent remplir une fonction différant de leur fonction normale. Le genre est en général un caractérisateur des substantifs et un actualisateur de leurs représentants; le nombre actualise les uns et les autres. Lorsque, par exemple, le pronom démonstratif secondaire ou l'adjectif s'adjoignent les morphèmes de genre et de nombre, ceux-ci servent uniquement à indiquer le rapport de ces monèmes avec un substantif donné : les caractérisateurs et actualisateurs deviennent des ligaments syntaxiques p.ex. dans *οὗτος ὁ ἀγαθὸς ἀνήρ, οὗτοι οἱ ἀγαθοὶ ἄνδρες, αὕτη ἡ ἀγαθὴ γυνή, αὗται αἱ ἀγαθαὶ γυναῖκες*. Il existe à ce point de vue une différence énorme entre les différentes langues. Celles-ci tendent en général à supprimer petit à petit comme inutiles ces morphèmes-ligaments, de sorte que les langues d'où ce phénomène est absent sont parfois considérées comme les plus évoluées. On comparera avec ce qui précède angl. *this good man, these good men, this good woman, these good women.* Seul l'accord de nombre est exprimé, et uniquement dans les pronoms. Dans la conjugaison du verbe, l'accord du nombre apparaît dans fr. *je cours* : *nous courons* et dans les autres personnes du pluriel; en anglais seulement dans *he, she runs* : *they run*, mais pas au passé : *he, she ran* : *they ran.*

Le temps, actualisateur du verbe, devient ligament dans la proposition subordonnée *il disait qu'il pleuvait* (cf. la concordantia temporum du latin). Le mode, lui aussi actualisateur, se fait ligament dans *er sagte, der Graf sei gestorben*, ou dans *je crains qu'il (ne) vienne.* Le représentant devient actualisateur dans *il pleut.*

D'autre part, dans les langues flexionnelles comme le grec et le latin, un seul signe combine plusieurs morphèmes. C'est ce que nous exprimons dans notre analyse grammaticale de *ὁ* : article (actualisateur), nominatif, masculin, singulier (ici ligaments). Les langues agglutinantes comme le turc ou le hongrois évitent en général ces combinaisons.

Un cumul d'un autre genre se rencontre dans le pronom relatif, qui est toujours en même temps représentant et ligament. Les pronoms et les adverbes interrogatifs, qui sont soit des représentants soit des actualisateurs, font en outre fonction de ligaments dans *il demandait qui voulait l'accompagner, quel prix il payait, où était son père ?*

77 Nos définitions des différentes classes de sémantèmes se fondent en premier lieu sur leur signification, secondairement sur leur forme et leur fonction. Il sera montré dans notre IIIe Partie que les sémantèmes (et, parmi les morphèmes, les représentants) peuvent remplir q atre fonctions syntaxiques : la fonction primaire, deux fonctions secondaires, la fonction tertiaire. Un sémantème qui remplit dans la phrase (dans la parole) une fonction primaire, secondaire ou tertiaire est un *terme* primaire, secondaire, tertiaire. Un *mot* primaire appartient, au contraire, à la langue : c'est le sémantème qui est destiné, par sa signification ou par sa forme, à être terme primaire, c.-à-d. à remplir la fonction de sujet, de complément direct ou indirect de verbe ou d'adjectif. Un mot secondaire dans la *jonction* est un sémantème destiné, par sa signification ou par sa forme, à être terme secondaire-*adjunctum*, c.-à-d. à être attribut d'un *mot* primaire. Un mot secondaire dans la *connexion* est un sémantème destiné, par sa signification ou sa forme, à être terme secondaire-*adnexum*, c.-à-d. à remplir la fonction de prédicat. Un mot tertiaire est un sémantème destiné, par sa forme seule, à être terme tertiaire (ou *subjunctum*) c.-à-d. à être attribut d'un *mot* secondaire-*adjunctum* (adjectif) ou d'un *mot* secondaire-*adnexum* (verbe).

Nous obtenons ainsi les définitions suivantes. Le substantif est un sémantème se référant à un être ou une chose (*chien*, *pierre* : substantifs du 1er degré) ou marqué comme mot primaire par un morphème lexical (*bonté*, *fuite*, *antériorité* : substantifs du 2e degré). L'adjectif est un sémantème se référant à une propriété (*bon* : adjectif du 1er degré) ou marqué par un morphème lexical comme mot secondaire-*adjunctum* (*planétaire*, *antérieur*; all. *hiesig*, *heutig* : adjectifs du 2e degré). Le verbe est un sémantème se référant à un procès, c.-à-d. une action (*courir*), un état (*dormir*), l'entrée dans un état (*s'endormir*) (verbes du 1er degré) ou marqué par un morphème lexical comme mot secondaire-*adnexum* (lat. *madēre* « être mouillé » : verbe du 2e degré). L'adverbe de manière est un sémantème marqué comme mot tertiaire ou mot-*subjunctum* par un morphème lexical (*tristement*; all. *heimwärts*, *stufenweise* : adverbes de manière du 2e degré).

On remarquera que la distinction entre sémantèmes du 1er et du 2e degré ne coïncide pas avec le 1° et le 2° de la définition générale des sémantèmes (§ 73). Les sémantèmes du 2e degré ne sont pas seulement ceux mentionnés sous 2° (*antériorité*, *antérieur*, *antérieurement*) mais en outre ceux du 1° qui ont subi une « transposition » (§ 75, 4b), p.ex. le nom de propriété devenu mot primaire (*bonté*) ou mot secondaire-*adnexum* (*madēre*).

Mais si, selon notre définition, tous les mots primaires sont des substantifs, les substantifs ne sont pas tous, pour autant, des mots primaires. Les mots anglais *the fall*, *the rise* ne s'accordent en effet pas avec notre définition des mots primaires; cependant ils sont traités dans les dictionnaires et les grammaires comme de véritables substantifs. Nous appelons ces sémantèmes des substantifs du 3e degré et nous en donnons la définition suivante : un substantif peut aussi être un sémantème se référant à un procès dont la fonction primaire est marquée par des morphèmes syntaxiques (p.ex. *the, a, his*) et par l'opposition avec les verbes inaptes à remplir cette fonction dans les mêmes conditions. Les verbes anglais qui ne peuvent pas s'employer de la même manière appartiennent à un des trois types suivants : les dénominatifs comme *to seal*, parce que *the seal* est un nom de chose; les verbes comme *to find*, parce que *the find* est un déverbatif signifiant « ce qui fut trouvé »; les verbes de l'espèce de *to come*, dont le nomen actionis correspondant est un substantif du 2e degré : *the arrival*. Le français possède lui aussi des substantifs du 3e degré, mais leur nombre est beaucoup plus restreint : *le boire et le manger*, *le savoir-vivre*, etc. Ces mots sont des survivances d'une époque où le français, à l'instar de l'allemand, employait assez librement le verbe en fonction primaire, p.ex. *C'est le jouir, non le posséder, qui nous rend heureux* (Montaigne). Notons la différence entre angl. *the fall* et all. *der Fall*. Malgré la ressemblance extérieure, le mot allemand est un substantif du 2e degré, marqué comme tel par un morphème lexical, à savoir le morphème-zéro consistant en l'opposition avec *fallen*.

Une différence analogue oppose le français à l'allemand dans le domaine de l'adverbe de manière. En allemand, tout adjectif peut faire fonction de terme tertiaire comme dans l'exemple *er schreibt deutlich*. En français, seul un nombre restreint d'adjectifs s'emploie ainsi : *parler haut, crier fort, frapper dur, un œuf frais pondu, être fin prêt*, etc. Il y a lieu de voir dans ces mots des adverbes de manière du 3e degré, conformément à la définition suivante : un adverbe de manière peut aussi être un sémantème exprimant une propriété dont la fonction tertiaire est marquée en même temps par des morphèmes syntaxiques (ici : l'invariabilité) et par l'opposition avec les adjectifs inaptes à remplir cette fonction dans les mêmes conditions.

La structure des sémantèmes coptes et les morphèmes lexicaux

Tableaux des types structurels des sémantèmes coptes

78 Les tableaux qui suivent présentent les sémantèmes simples, c.-à-d. les sémantèmes qui ne comprennent pas de préfixe ni de suffixe (morphèmes du 1er type) et ils tendent à montrer le rôle que joue en copte, dans la formation des mots, le morphème du 2e type : la nature et la disposition des éléments phonétiques du sémantème, in casu des voyelles ; la réduplication de la racine est à considérer comme une variété de ce type. L'ordre adopté tend à donner une idée de la fréquence des différents schèmes, les plus importants étant placés les premiers (voir en outre § 82). En face de chaque tableau comprenant les phonèmes « normaux » est reproduit le tableau des variantes, c.-à-d. celui des schèmes comprenant des variantes combinatoires ou allophones. Pour chaque schème, nous donnons, dans l'ordre, le verbe, le substantif, l'adjectif (pour ce dernier voir § 79). Les deux formes de base de la conjugaison du verbe, l'infinitif et le qualitatif, sont d'une importance fort inégale car un grand nombre de verbes intransitifs ne possèdent pas cette dernière. C'est pourquoi nous considérons l'infinitif seul comme représentatif du schéma verbal. Il nous a paru néanmoins utile de classifier ici les différentes formes (simples) du qualitatif, marquées par [ ] ^{T}. Elles servent à remplir les « cases vides ».

° caractérise une classe (subdivision) particulière

⟨ ⟩ indique qu'il n'existe qu'un ou deux exemples de ce type

« » indique une classe dont l'existence est douteuse.

Sur la division en syllabes adoptée ici pour les besoins de la classification, voir § 68, Remarque.

I) cōcəc			cīcəc			cēcəc			cūcəc		
ⲥⲱⲧⲡ	ϭⲱⲣϩ	ⲟⲩⲱⲃϣ	—	ⲥⲓⲃⲧ	—	—	ⲏⲣⲡ	ⲙⲏⲣϣ	—	«ϣⲟⲩϣⲧ»	⟨B ⲕⲟⲩϫⲓ⟩
élire	nuit	blanc		colline			vin	le roux		fenêtre	petit
°ⲡⲱⲱⲛⲉ	°ⲭⲱⲱⲙⲉ (m)		—	ⲥⲓϥⲉ (m)	⟨ϣⲓⲣⲉ⟩	—	°ⲧⲏⲏⲃⲉ (m)				
retourner	rouleau de papyrus			poix	petit		doigt				
II) cōcə			cīcə			cēcə			cūcə		
ⲕⲱⲧⲉ	ⲧⲱⲣⲉ	-υρις	ϫⲓⲥⲉ	ⲡⲓⲧⲉ	ⲥ-ϩⲓⲙⲉ	«ϩⲏⲉ»	ⲙⲏⲥⲉ	ⲕⲏⲙⲉ	—	⟨ⲥⲟⲩⲣⲉ⟩	—
tourner	main	grande	élever	arc	femme	tomber	intérêt	la noire		épine	
III) əccoc			əccác								
ϩⲗⲟϭ	ϩⲃⲟⲥ	—	ⲥⲛⲁⲧ	ⲟⲩϣⲁⲡ	ⲗⲗⲁⲩ						
être doux	vêtement		craindre	emprunt	blanc						
°ϩⲙⲟⲙ			°ⲟⲩϫⲁⲓ	⟨ⲙⲡⲁⲓ⟩							
être chaud			être indemne/navette								
IV) cocəc			cácəc								
[ⲥⲟⲧⲡ]ᵀ	ⲟⲩⲟⲥⲣ	—	—	ⲗⲉⲓⲕ	—						
élu	rame			consécration							
«ⲥⲟⲟⲩⲛ»											
savoir											
V) cocə			cácə								
[ϫⲟⲥⲉ]ᵀ	ⲃⲟⲧⲉ	—	ⲣⲁϣⲉ	ⲡⲁϣⲉ	—						
élevé	abomination		se réjouir	moitié							
VI) coccəc			cáccəc								
⟨B ⲟⲩⲟⲥⲑⲉⲛ⟩		—	—	⟨ⲥⲁⲛⲛⲉϩ⟩—							
élargir				sauterelle							
	⟨ϣⲟⲗⲙⲉⲥ⟩										
	moustique										
°ϩⲟⲧϩⲧ	—	—	°ⲕⲁⲥⲕⲥ	°ⲃⲁⲥⲃⲥ	—						
examiner			chuchoter	canard							

I) cōcəc			cīcəc			cēcac		
ⲙⲟⲩⲗϩ saler	ⲙⲟⲩⲗϩ cire ⲛⲟⲩⲧⲉ (m) dieu	B ⲛⲟⲩⲧⲉⲙ doux ⲛⲟⲩϥⲉ bon				—	—	ⲙ(ⲉ)ⲣϣ le roux
II) cōcə			cīcə					
ⲙⲟⲩⲧⲉ appeler	ⲛⲟⲩⲣⲉ vautour	—	—	ⲏⲥⲉ Isis	—			
III) əccoc			əccác					
ⲙ̅ⲕⲁϩ souffrir	ⲙ̅ⲥⲁϩ crocodile	—	ⲁⲗⲉ monter	ⲥⲃⲉ porte	(ⲁⲗ)-ⲟⲩⲃⲉϩ un chauve			
IV) cocəc			cácəc					
[ⲛⲁϣⲧ]ᵀ étant dur	ⲛⲁϩⲃ joug	—	—	ϩⲣ̅ⲃ forme	—			
V) cocə			cácə					
[ⲁϩⲉ]ᵀ étant debout/balance	ⲙⲁϣⲉ	—	ⲕⲛ̅ⲛⲉ être gras	ⲙⲣ̅ⲣⲉ chaîne	— —			
VI) coccəc			cáccəc					
ⲥⲁⲁⲛϣ rendre vivant	—	—						
			°ⲧⲗ̅ⲧⲗ̅ tomber goutte à goutte	°ⲕⲙ̅ⲕⲙ̅ tambour	—			
VII) coccə			cáccə			cēccə		
ϣⲁⲁⲣⲉ abattre (ennemi)	ⲡⲁϩⲣⲉ médicament	—	ⲥⲉⲉⲡⲉ être de reste/front ϣⲙ̅ϣⲉ servir	ⲧⲉϩⲛⲉ ϣⲛ̅ⲧⲉ tressage	— —	—	ϣⲉⲉⲣⲉ fille	—

VII) coccə			cáccə			cēccə					
ⲙⲟⲥⲧⲉ	ⲣⲟⲙⲡⲉ	ⲃⲟⲟⲛⲉ	ⲥⲁⲧⲃⲉ	ϫⲁⲧⲙⲉ	⟨B ϣⲁⲓⲣⲓ⟩	—	ⲛⲏⲃⲧⲉ	—			
haïr	année	le mal	ruminer	tas (de blé)	petite		tressage				
VIII) əccōc			əccīc			əccēc			əccūc		
ⲥⲧⲱⲧ	ⲗ̄ϩⲱⲃ	—	«ⲥⲣⲓⲧ»	ⲥⲡⲓⲣ	—	ⲥϭⲏⲣ	ⲡⲣⲏϣ	⟨ⲉⲃⲓⲏⲛ⟩	⟨ϩⲣⲟⲩⲣ⟩	ⲕⲣⲟⲩⲣ	ϩⲃⲟⲩⲣ
trembler	vapeur °B ⲁⲭⲱ (m) magicien		glaner	côte		naviguer	chose étendue	un miséreux	être tranquille	grenouille	main gauche
IX) əccō			əccī			əccē					
—	ⲉϫⲱ	—	—	—	—	—	ⲁϣⲏ	—			
	pince						multitude				
X) cōc			cīc			cēc			cūc		
ⲕⲱⲃ	ϩⲱⲣ	ⲟⲩⲱⲣ	ⲕⲓⲙ	ⲡⲓⲛ	—	—	—	ϣⲏⲙ	—	ϩⲟⲩⲛ	ⲕⲟⲩⲣ
redoubler	Horus	grand	mouvoir	souris				un petit		intérieur	un sourd
XI) coc			các								
«ⲗⲟ»	ⲣⲟ	—	ϫⲁⲕ	ϩⲁⲡ	⟨ⲁⲥ⟩						
cesser [ⲟⲩⲟϫ]ᵀ bien portant	bouche		battre des mains	Droit	vieux						
XII) əccōcə			əccīcə			əccēcə					
—	ⲛ̄ⲧⲱⲣⲉ	—	⟨ⲥⲙⲓⲛⲉ⟩	⟨ⲉⲕⲓⲃⲉ⟩	—	—	ⲕⲙⲏⲙⲉ	—			
	déesse		établir	sein			obscurité				
XIII) əccoccəc			əccáccəc								
ⲥⲕⲟⲣⲕⲣ	—	—	ⲥⲛⲁⲉⲓⲛ	—	—						
rouler			rôder								
XIV) əccoccə			əccáccə								
—	ⲉⲗⲟⲟⲗⲉ	—	—	-οβαστις	—						
	raisin			Oubastet							
XV) cəccōcə			cəccīcə								
—	ⲕⲉⲗⲕⲱⲗⲉ	—	—	ⲧⲗ̄ⲧⲓⲗⲉ	—						
	pustule			goutte							

VIII) əccōc			əccīc			əccēc		
ⲥⲙⲟⲩ bénir	ϣⲙⲟⲩⲛ huit	—				ϣⲗⲉϩ employer des branches	—	—
	°ⲥⲁⲛⲟⲩⲑ poltron		—	°ϭⲉⲣⲏϭ chasseur	—			
IX) əccō								
—	ⲟⲩⲛⲟⲩ heure	—						
X) cōc			cīc					
ⲙⲟⲩⲛ demeurer	ⲛⲟⲩⲃ or	—	[ⲙⲏⲛ]ᵀ demeuré	ⲣⲏ soleil	—			
XI) coc			các			cec		
«ⲛⲁ» avoir pitié	ⲟⲩⲁϩ pieu	—	ϣⲉ marcher	ϣⲉ (m) bois	—	—	⟨ⲙⲉ⟩ (f) vérité	—
XII) əccōcə								
—	ⲥⲙⲟⲩⲛⲉ oie du Nil	—						
XIII) əccoccəc			əccáccəc					
			ⲕⲣⲙ̄ⲣⲙ̄ murmurer	—	—			
XV) cəccōcə								
—	ⲙⲉϩⲙⲟⲩϩⲉ pourpier	—						

Deux classes de sémantèmes en copte

79 Le copte ne possède que deux classes de sémantèmes : les substantifs et les verbes. L'adjectif y est en général remplacé par une proposition relative, comprenant un verbe. Et comme l'adverbe de manière est la plupart des fois dérivé de l'adjectif (p.ex. *lentement*), il est *a fortiori* inexistant. Son substitut copte est en général une expression prépositionnelle, p.ex. « vite » se dit ϩⲛ̄ ⲟⲩϭⲉⲡⲏ, litt. « en vitesse».

Nos tableaux du § 78, établis de manière empirique, ont classifié *provisoirement* comme adjectifs quelques sémantèmes se référant à une propriété. La plupart d'entre eux, cependant, ne sont usités que dans des substantifs composés ou dans des expressions plus ou moins stéréotypées, à savoir ⲃⲱⲱⲛ, mauvais; ⲛⲟⲩϥⲉ, bon; ⲟⲩⲱⲣ (et son fém. -*υρις*), grand; ϣⲓⲣⲉ (fém. B ϣⲁⲓⲣⲓ), petit; ⲗⲁⲗⲩ, blanc, etc. (cf. § 87).

Les autres sont des substantifs se référant à un être ou une chose qui possède la propriété en question (voir les parallèles grecs dans Crum, *CD*) : ⲃⲣ̄ⲣⲉ, *καινόν*; ⲁⲥ, *παλαιόν*; ⲙⲏⲣϣ, un blond, roux; ⲕⲏⲙⲉ, un noir; ⲉⲃⲓⲏⲛ, un miséreux; ϣⲏⲙ, un petit, B ⲕⲟⲩϫⲓ, un peu, un petit; ⲃⲟⲟⲛⲉ le mal; ⲛⲟϥⲣⲉ, le bien; ⲕⲟⲩⲣ, un sourd.

On peut donc raisonnablement admettre que d'une part ils s'ajoutent en apposition au substantif qu'ils déterminent : ⲟⲩϣⲏⲣⲉ ϣⲏⲙ, un petit garçon, équivaut à « un garçon, (à savoir) un petit », comme ⲟⲩⲣⲱⲙⲉ ⲛ̄ⲥⲁⲃⲉ', un homme sage = « un homme, (à savoir) un sage»; ils offrent ainsi une certaine analogie avec les expressions *l'acte créateur, un dieu sauveur.* D'autre part, ⲉⲓⲉⲣ-ⲃⲟⲟⲛⲉ, mauvais œil; ⲉⲣⲡ-ⲁⲥ, vin vieux, doivent s'interpréter comme « œil du mal », « vin du passé », syntagmes dont l'existence est confirmée par ⲙⲟⲩ-ϩⲙ̄ⲙⲉ, « eau de chaleur » = eau chaude.

En tout état de cause, l'adjectif n'est pas une catégorie vivante en copte.

80 Ces sémantèmes se divisent en substantifs et en verbes simples, dérivés, composés. Parmi les substantifs simples, on distingue les sémantèmes purs (§ 83) et ceux comprenant un morphème lexical de type 2 (changement interne) (§§ 84-85). Ce sont des substantifs du 1er degré à l'exception de ceux de la catégorie XII.e : ⲕⲙⲏⲙⲉ, obscurité, ϣⲡⲏⲣⲉ, prodige. Au contraire, les substantifs dérivés coptes (§§ 86; 100-102) sont pour la plupart des substantifs du 2e degré parce que leur morphème lexical, qui est du 1er type (suffixe ou préfixe), tout en les marquant comme des mots primaires, opère en même temps une transposition : des sémantèmes se référant à une action ou à une qualité deviennent des substantifs au même titre que fr. *fuite*, *bonté* (cf. § 77). De même, à cause de la transposition de noms de propriété et d'action en mots primaires, ⲕⲙⲏⲙⲉ, ϣⲡⲏⲣⲉ susmentionnés, sont des substantifs du 2e degré (cf. § 98 : e-2a).

Étant donné qu'en principe tous les verbes coptes peuvent, comme en allemand et en néerlandais, s'employer en fonction primaire, cette langue ne possède pas de substantifs du 3e degré.

Ainsi qu'il appert des tableaux du § 78 et du § 83, tous les verbes simples du copte sont des sémantèmes purs à l'exception de ceux appartenant aux catégories VI.o (ϩⲟⲧϩⲧ, examiner), XIII.o (ⲥⲕⲟⲣⲕⲣ̄, rouler), XIII.i (ⲥⲛⲁⲉⲓⲛ, rôder; cf. ⲕⲣⲙ̄ⲣⲙ̄, murmurer). Ceux-ci comprennent en effet un morphème lexical de type 2 (redoublement de certains éléments du sémantème, cf. § 74, 2), les marquant comme mots secondaires-*adnexum*.

Tous ces verbes simples sont des verbes du 1er degré. Même si certains verbes de la catégorie III.o (ϩⲗⲟϭ, être doux), III.i (ⲟⲩϫⲁⲓ, être indemne) se réfèrent, comme lat. *madēre*, à la possession d'une propriété, il ne s'agit là que d'un développement secondaire. La plupart de ces verbes expriment encore, et tous exprimaient à l'origine l'entrée dans un état et, par conséquent, un procès (cf. § 105 : o-2 et 2a; § 106 : i-2 et 2a).

Les verbes dérivés, marqués par un morphème lexical du 1er type, sont eux aussi des verbes du 1er degré.

Les substantifs simples

81 *LE GENRE*. Il importe d'abord de noter que le copte possède un genre masculin et un genre féminin. La terminaison atone *-e* est généralement, mais pas toujours, un indice du féminin. Sont masculins, par exemple, ⲡⲁϩⲣⲉ, médicament; ⲉⲓⲱϩⲉ, champ; ⲁⲙⲛ̄ⲧⲉ Hadès. Lorsqu'un substantif masculin se termine en *-e*, cela peut tenir à la chute de la troisième radicale, ainsi qu'il appert de ⲛⲟⲩⲧⲉ, dieu, comparé à ⲛ̄ⲧⲱⲣⲉ, déesse. C'est pourquoi nous distinguons dans les tableaux du § 78 les substantifs masculins (catégories I, III, IV, VI, VIII, X, XI) des féminins (catégories II, V, VII, IX, XII, XIV, XV).

En copte, le genre est généralement un morphème lexical, donc un caractérisateur. Les exemples de genre syntaxique (actualisateurs) sont rares : ⲉϩⲉ', masc. « bœuf »; fém. « vache » ⲙⲟⲩⲓ, masc. « lion »; fém. « lionne » (aussi ⲙⲓⲏ) (cf. § 75, sub 2°).

Le neutre logique est le plus souvent rendu par le féminin : ⲛⲟϥⲣⲉ, le bien, profit, avantage; ⲃⲟⲟⲛⲉ, le mal, malheur.

82 Dans les tableaux du § 78, les sémantèmes simples sont classifiés conformément à leur aspect extérieur et ordonnés, autant que possible, selon leur fréquence. Nous distinguons 4 classes, que nous appelons la classe *o*, la classe *i*, la classe *e*, la classe *u*. Dans chacune d'elles, viennent d'abord les mots dissyllabiques, à voyelle longue dans la première syllabe, puis à voyelle brève dans la seconde syllabe; ensuite ceux présentant une voyelle brève dans la première et une longue dans la seconde syllabe. Les mots monosyllabiques et ceux qui se composent de plus de deux syllabes se trouvent les derniers.

Ces schèmes sont regroupés dans les §§ 96 à 99 de manière à classer sous le même numéro les formes qui se correspondent en tant que masculin et féminin ou bien une forme donnée et sa variante, née de la chute d'une consonne ou d'une syllabe. Ainsi les types structurels I.o cōcəc et XII.o əccōcə deviennent les catégories o-1 et 1a; XII.e əccēcə et IX.e əccē se classent sous e-2a etc.

83 La plupart de ces types sont des sémantèmes purs. Nous considérons comme tels tous ceux où le substantif et le verbe à l'infinitif, éventuellement aussi un ancien adjectif, présentent une forme identique. Seul leur signifié permet de les distinguer : un mot se référant à un être ou une chose est un substantif et se construira dans la phrase avec les morphèmes actualisateurs propres au substantif; un mot se référant à un procès est un verbe et s'adjoindra les morphèmes actualisateurs propres au verbe.

Ces sémantèmes purs sont :
dans la classe *o* : les schèmes I, II, III, VI (sans réduplication), VII, VIII, X
dans la classe *i* : les schèmes II, III, V, VI (à réduplication), VII, X, XI, XII
dans la classe *e* : le schème VIII
dans la classe *u* : le schème VIII.

84 Lorsqu'un substantif ne se trouve pas en parallèle avec un infinitif, il faut admettre qu'il comprend un morphème du type 2, consistant en la nature et la disposition des éléments phonétiques du sémantème (cf. § 74).

Ce morphème est un ligament lexical pur lorsqu'il marque le sémantème uniquement comme substantif. On le trouve dans les féminins :
de la classe *o* : les types XII **ⲛ̄ⲧⲱⲣⲉ**, XIV **ⲉⲗⲟⲟⲗⲉ**, XV **ⲕⲉⲗⲕⲱⲗⲉ**
de la classe *i* : les types XIV *-oβαστις*, XV **ⲧⲗ̄ⲧⲓⲗⲉ** et la variante de II **ⲏⲥⲉ**, où *ē* = /é:/
de la classe *u* : le type II **ⲥⲟⲩⲣⲉ**

Il se rencontre aussi dans les masculins :
de la classe *o* : le type XI **ⲣⲟ**
de la classe *i* : les types I **ⲥⲓⲃⲧ** (mais pas la subclasse **ⲥⲓϥⲉ**), IV **ⲗⲉⲓⲕ** et la variante de X **ⲣⲏ** pour autant que *ē* y équivaut à /é:/
de la classe *u* : le type X **ϩⲟⲩⲛ** (et I **ϣⲟⲩϣⲧ** pour autant qu'il existe).

85 Le morphème de type 2 est un ligament lexical lexicalisé :

a. dans les substantifs du schème IV.o **ⲟⲩⲟⲥⲣ**, rame, et du schème V.o, qui lui correspond en tant que féminin, p.ex. **ⲃⲟⲧⲉ**, abomination (voir § 96 : o-3 et 3a). La nature et la disposition des éléments phonétiques du sémantème, à savoir le o bref dans la première syllabe du mot dissyllabique (à l'exclusion des mots du type VI.o) donnent à ces mots, toutes les fois que leur structure apparaît comme motivée, un sens de nom d'agent (pour **ⲥⲟⲟⲩⲛ**, savoir, et **ⲧⲟⲉⲓⲧ**, se lamenter, voir § 105 : o-3 et o-5a). Dans les noms féminins correspondants du schème VII.o **ⲣⲟⲙⲡⲉ**, année, cette valeur du morphème est oblitérée par l'existence d'infinitifs parallèles.

b. dans les substantifs du type IX.o **ⲉϫⲱ**, pince. Le o long dans la deuxième syllabe du mot dissyllabique est ici également un caractéristique de nom d'agent. Il est à distinguer du morphème semblable qui, se trouvant manifestement après la dernière radicale, apparaît comme un suffixe de dérivation, c.à-d. un morphème du 1er type (p.ex. dans **ϩⲃ̄ⲥⲱ**, vêtement, voir § 100, 2). Les substantifs du schème VIII.o **ⲗ̄ϩⲱⲃ**, vapeur, qui sont les noms masculins correspondant aux féminins précités (cf. § 96 : o-4 et 4a), sont, eux aussi, des noms d'agent, mais la valeur du morphème est neutralisée à cause de l'existence d'infinitifs de même structure. (p. ex. **ⲥⲧⲱⲧ**).

c. dans les substantifs du type VIII.i ⲥⲡⲓⲣ, côte. Le i long dans la seconde syllabe du mot dissyllabique fait de celui-ci un « nom du grand nombre » (§ 97 : i-4). Le verbe ⲥⲣⲓⲧ, glâner, étant seul de son espèce (§ 106 : i-6), ne change rien à cette valeur du morphème. Au contraire, le i long des substantifs monosyllabiques de type X.i ⲡⲓⲛ, souris, ne peut, malgré leur sens de classe identique, être considéré comme un morphème lexical lexicalisé : l'existence de nombreux infinitifs présentant la même forme neutralise cette valeur (cf. § 97 : i-5 et 106 : i-7).

d. dans les substantifs du type I.e ⲙⲏⲣϣ, personne rousse, et dans les féminins qui leur correspondent du type VII.e ⲛⲏⲃⲧⲉ, tressage, claie. Les schèmes X.e ϣⲏⲙ, un petit, et II.e ⲕⲏⲙⲉ, la (terre) noire = l'Égypte, en sont les variantes respectives pour autant que *ē* y représente /è/ (§ 44). Le /è/ dans les positions décrites confère aux sémantèmes dont la structure est motivée un sens d'adjectif substantivé (cf. § 98 : e-1 et 1a).

Dans les substantifs du type XII.e ⲕⲙⲏⲙⲉ obscurité, et IX.e ⲁϣⲏ multitude, le /è:/, dans ces positions, en fait tantôt des noms abstraits de qualité, tantôt des noms abstraits d'action, donc des substantifs du 2e degré. Lorsque /è:/ se trouve après la dernière radicale, p.ex. dans ⲣⲙ̄ⲉⲓⲏ, larme, pleurs, il est, au contraire, un suffixe de dérivation (§ 100, 3). Les noms du type VIII.e ⲡⲣⲏϣ, ce qu'on étend, natte; ⲉⲃⲓⲏⲛ, personne pauvre, qui correspondent aux premiers en tant que masculins (cf. § 98 : e-2 et 2a), leur sont apparentés en ce sens qu'ils apparaissent comme d'anciens adjectifs ou d'anciens participes. Le parallélisme avec les infinitifs du même type a toutefois neutralisé la valeur du morphème.

Les substantifs dérivés

86 Nous réservons le nom de dérivation aux cas où un morphème du 1er type, c.-à-d. un affixe (préfixe, suffixe ou infixe) s'ajoute à un sémantème ou au radical d'un sémantème, parfois aussi à un autre morphème.

Le copte possède trois modes de dérivation pour les substantifs (cf. § 100 à 102).

1. Le premier, appelé l'ancienne dérivation parce qu'elle n'est plus vivante en copte, consiste à ajouter un suffixe à la dernière des deux

ou des trois radicales du mot, p.ex. ϣⲙ̄ϣ-ⲓⲧ, serviteur; ⲉⲧⲡ-ⲱ, charge; ϩⲓⲙ-ⲏ, vague, flots; ϩⲁⲧⲣ-ⲉ', jumeau (avec -e accentué).

2. Dans la nouvelle dérivation, on ajoute un préfixe à un sémantème, p.ex. ⲁⲧ-ⲛⲟⲃⲉ, celui qui est sans péché, innocent; ⲣⲉϥ-ϫⲓⲟⲩⲉ, voleur.

Ces suffixes et préfixes sont des ligaments lexicaux lexicalisés : en même temps qu'ils révèlent la valence syntaxique des mots, montrant qu'ils sont destinés à remplir dans la phrase la fonction primaire, ils ajoutent une notion particulière de « nom d'agent », « objet ou instrument de l'action », « négation », etc. Seul ϭⲓⲛ- est un ligament lexical pur. Dans nos langues européennes, les morphèmes de cette espèce sont toujours des suffixes, jamais des préfixes, la fonction de ces derniers étant en général limitée à celle de caractérisateurs (cf. § 75, 2).

3. La nouvelle dérivation peut encore présenter un autre aspect : l'adjonction d'un suffixe personnel à un substantif ou à un infinitif. Le substantif pourvu d'un suffixe a en général la même signification que le substantif simple : ⲟϩⲥϥ : ⲟϩⲥ, faucille; ⲏⲡⲥ : ⲏⲡⲉ, nombre. Il s'agit donc d'un suffixe personnel « sa faucille », « son nombre » qui a perdu toute fonction en s'agglutinant au substantif. Au contraire, le même élément, en s'ajoutant au verbe, en fait un mot primaire et un substantif du 2e degré. D'actualisateur (morphème syntaxique), le suffixe personnel devient un ligament lexical pur, ex. ⲥⲟⲟⲩϩⲥ, réunion (ⲥⲱⲟⲩϩ, réunir); ⲟⲃϣⲥ, oubli (ⲱⲃϣ, oublier) (cf. § 76).

Les substantifs composés

87 Dans une première espèce de substantifs composés, le premier élément perd son accent et sa voyelle : il se joint à « l'état construit » au second élément (§ 69). Si les deux sont des substantifs, il existe entre eux un rapport de rection : ϩⲣⲟⲩ-ⲃⲁⲓ, tonnerre, litt. voix (ϩⲣⲟⲟⲩ) du ciel; ⲧⲟⲩ-ⲣⲏⲥ, vent (ⲧⲏⲩ) du sud; ⲥⲣ-ⲃⲛ̄ⲛⲉ, épine (ⲥⲟⲩⲣⲉ) de dattier; B ⲛⲉⲃ-ⲏⲓ, maître(sse) (ⲛⲏⲃ) de maison.

Il y accord lorsque le second élément est un adjectif : ⲥϯ-ⲃⲱⲱⲛ, mauvaise odeur (ⲥⲧⲟⲓ) ;ⲥϯ-ⲛⲟⲩϥⲉ, bonne odeur, parfum; ϩ-ⲟⲩⲱⲣ n.l., grand visage (ϩⲟ); *T-χονεμυρις* = *ⲧ-ϩⲟⲛⲃⲉ-ⲟⲩⲱⲣ(ⲉ ?), la grande source; ϩ(ⲉ)ⲣ-ϣⲓⲣⲉ, petit domestique (cf. ϩⲁⲗ); ⲣⲙ̄ⲡ-ϣⲓⲣⲉ, famine, litt. « petite année » (ⲣⲟⲙⲡⲉ); A ϩⲧⲉ-ⲟⲩⲱⲃϩ, cheval (ϩⲧⲟ) blanc; B ⲁⲗ-ⲟⲩⲃⲉϩ, un chauve, litt. « caillou (ⲁⲗ) brillant »; A ϩϩ-ⲧⲱⲣϣ, nielle, rouille des plantes, litt. « poussière (ϩⲁⲉⲓϩ) rouge » (cf. § 79).

Ce procédé peut être comparé à celui qui survit en français et où le premier élément perd également l'accent, toutefois sans réduction de la voyelle : d'une part *hôtel-dieu, chef-lieu, timbre-poste,* d'autre part *vinaigre, coffre-fort*; mais il arrive plus souvent que l'adjectif déterminant précède : *beau-frère, haut-fourneau, sage-femme, rond-point.*

Il y a lieu de noter deux subdivisions du système à rection qui constituent des classes très vivantes en copte :

1. Dans la première, certains substantifs se combinent avec plusieurs autres de telle manière que la limite entre ces noms composés et les nouveaux dérivés à préfixe du § 101 tend à s'estomper. Exx. ⲉⲓⲉⲡ-ϣⲉ, travail (ⲉⲓⲟⲡⲉ) du bois, fait de bois; ⲉⲓⲉⲡ-ϣⲱⲧ, commerce, marchandise; ⲉⲓⲉⲡ-ⲟⲩⲟⲉⲓⲉ, labourage, labour, champ labouré; ⲉⲓⲉϩ-ⲉⲗⲟⲟⲗⲉ, vignoble, litt. « champ (ⲉⲓⲱϩⲉ) de vignes »; ⲉⲓⲉϩ-ϣⲏⲛ, bois, forêt; B ⲓⲁϩ-ϫⲱⲓⲧ, lieu planté d'oliviers (cf. § 103). Ces composés sont à comparer avec ceux de l'allemand *Kaufmann, Seemann, Landsmann*; *Apfelbaum, Kirschbaum, Pflaumenbaum,* etc. (cf. Ch. Bally, *Linguistique générale et linguistique francaise,* § 498).

2. Dans la seconde classe, une forme particulière du verbe, appelée le participium conjunctum, se joint à un substantif. Exx. ⲟⲩⲁⲙ-ⲣⲱⲙⲉ, anthropophage (ⲟⲩⲱⲙ, manger); ⲥⲁϩⲧ-ϩⲃⲟⲟⲥ, tisserand (ⲥⲱϩⲉ, tisser, + « vêtements »); ϥⲁⲓ-ϣⲓⲛⲉ, messager (ϥⲓ, porter, + nouvelle); ⲙⲁⲛⲉ-ⲣⲓⲣ, porcher (ⲙⲟⲟⲛⲉ, faire paître, élever); ⲙⲁⲛ-ϭⲁⲙⲟⲩⲗ, chamelier; *ⲙⲁⲛⲉ-ϩⲧⲟ, éleveur de chevaux = *Μανεθως*. Tandis que le substantif sert ici de complément direct, son rapport avec le premier élément est différent lorsque celui-ci dérive d'un verbe intransitif : ⲛⲁϣⲧ-ϩⲏⲧ, dur de cœur (ⲛ̄ϣⲟⲧ, être dur); ϩⲁⲣϣ-ϩⲏⲧ, patient, litt. « lourd (de ϩⲣⲟϣ) de cœur » (cf. § 104). Une comparaison avec fr. *porte-drapeau, porte-bagages, coupe-gorge, meurt-de-faim* s'impose ici. Cependant le rapprochement avec ⲙⲁⲛⲉ' pâtre, pose la question de savoir si le participium conjunctum n'est pas apparenté aux dérivés anciens à suffixe *-e* accentué (§ 100, 4), qui signifient « quelqu'un qui accomplit l'action », « quelqu'un qui est (lent) ». Dans ce cas le participium conjunctum représente l'état construit de ces dérivés et les composés précités ressemblent davantage à ceux d'all. *Urmacher, Hornbläser, Hausverwalter.*

88 Une deuxième espèce de composés coptes présente le syntagme substantif + ⲛ + substantif, dans lequel le dernier substantif n'est pas déterminé par un article ni actualisé d'une autre manière : ⲁⲗ ⲙ̄ⲡⲉ, grain de grêle, litt. « caillou de ciel »; ⲕⲥⲟⲩⲣ ⲛ̄ⲛⲟⲩⲃ, anneau d'or; ⲣⲱⲙⲉ ⲛ̄ⲥⲟⲉⲓⲧ, homme célèbre (cf. all. ein Mann von Ruf); ⲥⲟⲛ ⲙ̄ⲙⲟⲟⲛⲉ, frère de lait (litt. « de nourrice »). Ce syntagme est virtuel, c.-à-d. il exprime l'idée d'un genre au même titre que le concept rendu par un substantif simple. Ceci est un mode de composition normal en français, p.ex. *fils de roi*, *maison de campagne*. Il n'a en général pas été reconnu comme tel dans les grammaires. Pourtant il diffère à plusieurs points de vue du groupe syntaxique parallèle *le fils du roi*, où les deux substantifs sont actualisés (cf. Bally, *op. cit.*, §§ 141-144). Il faut faire la même distinction, en copte, entre les syntagmes précités et les groupes syntaxiques ⲛ̄ⲃⲁⲗ ⲙ̄ⲡϫⲟⲉⲓⲥ, les yeux du Seigneur; ⲧⲛⲟⲩⲛⲉ ⲛ̄ⲛ̄ϣⲏⲛ, la racine des arbres; ⲡⲧⲟⲡ ⲛ̄ⲧⲉϥϣⲧⲏⲛ, la bordure de son vêtement; ⲡⲉⲡⲛⲉⲩⲙⲁ ⲛ̄ⲣⲱϥ, le souffle de sa bouche.

89 Une troisième variété de composés coptes naît de la combinaison des deux procédés qui précèdent : les deux substantifs sont unis par ⲛ mais le premier perd son accent et sa voyelle. Elle est à comparer aux noms composés suivants du français, où l'unité d'accent peut être marquée ou non, dans l'orthographe, par un tiret : *arc-en-ciel*, *œil-de-bœuf*, *pot à eau*, *pomme de terre*. Exx. ϩⲟⲩ-ⲙ̄ⲡⲉ, pluie, litt. « pluie (ϩⲱⲟⲩ) de ciel »; ⲉⲛⲉ-ⲙ̄ⲙⲉ, pierre précieuse, litt. « pierre de vérité » = véritable; ⲛⲟⲩ-ⲙ̄ⲙⲉⲉⲣⲉ, midi, litt. « heure, temps de midi », à côté de ⲱⲛⲉ ⲙ̄ⲙⲉ, ⲛⲁⲩ ⲙ̄ⲙⲉⲉⲣⲉ. Ce genre de substantifs composés est surtout fréquent dans les mots décrits au § 87, sub 1° (cf. § 103).

Les verbes simples

90 Les types structurels des verbes classifiés au § 78 sont regroupés dans les §§ 105 à 108, où les nos. 1a, 2a, etc. sont des variantes des catégories 1, 2, etc. Pour chaque verbe, on donne d'abord l'infinitif absolu, puis, pour autant qu'ils sont attestés, l'état nominal et l'état pronominal de l'infinitif ainsi que le qualitatif (au sujet de cette forme, voir le § 92).

On a déjà fait remarquer, au § 80, que tous les verbes coptes sont des verbes du 1er degré. Tous aussi sont des sémantèmes purs à l'exception des schèmes à réduplication VI.o ϩⲟⲧϩⲧ, examiner; XIII.o ⲥⲕⲟⲣⲕⲣ̄, rouler, XIII.i ⲥⲛⲁⲉⲓⲛ, rôder (cf. ⲕⲣⲙ̄ⲣⲙ̄, murmurer). Le redoublement de la racine ou de certains de ses éléments ne les marque pas seulement comme mots secondaires-*adnexum* mais il leur confère aussi un sens fréquentatif (cf. § 105 : o-5a et 10; § 106 : i-10). C'est donc un ligament lexical lexicalisé. Un morphème de type 2 (changement interne) joue par conséquent ici le rôle que remplit dans d'autres langues un morphème du 1er type, p.ex. en fr. *vol-eter, chant-onner, trott-iner*. Dans les verbes du schème VI.i ⲕⲁⲥⲕⲥ, chuchoter, la valeur morphématique du redoublement, qui suggérait un bruit répété, est neutralisée à cause de l'existence de substantifs de structure identique (cf. § 106 : i-4 et § 97 : i-7).

Étant donné qu'aux verbes du type I.o ⲙⲟⲩⲧⲛ̄, faire cesser; ⲙⲟⲩⲕϩ, affliger, correspondent ceux du schème III.o ⲙ̄ⲧⲟⲛ, se mettre au repos; ⲙ̄ⲕⲁϩ, souffrir, et qu'ils ont en outre le même qualitatif, ⲙⲟⲧⲛ̄, ⲙⲟⲕϩ, on a pris l'habitude d'opposer ces deux formes sous les noms d'Infinitif Ier et d'Infinitif IInd. Les verbes à 2e radicale redoublée, comme ϩⲙⲟⲙ, être chaud, sont assimilés à ce point de vue à ⲙ̄ⲧⲟⲛ quoiqu'ils aient un qualitatif différent. Dans la classe *i*, les verbes du schème II, ϫⲓⲥⲉ, élever, sont opposés, en tant qu'Infinitifs I[ers], aux verbes du schème V, ⲣⲁϣⲉ, se réjouir, ⲕⲛ̄ⲛⲉ, être gras (Inf. IInd). Enfin, les verbes du schème III.i, ϣⲧⲁⲙ, fermer; ⲟⲩϫⲁⲓ, être indemne, sont considérés comme des Infinitifs IInds qui n'ont apparemment pas d'Infinitif Ier correspondant.

Le qualitatif de certains verbes fait fonction d'infinitif. Ceci est le cas de SF ϩⲙⲟⲟⲥ (AA$_2$ ϩⲙⲉⲥ), s'asseoir, dont l'infinitif, ϩⲉⲙⲥⲓ, s'emploie seulement en bohaïrique, ainsi que du verbe ⲥϭⲣⲁϩⲧ, être tranquille. Contrairement à ces deux, les autres verbes entrent dans les cadres des schèmes établis au § 78. On les trouve ci-après § 105 : o-3, o-4 et o-9; § 107 : e-2. Nous y mettrons entre crochets les verbes qui sont déjà actuellement reconnus comme des qualitatifs servant d'infinitifs, à savoir ⲁϩⲉ (infinitif ⲱϩⲉ, se tenir debout, en AA$_2$) et B ⲓⲏⲥ, être pressé.

Il existe aussi une série de verbes qui n'ont ni infinitif ni qualitatif. Ce sont les verbes dits de la « conjugaison à suffixes » parce qu'ils s'adjoignent leur sujet pronominal sous la forme d'un pronom suffixe. La plupart d'entre eux sont appelés « verbes de qualité ». Ils possèdent un état pronominal, p.ex. ⲛⲁⲛⲟⲩ⸗ϥ, il est bon; ⲡⲉϫⲁ⸗ϥ, il dit, et un état nominal : ⲛⲁⲛⲟⲩ-, ⲡⲉϫⲉ- (§§ 69; 70).

Les verbes grecs

91 Les nombreux verbes grecs empruntés par la langue copte présentent des formes différentes selon les dialectes. En BF, ils se trouvent à l'infinitif, dépendant de l'état nominal du verbe ⲓⲣⲓ, faire. La désinence de la voix active -*ειν* est écrite -ⲓⲛ, celle du moyen et du passif -*εσθαι* s'écrit -ⲉⲥⲑⲉ. Exx. B ⲉⲣ-ⲉⲡⲓⲑⲩⲙⲓⲛ, désirer; ⲉⲣ-ⲉⲧⲓⲛ, *αἰτεῖν*, demander; ⲉⲣ-ⲡⲓⲥⲧⲉⲩⲓⲛ, croire; ⲉⲣ-ⲥⲕⲁⲛⲇⲁⲗⲓⲍⲉⲥⲑⲉ, scandaliser, être scandalisé; F ⲉⲗ-ⲡⲓⲥⲧⲉⲩⲓⲛ, croire; ⲉⲗⲡⲓⲣⲁⲍⲓⲛ, tenter. Il faut noter toutefois que les auteurs bohaïriques sont en général puristes et qu'ils tendent à rendre la plupart des mots grecs par des expressions coptes.

En S, le verbe ⲉⲓⲣⲉ, faire, n'est pas usité. L'infinitif grec est remplacé par une forme qui ressemble le plus souvent à l'impératif : ⲕⲣⲓⲛⲉ, *κρίνειν*, juger; ⲡⲓⲥⲧⲉⲩⲉ, croire; ⲡⲗⲁⲛⲁ, *πλανᾶν*, (se) tromper; ⲁⲓⲧⲉⲓ, *αἰτεῖν*, demander; ⲁⲥⲡⲁⲍⲉ, *ἀσπάζεσθαι*, saluer; ⲉⲡⲓⲕⲁⲗⲉⲓ, *ἐπικαλεῖσθαι*, invoquer. Les anciens verbes en -*μι* sont remplacés par les verbes contractes du grec tardif : ⲕⲁⲑⲓⲥⲧⲁ, *καθιστᾶν*, établir; ⲡⲁⲣⲁⲇⲓⲇⲟⲩ, *παραδιδοῦν*, transmettre, livrer. D'autres formes sont irrégulières : ⲭⲣⲱ, *χρᾶσθαι*, user de; ⲡⲓⲣⲁ et ⲡⲉⲓⲣⲁⲍⲉ, *πειράζειν*, tenter; ⲁⲣⲛⲁ, *ἀρνεῖσθαι*, nier; ⲁⲣⲭⲉⲓ, *ἄρχεσθαι*, commencer.

En AA_2, on ajoute à ⲣ̄- une forme abrégée du verbe grec, semblable à celle du sahidique.

Sur la valeur de ligament lexical pur qui revient ici à ⲣ̄ : ⲉⲣ : ⲉⲗ, voir § 72, 1.

Bibliographie

A. Böhlig, *Studien zur Erforschung des christlichen Ägyptens.* Heft 1. *Ein Lexikon der griechischen Wörter im Koptischen. Die griechisch-lateinischen Lehnwörter in den koptischen manichäischen Texten,* Munich, 1953. — Heft 2. *Die griechischen Lehnwörter im sahidischen und bohairischen Neuen Testament,* Munich, 1953. — Heft 2A. *Register und Vergleichstabellen zu Heft* 2, Munich, 1954.

Id., *Beiträge zur Form griechischer Wörter im Koptischen*, dans *Z.äg.Spr.*, 80 (1955), p. 90-97.
L.-Th. Lefort, *Concordance du Nouveau Testament sahidique. 1. Les mots d'origine grecque* (CSCO 124, Subsidia 1), Louvain, 1950.

Le qualitatif

92 Tandis que l'infinitif copte exprime un procès, c.-à-d. une action (ⲥⲱⲧⲡ, élire) ou l'entrée dans un état (ⲙ̄ⲧⲟⲛ, se mettre au repos, à l'aise; recouvrer la santé; mais cf. § 80), le qualitatif exprime l'état résultant du procès : ⲥⲟⲧⲡ, élu; ⲙⲟⲧⲛ̄, facile, bien portant. Ainsi le qualitatif des verbes transitifs correspond pratiquement à notre participe passif, celui des nombreux verbes intransitifs se traduit le plus souvent par un adjectif.

Le qualitatif des verbes de mouvement fait exception et exprime un procès : ϯ-ⲃⲏⲕ (de ⲃⲱⲕ), je vais; ϯ-ϩⲏⲩ (de ϩⲉ), je tombe; ϯ-ⲛⲏⲩ (de ⲛⲟⲩ), je viens, je viendrai.

Les qualitatifs reproduits aux §§ 105-108 permettent d'établir quelques règles générales sur la structure de cette forme verbale :

1. Les verbes dissyllabiques à voyelles /ō/ dans la première syllabe abrègent celle-ci :

o-1 ⲥⲱⲧⲡ : ⲥⲟⲧⲡ   o-1a ⲡⲱϭⲉ : B ⲫⲟϫⲓ (mais S ⲡⲏϭ)
ⲧⲱϩⲙ : ⲧⲁϩⲙ (§ 39)   ⲱϩⲉ : ⲁϩⲉ

2. Les verbes dissyllabiques à voyelle /ī/ dans la première syllabe lui substituent /o/ :

i-1 ϫⲓⲥⲉ : ϫⲟⲥⲉ   ⲉⲓⲱⲉ : ⲁϣⲉ (§ 39)

3. Les verbes dissyllabiques à voyelle /o/ dans la seconde syllabe présentent un /o/ dans la première syllabe, à l'exception de ceux à 2e radicale géminée (II. Gem.), qui ont un qualitatif monosyllabique à voyelle /ē/ :

o-2 ⲙ̄ⲧⲟⲛ : ⲙⲟⲧⲛ̄   ⲛ̄ϣⲟⲧ : ⲛⲁϣⲧ (§ 39)
o-2a ϩⲙⲟⲙ : ϩⲏⲙ

4. Les verbes dissyllabiques à voyelle /á/ + j dans la seconde syllabe ont un qualitatif monosyllabique à voyelle /o/ :

i-2a ⲟⲩϫⲁⲓ : ⲟⲩⲟϫ   mais aussi ϫⲧⲁⲓ : ϫⲏⲧ

5. Les verbes dissyllabiques à voyelle /o/ dans la première syllabe et comprenant 4 consonnes, ainsi que les verbes trissyllabiques à voyelle /o/ dans la 2e syllabe présentent /ō/ dans la dernière syllabe :

o-5 ⲥⲟⲟⲩⲧⲛ̄ : ⲥⲟⲩⲧⲱⲛ   o-5a ϣⲟⲣϣⲣ̄ : ϣⲣ̄ϣⲱⲣ
o-10 ϣⲧⲟⲣⲧⲣ̄ : ϣⲧⲣ̄ⲧⲱⲣ

6. Les verbes monosyllabiques à voyelle /ō/ lui substituent /ē/ :

o-7 ⲕⲱⲧ : ⲕⲏⲧ

D'autres formes de qualitatifs sont enrichies d'un morphème de type 1 :

a. Les verbes mentionnés ci-dessus sub 5) ont souvent, au moins dans l'un ou l'autre dialecte, une seconde forme présentant un /o/ devant leur dernière consonne, laquelle est suivie d'un *-t*. Cette forme est appelée par certains grammairiens le IInd qualitatif.

o-5 ⲥⲟⲟⲩⲧⲛ̄ : A ⲥⲟⲩⲧⲁⲛⲧ   o-5a ϣⲟⲣϣⲣ̄ : ϣⲣ̄ϣⲟⲣⲧ

o-10 ϣⲧⲟⲣⲧⲣ̄ : A₂ ϣⲧⲣ̄ⲧⲁⲣⲧ

Ce même qualitatif se rencontre dans certains verbes de la catégorie

i-5 B ⲥⲉⲙⲛⲓ : ⲥⲙⲟⲛⲧ   ⲥⲣ̄ϥⲉ : ⲥⲣⲟϥⲧ

cf. dans o-2 ϩⲕⲟ : ϩⲕⲟⲉⲓⲧ (à côté de ϩⲟⲕⲣ̄)

b. Les verbes monosyllabiques à voyelle /ī/ et d'autres à voyelle /á/ se terminent en *-w* :

i-7 ⲥⲉⲓ : ⲥⲏⲩ   i-8 ϩⲉ : ϩⲏⲩ (§ 40)

c. Les verbes dissyllabiques de type cácə se terminent en /jōw/ ou /ōw/

i-3 ϣⲁϥⲉ : B ϣⲁϥⲓⲱⲟⲩ   ⲡⲣ̄ⲣⲉ : ⲡⲣⲉⲓⲱⲟⲩ

ϩⲃ̄ⲃⲉ : ϩⲃⲱⲟⲩ   A ϣⲉ(ⲟ)ⲩⲉ : ϣⲟⲩⲱⲟⲩ

cf. o-6 ϭⲟⲉⲓⲗⲉ : ϭⲁⲗⲱⲟⲩ

Les verbes dérivés

93 Il existe une catégorie importante de verbes transitifs dérivés des verbes simples par la préfixation d'un *t-* et par l'adjonction, après la dernière radicale, d'un *o* accentué. La comparaison avec les verbes simples montre que ces morphèmes sont des ligaments lexicaux lexicalisés : dans la plupart des cas, ils donnent au nouveau verbe une valeur causative (§ 109).

La voyelle accentuée de l'infinitif s'amuit ou elle est, dans quelques rares cas, représentée par un /a/ atone. La combinaison ⲧ + ϣ donne ϫ; ⲧ + ϩ s'écrit ⲑ. Il arrive que le préfixe ⲧ- disparaisse.

Quelques-uns de ces verbes se terminent en /w/ ou par une autre consonne (§ 109, 2.3).

Les verbes composés

94 1. Parallèlement aux substantifs composés du § 88 il faut voir des verbes composés dans les syntagmes constitués d'un infinitif (parfois aussi d'un qualitatif) et d'un substantif non actualisé; cf. fr. *rendre service, aller à confesse.* L'infinitif se met généralement à l'état nominal. Exx. ϥι ⲣⲟⲟⲩϣ, avoir (litt. porter) soin de; ⲣ̄ ⲣⲟⲟⲩϣ et ⲟ ⲛ̄-ⲣⲟⲟⲩϣ, se soucier de; ⲙⲉϩ ⲙⲟⲟⲩ, puiser (litt. remplir) de l'eau; ⲣ̄ ϩⲟⲧⲉ et ⲟ ⲛ̄ϩⲟⲧⲉ, craindre; ϫι ϭⲟⲗ, mentir; ϩⲙⲟⲟⲥ ⲙⲛ̄ ϩⲁι, se marier. Les composés avec ϯ, donner, et ϫι, recevoir, suppléent parfois à l'absence d'une diathèse passive en copte : ϯ : ϫι ⲃⲉⲕⲉ', payer/recevoir un salaire; ϯ : ϫι ⲡⲁϩⲣⲉ, donner/recevoir des médicaments; guérir/être guéri; B ϯ : ϫι ⲱⲙⲥ, baptiser/être baptisé; B ϯ ϩⲟ, supplier; S ϫι : B ϭι ϩⲟ, être partial (cf. K. Sethe, *Die relativischen Partizipialumschreibungen des Demotischen*, dans *Nachr. Ges. d. Wiss. Göttingen.* Philol.-hist. Kl., 1919, p. 157).

2. La présence nécessaire d'un actualisateur dans certains syntagmes fait perdre à celui-ci sa valeur actualisatrice et le substantif demeure virtuel, p.ex. fr. *prendre la fuite, pêcher à la ligne* (Bally, *op. cit.*, § 133b, 141c). Ce cas se présente en copte avec les substantifs qui prennent nécessairement un suffixe possessif (cf. § 70, 3) : ϯ ϩⲧⲏ⸗ observer; ⲣ̄ ⲁⲛⲁ⸗, plaire; ⲕⲱ ⲛ̄ⲣⲱ⸗, ⲕⲁ ⲣⲱ⸗ se taire; ϫι ϩⲣⲁ⸗, s'occuper, s'amuser; ϩι ⲧⲟⲟⲧ⸗, entreprendre, commencer; ⲧⲟⲩⲛ(ⲉ) ⲉιⲁⲧ⸗, informer, démontrer, révéler (litt. faire s'ouvrir l'œil).

3. L'article n'actualise pas non plus dans les syntagmes suivants, où il confère à des infinitifs une fonction primaire (ou « substantivale ») : ⲣ̄ ⲡⲙⲉⲉⲩⲉ, se souvenir; ⲣ̄ ⲡⲱⲃϣ, oublier; ⲣ̄ ⲡⲛⲁ, avoir pitié; ϭιⲛⲉ ⲙ̄ⲡϣιⲛⲉ, ϭⲙ̄ ⲡϣιⲛⲉ, visiter, examiner (cf. § 110).

95 Une catégorie différente de verbes composés est constituée de verbes accompagnés d'un adverbe qui en modifie, complète ou précise le sens. Ces adverbes sont des morphèmes lexicaux jouant le rôle de caractérisateurs au même titre que les adverbes ou les préverbes de gr. *καταβαίνω, εἰσβάλλω*; all. *austrinken, durchdringen, heranwachsen, abfragen*; verbes dérivés : *verarbeiten, besteigen* (cf. § 75, 2). Exx. ϫⲱⲕ ⲉⲃⲟⲗ, achever; ⲕⲱ ⲉⲡⲁϩⲟⲩ, laisser de reste (§ 110).

Classification des sémantèmes

Les substantifs simples

Le chiffre romain entre parenthèses indique la place du schème dans les tableaux du § 78.

96 La classe *o*

1. cōcəc (I), le type le plus répandu des substantifs, n'a pas de sens de classe bien marqué.

ϭⲱⲣϩ nuit   ⲣⲱⲙⲉ homme   ⲛⲟⲩⲧⲉ dieu
ⲟⲩⲱⲛϣ loup   ⲱⲛⲉ pierre   ⲙⲟⲩⲗϩ cire
ⲱⲃⲧ oie   ϫⲱⲱⲙⲉ rouleau de papyrus

Il sert aussi à former des adjectifs :

ⲟⲩⲱⲃϣ blanc   ⲃⲱⲱⲛ mauvais   ⲛⲟⲩϥⲉ bon
ⲧⲱⲣϣ rouge   ϣⲱⲱⲙⲉ léger, fin B ⲛⲟⲩⲧⲉⲙ doux

1a. əccōcə (XII) est le type féminin qui lui correspond :

ⲛ̄ⲧⲱⲣⲉ déesse   ⲉⲣⲱⲧⲉ lait   ⲥⲙⲟⲩⲛⲉ oie du Nil

2. əccoc (III) est le second schème en importance

ϩⲃⲟⲥ couverture, vêtement   ϩⲧⲟ cheval   ⲙ̄ⲥⲁϩ crocodile
(ⲁϣ-) ⲁϩⲟⲙ soupir   ⲟⲩϩⲟⲣ chien   ϣϭⲁ coup, blessure
ⲉⲟⲟⲩ louange   ϩⲕⲁ tonte

Les féminins correspondants présentent une analogie avec 1a (XII) :

ϩⲧⲟⲟⲣⲉ et ϩⲧⲱⲣⲉ jument   ⲟⲩϩⲟ(ⲟ)ⲣⲉ et ⲟⲩϩⲱⲣⲉ chienne

Ce schème comprend un certain nombre de noms d'animaux; d'autres mots ressemblent à des verbes substantivés.

Un type différent, cacòc, est représenté par les mots suivants. Ce sont des formations parallèles de celles de 4 et 4a ci-après :

ϩⲁⲕⲟ magicien   B ϭⲁⲗⲟϫ pied   ⲥⲁⲧⲟ (f) éventail

3. cocəc (IV)

ⲟⲩⲟⲥⲣ rame   ⲟϩⲥ faucille   (ⲧⲁϣⲉ-)ⲟⲉⲓϣ héraut[1])
ⲟⲛϩ cour   ϩⲟⲃⲥ couvercle   ⲟⲩⲟⲉⲓⲉ cultivateur
ⲟⲟϩ lune   ⲛⲁϩⲃ joug

Pour autant que les mots de ce schème se rattachent à des racines connues, on peut leur trouver une origine de nom d'agent : « celui qui fauche (ⲱϩⲥ) », « celui qui couvre (ϩⲱⲃⲥ) », « celui qui proclame (ⲱϣ) ».

3a. coccə (VII) est le féminin correspondant. — cocə (V) en est une variante

ⲣⲟⲙⲡⲉ année   ⲟⲉⲓⲡⲉ boisseau   ⲃⲟⲧⲉ abomination [2])
ⲟⲩⲟ(ⲟ)ϭⲉ mâchoire   ⲟⲩⲟⲙⲧⲉ tour   ⲕⲟⲓⲉ champ
ⲙⲟⲟⲛⲉ nourrice   ⲟⲩⲁϣⲥⲉ largeur   ϫⲟ(ⲓ)ⲉ mur
ⲃⲟⲟⲛⲉ le mal   ⲟⲩⲁϩⲙⲉ étage

[1]) Voir B. H. Stricker, *Koptische etymologieën*, dans *Z. äg. Spr.*, 91 (1964), p. 133-135.

[2]) ⲃⲟⲧⲉ étant féminin en copte, nous le plaçons ici comme variante de coccə; dans *Verhouding*, p. 65, variante de cocəc : *btꜣw* est masculin.

Même observation que pour le masculin : « ce qui compte (ⲱⲡ) », « ce qui est épais (ⲟⲩⲙⲟⲧ) », « ce qui est large (ⲟⲩⲱϣⲥ) ». Dans ces derniers noms, dérivés de verbes de qualité, la notion de « possédant la propriété x » se substitue à celle de nom d'agent.

4. ə/accōc et cacōc (VIII)

ⲥⲁⲛⲟⲩⲑ poltron B ⲁⲭⲱ magicien ⲧⲟⲩⲱⲧ idole
ⲉⲕⲱⲧ bâtisseur B ⲁⲫⲱⲫ Apophis (*Ἁρ-)εμσυνις* har-
ⲗ̄ϩⲱⲃ vapeur ponneur

Les mots se référant à des personnes apparaissent comme des noms d'agent : « celui qui a peur (ⲥⲛⲁⲧ) », « celui qui bâtit (ⲕⲱⲧ) », « celui qui pratique la magie » (cf. ϩⲓⲕ et ϩⲁⲕⲟ, supra, 2). Notons que divers noms divins semblent appartenir à ce schème : ⲁⲙⲟⲩⲛ, ⲁⲛⲟⲩⲡ, ⲉ/ⲁⲧⲟⲩⲙ, *Χνουμις*.

4a. əccō et cə/acō (IX)

ⲥⲁⲧⲱ éventail ⲉ/ⲁϫⲱ pince, tenaille B ⲁ/ⲉϫⲱ vipère

Ces noms d'objets peuvent être ramenés à des noms d'agent : « celle, ce qui tremblotte (ⲥⲧⲱⲧ) », « celle, ce qui saisit (ϫⲓ) ».

5. cōc (X)

ⲱⲧ graisse ⲥⲱϩ personne sourde ⲉⲓⲱⲧ orge
ϣⲱⲓ ce qui est haut ϣⲱ sable ⲛⲟⲩⲃ or
ϣⲱⲙ été (saison chaude) ⲙⲟⲩⲧ nerf, nuque

Les premiers mots cités ont une relation avec une notion de qualité

6. coc (XI)

ⲣⲟ bouche ⲥⲟⲛ frère ⲟⲩⲁϩ pieu
ϩⲟ visage ⲙⲟⲟⲩ eau ⲥⲁϣ coup
ⲥⲟⲓ dos ⲧⲟⲟⲩ montagne ⲁϣ fourneau

Pas de sens de classe bien précis ; on relève des noms de parties du corps.

6a. cōcə (II)

ⲧⲱⲣⲉ main ⲥⲱϣⲉ champ ⲛⲟⲩⲣⲉ vautour
ⲥⲱⲛⲉ sœur (ⲡⲁ-)ⲱⲛⲉ vallée ⲛⲟⲩϩⲉ sycomore

Le parallèle ⲥⲟⲛ-ⲥⲱⲛⲉ montre que ce schème est le féminin correspondant à 6.

Il correspond aussi à 5 : ϩⲱⲣ, Horus ; fém. dans (*'Ον-)ουρις*, la lointaine.

7. coccəc (VI)

ϣⲟⲗⲙⲉⲥ moustique

Les substantifs à 4 radicales sont rares en copte. La plupart reposent sur une réduplication, comme dans les schèmes qui suivent.

8. cəccōcə (XV)

ⲕⲉⲗⲕⲱⲗⲉ pustule B ϫⲓϭⲱⲓ boucle, tresse de cheveux ⲙⲉϩⲙⲟⲩϩⲉ pourpier

9. əccoccə (XIV)

ⲉⲗⲟⲟⲗⲉ (m) grappe de raisins ⲕⲗⲟⲟⲗⲉ (f) nuage

97 La classe *i*

1. cīcəc (I)

ⲥⲓⲃⲧ colline ϣⲓⲣⲉ jeune homme ⲥⲓϥⲉ poix
ϯⲃⲥ talon ⲣⲓⲣ porc ϯⲙⲉ village

Ce schème est représenté par un certain nombre de noms concrets. Il faut lui ajouter B ⲛⲏⲃ, seigneur (X), monosyllabique comme ⲣⲓⲣ (cf. § 43).

1a. Cáccə (VII)

B ϣⲁⲓⲣⲓ jeune fille ϫⲁⲧϥⲉ reptile ⲧⲉϩⲛⲉ front
ⲣⲁⲓⲣⲉ truie ⲙⲁⲧⲟⲩ poison ϣⲛ̄ϥⲉ écaille de poisson

Les deux premiers mots montrent que ce schème peut constituer le parallèle féminin de 1 et que la chute d'une radicale peut donner naissance à un substantif monosyllabique : ⲣⲓⲣ. Ce dernier fait supposer que d'autres noms de forme cīc appartiennent à ce schème plutôt qu'à la catégorie 5 (X). Les formes féminines sont à distinguer, malgré la ressemblance extérieure, des noms d'action de 3a.

2. əccác (III)

ⲟⲩϣⲁⲡ prêt ⲁⲩⲁⲛ couleur ⲟⲩⲛⲁⲙ main droite
ⲉⲡⲣⲁ semence

Ce type sert aussi à former des adjectifs :

ⲗⲁⲁⲩ blanc B (ⲁⲗ-)ⲟⲩⲃⲉϩ personne chauve

Le dernier mot est apparenté à ⲟⲩⲱⲃϣ, blanc (brillant). D'ailleurs, ⲟⲩⲛⲁⲙ peut aussi trouver son origine dans un adjectif.

3a. əccīcə (XII)

ⲉⲕⲓⲃⲉ sein mamelon A ϭⲃⲓⲣ main gauche (ϭⲁⲗ-)ⲟⲩⲃⲓϩ personne chauve

Le dernier exemple montre que ⲟⲩⲃⲓϩ peut être le fém. de ⲟⲩⲃⲉϩ

3. cácəc (IV)

ⲁⲉⲓⲕ consécration d'une église ⲙⲁⲉⲓⲛ signe
(ⲣ̄-)ϩⲙ̄ⲙⲉ direction, conduite ϩⲣ̄ⲃ forme, ressemblance
ⲕⲁⲕⲉ obscurité (ⲉ)ⲛϩ sourcil

3a. cáccə (VII) - cácə (V) en est une variante

ϫⲁⲧⲙⲉ amoncellement	ⲕⲁⲓⲥⲉ ensevelissement	ⲡⲁϣⲉ division, moitié
ⲁⲥⲕⲉ retard	ϣⲛ̄ⲧⲉ tressage	ⲙⲣ̄ⲣⲉ joint, chaîne
ⲟⲩⲁϣⲧⲉ culte	ⲃ̄ϣⲉ oubli	ⲣⲁⲥⲟⲩ rêve

Aussi bien les deux premiers substantifs de 3 que tous ceux de 3a représentent des noms d'action. Ces derniers sont à rapprocher des Infinitifs IInds de la catégorie i-5 (§ 106). Les autres substantifs de 3 sont des noms concrets.

4. əccīc (VIII)

ⲥⲡⲓⲣ côte	ϩⲓⲉⲓⲧ puits	ϭⲁϫⲓϥ fourmi
ϣϩⲓϭ poussière	ⲁⲗⲓⲗ, ⲉⲙⲓⲙ mulot	ⲧⲣⲓⲙ trèfle
ⲥⲕⲓⲙ cheveux gris	ϩⲓⲉⲓⲃ agneau	ϩϯⲧ bette, poirée

Cette catégorie se compose de noms d'animaux, de plantes et d'objets qui se présentent normalement en groupes. Elle représente donc une espèce de collectif ou de « nom du grand nombre », « nom d'abondance », appellations données à une catégorie de substantifs en arabe.

Une formation différente, cəcīc, avec allophone /é:/ (§ 43), est représentée par un seul mot : ϭⲉⲣⲏϭ, trappeur, chasseur.

5. cīc (X)

ⲡⲓⲛ souris	ⲥⲓⲣ cheveux	ⲣⲏ soleil
ⲥⲓⲙ herbe	ϩⲓⲛ vase, coupe	

À l'exception des variantes avec /é:/ (voir § 43), ces mots possèdent le même sens de classe que ceux de 4.

6. các (XI)

ϩⲁⲡ jugement	ⲕⲁⲥ os	ⲧⲁⲡ corne
ϩⲁⲧ argent	ⲣⲁⲛ nom	ϣⲉ bois

Noms concrets sans parenté sémantique

6a. cīcə (II)

ⲡⲓⲧⲉ arc	ⲕⲓⲧⲉ double drachme	ⲏⲥⲉ Isis
(ⲉ)ⲓⲛⲉ pouce	ϫⲓⲥⲉ dos	

Même observation que pour les noms masculins de 6.

7. cáccəc (VI)

ⲥⲁⲛⲛⲉϩ sauterelle

Le type à réduplication se retrouve dans :

ⲃⲁⲥⲃⲥ espèce de canard	ⲕⲙ̄ⲕⲙ̄ tambour

8. cəccīce (XV)

ⲧⲗ̄ⲧⲓⲗⲉ goutte	ⲃⲗ̄ⲃⲓⲗⲉ graine de blé
ϩⲉⲗϩⲓⲗⲉ râle de la mort	ⲗⲉϥⲗⲓϥⲉ miette

Les deux premiers mots ainsi que les substantifs de 7 indiquent que parfois la voyelle ī/á peut avoir une certaine valeur d'onomatopée dans ces noms à réduplication.

98 La classe *e*

1. cēcəc (I) — Une variante en est cēc (X)

ⲏⲣⲡ vin (ἔρπις; anc. nub. ⲟⲣⲡ) ϣⲏⲣⲉ fils, enfant
ⲙⲏⲣϣ : ⲙⲉⲣϣ : ⲙⲣ̄ϣ personne rousse ⲕⲏⲙⲉ Égypte (*Πκημις, Πκεμις* l'homme noir)
ϩⲏⲙϫ : ϩⲉⲙϫ : ϩⲙ̄ϫ vinaigre ⲛⲏϩⲉ : ⲛⲉϩ éternité
ⲟⲩⲏⲏⲃ prêtre (ⲃⲏⲣⲉ) : ⲃⲣ̄ⲣⲉ nouveau
ϩⲏⲕⲉ personne pauvre

La plupart de ces mots peuvent s'interpréter comme d'anciens adjectifs substantivés : prêtre = « un pur (ⲟⲩⲟⲡ) », « un affamé (ϩⲕⲟ) », « un petit (cf. ϣⲓⲣⲉ) », « le (pays) noir (ⲕⲙⲟⲙ) », « aeternum ».

Le même sens de classe appartenant aux mots suivants, il faut admettre que la chute d'une radicale peut faire naître des monosyllabiques tels que :

ϣⲏⲙ petite personne, chose, quantité ⲣⲏⲥ le sud A2 ⲙⲏⲧ profondeur

Un mot féminin correspondant est cec (XI) ⲙⲉ(ⲉ) vérité, justice.

1a. cēccə (VII) — cēcə (II) en est une variante

ⲛⲏⲃⲧⲉ : B ⲛⲉⲃϯ tressage, claie ϣⲏⲏⲣⲉ : ϣⲉⲉⲣⲉ fille
ⲙⲏⲧⲉ : (ⲙⲏⲏⲧⲉ) le milieu ⲕⲏⲙⲉ Égypte (la [terre] noire)
ⲙⲉⲉⲣⲉ midi (milieu du jour) ⲙⲏⲥⲉ intérêt d'argent
Τ-σεψις la (femme) noble ⲙⲏⲣⲉ : ⲙⲉⲣⲉ : B ⲙⲏⲓⲣⲓ botte (de lin etc.)
B ⲟⲩⲏ/ⲉϣⲥⲓ : S ⲟⲩⲉϣⲥ(ⲉ) largeur

La même valeur d'adjectifs substantivés fait de ces mots, pour autant qu'ils sont motivés, les parallèles féminins de 1. Les alternances ⲙⲏⲏⲧⲉ : ⲙⲏⲧⲉ, ⲙⲏⲓⲣⲓ : ⲙⲏⲣⲉ et ⲕⲏⲙⲉ montrent que le schème cēcə en est une variante.

2. əccēc (VIII)

ⲡⲣⲏϣ ce qu'on étend, natte B ⲥⲟⲩⲏⲛ personne célèbre ⲉⲃⲓⲏⲛ personne pauvre

Les rares mots appartenant à ce schème se présentent soit comme d'anciens adjectifs « celui qui est pauvre », soit comme d'anciens participes passifs : « celui, ce qui est étalé (ⲡⲱⲣϣ) », « celui qui est connu (ⲥⲟⲟⲩⲛ) ».

2a. əccēcə (XII) — əccē (IX) en est une variante

ϣⲡⲏⲣⲉ prodige   ⲕⲙⲏⲙⲉ obscurité

ϭⲣⲏϭⲉ dot   (ϩⲛ-) ⲁⲙⲏⲉ, ⲙⲏⲉ vérité

ⲉ-ⲧⲃⲏⲏⲧ⸗ à cause de   ⲁϩⲏⲩ nudité

Aux anciens participes de 2 correspondent des noms d'action : « évènement (extraordinaire) » (ϣⲱⲡⲉ, avoir lieu), « établissement, équipement (ϭⲱⲣϭ) », « (en) compensation (de) (ⲧⲱⲱⲃⲉ) ».

À l'adjectif substantivé de 2 correspondent des noms abstraits de qualité. Cette même valeur étant propre aux substantifs suivants du type əccē, il est permis d'y voir une variante, fondée sur la disparition d'une troisième radicale faible :

ⲁϣⲏ multitude (< ⲁϣⲁⲓ)   ⲁⲓⲏ⸗ⲥ grandeur, format (< ⲁⲓⲁⲓ)

ϣⲓⲏ longueur (< ϣⲓⲁⲓ)   ⲟⲩϣⲏ nuit (obscurité)

99 La classe *u*

1. əccūc (VIII)

Les quelques rares substantifs appartenant à ce schème sont :

ⲕⲥⲟⲩⲣ anneau   ϩⲃⲟⲩⲣ main gauche   ⲕⲣⲟⲩⲣ grenouille

ⲥⲓⲟⲩⲣ eunuque   ⲧⲣⲟⲩⲣ vitesse (J. Černý, *Festschr. H. Grapow*, p. 34)

On remarquera qu'ils se terminent tous en -*r*.

2. cūc (X)

ϩⲟⲩⲛ intérieur   ⲕⲟⲩⲣ personne sourde   ⲟⲩⲥ personne chauve

ⲕⲟⲩⲓ : B ⲕⲟⲩϫⲓ un peu, petit   ⲕⲟⲩⲛ⸗ sein, giron

Ces mots, les seuls de cette formation, se présentent comme des adjectifs substantivés, à l'exception du dernier.

2a. cūcə (II)

ⲥⲟⲩⲣⲉ épine, pointe, aiguillon

Si ce substantif représente le féminin de 2, il peut aussi s'interpréter comme « ce qui est pointu, aigu ».

(Le mot ϣⲟⲩϣⲧ, seul de son espèce, est une variante libre de ϣⲱϣⲧ, fenêtre.)

Les substantifs dérivés

100. A. Ancienne dérivation

Ces noms sont hérités de la langue ancienne et présentent un suffixe après la dernière radicale. La formation n'est plus vivante en copte.

1. cəccīt. Le suffixe -īt sert à créer des noms d'agent

ϣⲙ̅ϣⲓⲧ serviteur — ϣϯⲧ tisserand — ϣϫⲓⲧ teinturier (?)
ϩⲟⲩⲉⲓⲧ premier — ϩⲟⲩⲣⲓⲧ gardien — ⲉⲃ(ⲉ)ⲓⲧ marchand de miel
ⲙ̅ϩⲓⲧ homme du nord — ⲙⲉⲣⲓⲧ amant, bien-aimé — VC ⲁϊⲧ celui qui n'existe pas
ϩⲁⲗⲏⲧ oiseau

ϣϯⲧ dérive de ⲥⲱϩⲉ : ⲥⲱϣⲉ, ét. pron. ⲥⲁϩⲧ⸗, tisser, donc de (*sə*)*štīt*; ϩⲱⲗ = voler.

2. cəccō. Le suffixe -ō donne naissance à des mots féminins exprimant « ce qui subit l'action » ou « l'objet avec lequel, l'endroit où s'accomplit l'action », la plupart comparables aux formations grecques en -*μα*

ϩⲃ̅ⲥⲱ vêtement *(ἔνδυμα)* — ⲉⲧⲡⲱ charge *(βάσταγμα)*
ⲥⲃⲱ enseignement *(μάθημα, νουθέτημα)* — ⲉⲗⲕⲱ figue taillée du sycomore
ϣⲃ̅(ⲉ)ⲓⲱ échange, prix *(ἄλλαγμα)* — ⲉ(ⲟ)ⲩⲱ gage *(ἐνεχύρασμα)*
ⲁⲕⲱ perte, chose détruite — ⲙ̅ⲣⲱ port, endroit d'amarrage (ⲙⲟⲩⲣ)
ⲣ̅ⲥⲱ parc, enclos = « endroit pour surveiller (ⲣⲟⲉⲓⲥ) le bétail »
ϩⲣⲱ four de métallurgiste *(χωνευτήριον)*

La comparaison avec le verbe dérivé ⲧⲁⲕⲟ, détruire, prouve que dans ⲁⲕⲱ -ō suit la dernière radicale. Les substantifs ⲥⲃⲱ, ⲉⲗⲕⲱ, ⲉⲟⲩⲱ, ϩⲣⲱ sont classés ici en vertu de leur signification.

3. cəccē. Le suffixe -ē forme des noms collectifs :

ⲣⲙ̅ⲉⲓⲏ larme, pleurs — ϩⲓⲙⲏ vague, flots (cf. ϩⲟⲉⲓⲙ)
ⲧⲟⲩ(ⲉ)ⲓⲏ monts (all. Gebirge), cf. ⲧⲟⲟⲩ — ϣⲛⲏ verger (cf. ϣⲏⲛ)

4. ca/əcce'. Ces mots pourvus du suffixe accentué -e se réfèrent tantôt à celui qui accomplit tantôt à celui qui subit l'action exprimée par le radical

ⲙⲁⲛⲉ pâtre (ⲙⲟⲟⲛⲉ faire paître) — ϩⲁⲧⲣⲉ jumeau (ϩⲱⲧⲣ̅ joindre)
B ϭⲉⲛⲛⲉ homme paresseux (B ϭⲛⲁⲩ être lent) — ϩⲁⲥⲓⲉ personne béatifiée
ⲙⲛ̅ⲧⲣⲉ témoin (ⲙ̅ⲡⲉ-ⲙ̅ⲧⲟ en présence de) — ⲙⲉⲥⲧⲉ personne haïe (ⲙⲟⲥⲧⲉ haïr)
ⲥⲁⲃⲉ homme sage — B ϣⲁϥⲉ désert (ϣⲱϥ être désert, ravagé)

ϭⲁⲓⲉ homme laid, laideur
(ⲛⲉ-ϭⲉ- être laid)
ϭⲁⲗⲉ personne paralysée

D'autres substantifs de cette classe sont dérivés de substantifs :

ϭⲙⲉ jardinier (ϭⲱⲙ jardin)
ⲧⲉϣⲉ voisin (ⲧⲟϣ frontière)

101. B. Nouvelle dérivation à préfixes

L'ancienne dérivation à suffixe a fait place, en copte, à un nouveau procédé où des préfixes fonctionnent comme ligaments lexicaux, pour la plupart lexicalisés.

1. ⲁⲛ- précédant un nom de nombre
crée des collectifs

ⲁⲛⲥⲁϣϥ̅ *ἑβδομάς*
ⲁⲛⲧⲁⲓⲟⲩ groupe de 50

ou signifie « chef de »

ⲁⲛϣⲟ chiliarque
ⲁⲛⲧⲁⲓⲟⲩ *πεντηκόνταρχος*
ⲁⲛϣⲉ centurion
ⲁⲛⲙⲏⲧ *δεκάδαρχος*

mais aussi ⲁⲛϫⲱϫ chef (ϫⲱϫ tête)

2. ⲁⲧ- devant un substantif signifie « quelqu'un qui n'a pas ». Ces mots traduisent souvent des adjectifs grecs avec *α*- privatif.

ⲁⲧⲛⲟⲃⲉ innocent, *ἀθῷος*
ⲁⲧϣⲁϫⲉ muet, *ἄλαλος, ἄλογος*
ⲁⲑⲏⲧ insensé, sot, *ἄφρων*
ⲁϭⲣⲏⲛ (pour ⲁⲧ-) stérile *στεῖρα*

La négation a un sens plus large lorsque le préfixe se joint à un verbe. Celui-ci peut être accompagné d'un complément direct.

ⲁⲧⲙⲟⲟϣⲉ inaccessible, *ἄβατος*
ⲁⲧⲥⲉⲓ insatiable, *ἄπληστος*
ⲁⲧⲥⲟⲛⲧϥ̅ non-créé
ⲁⲧϣⲓⲧϥ incommensurable
ⲁⲧϣⲁϫⲉ ⲙ̅ⲙⲟⲥ indicible, *ἄφατος*
ⲁⲧϣⲁϫⲉ ⲉⲣⲟϥ innommable
ⲁⲧⲡⲉϩⲧ ⲥⲛⲟϥ sans effusion (ⲡⲱϩⲧ) de sang

3. ⲗⲁ- joint à un substantif crée en B (rarement en S) des noms signifiant « (bien) pourvu de, riche en »

B ⲗⲁϥⲱⲓ velu
B ⲗⲁϫⲱⲃⲓ feuillu
B ⲗⲁⲥⲁϫⲓ loquace
B ⲗⲁⲃⲟϯ sodomite (ⲃⲟϯ abomination)

4. ⲙ̅ⲛ̅ⲧ- (B ⲙⲉⲧ-) crée avec des substantifs ou des adjectifs, plus rarement avec des verbes, des noms abstraits de qualité, d'action, etc., de genre féminin

ⲙⲛ̅ⲧⲕⲟⲩⲓ enfance
ⲙⲛ̅ⲧϩⲗⲗⲟ' vieillesse
ⲙⲛ̅ⲧⲁⲅⲁⲑⲟⲥ bonté
ⲙⲛ̅ⲧⲥⲁⲃⲉ' sagesse
ⲙⲛ̅ⲧⲉⲓⲱⲧ paternité
ⲙⲛ̅ⲧⲣⲱⲙⲉ humanité
ⲙⲛ̅ⲧⲣ̅ⲣⲟ' royauté, règne
ⲙⲛ̅ⲧⲟⲩⲉⲉⲓⲉⲛⲓⲛ (langue) grecque, grécité

ⲙⲛ̄ⲧⲁⲧϩⲏⲧ sottise | ⲙⲛ̄ⲧⲁⲛϣⲟ chiliarchie
ⲙⲛ̄ⲧⲙⲛ̄ⲧⲣⲉ' témoignage | ⲙⲛ̄ⲧⲡⲱϩⲧ ⲉⲃⲟⲗ effusion (de sang)

5. ⲣⲁ- joint à un substantif ou un infinitif désigne un endroit, ou transpose simplement un verbe en mot primaire

ⲣⲁⲧⲏⲩ atmosphère (région du vent) | ⲣⲁϩⲱⲧⲡ̄ (région du) couchant
ⲣⲁⲱϩⲥ moisson | ⲣⲁⲣ̄ ϩⲱⲃ et ⲣⲁⲛ̄ⲣ̄ ϩⲱⲃ travail

6. ⲣⲉϥ- crée avec des infinitifs, éventuellement accompagnés d'un complément direct, des noms d'agent

ⲣⲉϥϫⲓⲟⲩⲉ voleur | ⲣⲉϥⲥⲱⲛⲧ créateur
ⲣⲉϥⲧⲱⲃϩ mendiant | ⲣⲉϥϯϩⲉ ivrogne
ⲣⲉϥⲣ̄ ⲛⲟⲃⲉ pécheur | ⲣⲉϥϯ ϩⲁⲡ juge

Exceptionnellement ⲣⲉϥ- se joint à un qualitatif : ⲣⲉϥⲙⲟⲟⲩⲧ homme mort

7. ϭⲓⲛ- (B ϫⲓⲛ-) forme, avec des infinitifs, des noms d'action, généralement de genre féminin (masc. en B)

ϭⲓⲛϣⲁϫⲉ conversation | ϭⲓⲛϣⲱⲛⲉ maladie
ϭⲓⲛϭⲱϣⲧ regard | ϭⲓⲛⲟⲩⲱⲙ repas, nourriture
B ϫⲓⲛϣⲱⲡⲓ existence | B ϫⲓⲛⲥⲙⲟⲩ louange, ὕμνησις

102 C. Nouvelle dérivation à suffixes

L'agglutination des suffixes personnels-possessifs -ϥ ou -ⲥ, créant respectivement des substantifs masculins et féminins,

1. à un substantif, ne change rien à la signification de celui-ci

ⲣⲱϥ bouche (de ⲣⲟ) | ⲛⲁϩⲃⲉϥ joug (de ⲛⲁϩⲃ̄)
ϩⲁ(ⲉ)ⲓⲃⲉⲥ ombre (A ϩⲁ(ⲉ)ⲓⲃⲉ) | ⲁⲉⲓⲏⲥ grandeur, format

2. à l'état pronominal ou au qualitatif d'un verbe, en fait un nom abstrait d'action

ϣⲟⲗⲥ dépouille (de ϣⲱⲗ) | ϣⲁⲁⲧⲥ coupe, portion (de ϣⲱⲱⲧ)
ⲙⲟⲧⲛⲉⲥ repos (de ⲙ̄ⲧⲟⲛ) | ⲙⲟⲕϩⲥ douleur, souci (de ⲙⲟⲩⲕϩ, ⲙ̄ⲕⲁϩ)
ϣⲗ̄(ϩ)ϥ crainte (de ϣⲗⲁϩ) | mais ϥⲟϭϥ voleur (de ϥⲱϭⲉ)

Les substantifs composés

103 A. Le premier élément est un substantif à l'état construit. Outre les exemples cités au § 87, 1, il y a lieu de mentionner :

1. ⲣⲙ̄- (de ⲣⲱⲙⲉ homme, femme de —), généralement sans ⲛ- devant les noms géographiques : ⲣⲙ̄-ⲣⲁⲕⲟⲧⲉ Alexandrin, ⲣⲙ̄-ⲧⲁⲣⲁⲃⲓⲁ femme arabe

avec ⲛ : ⲣⲙ̄-ⲛ̄-ⲕⲏⲙⲉ Égyptien ⲣⲙ̄-ⲛ̄-ϯⲙⲉ villageois

ⲣⲙ̄-ⲙ̄-ⲙⲉ homme honnête ⲣⲙ̄-ⲛ̄-ϩⲏⲧ homme intelligent (litt. de cœur)

2. ⲥⲁ- (homme de —), toujours employé avec ⲛ, crée des noms de professions ou désigne des êtres porteurs d'une propriété morale

ⲥⲁ-ⲛ̄-ⲏⲣⲡ marchand de vin ⲥⲁ-ⲛ̄-ⲉⲃⲓⲱ marchand de miel

ⲥⲁ-ⲛ̄-ϣⲁϫⲉ bavard ⲥⲁ-ⲛ̄-ϫⲓ ϭⲟⲗ menteur

3. ϩⲁⲙ-, artisan, crée différents noms de métiers

ϩⲁⲙ-ϣⲉ charpentier ϩⲁⲙ-ⲛⲟⲩⲃ orfèvre

ϩⲁⲙ-ⲕⲗ̄ⲗⲉ serrurier

4. ϣⲟⲩ- (de ϣⲁⲩ utile) signifiant « digne, capable de » s'adjoint des verbes

ϣⲟⲩ-ⲛⲁ digne de pitié ϣⲟⲩ-ⲣ̄ ϣⲡⲏⲣⲉ étonnant

ϣⲟⲩ-ⲥⲱⲃⲉ ce qui sert à jouer, amusement ϣⲟⲩ-ⲙⲉⲣⲓⲧϥ aimable

ϣⲟⲩ-ⲧⲣⲉϥ-ⲙⲟⲩ qui mérite la mort ϣⲟⲩ-ⲙⲟⲥⲧⲉ haïssable

5. ϣⲃⲣ̄- (de ϣⲃⲏⲣ compagnon)

ϣⲃⲣ̄-ϩⲙ̄ϩⲁⲗ compagnon d'esclavage ϣⲃⲣ̄-ⲥⲱⲛⲉ sœur (all. Mitschwester)

ϣⲃⲣ̄-ⲙⲁⲑⲏⲧⲏⲥ condisciple ϣⲃⲣ̄-ⲣ̄ ϩⲱⲃ compagnon de travail

6. ϣⲣ̄- et ϣⲛ̄- (de ϣⲏⲣⲉ, fils, ou ϣⲉⲉⲣⲉ, fille)

ϣⲛ̄-ⲥⲟⲛ fils de frère, neveu ϣⲛ̄-ϣⲏⲣⲉ petits-enfants

ϣⲣ̄-ϩⲟⲟⲩⲧ enfant mâle ϣⲣ̄-ⲃⲱⲱⲛ fils indigne

Dans les composés suivants, le premier élément présente une forme qui ne diffère pas de l'état absolu du substantif en question. Même s'ils appartiennent aux syntagmes décrits au § 88, leur fréquence est telle qu'ils méritent d'être mentionnés ici.

7. ⲃⲱ arbre (fém.)

ⲃⲱ ⲛ̄ⲉⲗⲟⲟⲗⲉ vigne ⲃⲱ ⲛ̄ⲕⲛ̄ⲧⲉ' figuier, sycomore

ⲃⲱ ⲛ̄ⲧⲱⲣⲉ saule ⲃⲱ ⲛ̄ϫⲙ̄ⲡⲉϩ pommier

8. ⲙⲁ, lieu, sert à créer des nomina loci

ⲙⲁ ⲛ̄ⲉⲗⲟⲟⲗⲉ vignoble ⲙⲁ ⲛ̄ⲡⲱⲧ refuge

ⲙⲁ ⲛ̄ⲥⲱⲛϩ prison ⲙⲁ ⲛ̄ⲥⲱ débit de boissons

ⲙⲁ ⲛ̄ϯ ϩⲁⲡ tribunal ⲙⲁ ⲛ̄ⲃⲱⲕ ⲉϩⲟⲩⲛ entrée

9. ⲙⲁⲥ désigne les petits d'animaux

ⲙⲁⲥ ⲛ̄ϩⲁⲗⲏⲧ oisillon

ⲙⲁⲥ ⲛ̄ⲉⲓⲱ ânon

ⲙⲁⲥ ⲛ̄ϭⲣⲟⲟⲙⲡⲉ pigeonneau

ⲙⲁⲥ ⲙ̄ⲙⲟⲩⲓ lionceau

104 B. Le premier élément du composé est une forme verbale, le participium conjunctum. Les exemples suivants, joints à ceux du § 87, 2, donnent un choix parmi les différents schèmes verbaux :

ϩⲁⲧⲃ̄-ⲣⲱⲙⲉ assassin (ϩⲱⲧⲃ̄ tuer)

ⲙⲁⲥⲧ-ⲛⲟⲩⲧⲉ haïssant Dieu (ⲙⲟⲥⲧⲉ)

ϫⲁⲧ-ⲟⲩⲁ blasphémateur (ϫⲱ dire)

ⲥⲁⲩ-ⲏⲣⲡ buveur de vin (ⲥⲱ boire)

ϩⲁⲗϭ-ϩⲏⲧ doux de cœur (ϩⲗⲟϭ)

ϫⲁⲥⲓ-ϩⲏⲧ orgueilleux (ϫⲓⲥⲉ élever)

B ϣⲁⲙϣⲉ-ⲛⲟⲩϯ religieux (ϣⲉⲙϣⲓ servir)

ϫⲁⲓ-ⲃⲉⲕⲉ' salarié (ϫⲓ recevoir)

ⲙⲁⲓ-ⲥⲃⲱ qui aime à s'instruire (ⲙⲉ)

ϭⲁⲃ-ϩⲏⲧ lâche (ϭⲃ̄ⲃⲉ devenir faible)

Les verbes simples

Les listes qui suivent donnent successivement l'infinitif : état absolu, nominal, pronominal, et le qualitatif.

105 La classe *o*

1. cōcəc (I) — qualitatif cocəc (IV)

C'est le type le plus répandu des verbes. Ceux-ci expriment une action et sont tantôt transitifs tantôt intransitifs

ⲥⲱⲧⲡ choisir, élire	ⲥⲉⲧⲡ-	ⲥⲟⲧⲡ⸗	ⲥⲟⲧⲡ
ⲥⲱⲧⲙ̄ entendre	ⲥⲉⲧⲙ̄-	ⲥⲟⲧⲙ̄⸗	
ⲥⲱⲟⲩϩ rassembler	ⲥⲉⲩϩ-	ⲥⲟⲟⲩϩ⸗	ⲥⲟⲟⲩϩ
ⲱⲙⲥ sombrer, immerger	ⲉⲙⲥ-	ⲟⲙⲥ⸗	ⲟⲙⲥ
ⲧⲱϩⲙ̄ inviter	ⲧⲉϩⲙ̄-	ⲧⲁϩⲙ⸗	ⲧⲁϩⲙ̄
ⲥⲱⲱϥ souiller, polluer	ⲥⲉⲉϥ-	ⲥⲟⲟϥ⸗	ⲥⲟⲟϥ
ⲕⲱⲱⲥ ensevelir		ⲕⲟⲟⲥ⸗	ⲕⲏⲥ
ϣⲱⲱⲧ couper, abattre	ϣⲉⲉⲧ-	ϣⲁⲁⲧ⸗	ϣⲁⲁⲧ:ϣⲏⲧ
ⲙⲟⲩⲕϩ affliger, opprimer	ⲙⲉⲕϩ-	ⲙⲟⲕϩ⸗	ⲙⲟⲕϩ
ⲙⲟⲩⲧⲛ̄ faire cesser, (se) reposer	ⲙⲉⲧⲛ̄-	ⲙⲟⲧⲛ⸗	ⲙⲟⲧⲛ̄
ⲧⲱⲱⲃⲉ rétribuer	ⲧⲉ(ⲉ)ⲃⲉ-	ⲧⲟⲟⲃ⸗	ⲧⲟⲟⲃⲉ

ϩⲱⲱⲕⲉ tondre	ϩⲉⲉⲕⲉ-	ϩⲟⲟⲕ⸗	ϩⲟⲟⲕⲉ
mais : ⲧⲱⲟⲩⲛ (se) lever	ⲧⲟⲩⲛ-	ⲧⲱ(ⲟⲩ)ⲛ⸗	

1a. cōcə (II) — qualitatif cocə (V), parfois cēc (X)

L'état pronominal n'étant pas *cōcəf mais cocəf, il faut en conclure, sur la foi du § 71, que ces verbes ont perdu une troisième radicale et représentent donc des variantes de 1. Ceux qui ont le qualitatif cēc se sont apparemment assimilés aux verbes monosyllabiques

ⲃⲱⲧⲉ polluer, haïr	ⲃⲉⲧ-	ⲃⲟⲧ⸗	ⲃⲏⲧ
ⲕⲱⲧⲉ tourner	ⲕⲉⲧ-	ⲕⲟⲧ⸗	ⲕⲏⲧ
ⲡⲱϭⲉ briser		ⲡⲟϭ⸗	B ⲫⲟϫⲓ : S ⲡⲏϭ
ⲣⲱϩⲉ nettoyer, laver		B ⲣⲁϧ⸗	ⲣⲁϩⲉ
ⲥⲱϩⲉ tisser	ⲥⲁϩⲧ-	ⲥⲁϩⲧ⸗	ⲥⲁϩⲧ : ⲥⲁϣⲧ
ⲧⲱϭⲉ planter	ⲧⲉϭ-	ⲧⲟϭ⸗	ⲧⲏϭ
ⲱϥⲉ presser	ⲉϥ-	ⲟϥ⸗	
ⲱϩⲉ se tenir (debout)			ⲁϩⲉ
ⲙⲟⲩⲧⲉ parler, appeler			
mais : ϣⲱⲡⲉ devenir, avoir lieu			ϣⲟⲟⲡ

2. əccoc (III) — qualitatif cocəc (IV)

Cette catégorie, très importante elle aussi, comprend des verbes intransitifs exprimant l'acquisition d'une propriété ou, plus généralement, l'entrée dans un état. Par extension, ils expriment souvent la possession d'une propriété.

ⲙ̄ⲧⲟⲛ se mettre, être au repos	ⲙⲟⲧⲛ̄ (cf. 1 : ⲙⲟⲩⲧⲛ̄)
ϩⲗⲟϭ être doux	ϩⲟⲗϭ
ⲥⲃⲟⲕ devenir petit, peu	ⲥⲟⲃⲕ
ⲟⲩⲙⲟⲧ devenir, être épais	ⲟⲩⲟⲙ(ⲛ̄)ⲧ
ⲛ̄ϣⲟⲧ être dur	ⲛⲁϣⲧ
ϣⲙⲁ être fin, léger	ϣⲟⲙ : ϣⲟⲟⲙⲉ
ⲙ̄ⲕⲁϩ souffrir	ⲙⲟⲕϩ (cf. 1 : ⲙⲟⲩⲕϩ)
ⲟⲩⲃⲁϣ devenir blanc	ⲟⲩⲟⲃϣ
ⲟⲩⲟⲡ être pur, innocent	ⲟⲩⲁⲁⲃ

Le sens de ce verbe et la forme du qualitatif montrent qu'il appartient à cette classe : *əw'op*.

Quelques rares verbes de cette catégorie ont un qualitatif à désinence *-t*

ϩⲕⲟ être affamé	ϩⲟⲕⲣ̄ et ϩⲕⲟⲉⲓⲧ
ϫⲣⲟ devenir fort	ϫⲣⲟⲉⲓⲧ

2a. əccoc (III) — qualitatif cēc (X)

Une variété de ce schème est constituée par les verbes dont la 2e et la 3e radicale sont identiques (verbes II.gem. ou secundae geminatae).

Ils ont le même sens de classe que les verbes précédents mais ils s'en distinguent par leur qualitatif

ϩⲙⲟⲙ être chaud ϩⲏⲙ
ⲕⲙⲟⲙ devenir, être noir ⲕⲏⲙ
ϭⲛⲟⲛ être tendre, faible ϭⲏⲛ
ⲕⲃⲟ devenir, être frais (B ϫⲃⲟⲃ) ⲕⲏⲃ

3.cocəc (IV)

Ce schème est représenté par le qualitatif des catégories 1 et 2. Il se retrouve dans les quatre verbes qui suivent :

ⲥⲟⲟⲩⲛ savoir, connaître ⲥⲟⲩⲛ- ⲥⲟⲩⲱⲛ⸗
ϩⲟⲟⲩϣ insulter, maudire
ⲣⲟⲟⲩϣ avoir soin de
ⲣⲟⲉⲓⲥ veiller ⲣⲏⲥ

Étant donné l'emploi de certains qualitatifs en fonction d'infinitifs (cf. § 90), on peut se demander si ces verbes n'ont pas subi la même évolution. Il faut noter en particulier que le verbe « savoir » s'emploie volontiers, dans diverses langues, au parfait, c.-à-d. à la forme d'état, p.ex. gr. *οἶδα*; lat. *novi*. Dans ce cas, ⲥⲟⲩⲛ-, ⲥⲟⲩⲱⲛ⸗ et ⲣⲏⲥ sont des formes refaites par analogie avec d'autres verbes.

À propos de ⲧⲟⲉⲓⲧ, ⲛⲟⲉⲓⲛ, voir infra, 5a.

4. cocə (V)

Puisque cette forme sert de qualitatif aux verbes de la classe *i* (voir 1 : cīcə), il faut voir un qualitatif servant d'infinitif dans :

ϣⲟⲟⲩⲉ être sec ϣⲟⲩⲱⲟⲩ
AA₂ ⲗⲁϭⲉ cesser, guérir A ⲗϭ- : A₂ ⲗⲁϭ- ⲗⲁϭ⸗
[ⲁϩⲉ] se trouver

La preuve en est fournie par (ⲉ)ⲗⲉⲗϣⲟⲟⲩⲉ, raisins secs ; ϣⲟⲩⲱⲟⲩ est donc une forme refaite. Le second verbe, comme ⲥⲟⲟⲩⲛ, est devenu un infinitif transitif (réfléchi) « s'arrêter ». Le troisième est le qualitatif de ⲱϩⲉ (o-1a).

5. coccəc (VI)

B ⲟⲩⲟⲥⲑⲉⲛ (s')élargir
ⲟⲩⲉⲥⲑⲉⲛ- ⲟⲩⲉⲥⲑⲱⲛ⸗ S ⲟⲩⲉⲥⲧⲱⲛ : A ⲟⲩⲉⲥⲧⲁⲛⲧ
ⲥⲟⲟⲩⲧⲛ̄ (re)dresser
ⲥⲟⲩⲧⲛ̄- ⲥⲟⲩⲧⲱⲛ⸗ S ⲥⲟⲩⲧⲱⲛ : A ⲥⲟⲩⲧⲁⲛⲧ
ⲥⲟⲃⲧⲉ préparer
ⲥⲃ̄ⲧⲉ- ⲥⲃ̄ⲧⲱⲧ⸗ ⲥⲃ̄ⲧⲱⲧ
ⲥⲁⲁⲛϣ nourrir
ⲥⲁⲁⲛϣ- ⲥⲁⲛⲟⲩϣ⸗ B ϣⲁⲛⲟⲩϣⲧ : A ⲥⲁⲛⲁϣ/ϩⲧ

ⲥⲁϩⲟⲩ(ⲉ) maudire

ⲥϩⲟⲩ(ⲉ)ⲣ- ⲥϩⲟⲩⲱⲣ⸗ ⲥ̅ϩ̅ⲟⲩⲟⲣⲧ

5a. coccəc (VI)

Une subdivision de cette classe est constituée par des verbes à réduplication, presque tous transitifs. Quelques-uns présentent aussi le qualitatif II à désinence *-t*.

ϩⲟⲧϩⲧ rechercher, examiner

ϩⲉⲧϩ(ⲉ)ⲧ- ϩⲉⲧϩⲱⲧ⸗ ϩⲉⲧϩⲱⲧ

ⲃⲟⲗⲃⲗ̅ enterrer, creuser

ⲃⲗ̅ⲃⲱⲗ⸗

ⲛⲟϭⲛⲉϭ reprocher, railler

ⲛⲉϭⲛⲉϭ- ⲛⲉϭⲛⲟⲩϭ⸗

ⲧⲟⲛⲧⲛ̅ comparer

ⲧⲛ̅ⲧⲛ̅- ⲧⲛ̅ⲧⲱⲛ⸗ ⲧⲛ̅ⲧⲱⲛ : ⲧⲛ̅ⲧⲟⲛⲧ

ⲥⲟⲗⲥⲗ̅ consoler

ⲥⲗ̅ⲥⲗ̅- ⲥⲗ̅ⲥⲱⲗ⸗ ⲥⲗ̅ⲥⲱⲗ : ⲥⲗ̅ⲥⲟⲗⲧ

ϣⲟⲣϣⲣ̅ abattre, renverser

ϣⲣ̅ϣⲣ̅- ϣⲣ̅ϣⲱⲣ⸗ ϣⲣ̅ϣⲱⲣ : ϣⲣ̅ϣⲟⲣⲧ

ⲛⲁϩⲛϩ agiter, secouer

ⲛⲉϩⲛⲟⲩϩ⸗ ⲛⲉϩⲛⲟⲩϩ

ⲕⲁϩⲕ(ϩ) tailler la pierre

ⲕⲉϩⲕⲉϩ- ⲕⲉϩⲕⲱϩ⸗ ⲕⲉϩⲕⲱϩ

ⲃⲁⲁⲃⲉ être insipide, sot ; mépriser

ⲃⲁⲃⲱ- ⲃⲁⲃⲱⲱ⸗ ⲃⲁⲃⲱ:ⲃⲁⲃⲟⲧ

ϫⲁ(ⲁ)ϫⲉ être dur, rugueux

ϫⲁϫⲱ

À cause de la similitude des consonnes, il est vraisemblable que les verbes suivants appartiennent également à cette catégorie :

ⲛⲟⲉⲓⲛ (< *nojn*[*əj*]) secouer, trembler

ⲧⲟⲉⲓⲧ (< *tojt*[*əj*]) se lamenter, être en deuil

6. coccə (VII)

Si, dans les deux séries précédentes, l'état pronominal ou le qualitatif montrent qu'une radicale finale a disparu dans certains verbes se terminant en *-e*, l'absence des formes précitées ne permet pas de trancher le problème dans quelques-uns des mots qui suivent :

ⲙⲟⲥⲧⲉ haïr

ⲙⲉⲥⲧⲉ- ⲙⲉⲥⲧⲱ⸗

ⲙⲟⲟⲛⲉ 1. aborder ; 2. (faire) paître

ⲙⲉⲛⲉ- ⲙⲁⲛⲟⲩ⸗ 1. ⲙⲁⲛⲟⲟⲩⲧ

ⲥⲟⲟϩⲉ (re)dresser
ⲥⲁϩⲉ- ⲥⲁϩⲱ⸗
ϭⲟⲉⲓⲗⲉ donner en dépôt, confier
ϭⲁⲗⲉ- ϭⲁⲗⲱ(ⲱ)⸗ ϭⲁⲗⲱⲟⲩ : ϭⲁⲗⲏⲩ(ⲧ)
*ϩⲟⲟⲩⲣⲉ priver
ϩⲟⲩⲣ(ⲉ)- : ϩⲟⲩⲣⲱ- ϩⲟⲩⲣⲱ(ⲱ)⸗ : ϩⲟⲩⲣⲟ⸗
ⲡⲁ(ⲁ)ⲕⲉ être léger, menu, fin ⲡⲟⲕ(ⲉ)
ϫⲁ(ⲁ)ⲧⲉ avancer en âge, mûrir ϫⲟⲧⲉ

Les verbes suivants sont irréguliers :
S ⲧⲟⲟⲩⲧⲉ : B ⲑⲱⲟⲩϯ rassembler
B ⲑⲟⲩⲉⲧ- S ⲧⲟⲩⲏⲧ⸗ : B ⲑⲟⲩⲱⲧ⸗ S ⲧⲟⲩⲏⲧ : B ⲑⲟⲩⲏⲧ
S ⲥⲁϩⲛⲉ : B ⲥⲁϩⲛⲓ pourvoir, ordonner
B ⲥⲉϩⲛⲉ- B ⲥⲁϩⲛⲏⲧ⸗ B ⲥⲉϩⲛⲏⲟⲩⲧ
ⲛⲁϩⲧⲉ croire, avoir confiance
ⲛ̄ϩⲉⲧ- ⲛ̄ϩⲟⲩⲧ⸗ ⲛ̄ϩⲟⲩⲧ : ⲛ̄ϩⲟⲧ
ϣⲁⲁⲣⲉ frapper
ϣⲁⲣⲉ- (?) ϣⲁⲣ⸗ ϣⲁⲣ

7. əccōc (VIII)
ⲁⲗⲱⲗ être impatient (?)
ⲥⲧⲱⲧ trembler.
ⲥⲙⲟⲩ bénir, louer S ⲥⲙⲁⲙⲁⲁⲧ : B ⲥⲙⲁⲣⲱⲟⲩⲧ
S ϭⲣⲱϩ : B ϭⲣⲟϩ manquer de, être déficient B ϫⲟⲣϩ
Ce sont les seuls verbes appartenant à ce type.
Pour ϫⲛⲟⲩ, interroger, voir § 109, 3.

8. cōc (X) — qualitatif cēc (X)
Ces verbes, qui sont transitifs ou intransitifs, expriment une action

ⲕⲱⲧ bâtir	ⲕⲉⲧ-	ⲕⲟⲧ⸗	ⲕⲏⲧ
ⲕⲱⲡ se cacher	B ϫⲉⲡ-	B ϫⲟⲡ⸗	ⲕⲏⲡ
ⲣⲱⲧ faire pousser, croître	ⲣⲉⲧ-	ⲣⲟⲧ⸗	ⲣⲏⲧ
ⲥⲱϭ paralyser	ⲥⲉϭ-	ⲥⲟϭ⸗	ⲥⲏϭ
ⲧⲱϣ limiter, déterminer	ⲧⲉϣ-	ⲧⲟϣ⸗	ⲧⲏϣ
ⲱⲡ compter	ⲉⲡ-	ⲟⲡ⸗	ⲏⲡ
ⲱϣ crier	ⲉϣ-	ⲟϣ⸗	
ϣⲱⲕ creuser	ϣⲉⲕ-	ϣⲟⲕ⸗	ϣⲏⲕ
ϣⲱⲡ recevoir	ϣⲉⲡ-	ϣⲟⲡ⸗	ϣⲏⲡ
ϣⲱϣ répandre (odeur)	ϣⲉϣ-	ϣⲟϣ⸗	ϣⲏϣ
ϩⲱⲡ cacher	ϩⲉⲡ-	ϩⲟⲡ⸗	ϩⲏⲡ
ⲉⲓⲱ laver	ⲉⲓⲁ-	ⲉⲓⲁⲁ⸗	ⲉⲓⲏ

ⲕⲱ mettre, déposer	ⲕⲁ-	ⲕⲁⲁ⸗	ⲕⲏ
ⲡⲱϩ briser, déchirer	ⲡⲉϩ-	ⲡⲁϩ⸗	ⲡⲏϩ
ⲥⲱ boire	ⲥⲉ-	ⲥⲟⲟ⸗	
ⲱⲱ devenir enceinte			ⲉⲉⲧ
ⲟⲩⲱϣ désirer, aimer	ⲟⲩⲉϣ-	ⲟⲩⲁϣ⸗	
ⲟⲩⲱϩ mettre	ⲟⲩⲁϩ-	ⲟⲩⲁϩ⸗	ⲟⲩⲏϩ
ϫⲱ dire	ϫⲉ-:ϫⲓ-	ϫⲟⲟ⸗	
ϭⲱ continuer			ϭⲉⲉⲧ
ⲙⲟⲩⲛ rester			ⲙⲏⲛ
ⲙⲟⲩϩ remplir	ⲙⲉϩ-	ⲙⲁϩ⸗	ⲙⲏϩ
ⲛⲟⲩ venir			ⲛⲏⲩ

9. coc (XI)

À cette catégorie appartient le qualitatif des verbes du type ⲟⲩϫⲁⲓ (classe i-2a). Elle comprend en outre les quatre verbes suivants :

ⲗⲟ cesser
ⲛⲁ avoir pitié
ⲥⲁ être beau — B ⲥⲁⲓⲱⲟⲩ
ϣⲁ se lever (soleil, etc.) — B ϣⲁⲓⲱⲟⲩ

Pour ⲟⲩⲟⲡ, voir o-2; pour ϫⲟ, ⲧⲟⲟⲩ cf. § 109, 1 et 2.

10. əccoccəc (XIII)

Verbes à réduplication, dont la plupart sont énumérés ici

ⲥⲕⲟⲣⲕⲣ̅ rouler
ⲥⲕⲣ̅ⲕⲣ̅- ⲥⲕⲣ̅ⲕⲱⲣ⸗ — ⲥⲕⲣ̅ⲕⲱⲣ
ⲥⲣⲟⲙⲣⲙ̅ troubler, être stupéfait
ⲥⲣⲙ̅ⲣⲱⲙ⸗ — ⲥⲣⲙ̅ⲣⲱⲙ : ⲥⲣⲙ̅ⲣⲟⲙⲧ
ⲥⲣⲟϥⲣ(ⲉ)ϥ (faire) tomber
ⲥⲣ̅ϥ̅ⲣⲱϥ⸗
*ⲥⲟⲩⲟⲗⲟⲩⲗ envelopper dans
ⲥⲟⲩ(ⲉ)ⲗⲟⲩⲱⲗ⸗ : ⲥⲟⲩⲗⲱⲗ⸗ — ⲥⲟⲩⲗⲱⲗ
ϣⲧⲟⲣⲧⲣ̅ troubler, presser
ϣⲧⲣ̅ⲧⲣ̅- ϣⲧⲣ̅ⲧⲱⲣ⸗ — S ϣⲧⲣ̅ⲧⲱⲣ : A_2 ϣⲧⲣ̅ⲧⲁⲣⲧ
ϩⲗⲟⲡⲗ(ⲉ)ⲡ tourmenter
ϩⲗⲡⲗⲱⲡ⸗ — S ϩⲗⲉⲡⲗⲱⲡ : A ϩⲗⲉⲡⲗⲁⲡⲧ
(ϩ)ⲃⲟⲣⲃⲣ̅ jeter par terre
(ϩ)ⲃⲣ̅ⲃⲣ̅- ϩⲃⲣ̅ⲃⲱⲣ⸗ — ⲃⲣ̅ⲃⲱⲣ : ⲃⲣ̅ⲃⲟⲣⲧ
ϩⲗⲟⲟⲗⲉ avoir soin d'un enfant
ϩⲗⲟⲉⲓⲗⲉ flotter
ⲛ̅ⲕⲟⲧⲕ dormir

106 La classe *i*

1. cīcə (II) — qualitatif cocə (V)

Les nombreux verbes appartenant à ce schème expriment une action et ils sont soit transitifs soit intransitifs

ϫⲓⲥⲉ élever	ϫⲉⲥⲧ-	ϫⲁⲥⲧ⸗	ϫⲟⲥⲉ
ⲡⲓⲥⲉ cuire, bouillir	ⲡⲉⲥⲧ-	ⲡⲁⲥⲧ⸗	ⲡⲟⲥⲉ
ⲙⲓⲥⲉ engendrer, accoucher de	ⲙⲉⲥ(ⲧ)-	ⲙⲁⲥⲧ⸗	ⲙⲟⲥⲉ
ⲉⲓϣⲉ suspendre, pendre	ⲉϣⲧ-	ⲁϣⲧ⸗	ⲁϣⲉ
ϯϩⲉ devenir, être ivre			ⲧⲁϩⲉ
ⲉⲓⲛⲉ apporter	ⲛ̄-	ⲛ̄ⲧ⸗	
ϭⲓⲛⲉ trouver	ϭⲛ̄-	ϭⲛ̄ⲧ⸗	
ϩⲓⲟⲩⲉ frapper	ϩⲓ- : ϩⲟⲩ-	ϩⲓⲧ⸗	B ϩⲱⲟⲩⲓ
ⲉⲓⲣⲉ faire	ⲣ̄-	ⲁⲁ⸗	ⲟ
ⲡⲉⲓⲣⲉ briller (lumière), fleurir			ⲡⲟⲣⲉ
ϩⲓⲃⲉ être bas, trop court			ϩⲟⲃⲉ
ϣⲓϥⲉ s'enfler, se gonfler			ϣⲟⲃⲉ
ⲉⲓⲙⲉ savoir			
ϣⲓⲡⲉ avoir honte			ϣⲡⲓⲧ

En B, l'état nominal et l'état pronominal n'ont pas de *t*. Exx. ϭⲓⲥⲓ, élever : ϭⲉⲥ-, ϭⲁⲥ⸗ ; ϫⲓⲙⲓ, trouver : ϫⲉⲙ-, ϫⲉⲙ⸗ ; ⲓⲣⲓ, faire, donne ⲉⲣ-, ⲁⲓ⸗, qual. ⲟⲓ

2. əccác (III)

À l'exception d'un verbe transitif :

ϣⲧⲁⲙ fermer	ϣⲧⲁⲙ-	B ϣⲑⲁⲙⲏⲟⲩⲧ

cette série comprend quelques verbes intransitifs exprimant l'entrée dans un état. Ils sont donc apparentés à la catégorie 2a

ⲥⲛⲁⲧ avoir peur	ϭⲛⲁⲧ se fâcher	
ϫⲛⲁ(ⲁ)ⲩ tarder, être lent	ⲁⲗⲉ' monter	qual. ⲁⲗⲏⲩ

On remarquera les formes parallèles ϣⲱⲧⲙ̄, ϭⲱⲛⲧ et (?) ⲱⲗ

2a. əccáj (III) — qualitatif coc (XI)

Une variété du schème 2, se terminant en -*áj*, forme des infinitifs intransitifs exprimant l'acquisition ou, par extension, la possession d'une propriété

ⲟⲩϫⲁⲓ être indemne, bien portant	ⲟⲩⲟϫ
ⲁⲓⲁⲓ grandir	ⲟⲓ
ⲁϣⲁⲓ devenir nombreux, se multiplier	ⲟϣ
S ⲁⲥⲁⲓ : B ⲁⲥⲓⲁⲓ être léger, soulagé	S ⲁⲥ(ⲉⲓ)ⲱⲟⲩ
ϣⲓⲁⲓ être long, augmenter	ϣⲟⲓ : ϣⲁⲓ : ϣⲏⲩ

S ϩⲧⲁ(ⲉ)ⲓ : B ϧⲑⲁⲓ grossir, être gros B ϧⲟⲧ
ϫⲧⲁⲓ mûrir ϫⲏⲧ

Les deux verbes, transitifs, qui suivent présentent des formes supplétives :

ⲥⲕⲁⲓ labourer ⲥⲉⲕ- ⲥⲟⲕ⸗
ⲥϩⲁⲓ écrire ⲥⲉϩ-:ⲥϩⲁⲓ- ⲥϩⲁⲓ(ⲥ)⸗ : ⲥϩⲁⲓⲧ⸗ : ⲥⲁϩ(ⲧ)⸗ ⲥⲏϩ

3. cácǝ (V)

ⲙⲁ(ⲁ)ⲧⲉ atteindre, obtenir ⲙⲁⲧⲱⲟⲩ
ⲣⲁϣⲉ se réjouir
ϣⲁϥⲉ s'enfler, se gonfler (cf. ϣⲓϥⲉ) B ϣⲁϥⲓⲱⲟⲩ
ϣⲁϫⲉ parler, dire
ϩⲁⲧⲉ (faire) couler, verser ϩⲁⲁⲧ⸗
ⲕⲛ̄ⲛⲉ être gras A ⲕⲛ̄ⲓⲱⲟⲩ : S ⲕⲓⲱⲟⲩ
A ⲙ̄ⲙⲉ : B ⲉⲙⲓ savoir, comprendre (S ⲉⲓⲙⲉ)
ⲡⲣ̄ⲣⲉ briller (lumière), fleurir (cf. ⲡⲉⲓⲣⲉ) ⲡⲣ̄ⲉⲓⲱⲟⲩ
ⲥⲃ̄ⲃⲉ circoncire ⲥⲃ̄ⲃⲉ- ⲥⲃ̄ⲃⲏⲧ⸗ ⲥⲃ̄ⲃⲏⲩ(ⲧ)
ⲥⲙ̄ⲙⲉ avoir recours à, accuser
ⲧⲣ̄ⲣⲉ avoir peur ⲧⲣ̄ⲉⲓⲱⲟⲩ
A ϣⲉ(ⲟ)ⲩⲉ être sec A ϣⲟⲩⲱⲟⲩ
ϩⲃ̄ⲃⲉ être bas, trop court (cf. ϩⲓⲃⲉ) ϩⲃⲱⲟⲩ
S ϩⲣ̄ⲣⲉ : B ϩⲉⲣⲓ apaiser, être calme B ϩⲟⲩⲣⲱⲟⲩ
ϭⲃ̄ⲃⲉ devenir, être faible, timide B ϫⲉⲃⲓⲱⲟⲩ, ϫⲱⲃ(ⲓ)
Voir, en outre, 8

4. cáccǝc (VI)

Ce schème est représenté par des verbes intransitifs à réduplication qui ont une force expressive particulière, se référant à un bruit ou à un mouvement

ⲕⲁⲥⲕ̄ⲥ̄ chuchoter ϩⲙ̄ϩⲙ̄ rugir, hennir
ϭⲁⲡϭⲉⲡ se hâter ϩⲣ̄ϩⲣ̄ ronfler
ⲃⲉⲉⲃⲉ sourdre ϭⲛ̄ϭⲛ̄ faire de la musique
B ⲃⲉϩⲃⲉϩ aboiement ⲟⲩⲉⲗⲟⲩⲉⲗⲉ glapir, hurler
ⲧⲗ̄ⲧⲗ̄ tomber goutte à goutte ⲉⲓⲗ̄(ⲉⲓ)ⲉⲗ briller, resplendir
ⲃⲣ̄ⲃⲣ̄ bouillir ⲃⲟⲩⲃⲟⲩ (< *bǝwbǝw*) scintiller
ϣⲟⲩϣⲟⲩ (< *šǝwšǝw*) se vanter

L'appartenance à cette catégorie des deux derniers verbes est garantie par la dernière variante de ⲕⲙ̄ⲕⲙ̄:ⲕⲟⲩⲕⲙ̄:ⲕⲟⲩⲕⲟⲩ (*kǝwkǝw*) pincer, battre un instrument de musique, bruit répété d'un oiseau, e.a. roucouler.

5. cáccə (VII)

ⲥⲁⲧⲃⲉ mâcher, ruminer	ⲥⲉⲉⲡⲉ rester (cf. ⲥⲓⲡⲉ)	B ⲗⲁⲡⲥⲓ mordre
ⲙⲉ(ⲉ)ⲩⲉ penser	ⲛⲉϩⲡⲉ se lamenter	ⲛⲉϩⲥⲉ se réveiller,
B ⲥⲉⲙⲛⲓ établir	ⲥⲉⲙⲛⲉ- ⲥⲉⲙⲛⲏⲧ⸗	ⲥⲙⲟⲛⲧ : ⲥⲉⲙⲛⲏⲟⲩⲧ
ⲥⲣ̄ϥⲉ avoir du loisir		ⲥⲣⲟϥⲧ
ϣⲙ̄ϣⲉ servir	ϣⲙ̄ϣⲉ- ϣⲙ̄ϣⲏⲧ⸗	A_2 ϣⲙ̄ϣⲏⲩ (?)
B ϩⲉⲙⲥⲓ		SF ϩⲙⲟⲟⲥ : AA_2 ϩⲙⲁⲥⲧ

6. əccīc (VIII)

Un seul verbe appartient à ce schème :

ⲥⲣⲓⲧ glaner ⲥⲣⲁⲧ⸗ : ⲥⲣⲓⲧ⸗

7. cīc (X) — qualitatif cēw (cf. X)

sert à former des verbes transitifs et intransitifs

ⲕⲓⲙ mouvoir, agiter	ⲕⲉⲙⲧ-	ⲕⲉⲙⲧ⸗	
ⲉⲓ venir			
ⲥⲉⲓ être rassasié			ⲥⲏⲩ
ϣⲓ mesurer, peser	ϣⲓ-	ϣⲓⲧ⸗	ϣⲏⲩ
ϥⲓ porter	ϥⲓ-	ϥⲓⲧ⸗	ϥⲏⲩ
ϫⲓ prendre, recevoir	ϫⲓ:ϫⲉ-	ϫⲓⲧ⸗	ϫⲏⲩ
mais : ϯ donner	ϯ-	ⲧⲁⲁ⸗	ⲧⲟ

8. các (XI)

ϫⲁⲕ battre des mains, des ailes ⲛⲁⲩ regarder, voir ϣⲉ partir

Dans les verbes suivants, diverses formes dialectales dénoncent une parenté avec la catégorie 3.

S ⲙⲉ : A_2 ⲙⲁⲉⲓⲉ : A ⲙⲉⲓⲉ aimer S ⲙⲉⲣⲉ- : AA_2 ⲙⲣ̄ⲣⲉ- ⲙⲉⲣⲓⲧ⸗
S ϩⲉ : B ϩⲏⲓ : A_2 ϩⲁⲉⲓⲉ : A ϩⲉ(ⲉ)ⲓⲉ tomber S ϩⲏⲩ : B ϩⲓⲱⲟⲩⲧ
S ⲟⲩⲉ : AA_2 ⲟⲩⲉⲓⲉ être loin A ⲟⲩⲏⲟⲩ

9. əccīcə (XII)

Un seul verbe, correspondant en S à B ⲥⲉⲙⲛⲓ (i-5) et A_2 ⲥⲙⲛ̄ⲛⲉ

ⲥⲙⲓⲛⲉ établir ⲥⲙ(ⲉ)ⲛ- : ⲥⲙⲛ̄ⲧ- ⲥⲙⲛ̄ⲧ⸗ ⲥⲙⲟⲛⲧ

10. əccáccəc (XIII)

Les seuls exemples connus sont :

ⲕⲣ̄ⲙⲣ̄ⲙ murmurer ⲥⲛⲁⲉⲓⲛ (< *əsnájn*[*əj*]) sauter, rôder

107 La classe *e*

1. əccēc (VIII)

C'est l'unique schème appartenant à cette classe qui sert à former des infinitifs. Ceux-ci sont intransitifs, à l'exception des deux premiers

ⲉⲣⲏⲧ (dé)vouer, promettre	ϣⲗⲏⲗ prier
ϭⲗⲏ raffermir (?)	ϩⲣⲏϭ se calmer, cesser
ⲁϩⲏⲙ rugir	ϣⲗⲏϩ : ϣⲗⲉϩ employer des branches
ⲥϭⲏⲣ naviguer à la voile	ϭⲉⲡⲏ se hâter
ⲧⲉⲗⲏⲗ se réjouir	(ϩ)ⲁⲣⲉϩ : (ϩ)ⲁⲣⲏϩ veiller sur

On ne considérera pas comme une catégorie particulière la formation suivante : elle ne se retrouve ni dans la classe *o* ni dans la classe *i* et elle n'a pas de parallèle dans les substantifs. On a peut-être affaire à des mots composés.

B ϣϭⲛⲏⲛ disputer, lutter, rivaliser	ϫ(ⲉ)ⲗϩⲏⲥ, ⲗϩⲏⲥ haleter, être essoufflé

2. cēc (X)

Le premier verbe de ce schème est clairement un qualitatif du verbe B ⲓⲱⲥ, employé comme infinitif. Nous en concluons que le second présente la même particularité

[B ⲓⲏⲥ] être pressé	B ⲕⲏⲛ cesser

108 La classe *u*

əccūc (VIII)

L'unique exemple, apparenté par le sens au verbe ϩⲣ̄ⲣⲉ (i-3) et reposant apparemment sur une réduplication, est le verbe intransitif

B ϩⲣⲟⲩⲣ cesser, être calme

109 *Les verbes dérivés*

1. tə/a(cə)ccò

Il existe une catégorie importante de verbes transitifs dérivés d'infinitifs simples par la préfixation d'un *t-* et par l'adjonction, après la dernière radicale, d'un *-o* accentué. Les rapports avec les verbes simples montrent que ces morphèmes lexicaux sont des ligaments lexicalisés : ils donnent généralement au nouveau verbe une valeur causative. Il arrive que le *t-* ait disparu. À l'état nominal, le -ⲟ est remplacé par -ⲉ. L'état pronominal est pareil à l'état absolu. Le qualitatif se forme par la substitution de -ⲏⲩ (B -ⲏⲟⲩⲧ) à -ⲟ; en AA_2 par celle de -ⲁ(ⲉ)ⲓⲧ. Les verbes dont le qualitatif n'est pas attesté sont précédés de °.

La liste qui suit est ordonnée d'après la classification des infinitifs simples, accompagnés du numéro de leur catégorie.

Ex. ⲑ̅ⲃ̅ⲃⲓⲟ humilier : ⲑ̅ⲃ̅ⲃⲓⲉ- ⲑ̅ⲃ̅ⲃⲓⲟ⸗ Qual. SA ⲑ̅ⲃ̅ⲃⲓⲏⲩ : BF ⲑⲉⲃⲓⲏⲟⲩⲧ : AA_2 ⲑ̅ⲃ̅ⲃⲓⲁ(ⲉ)ⲓⲧ

ⲧⲁⲛϩⲟ vivifier (ⲱⲛϩ 1)	ⲧⲁϫⲣⲟ affermir, fortifier (ϫⲣⲟ 2)
°ⲧⲁⲣⲕⲟ conjurer (ⲱⲣⲕ 1)	°ⲕⲃⲟ refroidir (ⲕⲃⲟ 2a)
ⲧⲁⲕⲟ détruire (?)	°ⲑⲙⲟ réchauffer (ϩⲙⲟⲙ 2a)
°ⲧⲥ(ⲉ)ⲛⲕⲟ allaiter (ⲥⲱⲛⲕ 1)	ⲧϩⲛⲟ, ⲑⲛⲟ faire approcher (A_2 ϩⲛⲁⲛ 2a, S ϩⲱⲛ 8)
ϫⲟ planter, semer (? ⲧⲱⲱϭⲉ 1)	B °ⲧϣⲟⲩⲓⲟ faire sécher (ϣⲟⲟⲩⲉ 4)
ⲕⲧⲟ faire tourner, entourer (ⲕⲱⲧⲉ 1a)	ⲧⲁⲗϭⲟ guérir (AA_2 ⲗⲁϭⲉ 4)
ⲧⲁϩⲟ établir (ⲱϩⲉ 1a)	°ⲧⲁϣⲉ-(ⲟⲉⲓϣ) (faire) proclamer (ⲱϣ 8)
°ϫⲡⲟ engendrer, acquérir (ϣⲱⲡⲉ 1a ; ϣⲱⲡ 8)	ⲧⲙ̅ⲙⲟ nourrir (ⲟⲩⲱⲙ 8)
ϫⲧⲟ (se) coucher	°ⲧⲙ̅ϩⲟ allumer (ⲙⲟⲩϩ brûler 8)
ⲧⲃ̅ⲃⲟ purifier (ⲟⲩⲟⲡ 2)	ⲧⲥⲟ abreuver (ⲥⲱ 8)
ⲧⲥ̅ⲃⲕⲟ diminuer (ⲥⲃⲟⲕ 2)	°ⲧⲟⲩⲛⲉ- : ⲧⲟⲩⲛⲟⲩ- faire s'ouvrir (ⲟⲩⲱⲛ 8)
ⲑⲙ̅ⲕⲟ affliger (ⲙ̅ⲕⲁϩ 2)	°ⲧⲟⲩϩⲟ additionner (ⲟⲩⲱϩ 8)
A_2°ⲑⲣ̅ⲕⲟ tranquilliser (A_2 ϩⲣⲁⲕ 2)	°ⲑⲗⲟ faire (s'en)voler (ϩⲱⲗ 8)
°ⲧϩⲣϣⲟ rendre lourd (ϩⲣⲟϣ 2)	°ⲧϩⲡⲟ conduire, accompagner (ⲡⲱϩ 8)
	ⲧⲥⲁ(ⲉ)ⲓⲟ rendre beau (ⲥⲁ 9)
°ⲙⲉⲥⲓⲟ accoucher une femme (ⲙⲓⲥⲉ 1)	ⲧⲟⲩϫⲟ donner la santé, guérir (ⲟⲩϫⲁⲓ 2a)
ⲧⲁⲙⲓⲟ fabriquer, créer (?)	°ⲧⲁϣⲟ multiplier (ⲁϣⲁⲓ 2a)
°ⲧⲁⲙⲟ faire savoir, raconter (ⲉⲓⲙⲉ 1 ; ⲙ̅ⲙⲉ 3)	ⲑⲙ̅ⲥⲟ faire asseoir (B ϩⲉⲙⲥⲓ 5) Q ⲑⲙ̅ⲥⲟⲉⲓⲧ
°ⲧⲣⲟ faire faire (ⲉⲓⲣⲉ 1)	ⲧⲥ(ⲉ)ⲓⲟ 10 rassasier (ⲥⲉⲓ 7)
ϫⲡⲓⲟ blâmer (ϣⲓⲡⲉ 1) Q ϫⲡⲓⲏⲧ	°(ⲧ)ⲧⲉ- faire donner, exiger (ϯ 7)
ⲑ̅ⲃⲃⲓⲟ humilier (ϩⲓⲃⲉ 1 ; ϩⲃ̅ⲃⲉ 3)	°ⲧⲁ(ⲟ)ⲩⲟ envoyer, produire (ⲉⲓ 7)
ⲧⲁⲗⲟ faire monter (ⲁⲗⲉ' 2)	°ⲧⲟⲩ(ⲉ)ⲓⲟ éloigner, sevrer (ⲟⲩⲉ 8)
ⲧⲁⲉⲓⲟ honorer (ⲁⲓⲁⲓ 2a)	°ϫⲟ envoyer (ϣⲉ 8)
	ⲧϩⲓⲟ : ⲑⲓⲟ faire tomber (ϩⲉ 8)

1a. D'autres verbes de ce schème se trouvent en parallèle, non avec des infinitifs, mais avec des substantifs dérivés du type cacce' (§ 100, 4)

ⲧⲥⲁⲃⲟ instruire (ⲥⲁⲃⲉ') ⲧⲙⲁ(ⲉ)ⲓⲟ louer, glorifier

ⲧϭⲁ(ⲉ)ⲓⲟ condamner (ϭⲁⲉⲓⲉ') ⲧⲥⲁⲛⲟ orner

2. tə(cə)ccòw

Quelques verbes caractérisés par le même préfixe *t-* se terminent en *-ow* au lieu de *-o*

°ⲧⲛ̄ⲛⲟⲟⲩ envoyer (ⲛⲟⲩ 8, Q ⲛⲏⲩ) ⲧⲛ̄(ⲛ)ⲉⲩ- ⲧⲛ̄(ⲛ)ⲟⲟⲩ⸗ ⲧⲛ̄ⲛⲟⲟⲩⲥ⸗ ⲧⲛ̄ⲛⲟⲩⲧ⸗

°ϫⲟⲟⲩ envoyer, cf. 1 ϫⲟ (ϣⲉ 8) ϫⲉⲩ- ϫ(ⲟ)ⲟⲩ⸗

°ⲧⲟⲟⲩ acheter, acquérir; cf. sub 1 (ⲧ)ⲧⲉ- (ϯ 7) ⲧⲉⲩ- ⲧⲟⲟⲩ⸗

3. D'autres verbes présentant le préfixe *t-* ont des formes irrégulières :

°ⲧⲟⲩⲛⲟⲥ réveiller, (res)susciter ⲧⲟⲩⲛⲉⲥ- ⲧⲟⲩⲛⲟⲥ⸗

ⲧⲁⲛϩⲟⲩⲧ se fier à, croire (ⲛⲁϩⲧⲉ o-6) ⲧⲁⲛϩⲉⲧ- ⲧⲁⲛϩⲟⲩⲧ⸗ Q ⲧⲁⲛϩⲏⲩⲧ

°ϫⲛⲟⲩ interroger (ϣⲓⲛⲉ 1) ϫⲛⲉ- : ϫⲛⲟⲩ- ϫⲛⲟⲩ⸗

Les variantes Sª ϫⲛⲁⲩ⸗ et S ϫⲛⲟⲩⲟⲩ⸗ montrent que ce dernier verbe peut être apparenté à ceux de la catégorie 2 ci-dessus plutôt que d'appartenir à la catégorie o-7 : əccōc. Quant à B ϭⲛⲟⲩ, où ϭ répond à ⲧ + ϣ, cf. B ϭⲟ, envoyer, pour ϫⲟ, supra 1 (ⲧ + ϣⲉ 8).

110 *Les verbes composés*

A. Les composés comprenant un verbe et un substantif sont illustrés par un choix d'exemples au § 94. Les principaux verbes servant à créer ces syntagmes sont :

ⲣ̄ (ⲉⲓⲣⲉ) faire
ϯ (ϯ) donner
ϫⲓ (ϫⲓ) recevoir
ϥⲓ (ϥⲓ) porter
ϩⲓ (ϩⲓⲟⲩⲉ) frapper, jeter
ⲕⲁ (ⲕⲱ) placer
ⲟⲩⲉϩ (ⲟⲩⲱϩ) poser
ϭⲛ̄ (ϭⲓⲛⲉ) trouver
ϣⲡ (ϣⲱⲡ) recevoir

B. Quelques-uns des verbes qui s'adjoignent un adverbe (§ 95) sont :

ⲃⲱⲗ ⲉⲃⲟⲗ défaire, dissoudre
ⲟⲩⲱⲛϩ ⲉⲃⲟⲗ faire voir, apparaître
ⲕⲱ ⲉⲃⲟⲗ libérer, pardonner
ⲕⲱ ⲛ̄ⲥⲁ- quitter, renoncer
ⲃⲱⲕ ⲉϩⲣⲁⲓ monter; descendre
ⲉⲓ ⲉϩⲟⲩⲛ entrer
ϩⲉ ⲉⲡⲉⲥⲏⲧ tomber par terre
ϯ ⲉⲑⲏ avancer, progresser.

GRAMMAIRE COPTE

J. VERGOTE

GRAMMAIRE COPTE

TOME Ib

INTRODUCTION, PHONÉTIQUE ET PHONOLOGIE,
MORPHOLOGIE SYNTHÉMATIQUE
(STRUCTURE DES SÉMANTÈMES)

PARTIE DIACHRONIQUE

Ouvrage publié avec le concours
de la Fondation Universitaire de Belgique

PEETERS
LEUVEN
1992

ABRÉVIATIONS ET SIGLES

AJSL *American Journal of Semitic Languages*
Ann.Serv. *Annales du Service des Antiquités de l'Égypte*
BASOR *Bulletin of the American Schools of Oriental Research*
Bauer-Leander H. Bauer - P. Leander, *Historische Grammatik der hebräischen Sprache des Alten Testamentes*, Halle a.S., 1933
BIFAO *Bulletin de l'Institut Français d'Archéologie Orientale, Le Caire*
BiOr *Bibliotheca orientalis*
Brockelmann C. Brockelmann, *Grundriss der vergleichenden Grammatik der semitischen Sprachen*, 2 vol., Berlin, 1908-1913
Chron. d'Ég. *Chronique d'Égypte*
Cohen, *Essai* M. Cohen, *Essai comparatif sur le vocabulaire et la phonétique du chamito-sémitique*, Paris, 1947 (réimpression, 1969)
CR du GLECS *Comptes Rendus du Groupe Linguistique d'Études chamito-sémitiques*
Crum, *CD* W. E. Crum, *A Coptic Dictionary*, Oxford, 1939
CSCO Corpus Scriptorum Christianorum Orientalium
Czermak W. Czermak, *Die Laute der ägyptischen Sprache*, 2 vol., Vienne, 1931-1934
Edel, *AG* E. Edel, *Altägyptische Grammatik*, (*Analecta orientalia*, 34/39), 2 vol., Rome, 1955-1964
Edel, *Vokalisation* E. Edel, *Zur Vokalisation des Neuägyptischen*, dans *Mitt. Inst. f. Or.-Forsch.*, 2 (1954), p. 30-43
Fecht, *Wortakzent* G. Fecht, *Wortakzent und Silbenstruktur* (*Ägyptologische Forschungen*, 21), Glückstadt, 1960
Festschr. H. Grapow O. Firchow, *Ägyptologische Studien* (*Deutsche Akad. d. Wiss. Berlin. Inst. f. Or.-Forsch.*, Veröff. 29), Berlin, 1955
Gardiner, *On.* A. H. Gardiner, *Ancient Egyptian Onomastica*, 3 vol., Oxford Univ. Press, 1947
JAOS *Journal of the American Oriental Society*
JEA *Journal of Egyptian Archaeology*
JNES *Journal of Near Eastern Studies*
MDAIK *Mitteilungen des Deutschen Archäologischen Instituts in Kairo*
Moscati e.a. S. Moscati e.a., *An Introduction to the Comparative Grammar of the Semitic Languages. Phonology and Morphology* (*Porta Linguarum Orientalium*, N.S., VI), Wiesbaden, 1964
OLZ *Orientalistische Literaturzeitung*
OMRO *Oudheidkundige Mededelingen uit het Rijksmuseum van Oudheden te Leiden*
Ranke, KM H. Ranke, *Keilschriftliches Material zur altägyptischen Vokalisation*, (Suppl. aux *Abh. preuss. Akad. Wiss.*), Berlin, 1910
Id., K I-XII Id., *Keilschriftliches*, dans *Z.äg.Spr.*, 56 (1920), p. 69-75; 58 (1923), p. 132-138; 73 (1937), p. 90-93
Id., *PN* Id., *Die ägyptischen Personennamen*, 2 vol., Glückstadt, 1935-1952

§ renvoie aux paragraphes de la présente *Grammaire copte*, Ia. *Partie synchronique*

Sethe, *Verbum* K. Sethe, *Das ägyptische Verbum*, 3 vol., Leipzig, 1899-1902

Id., *Vokalisation* Id., *Die Vokalisation des Ägyptischen*, dans *ZDMG*, 77, N.F., 2 (1923), p. 145-208

Thacker, *Relationship* Th. W. Thacker, *The Relationship of the Semitic and Egyptian Verbal Systems*, Oxford, 1954

VC vieux-copte

Vergote, *Phonétique* J. Vergote, *Phonétique historique de l'égyptien. Les consonnes* (*Bibliothèque du « Muséon »*, 19), Louvain, 1945

Id., *Oplossing* Id., *De oplossing van een gewichtig probleem : de vocalisatie van de Egyptische werkwoordvormen* (avec un résumé en français *La solution d'un problème important : la vocalisation des formes verbales égyptiennes*), (*Mededelingen van de Kon. Vlaamse Academie voor Wetenschappen, Letteren en Schone Kunsten van België.* Kl. der Letteren, 22, nr. 7), Bruxelles, 1960

Id., *Verhouding* Id., *De verhouding van het Egyptisch tot de Semietische talen* (avec traduction française *Le rapport de l'égyptien avec les langues sémitiques*), (*ibid.*, 27, nr. 4), Bruxelles, 1965

Id., *Plural* Id., *The Plural of Nouns in Egyptian and in Coptic*, dans *Orientalia*, 38 (1969), p. 77-96

Id., *Duel* Id., *Sur le nombre duel en égyptien et en copte*, dans *Annuaire de l'Inst. de Philol. et d'Hist. or. et slaves*, 20 (1968-1972), 1973, p. 511-522

von Soden W. von Soden, *Grundriss der akkadischen Grammatik*, (*Analecta orientalia*, 33), Rome, 1952

WB A. Erman - H. Grapow, *Wörterbuch der ägyptischen Sprache*, Berlin-Leipzig, 1926-1963

WZKM *Wiener Zeitschrift für die Kunde des Morgenlandes*

Z.äg.Spr. *Zeitschrift für ägyptische Sprache und Altertumskunde*

ZDMG *Zeitschrift der Deutschen Morgenländischen Gesellschaft*

INTRODUCTION

Origine et préhistoire de la langue copte

1 Au point de vue historique, le copte est le dernier état de la langue égyptienne, écrit au moyen de l'alphabet grec. Si l'on veut étudier cet idiome d'une manière diachronique, il est indispensable de le situer dans l'ensemble de l'évolution de la langue égyptienne. Il faut même, autant que possible, remonter au-delà de l'égyptien et essayer d'établir les rapports de celui-ci avec les langues apparentées.

Les grammaires actuelles distinguent 5 états différents de la langue égyptienne : 1. l'ancien égyptien ou la langue de l'Ancien Empire et du début de la Première période intermédiaire (VIIe et VIIIe dynasties); 2. le moyen égyptien, en usage depuis la fin de la Première période intermédiaire (IXe et X^e^ dyn.) jusqu'à la fin du règne d'Amenhotep III, sous la XVIIIe dynastie; 3. le néo-égyptien, depuis la fin de la XVIIIe dynastie (règne d'Amenhotep IV - Akhenaton) jusqu'à la XXVe dynastie; 4. le démotique, en usage depuis la XXVe dynastie jusque vers la fin du Haut Empire romain; 5. le copte, à partir du IIIe siècle apr. J.-C. (G. Lefebvre, *Grammaire de l'égyptien classique*, 2e éd., Le Caire, 1955; Sir Alan Gardiner, *Egyptian Grammar*, 3e éd., Oxford-Londres, 1957).

Les auteurs de ces ouvrages omettent de dire comment les états de la langue égyptienne se rapportent les uns vis-à-vis des autres. Ce problème fut examiné par K. Sethe dans un article intitulé *Das Verhältnis zwischen Koptisch und Demotisch und seine Lehren für die Geschichte der ägyptischen Sprache*, dans la *ZDMG*, 79 (1925), p. 290-316. À l'encontre des égyptologues de son temps, Sethe défend ici l'idée que le démotique n'est pas une langue vulgaire servant de transition entre le néo-égyptien et le copte. Il est au contraire une langue écrite et littéraire qui continue, sous une forme évoluée mais plus ou moins stéréotypée, le néo-égyptien. Les Égyptiens de la Basse-Époque et de la période gréco-romaine qui écrivaient le démotique parlaient un idiome différent, une langue vulgaire qui, élevée à l'époque chrétienne au rang de langue écrite, devint le « copte ». Sethe distingue en outre deux phases dans l'état le plus ancien de l'égyptien :

la première, appelée « la langue la plus ancienne », est propre aux deux premières dynasties, la seconde, l'ancien égyptien, était en usage de la IIIe à la VIe dynastie. Selon cet auteur, l'égyptien parlé a suivi une ligne d'évolution constante durant toute l'histoire de l'Égypte et, à différentes époques, à la suite d'événements politiques, cette langue parlée, au stade où elle était arrivée à ce moment, fut élevée au rang de langue écrite. Ainsi seraient nés : à la Ire dynastie, « la langue la plus ancienne » ; à la IIIe dynastie, l'ancien égyptien ; à la Xe dynastie, le moyen égyptien ; sous Amenhotep IV, le néo-égyptien, qui se prolongea dans le démotique ; à l'époque chrétienne, le copte.

Voici la représentation graphique de cette évolution :

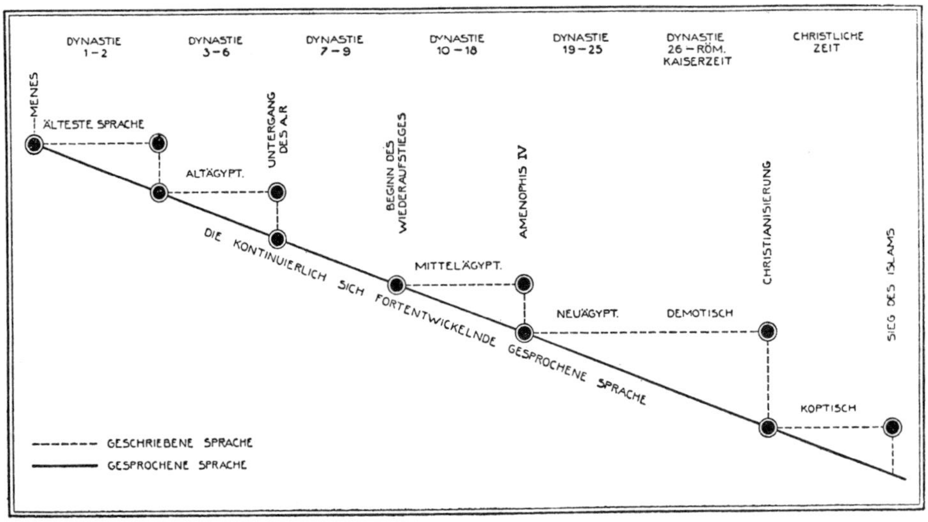

2 À cette théorie, qu'on a appelée « la théorie des cataclysmes », B. H. Stricker a substitué une ligne d'évolution plus souple dans son mémoire de doctorat *De indeeling der Egyptische taalgeschiedenis*, Leiden, 1945. Le nouveau schéma voit dans le moyen égyptien le même état de langue, quoique un peu plus évolué, que l'ancien égyptien ; il tient en outre compte du fait que cet « égyptien classique écrit » est demeuré en usage, pour certains textes, jusqu'à l'époque gréco-romaine. De même que Sethe, Stricker considère le démotique comme le prolongement du néo-égyptien et il applique aux deux l'appellation d'« égyptien vulgaire écrit ». Il assigne à cet état de langue différents textes, la plupart non-littéraires, dans lesquels des phénomènes néo-égyptiens voisinent avec des formes moyen-égyptiennes ou qui occupent une position intermédiaire entre le néo-égyptien et le démotique (cf. infra). Mais, à notre avis, Stricker complique inutilement les choses lorsqu'il admet, dès le début de l'Ancien Empire, l'existence d'une langue parlée différente de l'ancien égyptien écrit et lorsqu'il en trace la ligne d'évolution, jusqu'à l'époque de l'Islam, parallèlement avec les états de langue précités sans qu'elle présente un seul point de contact avec ceux-ci.

Nous croyons qu'entre les deux extrêmes, représentés par les théories de Sethe et de Stricker, il y a un juste milieu. C'est pourquoi, ainsi que nous l'avons fait dans notre compte rendu du mémoire de Stricker (*BiOr*, 2 [1945], p. 93), nous supprimons la ligne pointillée figurant cette langue parlée dans le schéma suivant, que nous empruntons à cet auteur. À l'instar de Sethe, nous considérons le copte comme issu d'une langue parlée qui s'est différenciée du néo-égyptien.

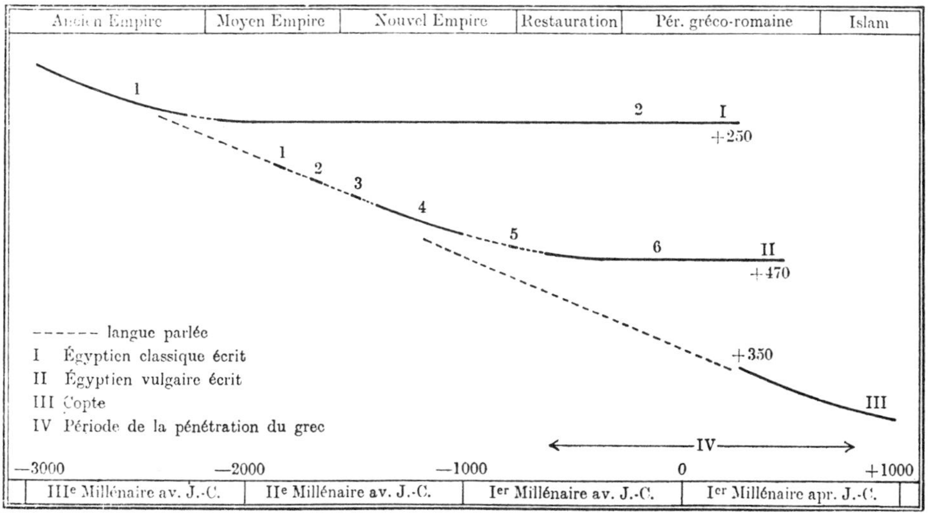

Dans ce tableau, la ligne I 1 correspond à ce qu'on appelle communément l'ancien égyptien, I 2 au moyen égyptien.

II 1 représente les papyrus documentaires d'Illahoun, de la XIIe dynastie, partiellement édités par F. Ll. Griffith (*Hieratic Papyri from Kahun and Gurob*, 2 vol., Londres, 1898) et par A. Scharff (*Z.äg. Spr.*, 59 [1924], p. 20-51) ainsi que le P. Boulaq 18 édité en partie par Scharff (*ibid.*, 57 [1922], p. 51-68).

II 2 se réfère au P. Westcar, de la période des Hyksos;

II 3 à un groupe de papyrus de la XVIIIe dynastie, à savoir :

1. les six lettres d'Ahmes Peniati (edd. Peet, *JEA*, 12 [1926], p. 70; Glanville, *ibid.* 14 [1928], p. 294);
2. les comptes conservés dans P.Louvre 3226A et 3226 (ed. Brugsch, *Thesaurus inscriptionum aeg.*, V, Leipzig, 1891, p. 1079) et dans P.Leningrad (Ermitage) 1116A verso et 1116B verso;
3. la tablette Moir Bryce (ed. Griffith, *Proc. Soc. bibl. Archaeol.*, 30 [1908], p. 272) et P.Bibl. Nat. 202 (ed. Pleyte, *Les Papyrus Rollin*, Leiden, 1868, pl. xv);
4. le P.Munich 37 (ed. Spiegelberg, *Z.äg.Spr.*, 63 [1928], p. 105);
5. les Papyrus Ghurâb I, II et IIIa, Berlin 9784 et 9785 (ed. Gardiner, *Z.äg.Spr.*, 43 [1906], p. 27) ainsi que le graffito de Pere (ed. Id., *JEA*, 14 [1928], p. 10).

II 4 représente le néo-égyptien,

II 5 le targoum sur les *Bücher und Sprüche gegen den Gott Seth* édité par S. Schott (*Urk.äg. Alt.*, VI, Leipzig, 1929 et 1939);

II 6 représente le démotique et

III le copte parlé et écrit.

Le rapport de l'égyptien avec les langues environnantes

3 Il apparaîtra plus loin que la structure des sémantèmes coptes et égyptiens ainsi que des formes du pluriel ne peut s'expliquer, dans de nombreux cas, si l'on ne remonte pas au-delà de l'égyptien en restituant l'état pré-égyptien par la comparaison avec les langues apparentées. Cela pose le problème des rapports existant entre l'égyptien et les idiomes parlés dans les régions qui entourent la Vallée du Nil.

Ces langues appartiennent à la famille hamito-sémitique qui comprend, outre l'égyptien, les groupes suivants :

1. le groupe sémitique : assyro-babylonien ou accadien, ougaritique, hébreu, araméen, arabe et sud-arabique, auquel s'apparentent le mehri, le soqotri et le groupe éthiopien comprenant le guèze, tigrigna, tigré, amharique, harari, gouragué, argobba;

2. le groupe libyco-berbère ou (plus brièvement) berbère, comprenant les parlers de l'Afrique du Nord à l'ouest de l'Égypte et jusqu'aux îles Canaries : le kabyle dans le nord, le touareg du Sahara, le chleuh du Sud marocain, le beni snous et le beni iznassen en Algérie, le

maṭmaṭa en Tunisie, le zenaga de la Maurétanie ainsi que les dialectes des oasis de Siouah, Aoudjila, Ghadamès, etc. ;

3. le groupe couchitique comprenant les langues non sémitiques de la République du Soudan, de l'Éthiopie et de la Somalie. Les principales sont (en descendant du nord au sud) : le bedja ou bedawye, agaw (avec les dialectes distincts bilin, chamir, quara, etc.), saho-afar, somali, sidamo, galla, le groupe kaffa et le sanye.

À cela s'ajoute maintenant un 4e groupe, le nigéro-tchadien, comprenant le haoussa, parlé dans le Nord de la Nigéria et le Sud du Niger, ainsi que les idiomes apparentés de la région du Tchad.

À la suite de J. H. Greenberg, certains auteurs américains substituent maintenant au terme « hamito-sémitique » le mot *Afro-Asiatic* ou *Afroasiatic.* D'autre part, A. N. Tucker a proposé le nom « érythréen » : il compare la Mer Rouge au corps d'un papillon dont les ailes s'étendent d'une part en Asie, d'autre part en Afrique (A. N. Tucker - M. A. Bryan, *Linguistic Analyses : the non-Bantu Languages of North-Eastern Africa* [*Handbook of African Languages*], Londres, 1966, p. 2). Le savant anglais a encore élargi le champ d'investigation en montrant que certains pronoms et suffixes personnels de l'égyptien se retrouvent dans la langue Ik (Teuso), parlée dans l'Ouganda Oriental (*Fringe Cushitic : An Experiment in Typological Comparison,* dans *Bull. School of or. and afr. Stud., Univ. of London,* 30, 3 [1967], p. 655-680).

4 Les nombreuses théories relatives à la comparaison de l'égyptien avec les langues hamito-sémitiques sont énumérées dans la première partie du livre de M. Cohen, *Essai comparatif sur le vocabulaire et la phonétique du chamito-sémitique,* Paris, 1947 (réimpression, 1969). Aussi longtemps que prévalait la division en 1. sémitique, 2. égyptien, 3. hamitique (comprenant les langues berbères et couchitiques) la question du rattachement de l'égyptien au premier ou au second groupe se posait avec une acuité particulière. La parenté du hamitique avec le sémitique et son originalité furent généralement expliquées par l'hypothèse d'une fusion plus ou moins complète de parlers africains autochtones avec les parlers protosémitiques introduits dans l'Afrique du Nord et l'Afrique nord-orientale.

On considérait l'égyptien comme le résultat d'un mélange ultérieur de sémitique et de hamitique dans lequel, selon les auteurs, le premier ou le second eut une part prépondérante.

Le caractère sémitique de l'égyptien fut défendu par A. Erman, K. Sethe, et affirmé d'une façon formelle par W. F. Albright. Parmi les savants qui se prononcèrent en faveur d'un rapprochement avec le hamitique, il faut citer E. Naville, F. Lexa, G. Möller, Frida Behnk et E. Zyhlarz (voir G. Lefebvre, *Sur l'origine de la langue égyptienne*, dans *Chron. d'Ég.*, 11 [1936], p. 270-272). Outre dans cet article, Lefebvre se montre un partisan convaincu de la seconde thèse dans sa Grammaire, § 1 : « L'égyptien comporterait donc essentiellement lui aussi un substrat africain (plutôt libyque), que pénétrèrent et modifièrent de fortes influences sémitiques : c'est bien plutôt, semble-t il, une langue africaine sémitisée qu'une langue sémitique déformée ». De son côté, Sir Alan Gardiner, écrit dans *Egyptian Grammar*, § 3 : « at least until its relationship to the African languages is more closely defined, Egyptian must certainly be classified as standing outside the Semitic group ».

5 Dans le livre susmentionné et dans ses autres écrits, M. Cohen s'abstient d'opposer le groupe berbère et le groupe couchitique, en tant que langues hamitiques, au sémitique. Il n'emploie plus que le terme « chamito-sémitique » servant à désigner l'ensemble de la famille. De la même manière que Cohen, la plupart des auteurs subdivisent maintenant cette famille dans les quatre ou cinq groupes suivants, qu'ils considèrent comme apparentés, mais relativement autonomes : 1. le sémitique, 2. l'égyptien, 3. le berbère, 4. le couchitique, 5. le nigéro-tchadien. En même temps il se manifeste une opposition de plus en plus marquée contre les théories citées plus haut. F. Hintze, G. Fecht, W. Vycichl, par exemple, ont fait remarquer que les faits actuellement connus ne permettent pas d'affirmer que l'égyptien est du sémitique transformé sous l'influence d'un substrat hamitique ou africain. Les deux derniers acceptent en outre l'opinion de O. Rössler selon laquelle même le groupe libyco-berbère n'offre pas de traces d'un substrat africain et doit par conséquent être considéré comme issu du sémitique par un développement interne autonome.

6 Les éléments de comparaison entre l'égyptien et le groupe sémitique d'une part, entre l'égyptien et le ci-devant groupe « hamitique » d'autre part, sont fort inégaux. Dans le premier cas, il s'agit de langues en partie contemporaines et dont l'histoire s'étend sur des dizaines de siècles. Dans le second cas, un idiome attesté à partir de 2700 av. J.-C.

est confronté avec des états de langue datant du XIXe et du XXe siècle apr. J.-C. Pour le seul libyco-berbère, il existe quelques documents datant du début de notre ère ou le précédant de peu. Les rapports des langues berbères, couchitiques, nigéro-tchadiennes avec les langues sémitiques et avec l'égyptien ne pourront être valablement établis que si l'on réussit à remonter le cours de l'histoire en reconstituant les états plus anciens. Dans l'hypothèse la plus favorable, il faudrait en arriver à reconstituer une langue hamito-sémitique commune au moyen du protoberbère, du protocouchitique, etc.

Dans un aperçu des nombreuses études consacrées, depuis Cohen (1947) jusqu'à Diakonoff (1965), à la comparaison des langues hamito-sémitiques et de celles-ci avec l'égyptien, C. T. Hodge conclut, à propos des phonèmes : « It is clear... that no reliable overall set of correspondences has been established » et, d'autre part, « The entire area of comparative morphology is full of brilliant suggestions, along with a great many improbable analyses. The same data are used to support diametrically opposed views ».

Étant donné que jusqu'à présent seul le « Ursemitisch » ou « protosémitique » a été reconstruit, c'est avec cette langue hypothétique que nous devrons comparer l'état le plus ancien de l'égyptien auquel nous pouvons atteindre.

Bibliographie

I. M. Diakonoff, *Semito-Hamitic Languages* (existe aussi en russe), Moscou, 1965.

C. T. Hodge, *Afroasiatic. An Overview*, dans Th. A. Sebeok e.a., *Current Trends in Linguistics*. VI. *Linguistics in South West Asia and North Africa*, La Haye - Paris, 1970, p. 237-254. Rééd. C. T. Hodge (ed.), *Afroasiatic. A Survey* (*Janua Linguarum*. Ser. pract., 163), La Haye - Paris, 1971.

J. Vergote, *Egyptian*, *ibid*., p. 531-557, resp. p. 40-66. On trouvera aussi dans ces volumes les aperçus de F. R. Palmer et de J. R. Applegate sur l'état actuel de l'étude resp. des langues couchitiques et berbères, ainsi que celui de H. J. Polotsky sur le copte.

Pour le protosémitique :

C. Brockelmann, *Grundriss der vergleichenden Grammatik der semitischen Sprachen*, 2 vol., Berlin, 1908-1913.

S. Moscati e.a., *An Introduction to the Comparative Grammar of the Semitic Languages. Phonology and Morphology* (*Porta Linguarum Orientalium*, N.S., VI), Wiesbaden, 1964.

J. Vergote, *De verhouding van het Egyptisch tot de Semietische talen* (avec traduction française : *Le rapport de l'égyptien avec les langues sémitiques*), (*Mededelingen van de Kon. Vlaamse Academie voor Wetenschappen, Letteren en Schone Kunsten van België*, Kl. der Letteren, 27, no. 4), Bruxelles, 1965.

Les dialectes en égyptien

7 Les dialectes dans lesquels la langue copte se subdivise sont évidemment nés à une époque antérieure. Il y a donc lieu de se demander à quelle période de la langue égyptienne ils remontent. Pour autant que les anthroponymes et les toponymes égyptiens, conservés en transcription grecque dans les papyrus et les inscriptions, ont été étudiés à ce point de vue, il apparaît que la différenciation dialectale propre au copte caractérisait déjà la langue parlée de l'époque romaine et ptolémaïque. Nous avons constaté que les noms de personnes contenus dans un document provenant du nome prosopite, le P.Brux. Inv. E. 7616, présentent, dans un nombre appréciable de cas, des particularités bohaïriques (*Papyrologica Lugduno-Batava*, VII, Leiden, 1954). Les sources précitées, qui sont en général nettement localisées, confirment en outre la répartition que nous avons proposée des aires naturelles des différents dialectes (**S**, Appendice suivant le § 72). Même le démotique, la langue littéraire et écrite contemporaine, offre une variété d'isophones et d'isoglosses qui correspondent à ceux des dialectes coptes. Il est vrai que l'orthographe historique soustrait souvent, ici, à l'observation le véritable état phonétique. D'autre part, le démotique ne note pas les voyelles, dont le rôle dans la détermination des dialectes saute aux yeux. Cependant, F. Lexa a cru pouvoir proposer une division dialectale des principales œuvres littéraires du démotique datant de l'époque romaine. Dans une étude inédite, fondée sur des critères plus variés, A. Klasens arrive à des conclusions analogues, quoique plus nuancées. Il a montré en outre que le scepticisme de Lexa ne se justifie pas en ce qui concerne les textes d'époque ptolémaïque et que ceux-ci présentent également des traces de variétés dialectales. Le principal résultat de son enquête est la constatation qu'un dialecte de Haute-Égypte a marqué de son empreinte tous les textes démotiques. Ceci ressort notamment de la confusion entre les sourdes aspirées et les sourdes. Il paraît donc possible que le sahidique se soit déjà diffusé comme langue littéraire à travers toute l'Égypte avant l'époque copte.

8 Ainsi qu'il sera montré plus loin (§ 29 et 32), les particularités phonétiques sont telles que les dialectes coptes peuvent être ramenés à un système phonologique unique et, partant, à un seul état de langue. Cela semble impliquer qu'à une époque donnée tout le territoire égyptien aurait possédé une langue uniforme, dont la variété vulgaire ou parlée se serait différenciée plus tard en parlers régionaux. De la même manière les dialectes du grec moderne reposent tous sur la koinè hellénistique à l'exception du tsaconien, qui présente des traits propres à l'ancien laconien. Cette langue uniforme était-elle le moyen égyptien ou le néo-égyptien? Comme la présence, en néo-égyptien, de certains traits dialectaux correspondant à ceux du copte n'est pas à exclure (cf. § 64), nous inclinons plutôt en faveur de la première hypothèse.

9 K. Sethe a, lui aussi, émis l'opinion que les dialectes coptes sont issus d'une seule langue; celle-ci est, selon lui, le néo-égyptien. Il entend par là la langue littéraire et la langue commune du Nouvel Empire, qu'il considère comme née de la langue populaire de Thèbes, la capitale. Il l'oppose à l'ancien égyptien, la langue écrite de l'Ancien Empire de Memphis (*Vokalisation*, p. 161).

W. F. Edgerton considère, à son tour, le néo-égyptien comme l'ancêtre direct du démotique et du copte mais ses rapports avec les stades antérieurs lui semblent plus compliqués. Il attire l'attention sur trois particularités qui opposent l'ancien égyptien et le néo-égyptien au moyen égyptien. Celles-ci sont : 1. la voyelle prothétique de l'impératif et de certains participes des verbes à deux radicales; 2. la proposition nominale dans laquelle un nom sujet et un nom prédicat se suivent dans cet ordre sans l'intervention de la copule *pw*; 3. la proposition nominale se composant d'un nom ou pronom prédicat et d'un pronom démonstratif sujet qui s'accorde avec le premier en genre et en nombre (A.É. *pw*, *py* ou *p*; *tw* ou *ty*; *nw*; N.É. *pꜣy*; *tꜣy*; *nꜣ* [ou *nꜣy*?]). Edgerton observe que si, selon l'opinion courante, l'ancien égyptien donna naissance au moyen égyptien et celui-ci au néo-égyptien, trois changements indépendants l'un de l'autre se seraient produits entre l'ancien et le moyen égyptien et ces trois changements se seraient opérés exactement en sens inverse entre le moyen et le néo-égyptien. Ce phénomène n'est pas impossible, mais il se peut tout aussi bien que l'ancien et le néo-égyptien représentent le parler de la même région ou de régions avoisinantes tandis que le moyen égyptien se fonde sur l'idiome d'une région différente et peut-être éloignée de la première. Cet auteur conclut : l'ancien égyptien représentait peut-être le parler local de la région des Pyramides. Les particularités plus archaïques des Textes des Pyramides peuvent provenir du Delta ou d'Héliopolis. Le moyen égyptien peut être originaire d'un endroit situé plus au sud, soit Héracléopolis soit Thèbes. Le néo-égyptien, à son tour, provient éventuellement du Delta ou d'une partie avoisinante.

10 Dans la *Altägyptische Grammatik*, I, § 21-22, E. Edel cite les phénomènes mentionnés par Edgerton sub 2° et sub 3° ainsi que les participes actifs des verbes 3ae Infirmae présentant une voyelle prothétique. Il rapproche en outre la négation néo-égyptienne *bw* de l'adverbe de négation *ỉm*, propre à l'ancien égyptien, en faisant remarquer que la correspondance *bw rḫ.k*, tu ne sais pas = copte ⲙⲉϣⲁⲕ indique une prononciation /m/ de *bw*. D'autres cas de différenciation dialectale se trouvent, selon lui, dans l'alternance de *m* et *n* qui se manifeste dans certains mots (§ 123) ainsi que dans l'opposition entre, par exemple, A.É. *nbw* = B ⲛⲏⲃ et *nb* = A_2 ⲛⲉⲡ, seigneur (§ 214). L'interprétation de ces phénomènes, donnée par Edel, est différente de celle d'Edgerton et, à notre sens, plus plausible. Edel croit que, dans la langue populaire [de la Haute-Égypte] qui donna naissance au néo-égyptien, certains éléments de la langue des Pyramides se sont conservés qui avaient disparu plus ou moins tôt dans la langue écrite de l'Ancien Empire (et du Moyen Empire), [où prédominait le parler de la Basse-Égypte]. Les mots que nous avons mis entre crochets indiquent que Edel défend la thèse de Sethe sur la localisation dialectale de l'ancien et du néo-égyptien, qui ne nous parait pas suffisamment démontrée.

11 En partant de l'étude des mots composés, G. Fecht est arrivé à la conclusion qu'il a existé, dans l'Égypte préhistorique, deux parlers différents. L'un d'eux, qu'il attribue à la Haute-Égypte, était caractérisé par un « Zweisilbengesetz », qui ne permettait pas à l'accent du mot d'affecter une syllabe précédant la pénultième. Dans le parler du Delta, au contraire, un « Dreisilbengesetz » était en vigueur, de sorte que l'accent du mot y pouvait remonter jusqu'à l'antépénultième syllabe. Après l'unification du pays, au début de l'époque historique, le dialecte du Nord devint la langue officielle et il le demeura jusqu'après le Moyen Empire. Sous le Nouvel Empire, il fut graduellement supplanté dans ce rôle par le néo-égyptien, qui émanait de Thèbes et qui abondait en éléments populaires, propres à l'ancien parler du Sud.

Cette conception peut difficilement être conciliée avec certains faits (cf. p.ex. § 93). Il semble plutôt que la fusion et le mélange des deux parlers aient été intenses dès l'Ancien Empire, préparant ainsi la création d'une langue uniforme pendant la période de forte centralisation qu'était le Moyen Empire. Le prestige de la littérature, qui fit du moyen égyptien la langue classique pour des siècles à venir, devait puissamment contribuer à sa diffusion.

Bibliographie

F. Lexa, *Les dialectes dans la langue démotique*, dans *Archiv orientální*, 6 (1934), p. 161-172.

W. F. Edgerton, *Early Egyptian Dialect Interrelationships*, dans *BASOR.*, 122 (1951), p. 9-21.

G. Fecht, *Wortakzent und Silbenstruktur. Untersuchungen zur Geschichte der ägyptischen Sprache*, (*Ägyptologische Forschungen*, 21), Glückstadt, 1960. Voir notre compte rendu dans *BiOr*, 18 (1961), p. 208-214.

J. Vergote, *Les dialectes dans le domaine égyptien*, dans *Chron. d'Ég.*, 36 (1961), p. 237-249.

Première Partie

PHONÉTIQUE ET PHONOLOGIE

Les origines de l'alphabet copte

12 Après quelques tâtonnements qui apparaissent au temps d'Hérodote, les Grecs d'Égypte avaient élaboré un système relativement uniforme pour transcrire dans leur langue les anthroponymes et toponymes égyptiens. Celui-ci était inadéquat pour la notation de textes égyptiens parce qu'il ne possédait pas de symboles pour rendre les phonèmes propres à cette langue. Deux petits textes montrent que certains ont pourtant tenté cette expérience. Le premier est un fragment de papyrus de la collection d'Heidelberg, le no. 414, qui peut être daté du IIIe siècle av. J.-C. Il comprend quatre mots grecs avec leur traduction égyptienne. Les mots ⲥⲏϥⲓ, couteau, et ⲁϭⲟⲗ, veau, y sont rendus par *σηφι* et *αγ̓ολ*. Le second est un graffito du temple d'Abydos daté du IIe siècle av. J.-C. Il contient essentiellement des noms et des épithètes divins qu'on trouve déjà en transcription dans les papyrus grecs. Le /f/ y est rendu, comme dans ceux-ci, par *φ*.

Bibliographie

F. Bilabel, *Neue literarische Funde in Heidelberg,* dans les *Actes du Ve Congrès international de papyrologie,* Bruxelles, 1938, p. 79.

P. Perdrizet - G. Lefebvre, *Les graffites grecs du Memnonium d'Abydos,* Nancy, 1919, no. 74.

P. Lacau, *Un graffito égyptien d'Abydos écrit en lettres grecques,* dans *Études de Papyrologie,* 2 (1934), p. 229-246.

13 Il faut ensuite attendre la fin du Ier siècle de notre ère pour voir apparaître des textes, de caractère magique et astrologique, transcrits en lettres grecques et dont les auteurs tentent, de diverses manières, de rendre les phonèmes propres à l'égyptien par des symboles empruntés au démotique. Ces documents, appelés « vieux-coptes » (sigle : VC), sont les suivants :

1. Un horoscope trouvé à Thèbes et conservé au British Museum, datant d'environ 95 à 130 apr. J.-C. (London ou BM 89). Conformément à son origine, on lui a trouvé des particularités akhmimiques. L'édition la plus récente en est due à J. Černý - † P. E. Kahle - R. A. Parker, *The Old Coptic Horoscope*, dans *JEA*, 43 (1957), p. 86-100.

2. Un texte magique d'Oxyrhynque datant d'environ 150 apr. J.-C. Édition : W. E. Crum, *An Egyptian Text in Greek Characters*, dans *JEA*, 28 (1942), p. 20-31; Commentaire et Traduction : A. Volten, *An Egyptian Text in Greek Characters*, dans *Studia orientalia Ioanni Pedersen dicata*, Copenhague, 1953, p. 364-376.

3. Deux étiquettes de momie du Musée de Berlin datant du IIe siècle apr. J.-C., éditées par G. Steindorff, *Zwei altkoptische Mumienetiketten*, dans *Z.äg.Spr.*, 28 (1890), p. 49-53.

4. Les fragments d'un texte astrologique (horoscope ?) provenant de Soknopaiou Nêsos dans le Fayoum et datant de la seconde moitié du IIe siècle apr. J.-C., le P.Michigan Inv. 6131, ed. W. H. Worrell, *Notice of a Second-Century Text in Coptic Letters*, dans *AJSL*, 58 (1941), p. 84-90.

5. Les glosses du grand papyrus magique de Londres et de Leiden, datant des années 200 à 300 apr. J.-C. (BM 10070; Leiden No. I, 383). Ce texte démotique comprend 640 mots égyptiens écrits en caractères grecs, complétés par 12 symboles différents empruntés au démotique. Édition : F. Ll. Griffith - H. Thompson, *The Demotic Magical Papyrus of London and Leiden*, Londres,1914.

6. Les parties égyptiennes du papyrus magique grec de la Bibliothèque Nationale de Paris (B.N. Suppl. gr. 574), datant probablement de 275-400 apr. J.-C. Ed. G. Möller, dans K. Preisendanz, *PMG* (= *Papyri magicae graecae*), I, où il forme le no. IV (p. 64-180).

7. Les parties égyptiennes du Papyrus Mimaut du Louvre, papyrus magique grec postérieur à 300 apr. J.-C. (Louvre 2391). Ed. G. Möller, dans K. Preisendanz, *PMG*, I, no. III (p. 30-63).

14 Ainsi qu'il ressort des dernières de ces données (nos. 5 à 7), certains milieux païens s'en tenaient encore à des tentatives individuelles et à des efforts dispersés de translitération pendant que d'autres groupements, de gnostiques, de Chrétiens, probablement aussi de Juifs, adoptèrent résolument un système dans lequel 7 symboles démotiques furent choisis pour rendre les phonèmes particuliers de l'égyptien (plus le monogramme pour /ti/) et adaptés au ductus de l'écriture onciale grecque. Ces signes démotiques, comparés avec leurs prototypes hiéroglyphiques, sont les suivants :

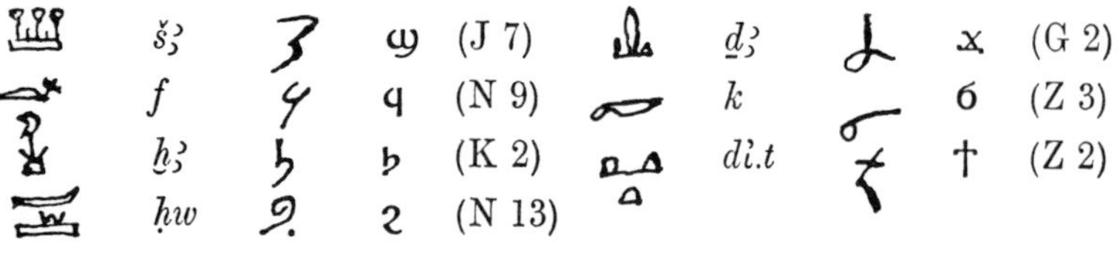

Les numéros entre parenthèses renvoient à ceux de W. Erichsen, *Demotische Lesestücke. I. Literarische Texte*, Heft 3, Schrifttafel (Leipzig, 1937), p. 41-46; cf. p. 1. Pour ϧ, voir F. Lexa, *Grammaire démotique* (Prague, 1949-1951), § 105-107.

15 À partir du IVe siècle, en effet, on voit apparaître une quantité de textes de l'Ancien et du Nouveau Testament, écrits dans ce nouvel alphabet, et quelques rares spécimens remontent peut-être même au IIIe siècle (voir la liste dans P. E. Kahle, *Bala'izah*, I, Londres, 1954, p. 269-274). Les milieux non païens, cités ci-dessus, avaient moins d'attaches avec la vieille tradition égyptienne et l'adoption d'une écriture alphabétique devait grandement favoriser la diffusion de leurs écrits et de leur doctrine. Pendant longtemps on a considéré comme évident que l'initiative en était due aux Chrétiens, soucieux de gagner la masse du peuple après que le grec avait servi à propager la foi nouvelle à Alexandrie et chez les intellectuels des autres villes (cf. p.ex. G. Steindorff, *Bemerkungen über die Anfänge der koptischen Sprache und Literatur*, dans *Coptic Studies W. E. Crum*, Boston, 1950, p. 191-214). Après la découverte sensationnelle de Nag' Hammadi-Khénoboskion, en 1946, d'aucuns ont exprimé l'avis que les gnostiques avaient créé l'alphabet copte. Cette hypothèse n'est pas à exclure si l'on songe au rôle joué par ces sectes dans l'Église d'Égypte à ses débuts. L.-Th. Lefort se disait persuadé que les communautés juives de la Vallée du Nil, fortement égyptianisées, avaient de bonne heure dû forger cet instrument pour pallier leur manque de connaissance de l'hébreu. Les données dont nous disposons actuellement ne permettent pas de trancher la question en faveur de l'une ou de l'autre de ces conjectures. Il est à remarquer, par exemple, que les textes coptes de l'Ancien Testament, dans la liste susmentionnée de Kahle, ne peuvent être invoqués en faveur de l'opinion de Lefort : ces parties de la Bible ne sont pas précisément celles qui interviennent dans le culte de la synagogue et elles intéressent autant les Chrétiens que les Juifs.

La même observation vaut pour le curieux parchemin qui comprend environ la moitié du livre des Proverbes, appelé le P.Bodmer VI et édité par R. Kasser dans le CSCO, vol. 194-195 (Louvain, 1960). C'est une copie individuelle, datant du IVe-Ve siècle, présentant une langue archaïsante (le « dialecte » P de **S** 5) et apparentée aux textes vieux-coptes par l'emploi de certaines lettres démotiques, notamment les traits représentant le *'aleph* et /n/, le signe pour /q/ remplaçant le ⲕ copte, tandis que ⲕ se substitue à ϭ, le ⳓ pour le /ẖ/ conservé en akhmimique mais devenu /š/ dans les autres dialectes.

Rappelons enfin l'existence d'un petit nombre de textes coptes, de caractère bohaïrique, dont certains sont écrits exclusivement en lettres grecques (le groupe G de **S** 5). La minuscule grecque plus ou moins cursive employée ici rappelle celle des documents du VIIIe siècle. L'éditeur, W. E. Crum, suppose qu'ils émanent d'une communauté melkite du Delta oriental.

A. Les phonèmes consonantiques de l'égyptien

16 La comparaison des consonnes égyptiennes, d'une part avec leurs représentants coptes, d'autre part avec les consonnes sémitiques et hamito-sémitiques dans les mots et les racines apparentés permet de déterminer non seulement leur nature phonétique mais aussi l'évolution qu'elles ont subie au cours des siècles. Les variantes et les fautes d'orthographe dans les textes égyptiens fournissent également des indications utiles. Un autre élément de contrôle se trouve dans les transcriptions de noms égyptiens en écriture cunéiforme et dans les transcriptions en hiéroglyphes de noms cananéens. Après les recherches de W. Czermak (*Die Laute der ägyptischen Sprache*, 2 vol., Vienne, 1931-1934) et de W. H. Worrell (*Coptic Sounds*, Ann Arbor, 1934), ce problème fut traité dans notre ouvrage *Phonétique historique de l'égyptien* (Bibliothèque du « Muséon », 19), Louvain, 1945. On y trouvera en appendice les étymologies hamito-sémitiques les mieux assurées de F. Calice, classées d'après les consonnes égyptiennes. Ces données sont à comparer avec celles, également classées d'après les phonèmes, de M. Cohen dans l'ouvrage cité au § 4.

Nous n'exposerons ici que les traits essentiels du problème et nous attirons l'attention sur les quelques points où nous avons modifié notre théorie.

Bibliographie

F. Calice, *Grundlagen der ägyptisch-semitischen Wortvergleichung* (Beihefte zur « Wiener Zeitschrift für die Kunde des Morgenlandes », 1), Vienne, 1936. Cf. une étude portant le même titre de W. Vycichl, dans *Festschrift H. Junker*, II (*MDAIK*, 16 [1958]), p. 367-405.

Les occlusives buccales

17 Les occlusives de l'égyptien qui correspondent aux occlusives sonores *b, d, g* dans les mots sémitiques apparentés et celles qui correspondent aux occlusives sourdes *p, t, k, ḳ* sont transcrites avec ces mêmes lettres par les égyptologues. Le copte ne possède pas d'occlusives sonores (**S** 15) : à ég. *d, g* correspondent dans tous les dialectes des occlusives sourdes :

dp : SB ⲧⲱⲡⲉ goûter — *gꜣš* : SB ⲕⲁϣ roseau
ḫdb : S ϩⲱⲧⲃ : B ϧⲱⲧⲉⲃ tuer — *dgꜣ* : S ⲧⲱⲕⲉ, ⲧⲱϭⲉ : B ⲧⲱϫⲓ planter
pd : S ⲡⲱⲧ : B ⲫⲱⲧ s'enfuir

Sauf indication contraire, les exemples sahidiques (S) représentent ici et dans les paragraphes suivants tous les dialectes de Haute Égypte, qui opposent pour la plupart les mêmes particularités consonantiques à celles du bohaïrique (B).

À ég. *b* correspond /p/ terminant une syllabe accentuée (dans les autres positions, ⲃ est une fricative sonore : /ƀ/ [**S** 28]) :

wꜥb : SB ⲟⲩⲟⲡ être pur — *wšb* : SB ⲟⲩϣⲁⲡ emprunt

À ég. *p, t, k* correspondent, en B, devant l'accent des mi-occlusives sourdes aspirées, dans les autres positions des occlusives sourdes. À ég. *p, t, k, ḳ* correspondent dans les autres dialectes en toute position (et aussi à *ḳ* en B) des occlusives sourdes :

pḥ : S ⲡⲱϩ : B ⲫⲱϩ atteindre — *tkꜣ* brûler : S ⲧⲱⲕ : B ⲑⲱⲕ allumer
spi : S ⲥⲉⲉⲡⲉ : B ⲥⲉⲡⲓ rester — *ḥtp* : SB ϩⲱⲧⲡ̄ (se) réconcilier
ḥꜣp : SB ϩⲱⲡ cacher — *nḫt* : S ⲛ̄ϣⲟⲧ : B ⲉⲛϣⲟⲧ être dur
kkw : S ⲕⲁⲕⲉ : B ⲭⲁⲕⲓ obscurité — *ḳd* : SB ⲕⲱⲧ bâtir

rkḫ : SB ⲣⲱⲕϩ brûler — *ḫkr* homme affamé : S ϩⲏⲕⲉ : B ϩⲏⲕⲓ un pauvre

bꜣk : SB ⲃⲱⲕ aller, partir — *ʿrḳ* : SB ⲱⲣⲕ prêter serment

Nous avons conclu de ces données que les occlusives sonores *d*, *g* du protosémitique ainsi que *b* terminant une syllabe finale accentuée sont devenues en égyptien des occlusives sourdes /t/k/p/ et que les occlusives sourdes *p*, *t*, *k* s'y sont transformées en sourdes aspirées /ph/th/kh/, le *ḳ* demeurant inchangé /q/. En fin de syllabe, toutefois, et en début de syllabe atone, les sourdes simples se sont maintenues en tant que variantes combinatoires des aspirées : ce phénomène existe encore en B (voir **S** 8 et 31), ex. ⲫⲁⲓ, celui-ci; ⲡⲁⲓ-ⲣⲱⲙⲓ, cet homme, et ci-dessus B ⲥⲉⲡⲓ, ϩⲱⲧⲡ̅, ⲑⲱⲕ etc.

Ce changement représente une véritable mutation consonantique comparable à celle qui s'est produite, à l'intérieur du groupe indo-européen, dans les langues germaniques. C'est pourquoi il est, à notre avis, hautement probable qu'il eut lieu au temps de la formation de la langue égyptienne. Cette évolution était certainement achevée avant la fin de l'Ancien Empire, étant donné qu'à cette époque même la sonante sonore /z/ s'était transformée en /s/ (infra, § 24). Ce changement nous apparaît comme une dernière conséquence de la mutation, qui ne laissait à l'égyptien plus de phonèmes sonores en dehors des semi-voyelles (w, j), des sonantes (b, l, m, n, r) et de *ʿayin*, qui, avec les autres laryngales, occupe une place à part dans le système phonologique.

Remarquons que le premier qui reconnut le caractère de ce changement fut Ch. Kuentz. *Les deux mutations consonantiques de l'égyptien*, dans *Atti del III Congresso internazionale dei Linguisti* (Roma 19-26 settembre 1933), edd. B. Migliorini - V. Pisani, Florence, 1935, p. 193-199.

18 Il résulte de ceci que notre système de transcription, fondé sur la comparaison avec le sémitique [1]), pour autant qu'il s'agit du moyen et du néo-égyptien, très probablement aussi de l'ancien égyptien, ne donne pas une idée exacte de la valeur phonétique des consonnes. Mais on tenterait en vain de modifier une tradition déjà vieille de plus d'un siècle. Cela serait en outre inopportun, car le hasard nous

[1]) Cf. H. Brugsch, *Zur Umschrift der Laute des ägyptischen Alphabets*, dans *Z. äg. Spr.*, 2 (1864), p. 29-33); G. Steindorff, *Das altägyptische Alphabet und seine Umschreibung*, dans *ZDMG*, 46 (1892), p. 709-730.

a doté ainsi d'une méthode de notation *phonologique* marquant d'une manière commode la corrélation entre les occlusives. Il suffit de se mettre en tête que *d*, *g* équivalent à /t/k/, que *p*, *t*, *k* valent /ph/th/kh/ devant l'accent et /p/t/k/ en toute autre position, tandis que *ḳ* représente toujours /q/. La distinction entre sourde et sourde aspirée n'est pas notée non plus dans l'orthographe de l'anglais et de l'allemand, et personne n'en ressent le besoin.

D'ailleurs, comment marquer d'une manière plus simple la différence entre /t/ = *d* et /th/ = *t*? La notation au moyen de *ph*, *th*, etc. créerait une confusion avec les suites de phonèmes *p* + *h*, etc. et les graphies p^h, t^h, k^h seraient gênantes dans un texte transcrit de quelque étendue. Enfin, argument péremptoire, dans les mots égyptiens dont la structure nous échappe nous ignorons où se trouve l'accent.

Pour toutes ces raisons, nous conserverons la transcription usuelle, même dans les mots vocalisés : *ʿȝpp* : *ʿaȝpāpu* doit donc se lire [ʿaȝphāpu] > **ⲁⲫⲱⲫ**, le serpent Apophis; *twt(w)* : *tawwātu* = [tawwātu] > **ⲧⲟⲩⲱⲧ**, idole; *ḥkȝw* : *ḥakkāȝu* = [ḥakkhāȝu] > B **ⲁⲭⲱ**, magicien: *iḳdw* : *yaḳḳādu* = [yaqqātu] > **ⲉⲕⲱⲧ**, bâtisseur; **grg.t*: *garūgat* = [karūkat], équipement > **ϭⲣⲏϭⲉ**, dot.

19 À un moment de l'histoire de l'Égypte, les mi-occlusives aspirées perdirent l'aspiration dans la plus grande partie du pays, confondant en /t/, également devant l'accent, *d* et *t*, et en /k/ les phonèmes *g* et *k*. Il en résulta une différenciation dialectale puisque l'aspiration, conservée en bohaïrique, opposa ce parler à ceux du sud. Cet état de choses est illustré au § 17 par les exemples sahidiques, représentant en même temps les autres dialectes de Haute Égypte : *pḥ* : **ⲡⲱϩ**; *tkȝ* : **ⲧⲱⲕ**; *kkw* : **ⲕⲁⲕⲉ**. Le démotique atteste que ce changement est arrivé à son terme : *d* et *t* anciens y sont en règle générale représentés par *t* et la confusion est fréquente entre *g*, *k*, *ḳ* (Lexa, *Grammaire démotique*, § 128-129; 123-125). C'est pourquoi le changement en question paraît se situer entre le Nouvel Empire et l'Époque saïte.

Les transcriptions cunéiformes de noms égyptiens, datant d'une part de la XVIIIe et de la XIXe dynastie, d'autre part du VIIe-VIe siècle av. J.-C., ainsi que les transcriptions hiéroglyphiques de noms cananéens ne permettent pas de dater le phénomène parce que ce sont pour la plupart des transcriptions savantes, qui tiennent compte de distinctions purement graphiques. Ainsi ég. *d* est rendu par sém. *ṭ*, ég *t* par sém. *t* et vice versa. Les données relatives à *g*, *k* font malheureusement défaut. Seuls des mots très courants, comme le nom de l'unité monétaire *dbn*, échappent à la règle : celui-ci s'écrit *tiban*. Le nom des troupes d'archers *pḏty.w* > *pdty.w* se transcrit parfois *piṭati* mais beaucoup plus souvent *pitati* et *pitata/e* (voir infra, p. 95). Le caractère conventionnel des graphies hiéroglyphiques ressort encore du fait suivant : les phonèmes /d/ et /g/ des noms cananéens, d'abord transcrits par ég. *t* et *k*, sont à partir de la XIXe dynastie rendus par *d* et *g* (*ḳ*) (cf. notre *Phon. hist.*, p. 51). Ces deux phonèmes égyptiens étant aussi sourds que les précédents, la correction ne peut être inspirée que par le souci de rendre exactement l'orthographe étrangère, devenue plus familière aux scribes égyptiens.

Même dans les transcriptions araméennes des noms égyptiens, appartenant à une époque où l'aspiration avait certainement disparu en Haute Égype, la distinction graphique est conservée. Les nombreux anthroponymes en *pꜣ-dỉ-* sont rendus par *pt-*, p.ex. *pꜣ-dỉ-Mn* : פטמן, Πετεμινις, Celui que Mîn a donné; *pꜣ-dỉ-Ḥr-pꜣ-ẖrd* : פטחרפחרט, Πετεαρποχρατης, Celui qu'a donné Horus l'Enfant; cf. *'Imn-ỉỉr-dỉ-sw* : אמרטיס, 'Αμυρταιος, C'est Amon qui l'a donné. D'autre part, *ns-Ptḥ* : אסתח, 'Εσπταις, Il/Elle appartient à Ptah; *smꜣ-tꜣ.wy* ; סמתו, Σομτους, Σεμθευς, l'Unificateur du Double-Pays, etc. Voir H. Ranke, *Ägyptische Personennamen*, II, matériaux tirés de W. Spiegelberg, *Ägyptisches Sprachgut in den aus Ägypten stammenden aramäischen Urkunden der Perserzeit*, (*Orientalische Studien Theodor Nöldeke*), Giessen, 1906, II, p. 1093-1115 et de E. Sachau, *Aramäische Papyrus und Ostraka aus einer jüdischen Militärkolonie zu Elephantine*, Leipzig, 2 vol., 1911.

20 En B, les mi-occlusives sourdes aspirées se substituent aux occlusives sourdes devant les semi-voyelles (w, j) et devant les sonantes (b, l, m, n, r) en fonction consonantique (**S** 8) :

ⲡⲏⲓ, la maison ≠ ⲫⲓⲱⲧ, le père ; ⲫⲛⲟⲩϯ, Dieu ; ⲫⲣⲏ, le soleil

ⲧⲥⲱⲛⲓ, la sœur ≠ ⲑⲟⲩⲟⲝⲓ, la mâchoire ; ⲑⲙⲁⲩ, la mère ; ⲑⲛⲉⳉⲓ, le ventre

ⲕⲥⲱⲧⲉⲙ, tu entends ≠ ⲭⲟⲩⲁⲃ, tu es saint ; ⲭⲛⲁⲃⲱⲗ, tu délieras.

Cette aspiration n'affecte pas seulement les occlusives dérivées de ég. *p, t, k*, mais aussi celles dérivées de *d, g, ḳ* :

dšr > *drš* : ⲑⲣⲟϣ, rougir ; *dỉ.t ỉr* ⇒ : ⲑⲣⲟ, faire faire ; *sdbỉ* : ⲥⲁⲑⲙⲓ, ruminer

ḳbb : ⲭⲃⲟⲃ, être frais ; dém. *ḳll* : ⲭⲗⲁⲗ, collier ; *ḳnỉw* : ⲭⲛⲁⲩ, gerbe (Pour *g*, voir infra, § 23).

Cela fait supposer qu'il s'agit d'une innovation tardive de ce dialecte, probablement consécutive à l'amuissement des voyelles dans les syllabes atones. Elle pourrait être contemporaine du changement examiné au § 19.

F. Hintze a expliqué comme suit ce phénomène. Le contact de la momentanée sourde avec la durative sonore a affecté celle-ci de manière à en faire une consonne mi-sonore à implosion sourde : *tm* > *t͡m̥m*, *pl* > *p͡l̥l*, etc. Cette implosion est, en somme, un souffle sourd qui se joignit à l'occlusive et en fit une aspirée, assimilée au type de celles existant déjà en bohaïrique : *t͡hm*, *p͡hl*, etc. (*Bemerkungen zur Aspiration der Verschlusslaute im Koptischen*, dans *Z. f. Phonetik* (Berlin) 1 [1947], p. 199-213).

21 Ég. *ṯ* correspond à *k* dans les langues sémitiques, ég. *ḏ* correspond tantôt à *g* tantôt à *ṣ* (alternant dans l'un ou l'autre de ces idiomes avec *ḍ*, peut-être aussi avec *ẓ*). Dans trois cas, ég. *ḏ* correspond à sém. *'ayin*, p.ex. dans *sḏm*, entendre : ar. *sami'a*, h.*šāma'*. D'autre part, ces deux phonèmes sont représentés dans les parlers de Haute Égypte par ϫ, auquel nous assignons la valeur de l'affriquée prépalatale sourde /č/.

En B, *ṯ* est représenté par ϭ = /čh/ devant l'accent, en toute autre position il est, comme *ḏ*, représenté par ϫ. En outre, aussi bien *ḏ* que *ṯ* apparaissent comme ϭ devant les semi-voyelles et devant les sonantes en fonction consonantique (**S** 18-19) :

ḏd : SB ϫⲱ, dire — *ṯsἰ* : S ϫⲓⲥⲉ : B ϭⲓⲥⲓ, élever
wḏꜣ : SB ⲟⲩϫⲁⲓ, être bien portant — *ṯṯ* : S ϫⲁϫ : B ϭⲁϫ, moineau
wḏꜣ.w : SB ⲟⲩⲟϫ, bien portant — *sṯnἰ* : S ϣⲟϫⲛⲉ : B ⲥⲟϭⲛⲓ, conseiller, consulter
ḏnḥ, partie de la jambe : S ϫⲛⲁϩ : B ϭⲛⲁϩ avant-bras

Ces faits démontrent que *ḏ*, *ṯ* ont connu une évolution tout à fait parallèle à celle des occlusives décrites plus haut.

22 Cependant, dans la majorité des cas, *ḏ*, *ṯ* se sont changés en *d* et *t*. Dans les Textes des Pyramides, *ṯ* est parfois remplacé par *t*, ce qui montre l'ancienneté du phénomène (E. Edel, *AG*, I, § 112). Les textes écrits en moyen égyptien révèlent ensuite une tendance croissante à abandonner l'orthographe historique et à remplacer *ḏ* par *d*, *ṯ* par *t*. Le P. Westcar n'offre plus qu'un seul exemple certain de la graphie *ṯ*

(Czermak, § 122). D'autre part, sous le Moyen et le Nouvel Empire, *ḏ* et *ṯ* s'écrivent parfois au lieu de *d* et *t* primitifs (Sethe, *Verbum*, §§ 295b ; 305b, 306) : ces graphies sont des exemples d'hyperurbanisme ou de régression phonétique erronée. Enfin, dans de nombreux cas où *ḏ*, *ṯ* sont rendus par un signe trilitère ou bilitère (p.ex. 𓇅 *wꜣḏ*; 𓌉 *ḥḏ*; 𓅷 *ṯꜣ*), le changement n'apparaît qu'en copte dans les graphies avec ⲧ et ⲑ, qui présentent exactement la même corrélation que les dentales primitives :

ḏbʿ > *dbʿ* : S ⲧⲏⲏⲃⲉ : B ⲧⲏⲃ, doigt
ṯn > *tn* : S ⲧⲱⲛ : B ⲑⲱⲛ, où ?
sḏm > *sdm* : S ⲥⲱⲧⲙ̄ : B ⲥⲱⲧⲉⲙ, entendre
ꜣṯp > *ꜣtp* : SB ⲱⲧⲡ, charger
rwḏ > *rwd* : S ⲟⲩⲣⲟⲧ : B ⲉⲣⲟⲩⲟⲧ, être joyeux
ḏbʿ > *dbʿ* ; S ⲧⲃⲁ : B ⲑⲃⲁ, dix-mille.

Il appert de ces données que les vélopalatales protosémitiques *g*, *k* ont, dans certaines conditions non encore éclaircies, subi un glissement en avant de manière à devenir des dentales. Cette prépalatalisation doit s'être effectuée à l'époque préhistorique et avoir atteint, au moment de la création de l'écriture égyptienne, un stade où les phonèmes que nous transcrivons par *ḏ*, *ṯ* représentaient les dentales mouillées /d'/t'/ ou plutôt, si la mutation consonantique était déjà intervenue, /t'/t'h/. Seule cette hypothèse explique comment celles-ci pouvaient, dans la majorité des cas, par la perte de la mouillure, se changer en /t/th/ en ancien égyptien. Elle rend compte aussi de la présence, dans les Textes des Pyramides, de quelques rares graphies où *k* (= probablement /k'h/) est encore conservé : *kb.wy*, à côté de *ṯb.wy*, les deux sandales; *kw* au lieu de *ṯw*, toi, et, dans d'autres textes, la particule *sk* pour *sṯ*, or (E. Edel, *AG*, § 111). Cette alternance rappelle la confusion, dans le dialecte parisien, entre *pitié* et *piquié*; *cinquième* et *cintième*.

Les dentales mouillées étant des phonèmes instables en égyptien, ainsi qu'il ressort de l'évolution décrite, il faut supposer que, dans les mots où la métastase yodisée se conserva, elles atteignirent déjà sous l'Ancien Empire un autre point d'équilibre en devenant /č/ et /čh/, comme en copte. Les langues *satem*, dans le domaine indo-européen, et les langues romanes montrent en effet que tantôt [tš] = /č/, tantôt /ts/ sont l'aboutissement normal de la prépalatalisation de /k/. Finalement le /t/ peut tomber, ce qui donne soit /š/ soit /s/ : sanskrit *çatám*; persan *satem*; (ital. *cento*); franç. *cent*. Le processus est le suivant:

la métastase se change en *yod* (tj), celui-ci s'assourdit par assimilation à la dentale (tç), puis le *yod* sourd est remplacé par celui des phonèmes de la langue qui lui ressemble le plus, d'où tš ou ts.

À cause de l'analogie avec ces phénomènes nous avons émis l'hypothèse que, dans les cas où ég. *ḏ* correspond à sém. *ṣ* (*ḍ* et (?) *ẓ*), le protosémitique a participé à la même prépalatalisation que l'égyptien : au lieu de /g/>/t'/>/č/ le résultat fut ici un /ts/ ou /s/, en d'autres cas un /d/ ou /z/ qui conservèrent de l'état originel une articulation vélaire secondaire. Le *g* primitif est attesté par bedja *gība*, doigt; *gil*, frontière; *gad*, tenir = ég. *ḏbʿ*, doigt; *ḏr*, botte de lin (et *ḏrw*, frontière), *ḏd*, durer = sém. *ṣbʿ*, doigt; *ṣrr* lier ensemble, enfermer (hébr. *ṣərôr*, paquet, bourse). Cela impliquerait que l'emphase de l'arabe, de l'hébreu et du berbère, qui est essentiellement une vélarisation, représente l'état le plus ancien [1]). La glottalisation (/t'/s'/ etc.) qui caractérise les consonnes emphatiques de certaines langues couchitiques (et du tchadien) serait alors une innovation résultant de la substitution de points d'articulation voisins dans la métastase [2]).

23 ϫ et ϭ coptes ne dérivent pas seulement d'ég. *ḏ*, *ṯ*. En S (et les autres dialectes de la Haute Égypte), ϭ = /c/ = *k* mouillé [k'] dérive généralement de ég. *g*, souvent de *k*, rarement de *ḳ*. En B, ϫ = /č/ correspond dans les mêmes conditions à ég. *g*, *ḳ* et, en syllabe atone, à *k*. B ϭ = /čh/ répond à *k* devant la syllabe accentuée et en outre à *g*, *k* devant les semi-voyelles et les sonantes en fonction consonantique (cf. **S** 19). Il n'existe pas d'exemple de B ϭ < *ḳ* dans cette dernière position. Les rapports sourdes : sourdes aspirées sont donc, entre prépalatales coptes et vélopalatales égyptiennes, dans les différents dialectes, exactement les mêmes que pour les autres occlusives :

1) Même opinion dans W. Leslau, *The Influence of the Cushitic Substratum on Semitic Ethiopic Re-examined*, dans *Trudy XXV mezhd. Kongressa Vost.*, Moscou, 1960, I, 1962, p. 387-390.

2) Il est à remarquer que la glottalisation, dans les langues couchitiques, n'est pas aussi généralement répandue que certains auteurs le font croire. K. Petraček arrive même à la conclusion que le protocouchitique ne possédait pas d'emphatiques glottalisées et que celles-ci ont également un caractère secondaire dans les langues partiellement couchitiques (*Die Grenzen des Semitohamitischen*, dans *Archiv orientální*, 40 [1972], p. 26). Certains groupes de ces langues qui n'ont pas d'emphatiques glottalisées présentent, selon cet auteur, une série d'affriquées /ts/dz/ et vice-versa (p. 27-29).

gmỉ : S ϭⲓⲛⲉ : B ϫⲓⲙⲓ, trouver
wgp : S ⲟⲩⲱϭⲡ : B ⲟⲩⲱϫⲡ, briser
grg : S ϭⲱⲣϭ : B ϫⲱⲣϫ, habiter
gnn : S ϭⲛⲟⲛ [k′] : B ϭⲛⲟⲛ [čh] être doux
kꜣm : S ϭⲱⲙ [k′] : B ϭⲱⲙ [čh], jardin
mrkb.t : S ⲃⲉⲣⲉϭⲱⲟⲩⲧ [k′] : B ⲃⲉⲣⲉϭⲱⲟⲩⲧⲥ [čh], char
bỉk : S ⲃⲏϭ [k′] : B ⲃⲏϫ [č], faucon
kꜣmy : S ϭⲙⲉ [k′] : B ϭⲙⲉ [čh], jardinier

ḳnd : S ϭⲱⲛⲧ : B ϫⲱⲛⲧ se fâcher
ỉꜣḳ.t : S ⲏϭⲉ : B ⲏϫⲓ, ail

La représentation
d'ég. *g* = /k/ et *ḳ* = /q/ par S ϭ = /c/ et B ϫ= /č/,
d'ég. *k* = /kh/ par S ϭ = /c/ et B ϭ = /čh/, resp. ϫ = /č/
prouve qu'à un moment donné une seconde prépalatalisation a eu lieu. Elle a affecté différemment ces phonèmes : *g*, qui était une occlusive postpalatale [k_2], devint en Haute Égypte, dans la majorité des cas, prépalatale [k_1], ce qui entraîna sa mouillure, et elle s'y conserva à ce stade de [k′]. Contrairement à cette prépalatalisation, que nous appelons incomplète, il y eut prépalatalisation complète dans le Delta, produisant la dentale affriquée [tš] = /č/.

La vélaire *ḳ* ou /q/ = [k_3] a subi moins souvent, et en fait rarement, ce glissement en avant. Là où elle se confond avec ég. *k* dans copte ⲕ (§ 17) ou ⲭ (§ 20), elle doit s'être changée en postpalatale [k_2].

Pour la postpalatale aspirée *k* = [k_2h], le résultat fut le même que pour *g*, *ḳ*, l'aspiration, dans le Delta, devant l'accent et devant les semi-voyelles et les sonantes mise à part. Ici, il y eut presque équilibre entre les cas de prépalatalisation et les cas de conservation de l'occlusive dure.

Cette seconde prépalatalisation, que j'ai située sous le Nouvel Empire, ne doit pas s'être produite avant le IVe siècle av. J.-C. W. F. Albright a en effet objecté que, parmi les mots d'emprunt sémitiques invoqués comme terminus post quem (*Phonétique*, p. 37), seul S ϭⲓⲛϭⲱⲣ : B ϫⲓⲛϭⲱⲣ, talent, est pertinent. Il ne provient pas de cananéen *kikkār* mais de la forme araméenne à dissimilation *kinkár*; par conséquent l'emprunt paraît être postérieur au VIe siècle av. J.-C. D'autre part, les transcriptions araméennes de mots égyptiens, et inversement, datant de la période perse (Ve siècle), ne font encore apparaître aucune trace de prépalatalisation (voir *JAOS*, 66 [1946], p. 317). Ce deuxième facteur de différenciation dialectale (cf. **S**, tableau de la p. 59) est par conséquent d'origine récente.

Les fricatives buccales

24 Le fait que ég. *b* n'a pas subi la même évolution que les occlusives prouve qu'il ne se trouvait pas en parallèle avec elles. Nous en concluons qu'il représentait, comme en copte, une fricative /ƀ/. Nous supposons aussi que depuis les débuts de la langue égyptienne *w* était vélarisé [ẉ], ce qui peut avoir contribué à maintenir la distinction entre les deux labiales; cf. **S** 27-28 (pour le *w* représentant une voyelle, cf. infra § 27).

L'identification de la spirante labio-dentale *f* ne pose pas de problèmes.

La sifflante sourde /s/ de l'égyptien, qu'on a l'habitude de transcrire par *ś*, correspond tantôt à *s* protosémitique (= hébreu *samek*) tantôt à la chuintante *š* du protosémitique; celle-ci s'est conservée en hébreu tandis qu'elle s'est changée en *s* en arabe comme en égyptien. La sonante sonore /z/, transcrite par *s*, correspond à *z* protosémitique. La chuintante ég. /š/ dérive de *s* mouillé, *s'*, protosémitique. Celui-ci s'est conservé en hébreu (*śin*) mais devient également *š* en arabe. Dans quelques rares cas, cependant, la présence d'une labiale dans le mot a apparemment influencé le changement protosém. *s'* > /s/ égyptien.

La confusion entre ég. *s* et *ś* montre que déjà sous l'Ancien Empire la sonore /z/ s'est assourdie (Edel, *AG*, § 116). C'est pourquoi beaucoup d'égyptologues transcrivent les deux phonèmes par *s*. Ils survivent dans ⲥ copte. La chuintante ég. /š/ est demeurée inchangée.

25 Ég. *ẖ* correspond à hébr. *ḥ* et à arabe *ḫ*. Le *ḫā'* arabe représente la spirante vélaire sourde [x₃], héritée du protosémitique. En hébreu et en araméen, celle-ci est passée à l'articulation laryngale [ḥ]. C'est pourquoi nous assignons à ég. *ẖ* la valeur /x₃/, qui la met en corrélation avec l'occlusive /q/.

Ég. *ẖ* se trouve en parallèle avec arabe *ḫ* et *ḥ*. Sous l'Ancien Empire, dans quelques mots écrits avec *š*, ce signe est graduellement remplacé par *ẖ*, qui demeure ensuite la seule graphie valable. Parfois la combinaison *š* + *ẖ* indique, comme d'autres graphies «historiques» de ce genre, que l'un phonème s'est substitué à l'autre (Edel, *AG*, § 120).

Le choix de *š* implique que le premier des deux était identique ou au moins fort semblable à /š/. Notre interprétation des faits est la suivante. La première prépalatalisation, qui changea les vélopalatales protosémitiques *g*, *k* en ég. *ḏ*, *ṯ*, a affecté aussi, dans certaines conditions, la spirante protosémitique *ḫ* et la laryngale *ḥ* et les a changées en spirante prépalatale /ç/. Ce *yod* sourd s'entend dans le mot fr. *tiens*, prononcé d'une manière lâche et négligée. Il ressemble tellement au *ich*-Laut allemand que même les phonéticiens les confondent souvent. Mais tandis que /ç/ est articulé avec le dos de la langue, le *ich*-Laut est une dentale, articulée avec la pointe de la langue et représentant une variante de [š]. On comprend dès lors pourquoi /ç/ pouvait être noté dans l'écriture par *š*. Il ne s'est cependant pas confondu avec ce phonème et lorsque, encore sous l'Ancien Empire, /t'/t'h/ perdirent la mouillure pour devenir, dans la majorité des cas, des dentales dures, /ç/ abandonna son articulation prépalatale et devint postpalatal /x_2/. C'est ce phonème qui est rendu par *ẖ*.

La seconde prépalatalisation fit avancer le point d'articulation de *ḫ* = /x_3/ dans tous les dialectes autres que l'akhmimique et en fit /ç/. Ce phonème est rendu par ϭ en vieux-copte, par ə en P (cf. **S** 5) et par ϣ̈ dans le texte subakhmimique de l'Ascension d'Isaïe (voir P. E. Kahle, *Bala'izah*, I, p. 203-205) en attendant qu'il se confonde avec /š/ originel.

En BA, *ẖ* = /x_2/ se conserva tel quel et s'écrit resp. ϧ et ⳉ (**S** 26). Il attira probablement à lui le point d'articulation du *ḫ* originel en A et dans les rares cas où en B celui-ci n'avait pas subi la prépalatalisation (parallèlement à l'évolution de *ḳ* = /k_3/ > /k_2/ : § 23). En SFA_2, l'articulation laryngale /h/ se substitua à l'articulation postpalatale de *ẖ*.

Ex. *sʿnḫ*, nourrir : A ⲥⲁ(ⲁ)ⲛⳉ : S ⲥⲁⲁⲛϣ : B ϣⲁⲛ(ⲉ)ϣ : F ϣⲏⲛϣ : A_2 ⲥⲁⲛⲉϣ
 ʿnḫ, vivre : A ⲱⲛⳉ : B ⲱⲛϧ : SF ⲱⲛϩ : A_2 ⲱⲱⲛϩ
 ẖmm, être chaud : A ⳉⲙⲁⲙ : B ϧⲙⲟⲙ : S ϩⲙⲟⲙ : FA_2 ϩⲙⲁⲙ

Cela donne le schéma suivant, qui explique les différences dialectales mentionnées en **S** 26 :

M.É. *ḫ* > A ⳉ > $SBFA_2$ ϣ (P ə)
 > (plus rarement) B ϧ : SFA_2 ϩ

M.É. *ẖ* > A ⳉ : B ϧ : SFA_2 ϩ (P ϧ)

Les occlusives et les fricatives laryngales

26 L'égyptien possède les quatre laryngales qui existent en arabe et en hébreu. Les exemples où ég. *ꜣ* correspond à un *'aleph* protosémitique, les nombreux cas où il s'est substitué à *r* et *l* protosémitiques, notamment en position décroissante, et surtout les phénomènes d'alternance avec *'ayin* (*Phonétique*, p. 133, no. 3 c, d) montrent que ég. *ꜣ* était, comme celui-ci, une consonne laryngale, en l'occurrence l'occlusive sourde /'/.

Récemment C. T. Hodge a défendu l'opinion que *ꜣ* était en ancien et moyen égyptien « a trill, flap or lateral of some kind ». Il insiste pour cela sur les exemples où ég. *ꜣ* dérive de protosém. *r*, *l* et il propose une liste d'étymologies tchadiennes de mots égyptiens dans lesquels *ꜣ* correspond à haoussa *r* ou *rl* (*Hausa-Egyptian Establishment*, dans *Anthropological Linguistics*, 8 [1966], p. 40-57). Le principal avantage de cette théorie, c'est qu'elle offre une explication pour les cas où *r*, *l* des noms syro-palestiniens et nubiens sont rendus par ég. *ꜣ* dans les Textes d'Exécration du Moyen Empire. Mais elle ne rend pas compte de toutes les particularités de *ꜣ* qu'on vient d'énumérer. En outre, l'auteur doit admettre que sous le Nouvel Empire *ꜣ* devint /'/ « au moins dans certaines positions ». À cette époque, d'ailleurs, les liquides sémitiques *r*, *l* sont normalement transcrites, la première par *r*, l'autre par *r*, *n* ou *nr* (cf. L. Borchardt, *Altkanaanäische Fremdwörter*).

Les correspondances sémitiques prouvent que les autres laryngales de l'égyptien étaient la spirante sonore *'ayin*, et les deux fricatives sourdes /h/ et /ḥ/.

27 L'identification du phonème représenté par 𓇋 (le roseau fleuri) pose un problème particulier. Il correspond étymologiquement tantôt à *'aleph* tantôt à *yod* sémitique; c'est la raison pour laquelle les égyptologues le transcrivent par *ỉ*. Il existe quelques exemples où *ỉ* initial correspond à copte /j/ : *ỉ'ỉ* : ⲉⲓⲱ, laver; *ỉtrw* : ⲉⲓⲟⲟⲣ, canal; *ỉr.t* : ⲉⲓⲉⲣ-, ⲉⲓⲁⲧ⸗, œil; *ỉt* : ⲉⲓⲱⲧ, père, orge. À l'intérieur du mot et en finale, /j/ est en général écrit avec le double roseau fleuri, et cette graphie devient fréquente également au début du mot sous le Nouvel Empire.

Dans les cas, plus nombreux, où *ỉ* initial ne correspond pas à copte /j/ certains auteurs lui assignent la valeur d'un *'aleph* moins fort que celui représenté par ꜣ. Ils comparent le premier à celui de all. *Ver'ein*, le second au *ꜣāf* qui remplace, par exemple au Caire, le *qāf* de l'arabe classique (W. F. Albright, *JAOS*, 66 [1946], p. 319; E. Edel, *AG*, § 131 et 137; cf. Czermak, § 79-80). Albright invoque comme argument le fait que le *'aleph* des noms sémitiques transcrits en égyptien est toujours rendu par 𓇋 = *ỉ*. En réalité ces transcriptions portent 𓇋𓀁, 𓇋𓄿, 𓇋𓅱, etc. Même si on lit celles-ci, avec lui, /'a/ /'i/'u/, on ne peut pas en conclure que *ỉ* seul représente *'aleph* et que le second signe rend chaque fois la voyelle : on obtiendrait alors, non une notation syllabique mais alphabétique. C'est le groupe syllabique comme tel qui équivaut à /'a/, etc. Sinon on n'arrive pas à expliquer pourquoi 𓍯𓄿 = *wa*, 𓃀𓎛 = *ba*, etc. (Voir Albright, *The Vocalization of the Egyptian Syllabic Orthography*).

Les données d'Albright peuvent être complétées et en partie corrigées grâce à l'étude d'E. Edel, *Die Ortsnamenlisten aus dem Totentempel Amenophis III.*, (*Bonner Biblische Beiträge*, 25), Bonn, 1966. Il en résulte d'abord que /'i/ n'est rendu qu'exceptionnellement par 𓇋𓄿, à savoir dans la transcription du nom divin *'il*. Edel établit les équivalences suivantes : 𓇋𓀁 = /'a/; 𓇋𓀁𓏭 et  = /'i/; 𓇋𓅱 = /'u/ mais il observe en outre que ces mêmes groupes, à l'exception de 𓇋𓀁𓏭, rendent aussi les voyelles simples /a/i/u/ après consonne. De même, 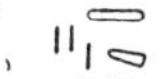 et 𓅱𓇋𓅱 transcrivent, après consonne, /i-i/ et /u-u/ (Edel, *o.c.*, 72). Interprété sans idée préconçue, ce fait peut aussi bien signifier qu'au début du mot et de la syllabe les groupes précités ne représentent également que les voyelles /a/i/u/. Le /'/ s'étant amui à l'initiale du mot sous le Nouvel Empire (§ 28 b), les Égyptiens auraient donc articulé les noms sémitiques avec une voyelle à attaque douce.

Ex. 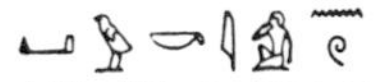 *Mukana*, *Μυκήνη*

 *Zippalanda*

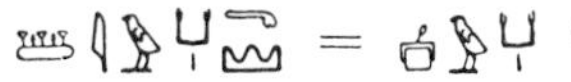 שׁוכו

 *Tuba*

 *Kargamiš*

 *Yašup'il*, Joseph-el

Nous croyons qu'en toute position *ỉ*, lorsqu'il n'équivaut pas à /j/, dénote la présence d'une voyelle /a/ ou /i/ à attaque douce ou à détente progressive (comme p.ex. les voyelles du français). Il est donc un support de voyelle au même titre que *w*, qui représente la voyelle /u/ lorsqu'il n'équivaut pas à /w̥/. Ceci va à l'encontre de la théorie de K. Sethe, suivi par la plupart des égyptologues, selon laquelle l'orthographe classique de l'égyptien n'a jamais noté une voyelle. A. Erman et G. Steindorff, au contraire, admettaient déjà que, en ancien et en moyen égyptien, *w* et *ỉ* pouvaient représenter des voyelles dans certains mots et dans certaines formes (*ZDMG*, 46 [1892], resp. p. 95 et p. 722; 725). Plus récemment, Th. W. Thacker a produit des arguments pour montrer que *ỉ*, *w* peuvent, à la manière des *matres lectionis* du sémitique, noter la présence d'une voyelle (*Relationship*, p. 7-32). Or, nous jugeons que, si *ỉ*, *w* représentent dans certains cas une voyelle à la fin du mot, ils peuvent le faire aussi au début d'une syllabe.

28 Dans le cours de son histoire, l'égyptien a subi une réduction graduelle des consonnes laryngales, comparable à celle qui s'est produite dans différentes langues sémitiques (cf. C. Brockelmann, *Grundriss*, § 36 et 45). Le traitement de ce phénomène, dans notre *Phonétique*, p. 80-96, et la chronologie proposée, p. 96-98, doivent être en grande partie révisés en tenant compte de l'évolution des voyelles et notamment des nouvelles données sur la structure des sémantèmes.

a. Le *ꜣ* s'est amui au plus tard en moyen égyptien à l'intérieur du mot lorsqu'il commence une syllabe atone :

hā-ꜣab > ϩⲱⲃ, envoyer — *bā-ꜣak* > B ⲃⲱⲕ, serviteur

et dans la finale non-accentuée :

bákꜣat : B ⲃⲟⲕⲓ, enceinte — *bátꜣu* : ⲃⲟⲧⲉ, abomination — *máḫꜣat* : ⲙⲁϣⲉ, balance

sāṯaꜣ, tirer : ⲥⲱⲧⲉ, racheter — *dāgaꜣ* : ⲧⲱϭⲉ, planter — *tākaꜣ* : ⲧⲱⲕ, allumer

Ceci est attesté par les graphies *hb*, *sṯ* pour *hꜣb*, *sṯꜣ*, qui apparaissent déjà sous l'Ancien Empire, ainsi que par diverses autres particularités orthographiques (cf. Sethe, *Verbum*, I, § 71-76).

b. À l'initiale du mot, certainement devant l'accent, /ʾ/ s'est conservé jusqu'en néo-égyptien. Des indices de sa disparition se montrent alors dans les graphies *ỉsḫ*, *ỉbỉ*, *ỉmm*, etc. pour *ꜣsḫ* : ⲱϩⲥ, moissonner; *ꜣbỉ*, souhaiter; *ꜣmm*, poing (Sethe, *Verbum*, I, § 85).

c. En début de syllabe accentuée après une syllabe atone, /ʾ/ a disparu en copte dans la séquence *Caꜣá-* et *Caꜣā-* (*C* représentant une consonne) :

ḥuꜣáb : ϩⲟⲡ, fête — *taꜣáš* : ⲧⲟϣ, frontière

baȝākat : B ⲃⲱⲕⲓ, servante [1]) *maȝāwat* : ⲙⲟⲩⲉ, terrain neuf, île
yaȝādat : ⲉⲓⲱⲧⲉ, rosée *maȝāḳat* : B ⲙⲟⲩⲕⲓ, échelle
ta-ʿaȝābat : ⲧ-ⲱⲃⲉ, l'offrande (mois de Tybi)
/ʾ/ a disparu aussi dans *sabȝiy* : ⲥⲁⲃⲉʾ un sage.

La graphie *ḥb* qui se substitue régulièrement à *ḥȝb*, fête, sous l'Ancien Empire (Edel, *AG*, § 132), semble indiquer que le changement date de cette époque, au moins pour la séquence *Caȝá-*.

Dans les séquences *Caȝȝā-*, *Ciȝā-*, *Caȝī-*, *Caȝū-* la chute de /ʾ/ a été compensée par une voyelle prothétique [2]) :

ḏaȝȝāyat > *aḏāya* : B ⲁϫⲱ, ⲉϫⲱ, ⲁϫⲟⲩ, ⲉϫⲟⲩ, serpent
ṯaȝȝāyat > *aṯāya* : S ⲁϫⲱ, ⲉϫⲱ : B ⲉϭⲟⲩ, ⲉϣⲟⲩ, pince
šiȝāyat > *išāya* : ⲉϣⲱ, truie
ḏaȝíywu > *ḏaȝīwu* > *aḏīwu* : ⲉϫⲏⲩ, plur. de ϫⲟⲓ, bateau
ḳaȝībat > *aḳība* : ⲉⲕⲓⲃⲉ, poitrine, sein
saȝūṯu > *asūtu* : ⲉⲥⲏⲧ, sol
ḥaȝūwat > *aḥūwa* : ⲁϩⲏⲩ, nudité

Des variantes montrent que la voyelle prothétique a disparu ultérieurement dans certains mots. On peut en conclure qu'elle est tombée dans d'autres cas, où l'on s'attend à la trouver :

ḥaȝūyat > *aḥūya* : SA2 ⲉϩⲏ : A ⲉϩⲓ : SBF ϩⲏ : A ϩⲓ, partie antérieure, commencement
maȝūʿat > *amūʿa* : A2 ⲛ̄-ⲁⲙⲏⲉ : A ⲛ̄-ⲁⲙⲓⲉ, en vérité
B ⲁⲛ-ⲁⲙⲏⲓ, pierre précieuse (litt. : véritable)
SAA2 ⲙⲏⲉ : A ⲙⲓⲉ : BF ⲙⲏⲓ, vérité, justice
kaȝūpat > *(a)kūpa* : ⲕⲏⲡⲉ, endroit voûté, cave
ḫaȝūwat > *(a)ḫūwa* : ϣⲏⲩⲉ, autel
ḥaȝūyataf > *ḥaȝūtaf* (cf. § 87, 4 a) > *(a)ḥūtaf* : ϩⲏⲧ⸗ϥ, devant lui

Il est probable que, dans cette position, /ʾ/ se soit amui en même temps qu'il disparaissait à l'initiale du mot devant l'accent, c.-à-d. en néo-égyptien (cf. supra, b). Il faut remarquer que la voyelle prothétique n'est jamais notée, ni dans les textes hiéroglyphiques ni en

[1]) C'est W. Vycichl qui a établi cette vocalisation par analogie avec *naṯārat* : ⲛ̄ⲧⲱⲣⲉ, déesse (*Gab es eine Pluralendung -w im Ägyptischen ?*, dans *ZDMG*, 105 (N.F. 30, 1955), p. 261-270). Auparavant, on vocalisait *báȝkat*, cf. notre *Phonétique*, p. 86, sub 4°.

[2]) Nous avons attiré la première fois l'attention sur le phénomène dans : *Où en est la vocalisation de l'égyptien ?* dans *BIFAO*, 58 (1959), p. 1-19. Cf. *Le nom du roi « Serpent »*, dans *Orientalia*, 30 (1961), p. 363; *Les prototypes égyptiens des mots coptes* me - mēi *« vérité, justice »*, dans *BIFAO*, 61 (1962), p. 72-74.

démotique, mais elle apparaît à l'époque d'el-Amarna dans *p-azi[te ?]* < *ṯaȝīti*, vizir (voir infra, p. 94).

d. En fin de syllabe accentuée, /'/ a disparu en copte à la finale du mot, sauf dans quelques cas où il devient /j/ (infra, § 30 e) :

raȝ : ⲣⲟ, bouche *taȝ* : ⲧⲟ, pays, terre

Devant une autre consonne, il s'est conservé dans quelques cas très rares dans les dialectes autres que BO. Ég. /i/ est représenté ici par ⲉ au lieu de ⲁ en SB (cf. § 37 et **S** 40) :

wāȝiḏat > *wáȝdat* : ⲟⲩⲟⲟⲧⲉ et ⲟⲩⲟⲧⲉ, légumes

ir-ḏabūȝat=af > *ir-dabúȝt=af*, en échange de : ⲉ-ⲧⲃⲏⲏⲧ=ϥ, à cause de lui

míȝwat : S ⲙⲉⲉⲩⲉ : B ⲙⲉⲩⲓ : F ⲙⲏ(ⲏ)ⲟⲩⲓ, ⲙⲉⲉⲩⲉⲓ, penser

híȝyat > *hí'ya* : A ϩⲉ(ⲉ)ⲓⲉ : A₂ ϩⲁⲉⲓⲉ, tomber

> *hí'a* : S ϩⲉⲉ, ϩⲉ : B ϩⲉⲓ : F ϩⲏ(ⲏ)ⲓ, ϩⲉ(ⲉ)ⲓ

wíȝyat > *wí'ya* : AA₂ ⲟⲩⲉⲓⲉ, être éloigné

> *wí'a* : S ⲟⲩⲉ : B ⲟⲩⲉⲓ : F ⲟⲩⲏ(ⲏ)ⲓ

Dans quelques autres mots, la chute de /'/ a donné lieu à l'allongement de la voyelle précédente :

sadáȝdaȝ : ⲥⲧⲱⲧ, trembler *ḏáȝḏaȝ* : ϫⲱϫ, tête

ḏáȝmu : ϫⲱⲙ(ⲉ), génération *bíȝbiȝ* : ⲃⲏⲃ, caverne, trou

(mais dans *kaȝm* : ϭⲱⲙ, jardin, vignoble, de type *qatlu*, il y a eu anaptyxe : *kāȝam* comme dans les infinitifs de type *sáḏm* > *sādam* : ⲥⲱⲧⲙ̄).

Au contraire, le /'/ qui, dans cette position, s'est substitué en égyptien à diverses autres consonnes subsiste en copte dans tous les dialectes autres que BO (cf. § 28 g; 30 a-d).

e. Au début de la syllabe accentuée, aussi bien à l'initiale qu'à l'intérieur du mot, *'ayin* a disparu en copte sans laisser de trace.

'ānaḫ : ⲱⲛϩ, vivre *wa'áb* : ⲟⲩⲟⲡ, être pur

'āš : ⲱϣ, crier *wa'ā(ya)ti* : ⲟⲩⲱⲧ, unique

'an : ⲟⲛ, de nouveau *wa'áȝ* : ⲟⲩⲁ, malédiction

'īfad : ⲉⲓϥⲧ, clou

Mais pour la séquence *Ca'í-* voir *wa'íyt=* § 30 c.

De même que dans les autres positions, décrites ci-après, le *'ayin*, après l'amuissement général de *'aleph*, a pris ici la valeur d'occlusive laryngale /'/ et celle-ci est rendue par l'hiatus dans la graphie archaïsante :

rmt 'ȝ, grand homme : SA ⲣⲙ̄ⲙ-ⲁⲟ : B ⲣⲁⲙ-ⲁⲟ : F ⲗⲉⲙ-ⲉⲁ, riche

pr 'ȝ, grande maison > roi : *φαραω* = B *ⲫⲁⲣ-ⲁⲟ ; cf. S (ⲡ)ⲣ̄ⲣⲟ

f. Au début et à la fin de la syllabe atone prétonique et dans la finale accentuée du mot, *ʿayin* s'est en général amui mais il a laissé des traces dans la vocalisation : ⲁ atone; SB ⲁ accentué au lieu de ⲟ; F ⲉ accentué au lieu de ⲁ (**S** 57; 39; 50), cf. infra, § 42; 36 d :

ʿanáẖ(ẖa) : ⲁⲛⲁϣ, serment — *ʿašūꜣat* : ⲁϣⲏ, multitude

yaʿ-ḏáꜣt= : ⲉⲓⲁ-ⲧⲟⲟⲧ= laver les mains — *ẖa(ꜣ)ʿ-ḏáꜣt=* : ⲕⲁ-ⲧⲟⲟⲧ= ⲉⲃⲟⲗ, cesser

Dans la finale des mots monosyllabiques, le *ʿayin* devenu /ʾ/ s'est parfois conservé en AF et y est rendu par l'hiatus. En B, /ʾ/ s'est changé en /j/ :

baʿ : S ⲃⲁ̀ : A ⲃⲁ̀ⲉ : B ⲃⲁ̀ⲓ : F ⲃⲉ(ⲉ)ⲓ, palmier
naʿyu : S ⲛⲁ̀ : AA₂ ⲛⲁⲉ : B ⲛⲁ̀ⲓ : F ⲛⲉⲉⲓ (= /næʾi/), avoir pitié
ẖaʿyu : S ϣⲁ̀ : A ϩⲁⲉ : B ϣⲁ̀ⲓ : F ϣⲉ(ⲉ)ⲓ (= /šæʾi/) ϣⲏⲓ, apparaître (astres), fête
iʿi : SA ⲉⲓⲱ : A₂ ⲉⲓⲟⲩⲉ : B ⲓⲱⲓ : F ⲓⲱⲱⲓ, laver
fʿi (dém.) SA₂ ϥⲱ(ⲉ) : A ϥⲟⲩⲉ : BF ϥⲱⲓ, cheveu

Cf., au contraire,

ḏabáʿ : SAA₂ ⲧⲃⲁ̀ : B ⲑⲃⲁ̀ : F ⲧⲃⲉ, dix-mille
šamáʿ : SB ϣⲙⲁ̀, être léger, fin

g. Au début de la syllabe atone après l'accent, en fin de syllabe accentuée devant consonne et à la finale atone du mot, *ʿayin* s'est conservé en copte sous la forme de l'occlusive laryngale /ʾ/, sauf en BO :

šāʿad : S ϣⲱⲱⲧ : B ϣⲱⲧ, couper, égorger
ẖā-ʿaḳ : S ϩⲱ(ⲱ)ⲕ, ϩⲱ(ⲱ)ⲕⲉ : B ϧⲱⲕ(ⲓ), gratter, tondre
ḏā-ʿar : S ϫⲱ(ⲱ)ⲗⲉ : B ϭⲱⲗ, amasser, moissonner

Lorsque /ʿ/ était la 3ᵉ radicale, il y a eu interversion, mais le /ʿ/ > /ʾ/ n'a pas modifié le timbre de la voyelle (cf. **S** 39; 44 in fine).

mánʿat : S ⲙⲟ(ⲟ)ⲛⲉ : B ⲙⲟⲛⲓ : A ⲙⲁ(ⲁ)ⲛⲉ : F ⲙⲁⲁⲛⲓ nourrice
wáḥʿat : S ⲟⲩⲟ(ⲟ)ϩⲉ : B ⲟⲩⲟϩⲓ : F ⲟⲩⲁⲁϩⲓ, scorpion
šámʿu : S ϣⲟⲟⲙⲉ : B ϣⲟⲙ, léger, fin (qualitatif de ϣⲙⲁ)
níḳʿat : S ⲛⲁⲁⲕⲉ : B ⲛⲁⲕϩⲓ : A ⲛⲉ(ⲉ)ⲕⲉ, ⲛⲉⲕϩⲉ, douleur de l'enfantement
múšʿu : S ⲙⲏⲏϣⲉ : B ⲙⲏϣ, foule
ḏúbʿu : S ⲧⲏⲏⲃⲉ : B ⲧⲏⲃ, doigt

Dans la deuxième position mentionnée, c.-à-d. devant /ʾ/ dérivé de *ʿayin* en fin de syllabe accentuée devant consonne, S présente un ⲁ au lieu de ⲟ. Au contraire, il a un ⲟ accentué devant le /ʾ/ dérivé d'autres consonnes : ⲧⲟⲟⲧϥ̄, sa main; ⲉⲓⲟⲟⲣ, fleuve (cf. § 30 a-d et **S** 39). Cela prouve qu'au moment du changement général SB /a/ >

/o/, entre le VIIe et le VIe siècle av. J.-C. (§ 64), *'ayin* avait conservé sa valeur de fricative laryngale et qu'il n'était pas encore devenu /'/. D'autre part, la présence du ⲁ accentué en B, nonobstant la disparition de /'/ < *'ayin*, montre que ce dernier phénomène est encore plus tardif :

wá'bu : S ⲟⲩⲁⲁⲃ : B ⲟⲩⲁⲃ, pur
sá'nah̠ : S ⲥⲁ(ⲁ)ⲛϣ : B ϣⲁⲛ(ⲉ)ϣ, nourrir
má'baȝ : S ⲙⲁⲁⲃ : B ⲙⲁⲡ, trente
cf. *wú'bu* : S ⲟⲩⲏⲏⲃ : B ⲟⲩⲏⲃ, prêtre

Lorsque le *'ayin* précède *ḥ*, SB et même AA₂ présentent un ⲟ (cf. **S** 39). Il faut en conclure que, par dissimilation entre les deux fricatives laryngales, la sonore et la sourde, *'ayin* était déjà devenu /'/ avant que se produise le changement général /a/ > /o/ :

yá'ḥu : SA ⲟⲟϩ : B ⲓⲟϩ, lune   *sá'ḥa'* : S ⲥⲟⲟϩⲉ : B ⲥⲟϩⲓ, redresser
ḳá'ḥu : SA ⲕⲟⲟϩ : B ⲕⲟϩ, angle, coin

Le *'ayin* qui terminait la finale atone du mot a subi une métathèse, sans toutefois modifier la quantité de la syllabe accentuée, qui devenait, de ce fait, fermée. Lorsque la deuxième radicale était *ḥ*, ou bien *'ayin* s'est amui ou il s'est, après métathèse, entièrement assimilé à cette consonne. Parfois, *'ayin* s'est changé en *ḥ* > ϩ (voir *níḳ'at* ci-dessus, et *wa'íyt⸗* § 30 c) :

pāna' : S ⲡⲱⲱⲛⲉ : B ⲫⲱⲛϩ, changer   *d̲āba'* : S ⲧⲱⲱⲃⲉ : B ⲧⲱⲃ, ⲧⲱⲡ, sceller
'āḥa' : S ⲱϩⲉ : B ⲟϩⲓ, se tenir debout, durer
d̲āma' : S ϫⲱⲱⲙⲉ : B ϫⲱⲙ, livre   *wāḥa'* : S ⲟⲩⲱϩⲉ : B ⲟⲩⲟϩⲓ, pêcheur

Cette métathèse de /'/ dérivé de *'ayin* et l'interversion mentionnée plus haut sont concomitantes : le changement dans *pāna'* > ⲡⲱⲱⲛⲉ, changer, est conditionné par celui de l'état pronominal *pán'af* > ⲡⲟⲟⲛⲉϥ, le changer, et du pseudoparticipe-qualitatif *pán'u* > ⲡⲟⲟⲛⲉ, changé. La présence de /ò/ en S montre qu'elles eurent lieu après le changement de *'ayin* en occlusive laryngale, donc après le VIe siècle av. J.-C. Le dialecte P a ⲡⲟⲛⲁ⸗ (< *pán'a⸗*), ce qui permet de restituer *pāna'* : *ⲡⲱⲛⲁ, ainsi que le qualitatif *gám'u* : ⲕⲟⲙⲁ, tordu, perverti (à côté de ⲕⲟⲟⲙⲁ, pour S ϭⲟⲟⲙⲉ); en outre *múš'u* : ⲙⲏϣⲁ (S ⲙⲏⲏϣⲉ), foule, et *d̲úb'u* : ⲧⲏⲃⲁ (S ⲧⲏⲏⲃⲉ), doigt (cf. **S** 56). Ces formes, et quelques autres, sont les survivances d'un état dans lequel la métathèse/interversion ne s'est pas encore produite et où *'ayin* a conservé sa valeur, préservant le /a/ issu de *a* et -*u* anciens (§ 63). Cela montre la date tardive des changements en question, surtout si P est, comme nous le pensons, la forme archaïsante de S. Le -*e* final, au lieu de -*i*, dans F ⲧⲱⲱⲃⲉ, ⲙⲏⲏϣⲉ (**S** 56) trahit lui aussi une métathèse/interversion récente de /'/ < *'ayin*.

h. Dans le dernier stade de la réduction des laryngales, /ḥ/ s'est confondu avec /h/ en ϩ. Auparavant, cependant, en BF, /ḥ/ avait ouvert /é:/ en /æ/ et (plus rarement en F) /ó:/ en /ò/ (**S** 47). La limitation du phonème à deux dialectes et la neutralisation de l'opposition entre voyelle longue et voyelle brève montrent que ces changements doivent dater de l'époque tardive :

mḥ.w : S ⲙⲏϩ : BF ⲙⲉϩ, rempli — *māḥ* : SF ⲙⲟⲩϩ : B ⲙⲟϩ, remplir
w(ꜣ)ḥ.w : S ⲟⲩⲏϩ : BF ⲟⲩⲉϩ, mis — *wā(ꜣa)ḥ* : SF ⲟⲩⲱϩ : B ⲟⲩⲟϩ, mettre
pḥ.w : S ⲡⲏϩ : B ⲫⲉϩ, atteint — *pāḥ* : SF ⲡⲱϩ : B ⲫⲟϩ, : F ⲡⲟϩ, atteindre
'āḥa' : S ⲱϩⲉ : B ⲟϩⲓ : F ⲱϩⲓ, se tenir debout
nāḥam : S ⲛⲟⲩϩⲙ̄ : B ⲛⲟϩⲉⲙ : F ⲛⲟⲩϩⲉⲙ, sauver
ꜣāḥat : S ⲉⲓⲱϩⲉ : BF ⲓⲟϩⲓ : F ⲓⲱϩⲓ, champ

À comparer, d'autre part :
tāham : S ⲧⲱϩⲙ̄ : B ⲑⲱϩⲉⲙ : F ⲧⲱϩⲉⲙ, inviter
wāham : S ⲟⲩⲱϩⲙ̄ : BF ⲟⲩⲱϩⲉⲙ, répéter, répondre
nāhat : S ⲛⲟⲩϩⲉ : BF ⲛⲟⲩϩⲓ, sycomore
Exception : *nāh :* S ⲛⲟⲩϩ(ⲉ) : B ⲛⲟϩ, secouer

Finalement, ϩ dérivé de /ḥ/ montre en B une forte tendance à disparaître, surtout dans les syllabes atones (cf. **S** 25) :

ḥatríy : S ϩⲁⲧⲣⲉ' : B ⲁⲑⲣⲉ' jumeau — *Ḥat-ḥāru* : S ϩⲁⲑⲱⲣ : B ⲁⲑⲱⲣ (nom de mois)
ḥasyúw : S ϩⲁⲥⲓⲉ' : B ⲉⲥⲓⲉ' béatifié — *ḥabárbar* : S ϩⲃⲟⲣⲃⲣ̄ : B ⲃⲟⲣⲃⲉⲣ, jeter
ḏáḥḏaḥ : S ϫⲁϩϫϩ : SB ϫⲁϫϩ, frapper

i. Ainsi, à la fin de cette évolution, il ne restait plus que deux des quatre consonnes laryngales que l'égyptien possédait à l'origine. Encore l'occlusive sourde laryngale /'/ faisait-elle défaut en BO et, dans les autres dialectes, elle ne figurait en règle générale qu'en fin de syllabe accentuée devant une autre consonne (voir **S** 14). La fricative laryngale sourde /h/ pouvait occuper différentes positions dans le mot, mais elle manifestait, notamment en B, des tendances à s'amuir.

Schéma de l'évolution des consonnes égyptiennes

29 Les données des § 18 à 28 peuvent être schématisées dans le tableau suivant. Pour les phonèmes coptes, on comparera avec **S** 15 et 31.

	Labiales	Labio-Dent.	Dentales	Prépalat.	Postpalat.	Vélaires	Laryngales
ancien égyptien	ph	:	(t : th)	: (t' : t'h)	: (k : kh)	: q	: ʾ
		f	: (z : s)	: š : ç		: x_3	: h : (ḥ : ʿ)
moyen égyptien	ph	:	(t : th)	: (č : čh)	: (k : kh)	: q	: ʾ
		f	: s	: š	: x_2	: x_3	: h : (ḥ : ʿ)
sahidique + A_2F	p	:	t	: č : c	: k	:	ʾ
		f	: s	: š	:		h
	ẉ : ƀ	:	r : l	: j			
	m	:	n				
moyen égyptien	ph	:	(t : th)	: (č : čh)	: (k : kh)	: q	: ʾ
		f	: s	: š	: x_2	: x_3	: h : (ḥ : ʿ)
bohaïrique	ph	:	(t : th)	: (č : čh)	: (k : kh)		
		f	: s	: š	: x_2	:	h

Les semi-voyelles et les sonantes sont, pour la commodité, seulement notées pour le copte (pour leur évolution particulière, voir § 30).

À noter que seuls les changements du point d'articulation sont marqués par des flèches. Ainsi au changement anc.ég. (t' : t'h) > m.ég. (t : th) se joint celui de anc.ég. (t' : t'h) > m.ég. (č : čh). M.ég. (t : th) se fondent en SA_2F /t/; (č : čh) en /č/ etc. Mais les flèches de /ʿ/ > /ʾ/ et de /ḥ/ > /h/ visent un changement de mode d'articulation.

Le tableau montre clairement les quatre changements qui ont déterminé l'évolution des consonnes égyptiennes :

1. les derniers avatars de la première prépalatalisation : (t' : t'h) > (č : čh) et, d'autre part, > (t : th) avec le changement parallèle /ç/ > /x_2/.
2. la seconde prépalatalisation, incomplète en Haute Égypte : /k/ et /kh/ > /c/, complète dans le Delta : (k : kh) > (č ; čh) ; en outre /x_3/ > /š/ partout en Égypte, sauf en akhmimique.
3. la perte des occlusives aspirées en Haute Égypte.
4. la réduction des laryngales.

Changement de consonnes en contact et phénomènes d'assimilation

30 Dans les langues sémitiques, les semi-voyelles *w* et *y* sont appelées des consonnes faibles parce qu'elles ont tendance à s'altérer ou a s'amuir. Elles présentent la même particularité en égyptien : p.ex. *y* s'amuit régulièrement et *w* très souvent en syllabe atone. En outre, elles subissent toutes sortes d'interversions et de métathèses. D'autre part, dans cette langue, les consonnes *ȝ* et *r*, selon leur position dans le mot, sont sujettes à divers changements. C'est pourquoi elles sont appelées des consonnes instables (cf. G. Lefebvre, *GÉ*, § 30 ; 37).

a. La tendance qui a contribué à changer, dans de nombreux mots, *r* et *l* protosémitiques en ég. *ȝ* (cf. *Phon. hist.*, p. 128-131) a continué à exercer une certaine influence pendant l'époque historique.

Ainsi le mot *ḏr.t* : ⲧⲱⲣⲉ, main, présente à partir de l'Ancien Empire, à coté de la forme suffixale *ḏr.t.k*, la graphie *dȝ.t.k* (variante *d.t.k*), prototype de c. ⲧⲟⲟⲧ⸗ⲕ, ta main (Sethe, *Verbum*, I, § 306 ; cf. Edel, *AG*, § 129).

L'infinitif II du verbe 3. Inf. *mrỉ*, aimer, donne :

míryat > *mí'ya* > A ⲙⲉⲓⲉ : A₂ ⲙⲁⲉⲓⲉ
> *mí'a* > S ⲙⲉ, ⲙⲉⲓ : B ⲙⲉⲓ : F ⲙⲓ
BF ⲙⲏⲓ

Évolution analogue dans le second élément du substantif *rȝ-pr*, temple :

píryat > *pí'ya* > A ⲣ̄ⲡⲉ(ⲉ)ⲓⲉ
> *pí'a* > A₂ ⲣ̄ⲡⲉⲉ : S ⲣ̄ⲡⲉ : B ⲉⲣⲫⲉⲓ : A₂f(?) ⲣ̄ⲡⲉⲉⲓ
F ⲉⲣⲡⲏⲉⲓ, ⲉⲗⲡⲏ(ⲏ)ⲓ, ⲉⲗⲡⲏ

Cf. pour *n* : *ḏányat* > *dá'ya* > S ⲧⲟ(ⲓ)ⲉ : B ⲧⲟⲓ, part.

On remarquera que le changement *r* > /'/ se produit chaque fois en fin de syllabe accentuée devant consonne. C'est pourquoi, dans *ḳāras* > ⲕⲱⲱⲥ, ensevelir, il semble reposer sur la forme suffixale *ḳársaf* > *ḳá'saf* > ⲕⲟⲟⲥ⸗ϥ, l'ensevelir. Cf. *ỉwr* : ⲱⲱ, concevoir (un enfant) et le qualitatif *ỉwr.ty* : ⲉⲉⲧ, enceinte, et, infra, c, ⲃⲱⲱⲛ,

De la même manière, dans *dāšar* > *dāraš* > *(ʽΑρ-)τυσις*, *(ʽΕρ-)τωσι*, (l'Horus) rouge (= la planète Mars) et dans *dašūrat* > *darūšat* > *da'ūšat* > *adūša* (cf. § 28 c) > B ⲉⲧⲏϣⲓ, mildiou (litt. rougeur), le changement *r* > /'/ peut être dû à l'analogie avec *dúšru* > *dúršu* > *dú'šu* > *(ʽΑρ-)της*, *(ʽΟρ-)τησις*, (Horus) le rouge.

Cette interversion de *r* nous fait supposer le même phénomène dans :

— le pseudoparticipe-qualitatif de *ḫpr* devenir : *ḫápru* > *ḫárpu* >

ḫá'pu : ϣοοπ (cf., au contraire, *ḫāripu* > *ḫárpu*, celui qui dirige, > ϣορπ, premier).

— la forme pronominale de *sāwar* : cω, boire : *sáwraf* > *sárwaf* > *sá'(w)af* > cοο⸗ϥ, le boire.

b. Dans la position précitée, *t* fait également preuve d'instabilité :
ỉtrw : *yátru* > *yá'ru* : ειοορ, fleuve
mútrat > *mú'ra* > S μεερε : B μερι, midi [ce qui est au milieu]
στατήρ : dém. *sttr.t* = *satétre* > S cατεερε : B cαθερι, cαθηρι
πωωρε, voir un rêve (de *pātar*, voir) est refait sur la forme pronominale *pátraf* > ποορ⸗ϥ.

c. Dans la même position, *y* tend lui aussi à se changer en /'/ :
kaꜣmíywu > *kamí'wu* : ϭμεεγ, pluriel de *kaꜣmíy* : ϭμε, jardinier, vigneron
dimíywu > *dimí'wu* : τμε, pluriel de *dīmay* : ϯμε, village
naṯírwu > *natíwru* > *natíyru* > *natí'ru* : ν̄αεερε, plur. de *nāṯar* : νογτε, dieu
sípyat > *síypat* > *sí'pa* : cεεπε, inf. II de *spỉ*, rester
šúryat > *šúyrat* > *šú'ra* : ϣεερε, ϣηηρε, fille, fém. de *šúryu* > *šúri* : ϣηρε

À supposer que, dans *bỉn.t*, *ỉ* représente un /j/ à cause de εβιην, personne pauvre : *bāyinat* > *báynat* > *bá'na* : βοονε, le mal. Cette forme a influencé à son tour l'adjectif masculin singulier *bỉn* : βωων, mauvais (cf. a).

De même dans le qualitatif et l'état pronominal de *sỉf*, souiller : *sáyfu* > *sá'fu* : cοοϥ et *sáyf⸗* > *sá'f⸗* : cοοϥ⸗, d'où l'infinitif *sāyaf* > cωωϥ.

Dans les formes pronominales des verbes ϯ, donner, et ειρε, faire, le changement *t* > /'/ s'est ajouté à celui de *y* > /'/ devant les suffixes consonantiques ϥ, c, κ etc. (en S aussi devant (ο)γ : ταaγ, les donner; aaγ, les faire) :

díyt⸗u > A_2 τεειτ⸗ογ : B τηιτ⸗ογ : F ταιτ⸗ογ, τειτ⸗ογ etc.
> *dí't⸗u* : AA_2 τεετ⸗ογ
> *dí'⸗f* : AA_2F τεε⸗ϥ : S τάά⸗ϥ : (B τηι⸗ϥ : F τει⸗ϥ)
írt⸗u > *íyt⸗u* > A_2 εειτ⸗ογ : VC αιτ⸗ογ : B αιτ⸗ογ : F ειτ⸗ογ
> *í't⸗u* : AA_2 εετ⸗ογ

> ĭ'=f : AA₂ ⲉⲉ=ϥ : S ⲁ̀ⲁ̀=ϥ : (B ⲁ̀ⲓ=ϥ : F ⲉⲓ=ϥ)

Le phénomène se retrouve dans l'évolution de *wa'īyat*, solitude :
wa'íyt=u > *wa'í't=u* > AA₂ FSᵃ ⲟⲩⲁⲉ(ⲉ)ⲧ=ⲟⲩ, ϥ, ⲕ etc., eux seuls, lui seul, etc.

AA₂ ⲟⲩⲁϩⲉ(ⲉ)ⲧ=ⲟⲩ, ϥ, ⲕ etc.

> *awí't=* > F ⲙ-ⲁⲩⲉⲉⲧ= : B (ⲙ)ⲙ-ⲁⲩⲁⲧ=

S ⲟⲩⲁⲁⲧ=ⲟⲩ : B (ⲛ)-ⲟⲩⲁⲧ=ⲟⲩ

> *wa'í'=f* > A₂ ⲟⲩⲁϩⲉ(ⲉ)=ϥ

> *awí'=f* > S ⲙ-ⲁⲩⲁⲁ=ⲩ, ϥ, ⲕ etc.

S ⲟⲩⲁⲁ=ϥ, ⲕ, ⲛ etc.

La différence entre B ⲧⲏⲓⲧ=ⲟⲩ et ⲁⲓⲧ=ⲟⲩ repose sur le fait que, dans le premier cas, /j/ est originel tandis que, dans le second cas, il dérive de *r* (cf. § 37). L'opposition B ⲧⲏⲓ=ϥ - ⲁⲓ=ϥ doit reposer sur l'analogie avec celle-ci.

d. *w* se change en /'/ dans les mêmes conditions que *y* :
wāgiwat > *wágwat* > *wáwga* > *wa'ga* : ⲟⲩⲟ(ⲟ)ϭⲉ, mâchoire, joue [ce qui mâche]

Dans le pluriel des substantifs de type ⲙ̄ⲕⲁϩ, douleur, ainsi qu'il ressort du parallélisme avec B : *maḳáḥwu* > *maḳáwḥu* : B ⲙ̄ⲕⲁⲩϩ : F ⲉⲙⲕⲉⲩϩ
> *maḳá'ḥu* : SAA₂ ⲙ̄ⲕⲟⲟϩ

Cf. le pluriel de S ⲉϭⲱϣ : B ⲉⲑⲱϣ, Nubien :
akāšiwu > *akášwu* > *akáwšu* > B *atháwšu* : ⲉⲑⲁⲩϣ
> *aká'šu* : S ⲉϭⲁ(ⲁ)ϣⲉ, ⲉϭⲁⲁϣ, ⲉϭⲟⲟϣ(ⲉ)

Dans le pluriel de *ḫíparu* > *ḫípru* > *ḫírbu* : ϩⲣ̄ⲃ, forme, ressemblance, à savoir *ḫipárwu* > *ḫipáwru* > *ḫipá'ru* > *ḫpó'ru*, attesté, avec perte de *p* par dissimilation, dans les graphies cunéiformes des noms d'Amenhotep IV - Ekhnaton et de Toutankhamon *Nap-ḫu'ru-riya*, *Nap-ḫuru-riya* et *Nib-ḫuru-riya* (voir infra, p. 90 sv.).

Dans le pluriel de *šāpisat* > *šápsat* > VC ϣⲁⲡϣⲓ, une (femme) noble, attesté dans *'Α-σπεσις, corrigé de Manéthon 'Αμεσσις par G. Fecht (*ZDMG*, 110 [1960], p. 120), qui y a reconnu le nom d'Hatshepsout, *ḥ3.t-šps.wt*, la première des (femmes) nobles :
šapíswat > *šapíwsat* > *šapí'sa* > *špé'se*.

e. Inversement, il arrive que *3* se change en /j/ :
Le plus souvent, il s'agit d'une assimilation à /i/ qui précède ou qui suit :

piꜣ : ⲡⲁ̀ⲓ, ce . . ci   *ʿišíꜣ* : ⲁϣⲁ̀ⲓ, être nombreux

kāꜣipu > *kāyipu* > *káypu* : Π-χωιφις, n.p., l'oiseleur [celui qui se cache]

ḏíbꜣat > *díꜣba* > *díyba* : ⲧⲁⲓⲃⲉ, coffre, sarcophage

Dans d'autres cas, la cause du changement demeure inconnue :

ꜣbw > ⲓⲏⲃ, cf. *Χνομ-ω νεβ-ιηβ*, Khnoum le grand, seigneur d'Éléphantine

ꜣāḥat > ⲉⲓⲱϩⲉ, champ

saꜣ : ⲥⲟⲓ, dos

gabáꜣ : ϭⲃⲟⲓ, bras

gúꜣwu > *gúywu* > *gúwyu* : SAF ⲕⲟⲩⲓ, personne petite, jeune (§ 39)

Le changement /ʾ/ > /j/ est le plus fréquent en B (cf. a : ⲙⲉⲓ, ⲉⲣⲫⲉⲓ). Il affecte le /ʾ/ issu de *ʿayin* dans B *baʿ* > ⲃⲁⲓ, palmier, etc. (§ 28f). Il apparaît dans *dí=ʾf* > B ⲧⲏⲓ=ϥ : F ⲧⲉⲓ=ϥ, le donner ; *íʾ=f* > B ⲁⲓ=ϥ : F ⲉⲓ=ϥ, le faire (cf. c).

f. Par assimilation à /i/, *w* peut se changer en /j/ :

natírwu > *natíwru* > *natíyru* : ⲛ̄ⲧⲁⲓⲣ, dieux, cf. c.

baꜣíkwu > *bayíkwu* > *bayíwku* > *bayíyku* : ⲉⲃⲓⲁⲓⲕ, plur. de *bāꜣak* : ⲃⲱⲕ, serviteur

sadbíḥwu > *sadbíwḥu* > *sadbíyḥu* : S ⲥⲧⲉⲃⲁⲉⲓϩ : B ⲥⲑⲃⲁⲓ(ϩ), plur. de *sádbaḥ* > *ⲥⲟⲧⲃⲉϩ > ⲥⲟⲧⲃⲉϥ, instrument, arme.

ḥaꜣwītiwu > *ḥaꜣwītiyu* > *ḥaꜣwítyu* : ϩⲟⲩⲁⲧⲉ, plur. de *ḥaꜣwīti* : ϩⲟⲩⲉⲓⲧ, premier

g. Inversement, *y* peut se changer en /w/ par assimilation à /u/ :

mayúywu > *mayúwwu* > *Πα-νο-μιευς*, Celui des lions, plur. de *māꜣuy* > *māy(uy)* > ⲙⲟⲩⲓ

h. Parallèlement au phénomène décrit sous c), *íy* peut se contracter en /i:/, qui, au contact d'une sonante ou d'une semi-voyelle, devient /é:/. *Yī* a tendance à se changer en /i:/ :

natírwu > *natíwru* > *natíyru* > *natīru* : ⲛ̄ⲧⲏⲣ, dieux, cf. c, f.

kaꜣmíywu > *kaꜣmīwu* : ϭⲙⲏⲩ, jardiniers, vignerons

sípyat > *síypat* > *sīpa* : S ⲥⲓⲡⲉ (rare), rester, inf. Ier de *spi*

ḏaꜣíywu > *ḏaꜣīwu* > *aḏīwu* : ⲉϫⲏⲩ, plur. de *ḏāꜣiyu* > *ḏáꜣyu* : ϫⲟⲓ, bateau

sat-ḥayīmat > *sa-ḥyīma* > ⲥϩⲓⲙⲉ, femme

bity : *bayīti* > *abyīt* > *abīt* : ⲉⲃ(ⲉ)ⲓⲧ, marchand de miel

i. *uw* se contracte, dans certaines conditions, en /u:/ > ⲏ

satpúwwu > *sa(t)pūwu* > S *ⲥⲡⲏ : A ⲥⲡⲉⲓ, élus, plur. de *satpúw*

Devant les sonantes et *y*, il donne /u:/ = ⲟⲩ :
ẖnw : *ẖúnwu* > *ẖúwnu* : ϩⲟⲩⲛ, l'intérieur (cf. § 39).

j. *r* se change parfois en /j/ en fin de syllabe accentuée devant consonne :
Par assimilation à /i/ :
ḳírsat > *ḳíysa* : ⲕⲁⲓⲥⲉ, ensevelissement
Sans raison apparente :
wārišu > *wáršu* > *wáyšu* : ⲟⲩⲟⲉⲓϣ, temps
ḥaḳártay > ϩⲕⲟⲉⲓⲧ, affamé, pseudoparticipe-qualitatif de *ḥaḳár* : ϩⲕⲟ
naṯárwat > *natáywat* > *natáyyat*, plur. de *naṯārat* : ⲛ̄ⲧⲱⲣⲉ, déesse (Fecht, § 363)
ḥatḥárwat > *ḥatḥáywat* > *ḥatḥáyyat*, plur. de *ḥatḥārat*, Hathor (Id., Anm. 490).

k. *n* > *r* présente une dissimilation au contact de *m* [1]) :
pꜣ-n-ỉmn-ḥtp > ⲡⲁⲣⲙ̄ϩⲟⲧⲡ, celui d'Amenhotep (nom d'un mois)
ỉwn(w)-mnṯw : ⲣ̄ⲙⲟⲛⲧ, Ἑρμωνθις, (nom de ville : On du dieu Montou)
namḥúw > ⲣⲙ̄ϩⲉ' personne libre   *ỉnhmꜣn* > ϩⲉⲣⲙⲁⲛ, grenade
Le changement inverse se rencontre dans *ir-amíf* > ⲛⲙ̄ⲙⲁ=ϥ, avec lui [à son côté] (Edel, *Orientalia*, 36 [1967], p. 67-73).

B. Les phonèmes vocaliques de l'égyptien

31 Notre point de départ est l'hypothèse de travail selon laquelle l'égyptien, comme le protosémitique, n'a possédé à l'origine que les voyelles /a/i/u/, qui peuvent être longues ou brèves. Aucun phénomène ne nous a jusqu'à présent contraint à envisager l'existence d'un système plus compliqué. Ces 6 phonèmes ont donné naissance en SBA$_2$ à 11 voyelles différentes dont 8 sont des phonèmes et dont 3 n'apparaissent que dans des variantes combinatoires, en AF à 10 voyelles dont 2 n'existent qu'en tant qu'allophones (voir **S** 65).

Il nous incombe maintenant d'examiner comment cette évolution s'est accomplie.

[1]) Cf. P. Lacau, *Sur le* ⲛ *égyptien devant* ⲣ (*R*) *en copte*, dans *Recueil Champollion*, (*Bibl. École des Hautes-Études*. Sciences hist.-philol., 234), Paris, 1922, p. 721-731.

Évolution des voyelles en syllabe accentuée

32 Dans le schéma qui suit, les lignes pleines montrent l'évolution des phonèmes, les flèches en pointillé la naissance des allophones et les réalisations divergentes de phonèmes. Les numéros renvoient aux paragraphes de la Partie Synchronique (**S**).

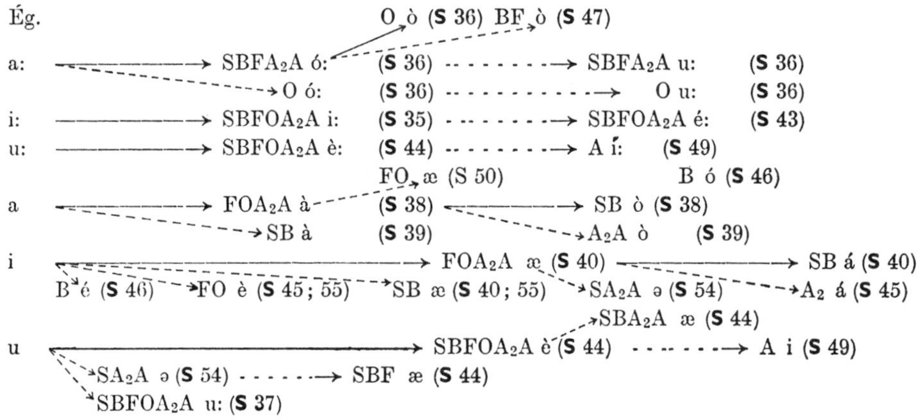

Add. : Ég. /áj/→ SBFOA₂A é: (§ 34) → BF æ (**S** 47). A *næw* > ΝΟ (**S** 48) etc.

33 Le /a:/ a reculé son point d'articulation et s'est par conséquent fermé en /ó:/ dans tous les dialectes coptes (excepté O), et même en /u:/ après *m, n* (**S** 36). L'action des deux occlusives nasales demeure inexpliquée; on ne connaît pas de parallèle dans d'autres langues.

Le /ò/ de O pourrait éventuellement avoir conservé un ancien état intermédiaire entre /a:/ et /ó:/, mais, comme cette voyelle est brève, elle nous paraît plutôt être une autre réalisation de /ó:/, d'époque tardive. D'autant plus que O possède aussi les voyelles plus fermées : /ó:/ en finale du mot et /u:/ après *m, n*.

En A, le /ó:/ se ferme aussi en /u:/ à la fin du mot et devant /ʾ/, non seulement celui issu de *ʿayin* mais aussi celui dérivé d'autres consonnes (cf. infra, § 35) :

ḫāꜣaʿ : S κω : A κογ, mettre
ḏāyad : S ϫω : A ϫογ, dire
awꜣāḫu : S λγω : A λογ (/awu:ʾ/ > /au:ʾ/), et (litt. : ajoute)
šāʿad : S ϣωωτ : A ϣογογτ, couper
pātar : S πωωρε : A πογρε, voir un rêve (cf. § 30 b)
bāyan : S βωωn : A βογογnε, mauvais (cf. § 30 c).

En B, plus rarement en F, ég. /a:/ est représenté par /ò/ devant ϩ dérivé de /ḥ/ tandis qu'il est devenu normalement /ó:/ devant ϩ issu de /h/ (§ 28 h; cf. **S** 47). On pourrait croire que l'effort que requiert l'articulation de /ḥ/ a provoqué l'ouverture du /ó:/, de même que celle de /é:/ en /æ/ (infra, § 35). Mais la question se pose de savoir pourquoi le même fait ne s'est pas produit dans tous les dialectes. Pour cette raison, et étant donné l'abrègement de la voyelle, le phénomène nous paraît relever d'une évolution propre au bohaïrique.

34 Ég. /i:/ est, dans tous les dialectes coptes, demeuré inchangé dans différentes catégories de substantifs et de verbes (cf. **S** 97; 106). Plusieurs indices montrent que, dans certaines conditions, il s'est ouvert en /é:/ = ⲏ. Il faut admettre l'existence de ce phénomène dans les mots où ⲏ est transcrit en grec par *iota*, ex. B ⲁⲑⲣⲏⲃⲓ : Ἄθριβις, et partout où ⲏ s'oppose, dans d'autres formes du même mot, à FOA$_2$A /æ/ et SB /á/ (cf. **S** 43) : puisque ces phonèmes dérivent de ég. /i/, leur forme longue serait normalement /i:/.

Cet allophone apparaît à peu près dans les mêmes mots dans tous les dialectes. Le phénomène n'a pas affecté les substantifs appartenant aux types ⲥⲡⲓⲣ, côte, et ⲡⲓⲛ, souris, dans lesquels nous voyons des « noms du grand nombre », excepté, à cause du *'ayin*, ⲣⲏ < *rī'u*, soleil, et cun. *weȝ/ẖu* < *wī'u*, soldat. Sauf pour ⲏⲥⲉ, Isis, il paraît avoir été provoqué par une sonante ou une semi-voyelle voisinant avec le /i:/.

Les principaux substantifs ainsi que les prépositions où le changement s'est produit sont énumérés dans **S** 43. En outre, ⲏ a la valeur /é:/ dans toutes les formes plurielles, dans les anciens duels ϣⲏⲧ, deux-cents, ⲟⲩⲉⲣⲏⲧⲉ, pied(s), ainsi que dans les qualitatifs des verbes monosyllabiques de type ⲣⲱⲧ, croître (ⲣⲏⲧ). Dans ces dernières formes, l'origine de ⲏ n'est pas certaine. Étant donné que les verbes à 2 radicales apparaissent comme d'anciens Mediae *yod* (voir § 78, B 2), leur pseudoparticipe pourrait être de type /rajtu/ > /ré:t/. Le qualitatif ϩⲏⲙ etc. des dissyllabiques II. gem., comme ϩⲙⲟⲙ, être chaud, a été refait sur celui des monosyllabiques, donc /hé:m/.

En BF, ce ⲏ s'ouvre en /æ/ devant ϩ (cf. § 28 h).

35 Contrairement aux deux voyelles précédentes, qui sont resp. médiane et antérieure, ég. /u:/, voyelle postérieure, a avancé son point d'articulation en /E/. Par opposition à l'allophone ⲏ, décrit dans le paragraphe précédent, ce phonème était, à notre avis, ouvert : /è:/. Il n'est, en effet, pas transcrit par *iota* en grec et il a un parallèle dans le ⲏ bref, qui présente des variantes libres plutôt voisines de /è/ (cf. infra, § 38 et **S** 44). Ce /u:/ > /è:/ caractérise des noms abstraits de qualité, des noms d'action et il se trouve dans la désinence *-ūyat*, créant des collectifs (cf. **S** 98, 2.2 a ; 100, 3).

En A, le /è:/, suivant une tendance propre à ce dialecte (cf. § 33), se ferme en /i:/ à la fin du mot et devant /ʾ/ (**S** 49) :

ḥaȝūyat > S (ⲉ)ϩⲏ : A (ⲉ)ϩⲓ partie antérieure, commencement (cf. § 28 a)

ẖaȝūyat > *ẖayūyat* > S ϣⲓⲏ : A ϩ̄ⲓⲉ(ⲓ), longueur

waẖūȝat > S ⲟⲩϣⲏ : A ⲟⲩϩ̄ⲓ, nuit

rˇmyūyat > S ⲣ̄ⲙⲉⲓⲏ : A ⲣ̄ⲙⲓⲉⲓ, larme

satpúwwu > *sa(t)pūwu* > *ⲥⲡⲏ : A ⲥⲡⲉⲓ, (les) élus (§ 30 i)

maȝūʿat > *amūʿa* > S ⲙⲏⲉ : A (ⲁ)ⲙⲓⲉ, vérité, justice (§ 28 c).

36 Ég. /a/ est représenté par /à/ en FOA₂A; il a reculé son point d'articulation et s'est fermé en /ò/ en SB (**S** 38).

Cependant, /à/ s'est conservé aussi en SB devant certaines consonnes postérieures, avec lesquelles la voyelle la plus ouverte semble mieux s'accommoder (**S** 39). Dans les mêmes conditions, /à/ s'est changé en /æ/ en FO (**S** 50) :

a. devant ϩ dérivé de /h/ et de /ḥ/

táhmu : S ⲧⲁϩⲙ : B ⲑⲁϩⲉⲙ : F ⲧⲁϩⲉⲙ, invité

wáhm= : BSF ⲟⲩⲁϩⲙ= (le) répéter

(Remarquer que devant /h/ F conserve le ⲁ)

makáḥ : S ⲙ̄ⲕⲁϩ : B ⲙ̇ⲕⲁϩ : F (ⲉ)ⲙⲕⲉϩ, souffrir

náḥm= : SB ⲛⲁϩⲙ= : F ⲛⲉϩⲙ= (le) sauver

maḥ= : SB ⲙⲁϩ= : F ⲙⲉϩ= (le) remplir

báḥsat : S ⲃⲁϩⲥⲉ : B ⲃⲁϩⲥⲓ : F ⲃⲉϩⲥⲓ, veau

b. en B, devant ⳉ et en SF devant ϩ dérivés de /x₂/x₃/ :

páẖrat : B ⲫⲁⳉⲣⲓ : S ⲡⲁϩⲣⲉ : F ⲡⲉϩⲗⲓ, médicament

dém. *mlẖ* : B ⲙ̇ⲗⲁⳉ : S ⲙ̄ⲗⲁϩ : F ⲙ̄ⲗⲉϩ, bataille

dém. *lẖm* : B ⲗⲁⳉⲉⲙ, bouilli, pétri : S ⲗⲁϩⲙ= : F ⲗⲉϩⲙ= (le) bouillir, pétrir

páẖdu : B ⲫⲁⳉⲧ : S ⲡⲁϩⲧ : F ⲡⲉϩⲧ (ren)versé, prosterné

páẖȝ= : B ⲫⲁⳉ= : S ⲡⲁϩ=, (le) fendre

ráẖti : B ⲣⲁⳉⲧ : S ⲣⲁϩⲧ : F ⲣⲉϩⲧ, ⲗⲉϩⲧ, laveur, foulon

c. devant ϣ dérivé de /x₃/ :

wabáḫ : SB ⲟⲩⲃⲁϣ : F ⲟⲩⲃⲉϣ, devenir blanc

náẖtat : S ⲛⲁϣⲧⲉ : B ⲛⲁϣϯ : F ⲛⲉϣϯ force, protection

máẖȝat : S ⲙⲁϣⲉ : B ⲙⲁϣⲓ : F (?) ⲙⲉϣⲓ, balance

ʿanáḫ(ḫa) : SB ⲁⲛⲁϣ : F ⲁⲛⲉϣ, serment
Cf. *ʿášꜣu* : SB ⲟϣ : F ⲁϣ, étant nombreux
taꜣáš : S ⲧⲟϣ : B ⲑⲟϣ : F ⲧⲁϣ, frontière

d. devant /ʾ/ dérivé de *ʿayin*, même lorsque ce phonème s'est amui, comme en B, et à la fin du mot :
wáʿbu : S ⲟⲩⲁⲁⲃ : B ⲟⲩⲁⲃ : F ⲟⲩⲉⲉⲃ, pur
ḫáꜣʿ⸗ > *ḫáʿꜣ⸗* : S ⲕⲁⲁ⸗ : B ϫⲁ⸗ : F ⲕⲉⲉ⸗ (le) placer
waʿáꜣ > *waꜣáʿ* : SB ⲟⲩⲁ̀ : F ⲟⲩⲉ, blasphème
yáʿ(y)⸗ : S ⲉⲓⲁⲁ⸗ : B ⲓⲁ⸗ : F ⲓⲉⲉ⸗, (le) laver
ḏabáʿ : S ⲧⲃⲁ̀ : B ⲑⲃⲁ̀ : F ⲧⲃⲉ, dix-mille
šamáʿ : SB ϣⲙⲁ̀, être léger, fin
náʿyu : S ⲛⲁ : B ⲛⲁ̀ⲓ : F ⲛⲉⲉⲓ, avoir pitié (cf. § 28 f).

Cependant devant le groupe /ʾh/ dérivé de ég. /ʿḥ/ SB — et aussi AA₂ — présentent un /ò/. En FO, le /à/ demeure (**S** 39). Cela indique qu'antérieurement au changement généralisé de *ʿayin* en /ʾ/ la fricative laryngale sonore s'était, par dissimilation avec la fricative sourde /ḥ/, changée en /ʾ/ : ex. *yáʿḥu* : SA ⲟⲟϩ : B ⲓⲟϩ : F ⲁ(ⲁ)ϩ, lune (cf. § 28 g).

Le phénomène précité mis à part, lorsque S et F ont resp. /ò/ et /à/ devant /ʾ/, c'est que celui-ci dérive d'une consonne autre que *ʿayin* ou bien d'un *ʿayin* qui a subi tardivement une métathèse/interversion (cf. § 30 a-d; 28 g) : ex. *mánʿat* > S ⲙⲟ(ⲟ)ⲛⲉ : B ⲙⲟⲛⲓ : F ⲙⲁⲁⲛⲓ, nourrice.

En AA₂, la position en finale du mot et le /ʾ/ issu des consonnes autres que *ʿayin* ont, comme pour d'autres voyelles (cf. § 33; 35), provoqué la fermeture de /à/ en /ò/ (**S** 39). Seuls FO ont conservé partout le /à/. Sur l'époque de ce changement, voir § 55 et le tableau du § 64 :

ḫápru > *ḫárpu* > ϩⲟⲟⲡ, étant	*báynat* > ⲃⲟⲟⲛⲉ, le mal
yátru > ⲉⲓⲟⲟⲣⲉ, fleuve	*taʿḳá* > ⲧⲉⲕⲟ, détruire
maḳáḥwu > *maḳáwḥu* > ⲙ̄ⲕⲟⲟϩ douleurs	*ḥar* > ϩⲟ, visage

En B, ⲱ est un allophone de /ò/ devant *w* et *y*. Si, à l'origine, il était séparé de la semi-voyelle par une consonne ou lorsque la semi-voyelle est née d'un autre phonème, /ò/ se conserve. Il s'agit manifestement d'une adaptation de l'aperture de la voyelle à celle, plus fermée, de *w*, *y*. Ce qui importe donc ici, c'est le timbre ou la qualité de la voyelle. Sa quantité est neutralisée et ⲱ peut être considéré comme bref : /ó/ (**S** 46) :

maw : ⲙⲱⲟⲩ, eau
iráw : ⲉⲣⲱⲟⲩ, vers eux
ḏt, dém. *ḏyt*, héb. *zayt* : ϫⲱⲓⲧ, olivier
ʿḳ : *ʿāyiḳu* > *ʿáyḳu* : ⲱⲓⲕ, pain
nḏ : *nāyiḏu* > *náydu* : ⲛⲱⲓⲧ, farine
(Ces deux exemples confirment l'hypothèse selon laquelle la plupart des verbes à 2 radicales sont en réalité des 2ae *yod*, cf. § 78, B 2).
Exceptions : ⲙ̄ⲙⲟⲓ, (de) moi ; ⲉⲣⲟⲓ, vers moi, par analogie avec ⲙ̄ⲙⲟⲕ, ⲉⲣⲟⲕ, etc.
Au contraire :
ḏāȝiyu > *ḏáȝyu* : ϫⲟⲓ, bateau *ḳāȝiyat* > *ḳáȝya* : ⲕⲟⲓ, champ
hāriwu > *hárwu* : ⲉϩⲟⲟⲩ, jour *gabáȝ* : ϫⲫⲟⲓ, bras
áryu > *á'yu* > ⲟⲓ (qualitatif de ⲉⲓⲣⲉ), étant (fait)
Exception : *dwȝw* : *dáwȝu* : B ⲧⲟⲟⲩⲓ (S (ϩ)ⲧⲟⲟⲩⲉ), matin

37 Ég. /i/ est rendu par ⲉ en FOA₂A et par ⲁ en SB. La concordance parfaite entre ces deux voyelles et l'absence de toute confusion avec le ⲁ qui, en SB, est un allophone de /ò/ montrent que le ⲁ issu de /i/ est distinct de celui-ci et qu'il a conservé sa valeur phonologique. Étant donné son origine, nous y voyons un /A/ antérieur, /á/. Les raisons pour lesquelles nous attribuons à ⲉ le timbre /æ/ sont données en **S** 40.

En SA₂A /i/ a été absorbé par la sonante lorsque celle-ci ne se trouve pas en finale (**S** 54). En B, il est représenté dans la même position par ⲉ = /æ/ et en F par ⲏ = /è/ (**S** 55), deux timbres qui ont presque la même aperture que la résonance [ə] attribuée par nous à la sonante (**S** 52) :
kínyat : S ⲕⲛ̄ⲛⲉ : AA₂ ⲕⲛ̄(ⲉ)ⲓⲉ : B ⲕⲉⲛⲓ : F ⲕⲏⲛⲓ, être gras
tíltil : S ⲧⲗ̄ⲧⲗ̄ : A ⲧⲗ̄ⲧⲗⲉ : B ⲧⲉⲗⲧⲉⲗ, tomber goutte à goutte
šímšat : SAA₂ ϣⲙ̄ϣⲉ : B ϣⲉⲙϣⲓ : F ϣⲏⲙϣⲓ, servir.

En SB, /æ/ se rencontre en tant qu'allophone de /á/ devant /h/'/ et en finale du mot (**S** 40). Dans les deux dernières positions, F présente /è/ (**S** 45) :
díhnat : S ⲧⲉϩⲛⲉ : BF ⲧⲉϩⲛⲓ, front
ḥatríy : S ϩⲁⲧⲣⲉ' : B ϩⲁⲑⲣⲉ' jumeau ; cf. S ⲙⲛ̄ⲧⲣⲉ' : F ⲙⲉⲧⲣⲏ, témoin
s.t : *sit*, cela : SB ⲥⲉ : F ⲥⲏ oui (cf. Vycichl, *WZKM* 1957, p. 218)
Devant /'/ originel : *míȝwat* : S ⲙⲉⲉⲩⲉ : B ⲙⲉⲩⲓ : F ⲙⲏ(ⲏ)ⲟⲩⲓ, ⲙⲉⲉⲩⲓ penser, etc. (§ 28 d).

Devant /ʾ/ dérivé d'une consonne autre que *ʿayin* (§ 30 a-d) :
míryat > *míʾya* > *míʾa* : S ⲙⲉ(ⲓ) : B ⲙⲉⲓ : F ⲙⲏⲓ, ⲙⲓ, aimer
sípyat > *síypat* > *síʾpa* : S ⲥⲉⲉⲡⲉ : B ⲥⲉⲡⲓ : F ⲥⲏⲏⲡⲓ, rester
šapíswat > *šapíwsat* > *šapíʾsa* > *špéʾse* : **Α-σπεσις*, Hatshepsout, etc.
Pour les deux cas précités, il existe quelques exceptions :
mw.t míʾwat : S ⲙⲁⲁⲩ : B ⲙⲁⲩ : A₂F ⲙⲉⲉⲩ : A ⲙⲟ mère
simíꜣwayu > *simíꜣwi* : S ⲥⲙⲁ(ⲁ)ⲩ : BF ⲥⲙⲁⲩ : A₂ ⲥⲙⲉⲩ (ancien duel), tempes
ḳaníywu > *ḳaníʾwu* : S ⲕⲛⲁⲁⲩ : B ϫⲛⲁⲩ : F ⲕⲉⲛⲉⲩ : A ⲕⲛⲟ gerbe (anc. plur. de *ḳānay*)
díʾ=f : S ⲧⲁ̄ⲁ̄=ϥ, le donner (cf. § 30 c)
íʾ=f : S ⲁ̄ⲁ̄=ϥ, le faire (ibid.)
Devant /ʾ/ dérivé de *ʿayin*, la règle générale du § 37 est d'application :
wíʿyu : S ⲟⲩⲁ : B ⲟⲩⲁⲓ : AA₂F ⲟⲩⲉ : A₂ ⲟⲩⲉⲉⲓ, un
mísḏar > *mísḏaʿ* (cf. P ⲙⲁϣⲧⲁ) > *míʿḏa* : S ⲙⲁⲁϫⲉ : AF ⲙⲉⲉϫⲉ : F ⲙⲏϫⲓ oreille

En B, ⲏ est un allophone de /á/ devant un /j/ originel précédant une autre consonne et parfois à la finale du mot (**S** 46). À cause du parallélisme avec ⲱ se substituant à /ò/ (§ 36) nous avons considéré ce ⲏ comme fermé et bref : /é/. En revanche, le ⲏ qui, en F, occupe les mêmes positions, sera plutôt ouvert /è/, comme celui mentionné ci-dessus. D'autre part, A₂ présente un /á/ au lieu de /æ/ devant le /j/ originel non final (**S** 45) :
míyanu > *míynu* : S ⲙⲁⲉⲓⲛ : B ⲙⲏⲓⲛⲓ : F ⲙⲏⲓⲛ : A₂ ⲙⲁⲉⲓⲛ, signe
síwanu > *síyanu* > *síynu* : S ⲥⲁⲉⲓⲛ : BF ⲥⲏⲓⲛⲓ : A₂ ⲥⲉⲓⲛⲉ, médecin
díyt=u : B ⲧⲏⲓⲧ=ⲟⲩ : F ⲧⲉⲓⲧ=ⲟⲩ, ⲧⲁⲓⲧ=ⲟⲩ, les donner
ir-ḥaríy : S ⲉϩⲣⲁⲓ : B ⲉϩⲣⲏⲓ : F ⲉϩⲗⲏⲓ vers le haut
ni=y : S ⲛⲁⲓ : BF ⲛⲏⲓ à moi; en outre F ⲛⲏⲕ, ⲛⲏϥ
Au contraire, devant *y* provenant d'une autre consonne :
írt=u : B ⲁⲓⲧ-=ⲟⲩ : F ⲉⲓⲧ=ⲟⲩ, les faire
wiḏíꜣ : BF ⲟⲩϫⲁⲓ : F ⲟⲩϫⲉ(ⲉ)ⲓ être indemne.

Enfin, /iw/ > /æw/ en finale s'est changé en /ò/ en A :
niw : SB ⲛⲁⲩ : A₂F ⲛⲉⲩ : A ⲛⲟ, voir; heure
siníwayu > *siníwi* : SBA ⲥⲛⲁⲩ : AA₂F ⲥⲛⲉⲩ : A ⲥⲛⲟ, deux.

38 Dans tous les dialectes coptes, il existe un phonème ⲏ qui alterne parfois avec ⲉ et avec /ə₂/, ou qui est transcrit en grec par *e-psilon* (**S** 44). Il sert à former une catégorie de substantifs qui s'interprètent étymologiquement comme des adjectifs substantivés de la catégorie protosémitique *qútlu* — *qútlat*, laquelle possède le même sens de classe (**S** 98, 1 et infra, § 77). Nous concluons que ce ⲏ est issu de /u/ et qu'il représente /è/, parallèlement au /è:/ né de /u:/.

La variante libre /ə₂/, mentionnée plus haut, se rencontre en SAA₂ (**S** 54) et ⲉ = /æ/ en SBF (**S** 44). Étant donné que l'évolution [u] > [è] passe normalement par [œ], la variante /ə₂/, qui a le même timbre, peut représenter un stade plus ancien que ⲏ. Il est possible que le *ô* des transcriptions hébraïques tende à rendre cette voyelle médiane. On a vu qu'en B /æ/ se substitue aussi dans d'autres positions à /ə/, avec lequel son point d'articulation est voisin (§ 37).

Parallèlement à /è:/, le /è/ bref, en A, se ferme en /i/ à la fin du mot et devant /'/ issu de *'ayin* (cf. § 35 et **S** 49) :

nìw.t : *núywat* : ⲛⲏ, VC ⲛⲉ : ass. *Ni'*; héb. *Nô'*, Thèbes (litt. : la Ville); cf. infra § 57

ḥúmḏu : SF ϩⲏⲙϫ : SA₂AF ϩⲙ̄ϫ : SBF ϩⲉⲙϫ, vinaigre [ce qui est aigre]

múršu : SBF ⲙⲏⲣϣ : SA ⲙⲣ̄ϣ : SF ⲙⲉⲣϣ, homme roux; cf. *Πμερσις*

kúmmu : SA ⲕⲏⲙⲉ : B ⲭⲏⲙⲓ : F ⲕⲏⲙⲓ, Égypte [le (pays) noir]; cf. *Πκημις*, *Πκεμις* le noir (homme)

rúsyu : SBAF ⲣⲏⲥ, le Sud; cf. *Παθουρης*, ass. *Paturesi*, héb. *Patrôs*, le pays du Sud

(cf. /u:/ : *bayūnu* : SBAF ⲉⲃⲓⲏⲛ, personne pauvre, héb. *ebyôn*)

wú'bu : SFA₂ ⲟⲩⲏⲏⲃ : BF ⲟⲩⲏⲃ : F ⲟⲩ(ⲏ)ⲉⲃ, ⲟⲩⲉϥ : A ⲟⲩⲓⲉⲓⲃⲉ, prêtre [un pur]

múš'u > *mú'šu* : SFA₂ ⲙⲏⲏϣⲉ : B ⲙⲏϣ : F ⲙⲏⲏϣⲓ, ⲙⲉϣⲓ : A ⲙⲓⲉⲓϣⲉ, foule

ḏúb'u > *ḏú'bu* : SF ⲧⲏⲏⲃⲉ : B ⲧⲏⲃ : F ⲧⲉⲉⲃⲉ : A ϯⲉⲓⲃⲉ, doigt

wúsḫat > *wúḫsa* : S ⲟⲩⲉϣⲥ(ⲉ) : B ⲟⲩⲏϣⲥⲓ : BF ⲟⲩⲉϣⲥⲓ, largeur

mútrat > *mú'ra* : SA ⲙⲉⲉⲣⲉ : B ⲙⲉⲣⲓ : F ⲙⲏⲏⲣⲉ, midi [le milieu]

šúryat > *šúyrat* > *šú'ra* : SAA₂ ϣⲉⲉⲣⲉ : B ϣⲉⲣⲓ : F ϣⲏⲏⲗⲓ, fille.

Les deux derniers exemples montrent que ⲉ = /æ/ est un allophone de /è/ (excepté en F) devant le /'/ qui ne dérive pas de *'ayin* (cf. § 30 a-d). On peut y ajouter *mú3'at* : S ⲙⲉ(ⲉ) vérité, justice, et *wú3ḏu* : *γετ* (accentué) dans *ρι-σι-γετ-ου* = *ḥry-š-w3ḏ-wr*, l'intendant du lac « la Très Verte » (**S** 44).

39 La voyelle ⲟⲩ = /u:/ qui, du point de vue synchronique, est dans tous les dialectes coptes un phonème servant à créer une classe *u* (**S** 37 et les tableaux de **S** 78) est diachroniquement une variante combinatoire de /è/ < ég. /u/. Elle dérive de ég. /uw/, qui s'est contracté en /u:/ devant les sonantes et devant *y* pour autant que celui-ci n'est pas devenu /w/ par assimilation. En effet, les substantifs de cette classe dont on peut établir l'étymologie sont d'anciens adjectifs substantivés ou des noms de parties du corps de type *qútlu* - *qútlat*; deux autres substantifs et l'unique verbe sont des formes à réduplication :

ẖnw : *ẖúnwu* > *ẖúwnu* : SFA₂ ϩⲟⲩⲛ : B ϧⲟⲩⲛ : A ⳉⲟⲩⲛ, l'intérieur
**ḳúwru* : SBF ⲕⲟⲩⲣ : F ⲕⲟⲩⲗ, homme sourd
√*g3w* : *gú3wu* > *gúywu* > *gúwyu* : SFA ⲕⲟⲩⲓ, personne petite, jeune; un peu
ḳni, *ḳniw* : *ḳúnwu* > *ḳúwnu* : SF ⲕⲟⲩⲛ⸗ : SA₂ ⲕⲟⲩⲟⲩⲛ⸗ : S ⲕⲟⲩⲟⲛ⸗, ⲕⲟⲩⲱⲛ⸗ : A ⲕⲟ(ⲟ)ⲛ⸗, sein, giron
sr.t : **súrwat* > *súwra* : SAA₂ ⲥⲟⲩⲣⲉ : BF ⲥⲟⲩⲣⲓ, épine, pointe
ḳrr, *ḳrwrw* : *ḳ˘rúwruw* : SF ⲕⲣⲟⲩⲣ : B ⲭⲣⲟⲩⲣ, grenouille
trr : **t˘rúwruw* : F ⲧⲣⲟⲩⲣ, vitesse
√*hr* : *h˘rúwruw* : B ϩⲣⲟⲩⲣ, cesser, être calme.

La présence d'un /w/ dans **ḳúwru* est assurée par le fém. B ⲕⲁⲩⲣⲓ < *ḳáwra* < *ḳāwirat*, celle qui est sourde; *sr.t* est apparenté à arabe *sarwa*, flèche, qui présente un *w*, et suggère l'étymologie « ce qui est pointu ». Le verbe *hr*, être content : ϩⲣ̄ⲣⲉ, cesser, être calme, dont B ϩⲣⲟⲩⲣ montre une forme redoublée, équivaut en réalité à *hrw* ainsi qu'il appert du premier *u* du qualitatif ϩⲟⲩⲣⲱⲟⲩ < *hawrāwu* < *harwāwu*. Les prototypes égyptiens des autres mots de la classe *u*, cités **S** 99, ne sont malheureusement pas connus. On notera toutefois la nouvelle variante ⲥⲉⲓⲟⲩⲟⲩⲣ de ⲥⲓⲟⲩⲣ, eunuque (R. Kasser, *Compléments au Dict. copte de Crum*, p. 58) [1]).

Évolution des voyelles en syllabe atone

40 Les voyelles qui, en égyptien, se trouvaient en syllabe atone se sont, en règle générale, amuies en copte. Le point vocalique dans une

[1]) D'après ces exemples, le mot composé *ḥmw.t.r3* « art de la bouche, de la formule » > « formule magique » doit avoir suivi l'évolution *ḥamūwa(t)-ra3* > *ḥamūra3*, avec perte de la syllabe /wa/ comme dans *wapá(yyu)ra3* etc. (cf. § 87, 4a), pour devenir VC ḥⲙⲏⲣ « etcétéra » (évolution différente proposée par G. Fecht, *Wortakzent*, § 233).

combinaison de consonnes non-sonantes, la sonante décroissante et le ⲉ qui peut les remplacer sont respectivement désignés par nous au moyen des symboles $ə_1$, $ə_2$, $ə_3$ (**S** 52).

Dans certains schèmes, la voyelle atone de la 1re syllabe a disparu sans laisser de trace (seules les formes S sont données) :

kamūmat : ⲕⲙⲏⲙⲉ, obscurité | *ḫamám* : ϩⲙⲟⲙ, être chaud
parūḫu : ⲡⲣⲏϣ, ce qu'on étend, natte | *damíḏ* : VC, A_2 ⲧⲙⲉⲧ, entier
ḥabárbar : ϩⲃⲟⲣⲃⲣ̄, jeter par terre | *ḥaʾwīti* : ϩⲟⲩⲉⲓⲧ, premier
saníyniy : ⲥⲛⲁⲉⲓⲛ, sauter, rôder | *sapīru* : ⲥⲡⲓⲣ, côte

Dans d'autres schèmes, /a/i/u/ est représenté par un des trois ə. Rappelons que, dans la syllabe accentuée, seul /i/ peut se changer en $ə_2$.

ḫárḫar : ϣⲟⲣϣⲣ̄ abattre, renverser | *ḳarímrim* : ⲕⲣⲙ̄ⲣⲙ̄, murmurer
bísbis : ⲃⲁⲥⲃⲥ, espèce de canard | *sātap* : ⲥⲱⲧⲡ̄ choisir, élire
tiltīlat : ⲧⲗ̄ⲧⲓⲗⲉ, goutte | *matár* : ⲙ̄ⲧⲟ, présence
ḥabárbar : ϩⲃⲟⲣⲃⲣ̄, jeter par terre | *naṯārat* : ⲛ̄ⲧⲱⲣⲉ, déesse

Pour le /a/ final, voir, outre les 3 exemples cités :

ḳírsat : ⲕⲁⲓⲥⲉ, ensevelissement | *nāṯar* : ⲛⲟⲩⲧⲉ, dieu
sānat : ⲥⲱⲛⲉ, sœur | *rāmaṯ* : ⲣⲱⲙⲉ, homme

Le /u/ final des formations nominales tombe régulièrement, sauf dans quelques mots du type *qútlu* et dans certains pluriels. Il est alors rendu par $ə_3$. Voir, outre 2 exemples ci-dessus :

ʿíyḳu : ⲁⲉⲓⲕ, consécration (d'église) | *wúʿbu* : ⲟⲩⲏⲏⲃ, prêtre
pīnu : ⲡⲓⲛ, souris | *ḏúbʿu* : ⲧⲏⲏⲃⲉ, doigt
ḥābisu > *ḥábsu* : ϩⲟⲃⲥ, couvercle | *ḥúḳ(r)u* : ϩⲏⲕⲉ, homme misérable
míyanu > *míynu* : ⲙⲁⲉⲓⲛ, signe | *kúmmu* : ⲕⲏⲙⲉ, Égypte

haʾíbwu > *hayíbwu* > *habíywu* > *habīwu* : ϩⲃⲏⲩⲉ, choses, Pl. de *hāʾab* > ϩⲱⲃ

ḫabúrwu > *ḫabúwru* > *ḫabúʾru* : ϣⲃⲉⲉⲣⲉ, compagnons, Pl. de *ḫabūru* > ϣⲃⲏⲣ

41 On remarquera ci-dessus dans м̄то, н̄тωрє, que la sonante ne peut pas se combiner en position croissante avec une consonne; elle constitue une syllabe séparée et devient décroissante (cf. **S** 68). La même chose vaut pour les semi-voyelles : *wašíb* : ογϣаπ, gage; *wamát* : ογмοт, devenir gros; *wiḏíꜣ* : ογϫаι, être indemne, bien portant. Un autre cas de /wə/ > /u/ se trouve dans *mítwat* : матоγ, poison; *ríswat* : расоγ, songe; *swəlōl=* : соγλωλ=, (l')envelopper (de соγολογλ = swólwəl). À part cela, les exemples de /u/ allophone de /ə₁/ dérivent souvent de /əw/ : ϩоγ-мιсє, jour anniversaire (/həw/ de ϩооγ) etc. (cf. **S** 58).

De la même manière /i/ est allophone de /ə₁/ devant /j/, p.ex. dans сϯноγϥє, bonne odeur, parfum (/stəj/ de стоι); ϥι рооγϣ, prendre soin de; ϫι ϩаπ, passer en jugement (**S** 58). L'état absolu /fī/čī/ dérive de *fíꜣyat* > *fíyꜣa* et de *ṯíꜣyat* > *ṯíyꜣa* (cf. ci-après *ṯísyat*); ϥι-, ϫι- doivent donc être considérés comme dérivés de /fəj/čəj/.

Le /i/ qui apparaît comme une variante libre de /ə₃/ en finale dans certains mots d'un subdialecte de A₂ est, du point de vue diachronique, un allophone de /jə/ dans les qualitatifs, les pluriels et certains noms singuliers qui se terminaient en /ju/ (cf. **S** 56 et ci-après § 63) :

ṯásyu : ϫасι, élevé, qualitatif de *ṯísyat* > *ṯíysat* : ϫιсє
yātiwu > *yātiyu* > *yátyu* : єιаϯ, pères, pluriel de *yāti* : єιωт
sāniyu > *sányu* : сані (S сооне), voleur, ancien part. prés. de *snì* : сιнє, passer, traverser (cf. *snnì* : *saníyniy* : снаєιн, rôder)
wíʿyu : оγєєι, un.

Le /i/, variante libre /ə₃/ en SAF dans les mots ϭιс- moitié; ϫι-, dire, etc. a été attribué à l'influence de la consonne palatale (Sethe, *Verbum*, I, § 36) mais rien de semblable ne justifie la présence en S du /u/ de πоγ-, ton = de toi (femme); -соγ (suffixe 3ᵉ pers. plur.) au lieu de πє-, -сє (**S** 56).

42 La réalisation par є = /ə₃/ de /ə₁/ dans єϩє', vache; кωтє, tourner; мєс-, engendrer; сєтπ-, choisir; змс-, immerger, ne pose pas de problèmes particuliers. Les syllabes initiale et finale pouvaient difficilement être rendues d'une autre manière; dans l'état nominal des verbes, le є indique clairement la constitution de la syllabe, en accord avec les formes absolues мιсє, сωтπ, ωмс (cf. **S** 52).

La même réalisation par є est un allophone de /ə₂/ lorsqu'en A la sonante finale du mot après consonne et semi-voyelle devient croissante : ⲛⲟⲩϩⲙⲉ, sauver; ⲟⲩⲁⲓⲛⲉ, lumière. En A$_2$ ce phénomène ne se produit qu'après *w* + *n* : ⲥⲁⲩⲛⲉ, savoir (**S** 52).

Dans les schèmes qui avaient en égyptien une seconde radicale redoublée, /ə$_3$/ et sa variante /à/ sont probablement conditionnés par cette structure particulière :

sannāḏu : ⲥⲁⲛⲟⲩⲑ, poltron	*saddāꜣat* : ⲥⲁⲧⲱ, éventail
girrīgu : ϭⲉⲣⲏϭ, chasseur	*ṯaꜣꜣāyat* > *aṯā(ya)* : ⲉ/ⲁϫⲱ, pince

Cependant la voyelle a disparu ici aussi devant /w/ : *tawwātu* : ⲧⲟⲩⲱⲧ, idole; *dawwānu* : *Θουνις* (= twōn), Celui qui étend (ses ailes, *ʿn.wy*) et même dans *massānu* : (*ʿΑρ-*)*εμσυνις*, (Horus) le harponneur.

Les verbes causatifs, normalement construits comme ϫⲡⲟ < *t-šap(r)á* < *t-ḫap(r)á*, engendrer, trahissent par un /à/ (en AA$_2$ parfois /ə$_2$/ə$_3$) l'existence d'un *ʿayin* ou d'un *ʾaleph* à l'initiale du verbe dont ils dérivent (cf. **S** 109, 1) :

t-ꜣaḳá : S ⲧⲁⲕⲟ : AA$_2$ ⲧⲉⲕⲟ, détruire
t-ʿašꜣá : SA ⲧⲁϣⲟ, multiplier
t-ʿanḫá : SA$_2$ ⲧⲁⲛϩⲟ : A ⲧⲛ̄ϩⲟ : A$_2$ ⲧⲛ̄ϩⲟ, vivifier
t-ʿalá : SA ⲧⲁⲗⲟ : AA$_2$ ⲧⲉⲗⲟ, élever
t-ʿašá : SAA$_2$ ⲧⲁϣⲉ-(ⲟ/ⲁⲉⲓϣ), (faire) proclamer
t-ʿaḥʿá : S ⲧⲁϩⲟ : AA$_2$ ⲧⲉϩⲟ, établir

Il reste toutefois pas mal de mots où la substitution de /ə$_3$/ à /ə$_1$/ demeure inexpliquée, p.ex. ϭⲉⲡⲏ, hâte; B ⳉⲟⲧⳉⲉⲧ : S ϩⲟⲧϩⲧ, rechercher, etc.

Quant à la substitution de /à/ à /ə$_3$/, elle semble parfois être due au contact de /ʾ/ʿ/ḥ/, qui font aussi prévaloir ⲁ dans la syllabe accentuée en SB (§ 36). D'ailleurs, /à/ atone pour /ə$_1$/ dans ⲱⲛⲁϩ, vivre; ⲟⲩⲱⲛⲁϩ, révéler, doit avoir la même origine (**S** 57) :

ꜣaḳāyat : ⲁⲕⲱ, perte	*ʿašūꜣat* : ⲁϣⲏ, foule
saꜣ- : ⲥⲁ-, dos (de ⲥⲟⲓ)	*yaʿ-* : ⲉⲓⲁ-, laver
dém. *ḥrḥ* : ϩⲁⲣⲉϩʹ, garder	*paʿūrat* > *pūrʿa* : S ⲡⲏⲣⲁ (m.) caille
**ḫalīti* : ϩⲁⲗⲏⲧ, oiseau	*ʿišíꜣ* : ⲁϣⲁⲓ, être nombreux

Dans l'état nominal du verbe, AA$_2$ et B préfèrent aussi /à/devant ϩ :
nḥm : ⲛⲁϩⲙⲉ-, ⲛⲁϩⲙ- : B ⲛⲁϩⲉⲙ- : S ⲛⲉϩⲙ-, sauver
mḥ. : ⲙⲁϩ- : S ⲙⲉϩ-, remplir
whm : ⲟⲩⲁϩⲙⲉ- : B ⲟⲩⲁϩⲉⲙ- : S ⲟⲩⲉϩⲙ-, répéter
pḫd : B ⲫⲁⳉⲧ- : S ⲡⲉϩⲧ-, (ren)verser.

Certains cas où ég. *ỉ* correspond à ⲁ trouveront une explication dans le mot *ỉmnt.t* : S ⲁⲙⲛ̄ⲧⲉ : A ⲉⲙⲛ̄ⲧⲉ, Hadès (litt. l'endroit de l'occident). À cause de la parenté avec sém. *yamīn*, main droite, *ỉ* équivaut ici originairement à *yod*. Or on ne connaît pas d'exemples, parallèles à /wə/ > /u/ (cf. § 41), de /jə/ > /i/ à l'initiale excepté précisément dans une variante de S ⲉⲙⲛ̄ⲧ, occident, qui donne ⲉⲓⲙⲛ̄ⲧ et ⲉⲓⲙⲛ̄ⲧⲉ. Il se peut donc que /jə/ > /i/ ait continué ici son évolution en /e/ - /a/ comme le /i/ accentué. Cette hypothèse s'applique surtout aux mots où ces deux voyelles alternent :

ỉwn : S ⲁⲩⲁⲛ : A ⲉⲟⲩⲉⲛ, couleur — *ỉhm* : S ⲁϩⲟⲙ : A ⲉϩⲁⲙ, soupir
ỉnm : B ⲁⲛⲟⲙ, peau — *ỉtḥ* : B ⲁⲑⲁϩ, charge
ỉbd : S ⲉⲃⲟⲧ : AA₂ ⲉⲃⲁⲧ : B ⲁⲃⲟⲧ : F ⲉⲃⲁⲧ, ⲁⲃⲁⲧ, mois.

43 BF ont subi dans une moindre mesure que les autres dialectes la réduction des voyelles en syllabe atone. Ainsi, abstraction faite de ⲙ, ⲛ à l'initiale en B, ces deux idiomes présentent toujours ⲉ devant la sonante, auquel nous croyons devoir attribuer le timbre [æ] : ⲙ̇ⲕⲁϩ : ⲉⲙⲕⲉϩ ; ϧⲱⲧⲉⲃ : ϩⲱⲧⲉⲃ (**S** 53).

BF /i/ allophone de /ə₃/ en finale (**S** 56) se rattache à ce même phénomène si l'on accepte l'hypothèse d'E. Edel, suivi en cela par G. Fecht (voir § 63). Remarquons que F a -ⲉ dans les mots qui avaient originairement un *'ayin* dans la dernière syllabe; le dialecte P du P. Bodmer VI y présente un -ⲁ et pas de métathèse de /ʿ/ (**S** 56) *pānaʿ* : ⲡⲱⲛⲁ : ⲡⲟⲛⲁ⸗, changer; *mísḏar* > *mísḏaʿ* : ⲙⲉⲉϫⲉ : ⲙⲁϣⲧⲁ, oreille; *múšʿu* : ⲙⲏⲏϣⲉ : ⲙⲏϣⲁ, foule; *ḏúbʿu* : ⲧⲉⲉⲃⲉ : ⲧⲏⲃⲁ, doigt, etc. (cf. § 28 g).

Pour le reste, B montre dans de nombreux morphèmes une vocalisation plus pleine que S (et les autres dialectes) : Exx. ⲟⲩⲟⲛ/ⲙ̇ⲙⲟⲛ ϫⲟⲙ : ⲟⲩⲛ̄/ⲙⲙⲛ̄ ϭⲟⲙ, avoir/ne pas avoir le pouvoir de; ⲫⲏ ⲉⲧ- : ⲡⲉⲧ-, celui qui; ϩⲁⲛ : ϩⲉⲛ, art. indéfini pluriel; ⲛ̇ⲑⲟⲕ ⲛⲓⲙ : ⲛ̄ⲧⲕ̄ ⲛⲓⲙ, qui est-tu ?, etc. (Voir A. Erman, *Unterschiede zwischen den koptischen Dialekten bei der Wortverbindung*, dans *Sitz.-Ber. preuss. Akad.*, 1915, p. 180-188).

C. La syllabe

44 Les 7 types coptes de syllabes atones, en **S** 68, sont le résultat de la réduction générale des voyelles égyptiennes dans la syllabe non accentuée. La même observation vaut pour les types 5 à 9 des syllabes accentuées. Il est en effet admis que l'égyptien ne possédait pas de chaînons explosifs ou implosifs tels qu'ils figurent ici (Sethe, *Verbum*, I, § 9 et 13-14). Cette conception sera corroborée par la comparaison de la structure des sémantèmes égyptiens avec celle des sémantèmes protosémitiques.

Une autre différence avec le copte réside dans le fait qu'en ancien et en moyen égyptien, lorsqu'elle est accentuée, la voyelle d'une syllabe ouverte est toujours longue, celle d'un syllabe fermée toujours brève (*Verbum*, I, § 22).

Cette règle est entrée en vigueur, selon Sethe, au moment où la langue égyptienne s'est formée. Il soutient en outre qu'à cette époque toutes les syllabes atones étaient fermées et que chaque syllabe commençait par une consonne (*Verbum*, I, § 13 et 8). Cependant, dans sa *Vokalisation*, p. 194, il ne mentionne plus cette dernière règle, qui ne s'accorde d'ailleurs pas avec sa théorie de la voyelle prothétique (cf. A. H. Gardiner, *EG*, 3e éd., p. 429, n. 1). À une exception près (ex. *ḏáꜣdaꜣ* > c. *čōč*, tête), les quantités des voyelles ainsi établies demeurèrent stables jusqu'en copte, où quelques nouvelles dérogations apparurent dans certains dialectes. Mais les règles elles-mêmes n'étaient depuis longtemps plus en vigueur puisque, par exemple, d'après Sethe, déjà au moment de la création de l'alphabet égyptien, le mot *raꜣ* avait perdu le *'aleph*, de sorte que le signe pour la « bouche » pouvait représenter la consonne *r* (*Vokalisation*, p. 195-197); d'autre part, le *-r* et le *-t* en syllabe finale atone s'étaient déjà amuis pendant l'Ancien Empire (Sethe, *Z.äg.Spr.*, 44 [1908], p. 80, Anm. 2). K. Sethe suppose en outre que les voyelles des syllabes non accentuées s'étaient réduites à /ə/ ou amuies, au même degré qu'en copte, depuis le Moyen Empire, c.-à-d. depuis environ 2000 av. J.-C., ou même depuis l'Ancien Empire (*Vokalisation*, p. 180).

J. Sturm, dans son étude *Zur Vokalverflüchtigung in der ägyptischen Sprache des Neuen Reiches*, dans *WZKM*, 41 (1934), p. 43-68 et 161-179, a montré que les arguments de Sethe au sujet de la réduction des voyelles dans les syllabes atones ne sont pas pertinents; en outre, il appert des transcriptions cunéiformes que ces voyelles existaient encore dans la langue du Nouvel Empire.

W. F. Edgerton, *Stress, Vowel Quantity and Syllable Division in Egyptian* (dans *JNES*, 6 [1947], p. 1-17) croit que la règle relative à la quantité des voyelles accentuées est entrée en vigueur vers 2000 av. J.-C. Il a essayé de démontrer, en se fondant sur l'orthographe, que dans les mots à accent autonome (*main-stressed*), *-t*, *-w*, *-r* étaient tombés en finale atone vers 1350 av. J.-C. (XVIIIe dynastie), mais que le changement n'avait pas débuté longtemps avant cette date. Il voit dans la présence de ces consonnes une caractéristique du « Paleo-Coptic » (c.-à-d. ancien et moyen égyptien) et il conclut qu'à la date précitée celui-ci était devenu une langue morte.

45 Après ce qui fut dit au § 27 sur la valeur vocalique de *i͗* et de *w* final et au § 28 c sur la voyelle prothétique, il est clair que nous ne retenons, pour l'ancien et le moyen égyptien, que la loi relative à la quantité des voyelles accentuées. Cela implique l'existence des types de syllabes suivants :

1. v	1a ¯′	*ī-rat*, ⲉⲓⲣⲉ faire	1b ˘	*A-(mānu)*, ⲁⲙⲟⲩⲛ, dieu Amon
2. vc	2a ˘′c	*ár-yu*, ⲟ, fait	2b ˘c	*ir-*, ⲉ-, vers
3. cv	3a c¯′	*nā-ṯar*. ⲛⲟⲩⲧⲉ, dieu	3b c˘	*ya-mínti*, ⲉⲙⲛ̄ⲧ, occident
4. cvc	4a c˘′c	*míy-nu*, ⲙⲁⲉⲓⲛ, signe	4b c˘c	(*ī-*)*nat*, ⲉⲓⲛⲉ, apporter

D'après les théories de Sethe, exposées au § 44, seuls les types 3a, 4a, 4b, peut-être aussi, dans sa conception ultérieure, 2b, existent dans l'état le plus ancien de l'égyptien.

D. Chronologie de l'évolution des voyelles

Les sources

46 Notre hypothèse de travail sur l'existence en ancien égyptien des seules voyelles /a/i/u/, longues et brèves, (cf. § 31) s'appuie sur les transcriptions cunéiformes de mots égyptiens. Les documents qui comprennent ces données appartiennent à trois périodes différentes et permettent, par conséquent, de déterminer approximativement les époques auxquelles les changements des voyelles eurent lieu.

Les textes de l'époque moyen-babylonienne (mb.) sont : 1. Les lettres d'el-Amarna (EA) comprenant la correspondance d'Amenhotep IV - Ekhnaton (1372-1345) avec ses alliés et vassaux asiatiques ainsi que quelques pièces datant du règne de son père Amenhotep III et une adressée à son successeur Toutankhamon; 2. Les archives des rois hittites découvertes à Boghaz-Keui (BK) et contemporaines du règne de Ramsès II (1290-1223), quoique l'un ou l'autre document lui soit antérieur et puisse remonter jusqu'à la mort de Toutankhamon.

Le document assyrien (ass.) le plus important est le récit des campagnes d'Assurbanipal (669 - ca. 633) en Égypte, Syrie et Palestine, conservée sur l'ainsi nommé cylindre Rassam (Rm.).

Les textes d'époque néobabylonienne (nb.) et perse sont des documents d'affaires datant du règne de Cambyse (529-521) et de ses successeurs jusqu'à Artaxerxès II (424-402).

47 Les transcriptions de mots égyptiens contenues dans ces sources furent rassemblées par H. Ranke, *Keilschriftliches Material zur altägyptischen Vokalisation*, (Suppl. aux *Abh. preuss. Akad. Wiss.*). Berlin, 1910 (sigle : KM). Des corrections et des compléments, numérotés de I à XII, furent publiés par ce même auteur dans trois articles intitulés *Keilschriftliches*, dans *Z.äg.Spr.*, 56 (1920), p. 69-75; 58 (1923), p. 132-138; 73 (1937), p. 90-93 (cités ci-après : K I, etc.).

S. Smith et C. J. Gadd éditèrent *A Cuneiform Vocabulary of Egyptian Words* (dans *JEA*, 11 [1925], p. 230-240), une tablette de la période amarnienne contenant des noms de nombre ainsi que des noms de parties de maison et de meubles (cité : Smith-Gadd). Nous utiliserons cette étude en tenant compte, sans toujours y renvoyer, des compléments apportés par W. F. Albright dans *JEA*, 12 (1926), p. 186-190.

Un grand nombre des anthroponymes contenus dans la 1re section, moyen-babylonienne, de KM et quelques titres administratifs furent soumis à un nouvel examen par W. F. Albright, *Cuneiform Material for Egyptian Prosopography* 1500-1200 *B.C.*, dans *JNES*, 5 (1946), p. 7-25 (cité : Albright). Comme les textes de Boghaz-Keui étaient encore inédits au moment où Ranke publia son livre, il ne put disposer que des matériaux que lui communiqua H. Winckler. Albright put utiliser les premières éditions de ces documents, notamment KBo I (= *Keilschrifttexte aus Boghazköi* [dans *Wiss. Veröff. d. deutsch. Or.-Ges.*], Leipzig, 1916) et KUB III (= *Keilschrifturkunden aus Boghazköi* [Staatl. Museen Berlin. Vorderasiatische Abt.], Berlin, 1921). E. Edel en fit de même mais il eut en outre connaissance de plusieurs textes inédits, provenant de fouilles plus récentes, pour sa publication *Neue keilschriftliche Umschreibungen ägyptischer Namen aus den Boğazköytexten*, dans *JNES*, 7 (1948), p. 11-24 (cité ci-après : Edel, I, etc.).

Des observations très pertinentes furent faites sur ces matériaux par J. Sturm, *Vokalverflüchtigung* (cf. § 44) et par G. Fecht, *Wortakzent*. Nous y renvoyons par la citation du nom de l'auteur.

Tout ceci nous oblige à joindre à notre exposé, en Appendice, une liste des mots égyptiens conservés en transcription cunéiforme dans laquelle nous consignons les compléments et les interprétations nouvelles apportées à KM, le travail de base. On y trouvera les renvois aux sources plus récentes, le prototype égyptien et la traduction du mot.

Remarques préliminaires

48 Les transcriptions cunéiformes posent de nombreux problèmes et il faut, pour les interpréter, user de beaucoup de circonspection. Il y a d'abord le fait que la plupart de ces textes furent écrits par des étrangers et il existe par conséquent des risques que ceux-ci n'aient pas rendu exactement certains phonèmes égyptiens. En règle générale, cependant, ces scribes étaient, de par leur métier, des gens instruits et l'on a déjà fait remarquer qu'ils usent de transcriptions savantes, tenant compte non seulement de la prononciation mais aussi de l'orthographe étrangère. Ils n'ont apparemment dérogé à cette règle que pour des mots d'un usage courant (§ 19).

Une grosse difficulté réside dans les particularités de l'écriture cunéiforme. Celle-ci transcrit /f/ par *p* et elle a tendance à substituer *š* à /s/ et *s* à /š/; elle rend par *ḫ* ég. *ḫ*, *ẖ*, *ḥ*, *h*. Étant syllabique, l'orthographe devait s'adapter aux signes dont elle disposait (voir à ce sujet, Ranke, KM, p. 64-65). Ainsi l'on écrit *za-ab-na-ku-u* (pour *zab*), *tap-na-aḫ-ti* (pour *naḫ*), mais d'autre part *ḫa-sa-a-a* pour *ḫasya* parce qu'un signe pour *as* n'existe pas. Il s'ensuit que cette orthographe ne marque pas la distinction entre voyelles longues et brèves. Les noms cunéiformes peuvent à l'occasion insérer aussi des voyelles qui ne figurent pas dans le mot égyptien.

L'accadien et l'assyrien possèdent, outre /a/i/u/, une voyelle /e/ mais celle-ci ne peut être rendue que dans les syllabes *e*, *el*, *es*, *er*, *eš*, *be*, *me*, *ne* (rare) *se* (rare), *še*, *te*. La syllabe *li* peut par conséquent représenter /li/ et /le/; *ip* équivaut à /ip/ et /ep/ à moins qu'on n'indique expressément la valeur /e/ en écrivant *li-e* ou *te-ip* pour /le/tep/. En se fondant sur les transcriptions de certains noms égyptiens, notamment de la période assyrienne, où le /e/ est assuré, E. Edel a préconisé, en 1954, de suivre la méthode d'Albright et d'écrire *e* dans toutes les syllabes où le H copte ne dérive pas de /u:/ (*Zur Vokalisation des Neuägyptischen*, dans *Mitt. Inst. f. Or.-Forsch.*, 2 [1954], p. 30-32, cité plus loin : *Vokalisation*). La transcription cunéiforme du nom de Ramsès devient ainsi pour lui *Reamašeša*, tandis qu'Albright écrit *Rē'amašeša*. Nous expliquerons au § 50 pourquoi nous conservons les graphies *ria*, *riya*, utilisées antérieurement par Edel.

Fecht, § 72, a montré que le redoublement de la voyelle finale sert à indiquer qu'elle est accentuée, p.ex. *za-ab-na-ku-u*, *pi-ir-ꜣu-u* pour /ṯabn̥kṓꜣ/ et /perʿṓꜣ/. Le redoublement nous paraît jouer le même rôle dans *Ṣaḫ-pi-ma-a-u* et aussi dans les syllabes non finales *Si-ya-a-u-tu*, *pi-ta-a-te*, même *Ḫa-a-ra-ma-aš-ši*. Nous marquerons d'un trait ces voyelles redoublées : *zabnakū*, *pirꜣū*, *Ṣaḫpimāu*, *Siyāutu*, *pitāte*, *Ḫāramašši* (rappelons que la voyelle n'est pas considérée comme redoublée dans les voyelles *za-ab*, *pi-ir*, *ma-aš*, etc.).

Le problème de l'interprétation des différentes formes n'est pas moins ardu. Pour expliquer les variantes d'un nom qui se rencontrent à la même époque, p.ex. en néo-égyptien, on a invoqué la coexistence d'un égyptien conservateur, qu'on appelle la langue officielle ou la langue de l'élite (*Hochsprache*), et d'un égyptien plus évolué, une ainsi nommée langue du peuple (*Volkssprache*; cf. p.ex. Fecht, § 443). Nous nous servirons des termes usuels « langue savante » et « langue vulgaire ». Dans d'autres cas, on distingue des différences dialectales, qui survivent dans la langue copte. Leur présence n'est pas seulement attestée en démotique par les transcriptions néo-babyloniennes mais certaines remontent déjà au néo-égyptien. La question se pose en outre de savoir si l'une ou l'autre ne peut pas être assignée au moyen égyptien. Jusqu'à présent, on a considéré les transcriptions moyen-babyloniennes comme les témoins de l'état phonologique du néo-égyptien. À notre avis, il y a lieu d'envisager la possibilité que les noms royaux appartiennent encore au moyen égyptien. Cette langue « classique » est demeurée en usage, à des fins religieuses et autres, pendant le Nouvel Empire et jusqu'à la période gréco-romaine (voir § 2). Amenhotep IV - Ekhnaton fut le premier roi qui permit l'emploi du néo-égyptien dans l'épigraphie mais cet idiome se dégagea très lentement de l'emprise du moyen égyptien et ce n'est que vers la fin de la XXᵉ dynastie qu'il commence à montrer une physionomie propre. Faut-il croire, dès lors, que les pharaons de la XVIIIᵉ dynastie se sont donné d'emblée des noms néo-égyptiens ? Cela nous paraît exclu pour le nom *Nibmuariya* d'Amenhotep III. Même le geste précité d'Ekhnaton n'implique pas nécessairement qu'il prit un nom de facture néo-égyptienne. Un indice important nous est fourni par le nom du fondateur de la XIXe dynastie. Avant son accession au trône, il s'appelait *Pꜣ-Rʿ-ms-sw*, avec l'article qui caractérise le néo-égyptien (cf. W. Helck, *Zur Verwaltung des Mittleren und Neuen Reiches*, Leiden, 1958, p. 308-310; 446 sv.). La disparition de celui-ci dans son nom royal (sans doute *Riamasesa* comme celui de son petit-fils) suggère, à notre avis, une formation moyen-égyptienne. Il paraît par conséquent probable que jusqu'à la XXe dynastie, et éventuellement au-delà, les pharaons aient emprunté leurs noms à la langue classique et religieuse. Il n'auraient donc pas autrement agi que les Papes, qui, en cette matière, ont continué à utiliser le latin.

Analyse des différentes voyelles

Remarque. — Sauf les cas où des noms se correspondent (ex. mb. *Ana* - ass. *Unu*), chaque liste est ordonnée selon l'ordre alphabétique des noms ou des parties de noms comprenant la voyelle qu'on passe en revue; celle-ci est imprimée en caractère romain.

49 /a:/ accentué

mb.	ass.	nb.	gr.-c.
*Am*a*na*	*Ḫatp-im*u*nu*	*Pa-m*u*nu*	ⲁⲙⲟⲩⲛ
*Mai-Am*a*na*	*Un-am*u*nu*		
A*na*	U*nu*		ⲱⲛ
	*Ḫar-ti-b*ū		ⲃⲱ, ʽΑρτβως
*ḫam*a*n*	*Ḫim*u*ni*		ϣⲙⲟⲩⲛ
*An-ḫ*ā*ra*			ⲁⲛϩⲟⲩⲣⲉ, 'Ονουρις
	*Na-ṭ-ḫ*ū		Ναθω
	*Ḫ*ū*ru*		ϩⲱⲣ
	*Ḳuni-ḫ*u*ru*		
	*Pi-šan-ḫ*u*ru*		Ψεννυρις
*K*a*ši*	*K*ū*si*, *K*ū*su*	*K*ū*šu*	
*Ria-n*a*pa*			ⲛⲟⲩϥⲉ
	*Paḫ-n*u*ti*		
	*Zab-n*ū*ti*		ϫⲉⲙⲛⲟⲩϯ, Σεβεννυτος
*Pi-p*a*ru*			(ϫⲉⲛⲉ-) ⲡⲱⲣ

Il appert clairement que le changement /a:/ > /ó:/ s'est produit entre le XIIIe et le VIIe siècle. Étant donné que l'assyrien ne peut rendre /ó:/ que par *u*, aucun indice ne nous permet de dire quand eut lieu le changement /ó:/ > /u:/ après *m*, *n*. Les transcriptions grecques semblent indiquer que le /ó:/ existait encore au moment où les premières d'entre elles furent établies mais que /u:/ s'y substitua bien vite. Elles offrent en effet *Σεβεννυτος* et *Πετε-αμυνις*, *Πετενυρις* à côté de *Πετε-αμουνις*, *Πετ-ονουρις*. Or *υ* représente normalement /ó:/, p.ex. dans *Ψεν-υρις*, *Πα-υρις*, et il est remplacé par *ω* dans des graphies plus tardives : *Ψεν-ωρος*, *Πα-ωρος* (**S** 36).

50 /i:/ accentué

mb.	ass.	nb.	gr.-c.
p-azi[*te* ?]			
	Ḫar-siya-ešu	*Paṭ*(*a*)-*esi*	*ʽΑρσιησις*, *Πα/ετεησις*
		Paṭan(*i*)-*esi*	*Πετενιησις*
		Na'a-esi	ⲏⲥⲉ, *Ἰσις*
	Ḫat-ḫari-ba		ⲁⲑⲣⲏⲃⲓ,
	Ḫat-ḫiri-bi		*Ἀθριβις*
Nim-maḫē			A_2 ⲙϩⲏ
	Bukk-una(*n*)-*nīpi*		cf. *Πετε-νιφις*
Iḫri-pita			ⲡⲓⲧⲉ
pišid			ⲯⲓⲧ : ⲯⲓⲥ
Miya-re			ⲣⲏ
May-riya			
Nib-mua-riya			
Nap-ḫu'ru-riya			
Nib-ḫuru-riya<*š*>			
Min-paḫta-ria			
Min-mua-ria			
Waš-mua-ria			
Waš-mua-ria-naḫta			
Šatep-na-ria			
	**Buk-un-rīnip*		ⲣⲓⲛϥ, *Βοχορινις*
in-si-bya			cf. *Σι-ονσιος*
šah-šiḫa-šiḫa			
		Paṭ-nip-tēmu	*Νεφθημις*

ṭiu			ϯⲟⲩ
	P-uširu		ⲡⲟⲩⲥⲓⲣⲓ
weḫu			

Le tableau montre que, dans certains mots, /i:/ s'est conservé jusqu'en copte. Parmi les cas où il s'est changé en /é:/, le nom du dieu-soleil occupe ici une place privilégiée. Nous avons classé dans l'ordre chronologique les noms royaux qui le comprennent, depuis *Nibmuariya* (Amenhotep III) jusqu'à *Šatepnaria* (Ramsès II). La grande régularité des transcriptions, d'abord *riya*, ensuite *ria*, et l'opposition avec *Miyare* (écrit *ri-e*) nous prouvent que /i:/ s'est maintenu dans ces noms. Mais il ressort de ce dernier anthroponyme que déjà à l'époque d'el-Amarna le changement s'était produit dans un certain état de la langue. À propos d'autres voyelles plusieurs transcriptions nous font conclure à la coexistence, en néo-égyptien, d'une langue savante et d'une langue vulgaire. Compte tenu de nos observations sur les noms royaux (§ 48), nous croyons devoir assigner plutôt au moyen égyptien les formes *riya*, *ria*. Nonobstant l'absence de l'article, *Miyare* doit être néo-égyptien. Le nom d'un autre particulier, *Nimmaḫē*, ainsi que *weḫu*, soldat, appartiennent normalement à cette même langue. L'opposition avec *Pa-ria-m-aḫū* (§ 53) indique, à notre avis, que le changement /i:/ > /é:/ est une innovation du néo-égyptien vulgaire. C'est donc à cet état de langue qu'on fera remonter l'origine d'ass. *-ešu* et de nb. *-niptēmu*. Un signe cunéiforme pour /re/ étant inexistant, la syllabe accentuée d'ass. *Ḫatḫariba* pouvait à partir de la même période se prononcer comme celle de c. ⲁⲑⲣⲏⲃⲓ. Rappelons que le *iota* de Ἶσις, Ἄθριβις et Ἴφθιμις (§ 53) repose sur une manière typiquement grecque de rendre le /é:/ tandis que le *êta* de Πετεησις, Νεφθημις, Πετ-ευτημις est spécifiquement égyptien, comme plus tard c. ⲏⲥⲉ etc. (**S** 43).

51 /u:/ accentué

mb.	ass.	nb.	gr.-c.
Pa-ria-m-aḫū	*Mant-im-eḫē*		(ⲉ)ϩⲏ, Μοντομης
	Pa-ḳruru		ⲕⲣⲟⲩⲣ
Pa-maḫū			
muṭu			ⲙⲏⲧ
uput(i)			

Les formes *aḫū*, *eḫē*, devant, montrent, comme l'a fait remarquer Edel, VIII, que dans les mots où /u:/ est devenu /è:/ ce changement est intervenu entre 1200 et 800, à la même époque que le changement /a:/ > /ó:/.

52 /a:/ atone ou ne portant pas l'accent principal

mb.	ass.	nb.	gr.-c.
Aman-appa		*Amunu-tapu-naḫti*	Ἀμενωφις
-ḫatpi	*Am-urṭe-še*		Ἀμορται(ο)ς
-maša		*Paṭ-m(i)u-s-tū*	Πετεμε/οστους
	Bukk-una(n)-nīpi		
	**Buk-un-rinip*		Βοχοριννις
Ḫāra-mašši	*Ḫar-siya-ešu*		Ἁρσιησις
Ḫā-mašši	*Ḫar-ti-bū*		Ἁρτβως
	Naḫti-ḫuru-an-seni		
	Pi-ḫattiḫuru-npiki		ϩⲁⲑⲱⲣ, Ἀθυρ
	Ḫat-ḫari-ba		ⲁⲑⲣⲏⲃⲓ, Ἀθριβις
Ḫi-ku-ptaḫ	*Ḫi-ninši*		Αἴγυπτος, ϩⲛⲏⲥ
Nap-ḫu'ru-riya		*Paṭ-nip-tēmu*	Νεφθημις
Pa-ḫam-nata			ϩⲟⲛⲧ
	Pir-ꜣū		(ⲡ)ⲣ̄ⲣⲟ, Φαραω
	Pi-ḫattiḫuru-npiki		
	Pi-šapṭ-iꜣā		Ψεπταο
	Pi-šaptu		
	P-unubu		
	P-uširu		ⲡⲟⲩⲥⲓⲣⲓ, Βουσιρις
Waš-mua-ria			

Les informations du tableau § 49 quant à l'époque du changement /a:/ > /ó:/ se confirment ici. Il n'est pas toujours aisé de dire si la syllabe en question est atone ou non. La graphie *Ḫāra-mašši* « Horus est né », avec *ā* et désinence *-a*, semble impliquer que les deux mots sont accentués. Nous supposons la même chose pour *Amunu-tapunaḫti* « Amon est sa force ». Nous attribuons toutefois à *mašši*, *naḫti* l'accent principal. Dans les noms composés avec *Aman-*, quoiqu'ils constituent le même type de phrase que *Ḫāra-mašši*, le nom divin ne porte apparemment pas d'accent; /a:/ est sans doute devenu bref, mais il a conservé sa qualité. La même observation vaut pour *Nap-*, *Waš-*, et pour *-nata*, qui fait partie d'un type de « composé ancien », ainsi que pour ass. *Ḫar-*, *Ḫat-*. Le timbre /ó/ de la voyelle s'est aussi conservé à l'époque assyrienne dans la syllabe atone de *Buk(ku)-*, *ḫuru-* et *ḫatti-ḫuru-*. Nous voyons dans ces noms des formations nouvelles datant de la période assyrienne. Le premier élément du dernier mot, vocalisé /ḥāwat/ > *ϩⲱ dans sa forme indépendante, présente dès la période moyen-babylonienne une réduction extrême, *ḫi*, équivalant sans doute à /ḥə/, dans *Ḫikuptaḫ*. Fecht, § 426, Anm. 594, attribue celle-ci au fait que deux génitifs se suivent. La même remarque peut s'appliquer à ass. *Ḫininši*. Il nous paraît néanmoins possible que nous ayons affaire, dans *Ḫikuptaḫ*, à une forme du néo-égyptien vulgaire et que le *a* de minoen *Aikupitijo* et de *Αἰγύπτος* présente une survivance du néo-égyptien savant, ou du moyen égyptien. Le titre ass. *pirꜣū* se trouve déjà au niveau du copte-sahidique /pər'ò'/ mais la forme *φαραω*, transmise par les Septante, pourrait, comme l'a très bien vu G. Fecht (§ 432), représenter un *ⲫⲁⲣⲁⲟ du bohaïrique, le dialecte qui montre souvent une réduction moindre des voyelles atones (cf. ci-dessus, § 43). Le même mot *pāray* : ⲡⲱⲣ « maison » est, dès la période assyrienne, devenu /pə-/p-/ dans les toponymes dont il fait partie (cf. D. B. Redford, *The Pronunciation of* Pr *in Late Toponyms*, dans *JNES*, 22 [1963], p. 119-122). On remarquera aussi l'opposition entre mb. *nap-* et nb. *nip-* = /nəf/ de *nāfar* : ⲛⲟⲩϥⲉ, bon; mb. *Waš-*, de /wāsar/, appartient lui aussi à ce schème adjectival.

53 /i:/ atone ou ne portant pas l'accent principal

mb.	ass.	nb.	gr.-c.
	Niḫt-eš-arau		cf. B ⲛⲓϣⲧⲉⲣⲱⲟⲩ
Mana-ḫpi(r)-ya			
Nib/m-mua-riya			
Nib-ḫuru-riya<*š*>			
Nib-tāwa			
Nim-maḫē			
Pa-ria-m-aḫū			
Ria-maše-ša			*Ῥαμεσσης*
Ria-maššī			
Ria-nāpa			

Ri-wašša		
	Iptim-urṭe-šu	cf. Ἰφθιμις

Le mot *nib-* se trouve ici partout dans une relation génitivale avec le substantif qui suit. On doit donc le considérer comme atone. *Ria-* est chaque fois sujet de la phrase et peut avoir gardé son accent, *aḫū*, *maše*, *mašši*, *nāpa* portant toutefois l'accent principal (pour *Riwašša*, cf. *Amanmaša*, etc., § 52). Si le *a* final de *ria* représente la terminaison et non pas une manière de rendre le *'ayin*, ces noms se comparent à *Ḫāra-mašši* (§ 52). Dans **Mana-ḫpi(r)-riya*, *ḫpir-* se trouve à l'état construit; il porte probablement l'accent dans la forme abrégée du nom ci-dessus. Le *i* est probablement bref dans tous ces noms (cf. Ῥα-μεσσης) mais il a conservé sa qualité. *Pa-ria-* est caractérisé par l'article comme néo-égyptien. Comparé à *Miyare*, *Nimmaḫē* (§ 50), il se révèle comme appartenant à une variété plus conservatrice, donc à la langue savante. Le *i* de ce dernier nom, face au *-e* final, de même que le second *i* de *Iptim-urṭešu*, face à *Paṭ-niptēmu* (§ 52), montrent que la voyelle devenue brève dans une syllabe atone conserve parfois plus longtemps son timbre que la voyelle longue accentuée, qui suit l'évolution. Ces exemples sont à mettre en parallèle avec *Ḫar-* et *Ḫat-* dans *Ḫartibū* (*a* ~ *u* = /ó:/) et *Ḫatḫariba* (*a* ~ *i* = /é:/), cf. § 52. Au contraire, *-eš-* atone de ass. *Niḫt-eš-arau* correspond à ass. *Ḫar-siya-ešu* comme *-ḫuru* atone de ass. *Naḫti-ḫuru-an-seni* correspond à ass. *Ḳuni-ḫuru*.

54 /u:/ dans une syllabe qui ne porte pas l'accent principal

mb.	ass.	nb.	gr.-c.
Nib-mua-riya			
Min-mua-ria			
Waš-mua-ria			

Chacun de ces noms forme une phrase et nous croyons qu'ils ont conservé ce caractère à cause des désinences *-a* de *mua-* « Rē est durable en (quant à) l'ordre cosmique », etc. Cf. d'ailleurs la variante *Nim-mūa-riya*. Nous considérons par conséquent le /u:/ comme accentué mais, pour autant qu'on a affaire à des mots composés, leur dernier élément doit porter l'accent principal.

55 /a/ en syllabe accentuée (principale et secondaire)

mb.	ass.	nb.	gr.-c.
	Pi-šapṭ-iꜣā		
	yar-ꜣū		ⲉⲓⲉⲣⲟ
	pir-ꜣū		(ⲡ)ⲣ̄ⲣⲟ
n-abnasu			
n-amsuḫa			ⲛⲉⲙⲥⲟⲟϩ
n-imšaḫu			
Aman-appa			
	Niḫt-eš-arau		cf. B ⲛⲓϣⲧⲉ-ⲣⲱⲟⲩ
d-aspu			
	Ṣi-ḫā	*Ṣi-ḫā'*	ϫⲉϩⲟ, *Τεως*
	Ṣi-ḫū		
Pa-ḫam-nata			ϩⲟⲛⲧ
ḫamtum			ϣⲟⲙⲛ̄ⲧ
	Uṣiḫanša		cf. ⲡⲁ-ϣⲟⲛⲥ
Ḫa'api		*Naḫtu-ḫappi*	ϩⲁⲡⲉ : ϩⲁⲡⲓ
Šuta-ḫapšap			
Aman-ḫatpa			
pa-ḫatum			
Pa/i/u-ḫura			
Nap-ḫu'ru-riya			
Nib-ḫuru-riya			
	Ṣa-ḫp-imāu		
	Pu-yama		ⲉⲓⲟⲙ, cf. *Παφιωμις*
Ma-yāti			
zab-na-kū			
	Mant-im-eḫē		*Μοντομης*
Aman-maša			
Ḫā-mašši			
	Ḫapi-menna		
Ḫāra-mašši			
Iriya-mašša			
Ria-mašši			
Taḫ-mašši			
Taḫ-maya			
	Iš-pi-māṭu		

Waš-mua-ria-naḫta	*Tap-naḫti*	*Amunu-tapu-naḫti*	Τεφναχθις
namša			
Napt-era			
Natt-era			
	*Nik(k)*ū		Νεκως, Νεχαω
Min-paḫta-ria			
piṭaš-ni-mu'da			
Ḫi-ku-ptaḫ			
Marni-ptaḫ			
raḫta			ⲣⲁϩⲧⲉ
	Saya		ⲥⲁⲓ
	Ṣaʾanu		ϫⲁⲁⲛⲉ, Ταvις
[*ša*]*u*			ⲥⲟⲟⲩ
	Šabakū		Σαβακων, Σαβακως
šapḫa			ⲥⲁϣϥ
	Pi-šaptu		Νεκτ-σαφθις
	Šiyāutu		ⲥⲓⲟⲟⲩⲧ
	Šuāni		ⲥⲟⲩⲁⲛ, Συηνη
	Šusanḳu		Σεσωγχις
nib-tāwa		*Paṭ-m(i)us-tū*	Μεστωϋς, Πεμε/οστους
	Tarḳū		Τεαρκων, Ταρακος
tiban			
	P-unubu		
Ri-wašša			

D'après ce tableau, l'état d'évolution de /a/ accentué est le même à la période moyen-babylonienne et à la période assyrienne. C'est E. Edel qui, en s'appuyant e.a. sur mb. *zabnakū*, vase du ka, *namsuḫa*, les crocodiles, et sur ass. *yarʾū*, (le) Nil, a observé qu'on rencontre ici l'état qui caractérise en copte les dialectes AA$_2$, à savoir le /a/ bref accentué est représenté par ⲟ à la finale du mot (ⲛ̄ⲧⲟ, toi [fém.]) et lorsqu'il est redoublé (ⲧⲟⲟⲧϥ, sa main). À cela correspond en égyptien la règle : /a/ accentué est devenu /ò/ devant *'aleph* en finale du mot (*koʾ*, *'oʾ*) et en fin de syllabe devant une autre consonne /na-mso'ḥ̆/ (*Vokalisation*, p. 34-36). Nous y avons ajouté les exemples *Nap-ḫu'ru-riya*, *Nib-ḫuru-riya*, où /*ḫpó'ru/, les métamorphoses, porte l'accent secondaire (*Toutankhamon dans les archives hittites*, cf. p. 90). Ass.

(*P*)-*unubu*, (les) Murs, s'explique comme un pluriel similaire. Si les prénoms d'Amenhotep IV et de Toutankhamon appartiennent encore au moyen égyptien (§ 50), il en résulterait que le changement s'est déjà produit dans cet état de langue. Le changement caractérise en tout cas le parler savant du néo-égyptien. La variante *nimšaḫu*, environ contemporaine du règne d'Ekhnaton, montre la préservation du /a/ dans l'un ou l'autre dialecte : /a/ subsiste en F et O; on pourrait aussi songer à B /emsawh(u)/. La même explication s'applique à l'exemple amarnien mb. *abnasu* pluriel de *bnš* = /banáš/(?), montant de porte.

Si mb. *nib-tāwa* « le maître des Deux Pays », attesté au temps de Ramsès II, provenait de /*ta'w̆y/ (cf. Steindorff, *Lehrbuch*, §135), il constituerait lui aussi une exception à la règle précitée. Il sera montré qu'il faut partir d'une forme originelle *taȝáwayu*, qui a donné *taȝáwyu* > *táwi*/*a* > *ⲧⲟⲟⲩ, représenté par *(Σεμ-)θωῦς, (Μεσ-)τωῦς* (cf. p. 93). Sur la terminaison *a*, voir § 63.

Pa/*i*/*u*-*ḫura*, le Syro-Palestinien, ne peut pas être invoqué comme un nouvel exemple de /oȝ/ malgré la graphie *ḫȝrw*. Celle-ci appartenant à l'orthographe syllabique, le *'aleph* n'y représente rien; le *u* = /o/ est emprunté, avec le nom, à une langue étrangère (cf. héb. חֹרִי).

Pour la période assyrienne, l'opposition entre -*iȝa* et -*ȝu*, grand, a été interprétée comme dialectale par Fecht, § 430, qui assimile -*iȝa* à la forme F ⲗⲉⲙⲙ-ⲉⲗ, ⲣⲉⲙⲙ-ⲉⲗ, « homme riche, litt. grand ». De son côté, Edel considère ass. *Ṣiḫā*, *Ṣiḫū* et nb. *Ṣiḫa'* comme trois formes du même nom *ḏd-ḥr*, « le visage a dit », et il rappelle que la première s'applique à un prince d'Assiout, considérée comme la patrie du subakhmimique (*Vokalisation*, p. 35). Étant donné que le /'/ se substituant à /r/ provoque le même changement /a/ > /ò/ en BSAA₂ (§ 36 d), *Ṣiḫū* = ϫⲉϩⲟ est partout la forme régulière, sauf en FO. *Ṣiḫā* à Assiout peut toutefois s'expliquer par le fait qu'en AA₂ ϩⲁ se rencontre à côté de ϩⲟ (Crum, *CD*, s.v.). La graphie *Ṣiḫa'* ne prouve pas nécessairement que /'/ existait encore, le *'aleph* final peut être ici « inorganique » comme dans certains autres mots de cette période (Ranke, KM 87). Après ce qu'on vient de dire, cette forme peut appartenir à tous les dialectes, excepté BS.

Le /ò/ accentué des noms *Sabakū*, *Tarḳū*, *Nik*(*k*)*ū*, d'origine nubienne, n'a rien à voir avec notre problème.

Parmi les rares noms de la période néo-babylonienne, *ḫappi* et *naḫti* appartiennent précisément aux mots qui ont même en BS conservé le /a/, mais *-tu* = /tow/ (de *táwi/a*) montre que dans ces deux dialectes il est, au VIe siècle av. J.-C., devenu /ò/ en toute autre position.

Nous considérons que *Taḫ-* porte un accent secondaire dans *Taḫ-mašši/maya*, nb. *Ḫapi-* dans *Ḫapi-menna* et ass. *Mant-* dans *Mant-im-eḫē* au même titre que *Ḫāra-(mašši)* (§ 52) et *Pa-ria-(m-aḫū)* (§ 53). Le pseudoparticipe *menna* dérive, à notre avis, de *máynu*.

56 /i/ en syllabe accentuée (principale et secondaire)

mb.	ass.	nb.	gr.-c.
Iriya-mašša			
ku-yiḫ-ku			ⲕⲟⲓⲁϩⲕ
manē			ⲙⲁⲛⲉ'
Ria-maše-ša			Ῥαμεσσης
	Mempi	*Membi*	ⲙⲛ̄ϥⲉ : ⲙⲉⲙϥⲓ
	Mimpi		
Pa/iriḫ-nāwa			ⲛⲁⲩ
	Ḫi-ninši		ϩⲛⲏⲥ
	Pi-ḫattiḫuru-npiki		
pu-sbiu			ⲥⲃⲉ
šina			ⲥⲛⲁⲩ
piṭati			
	Puṭ-ubešti	*Paṭ-uastu*	Πετουβε/αστις
	Am-urṭe-še	*Tiḫut-arṭēsi*	Ἀμορται(ο)ς
	Iptim-urṭē-šu	*Tiḫut-artai-s*	Θοτορταις

Le /i/ au milieu du mot n'existe plus que dans mb. *kuyiḫku*, ass. *Mimpi*, *Ḫininši*, *Piḫattiḫurunpiki*. Sa conservation tient peut-être au fait que les toponymes suivent souvent l'évolution à distance; le premier mot, un « composé ancien », relève du langage cultuel, conservateur lui aussi. Ass. *Mempi*, *Puṭubešti* présentent l'état intermédiaire entre /i/ et /á/ qui existe encore en AA_2FO. Devant la sonante non finale, ce /æ/ s'est conservé (B ⲙⲉⲙϥⲓ) ou il a été absorbé par la sonante (S ⲙⲛ̄ϥⲉ); devant les autres consonnes et la sonante non finale, il est devenu /á/ en BS comme dans nb. *Paṭuastu*. Ce stade de l'évolution est atteint dès le mb. dans *nāwa*, *piṭati* et *šina*. Le caractère de ces mots, un nom propre de particulier et un nom de métier, outre un nom de nombre, nous fait croire qu'ils appartiennent à la langue vulgaire du Nouvel Empire et que celle-ci présente déjà des différences qui se retrouvent dans les dialectes coptes : à côté de /náw/pətáti/sənáw/ devaient exister /*næw/*pətæti/*sənæw/. Des variantes dialectales apparaissent d'ailleurs aussi dans les désinences /i/a/e/ de *piṭati*.

En syllabe finale, le /i/ accentué est devenu /é/ dans les deux participes /mané/masé/. En tenant compte de ce que nous avons dit au § 50 à propos du nom royal, ce changement serait déjà à assigner au moyen-égyptien. Les formes ass. *urṭe-*, nb. *arṭe-* représentent, à notre avis, des participes actifs au même titre que *maše-* nonobstant la graphie démotique *i.ỉr-dỉ(t)-*; nb. *artai-*, de même que *(Θοτ-)ορταις* etc., peut dépendre d'une nouvelle interprétation de la forme illustrée par cette graphie (J. Vergote, *Oplossing*, p. 31-32; 51).

Dans *Iriyamašša*, /iríy/, compagnon, qui porte un accent secondaire (cf. *Ḫāra-mašši*), correspond à c. ⲧⲁⲣⲉⲓ ⲛ̄ⲥϩⲓⲙⲉ « ma compagne et épouse » (Griffith, *Z.äg.Spr.*, 38 [1900], p. 91). Il montre que la terminaison de la nisbé n'a pas été traitée comme celle du participe (cf. /masé/) ; *ḥaríy*, le dessus, a aussi donné S ϩⲣⲁⲓ, et ϩⲣⲏ(ⲉ)ⲓ dans les autres dialectes.

Seul mb. *sbiu*, qui devait déjà équivaloir à c. ⲥⲃⲉ, porte, montre une orthographe aberrante, étant donné qu'un signe cunéiforme pour /be/ existe; mais l'idéogramme BI se lit aussi /bé/.

57 /u/ en syllabe accentuée

mb.	ass.	nb.	gr.-c.
	ḫasaya		ϩⲁⲥⲓⲉ'
	Puṭu-m-ḫēše		
piṭaš-ni-mu'da			
	Ni'		ⲛⲏ, ⲛⲉ
	Pa-tu-resi		ⲣⲏⲥ, *Προμ-ρησις*
	Naḫti-ḫuru-an-seni		ϣⲏⲛ
S/Šūta			*Σηθ*
Šutti			
	P/Bi-n-ṭeṭi		*'Εσ-βενδητις*
Pa-wura			*Πουηρις,*
Pi-wuri			*Πουερις*

L'évolution de ce phonème est parallèle à celle de /u:/ : le changement /u/ > /è/ s'est produit entre la période moyen-babylonienne

(XIIIe s.) et la période assyrienne (VIIe s.). À propos de *S/Šūta, Šutti*, que nous considérons comme dérivés de *Súṯa* < *Súṯḫu*, voir p. 97. Quant à *Ni'*, il peut être conditionné par le changement /è/ > /i/ en finale propre à l'akhmimique (§ 38), l'aire dialectale comprenant la ville de Thèbes.

Ass. *ḫasaya* correspond à c. ϩⲁⲥⲓⲉ', dérivé du participe passif *ḥasyúw* « quelqu'un qui est loué ». Étant donné qu'un signe cunéiforme pour /je/ manque, il est difficile de dire ce qui a déterminé le choix de la graphie *ḫa-sa-a-a*.

A *Paturesi* et à *Ni'* correspondent héb. *Paṯrôs* et *Nô'* dans Jérémie et Ézechiel; *yúbbu*, cœur, (gr. *ιηβ, ιεβ*) se transcrit par *oḇ* dans héb. *Ḥopraʿ* = *wꜣḥ-ỉb-rʿ*, le nom du roi Apriès. Il semble donc qu'aux environs de 600 av. J.-C. l'un ou l'autre dialecte (du Nord ?) présentait encore le stade du /œ/, intermédiaire entre /u/ et /è/.

58 /a/ en syllabe atone prétonique

mb.	ass.	nb.	gr.-c.
n-abnasu			
n-amsuḫa			ⲛⲉⲙⲥⲟⲟϩ
n-imšaḫu			
	P-aḫ-nuti		ⲟϩⲉ
Pa-ria-m-aḫū	*Manti-m-eḫē*		(ⲉ)ϩⲏ
Amana	*Un-amunu*		ⲁⲙⲟⲩⲛ
Mai-amana	*Ḫatp-imunu*		*'Ετπεμουνις*
ḫaman	*Ḫimuni*		ϣⲙⲟⲩⲛ
Mana-ḫpi(r)-ya			
Nap-/Nib-ḫu(')ru-riya			
	Ṣa-ḫp-imāu		
Iriya-maššа	*Ḫat-ḫari-ba*		ⲁⲑⲣⲏⲃⲓ, *'Αθρι-βις*
	Ḫat-ḫiri-bi		
	yar-ꜣū		B ⲓⲁⲣⲟ : S ⲉⲓⲉ-ⲣⲟ
ku-yiḫ-ku			ⲕⲟⲓⲁϩⲕ
Ḫi-ku-ptaḫ			*Αἴγυπτος*
Nim-maḫē			
Pa-maḫū			A_2 ⲙ̅ϩⲏ
Manē	*ḫasaya*		ⲙⲁⲛⲉ', ϩⲁⲥⲓⲉ'
Ria-maše-ša	*Am-urṭe-še*	*Tiḫut-arṭē-si*	*'Αμυ/ορταις*

Ria-mše-ši	*Iptim-*ur*ṭe-šu*	*Tiḫut-*ar*tai-s*	
piṭaš-ni-mu'da			
piṭati			
šaḫ-šiḫa-šiḫa			
tiban			
	*pa-*tu*-resi*		*Παθωρης*
zab-na-ku	*zab-nūti*		ϫⲉⲙⲛⲟⲩϯ, *Σε-*
	*P-*unu*bu* (?)		*βεννυτος*

Il se manifeste une distinction entre les mots composés et les mots simples. Dans les premiers, les voyelles brèves, en devenant atones, gardent, autant que les voyelles longues, leur qualité : mb. *šaḫ-*, *zab-*; ass. *aḫ-*, *yar-*, *zab-*, et, pour le /a/ devenu /ò/ devant *'aleph*, mb. *ku-*, ass. *tu-*. La seule exception, ass. *-ḫp-*, peut être due à la forme complexe de l'anthroponyme et offrir une analogie avec mb. *Ḫikuptaḫ*, ass. *Ḫininši* (§ 52).

Parmi les mots simples, il faut d'abord isoler les participes : mb. *Manē*, *maše-*, ass. *ḫasaya*. Le /a/ prétonique s'est conservé comme une caractéristique de cette forme jusque dans le participium conjunctum, toujours atone, du copte. À côté de S ϩⲁⲥⲓⲉ', B présente toutefois ⲉⲥⲓⲉ'; *maše-* est devenu *ʻΡα-μεσσης* et *ʻΡα-μσης*. L'exemple unique mb. *Riamšeši* ne permet pas de tirer une conclusion. Ce /a/ subit une interversion dans le participe perfectif du verbe irrégulier *rdi*, donner : *radíy* > *ardíy* et il se retrouve dans nb. *arṭe-*, *artai*. Ass. *urṭe-* s'oppose à cette forme comme ass. *puṭu-* et *pu-* à nb. *paṭa-*, *pa-* (cf. § 61, 62).

Pendant la période moyen-babylonienne, le /a/ prétonique subsiste aussi dans le nom abstrait *maḫū* (de *maḫūyat*, plénitude) ainsi que dans *maḫē* (de *maḫīyat*, vent du nord). C'est pourqui nous lisons *aḫū* le nom abstrait dérivé de *ḫaȝūyat*, devanture, au lieu de *ma-* (préposition), *-ḫū*, comme Edel, VIII; *eḫē* lui correspond en assyrien.

Nous croyons que, de même que dans mb. *ḫaman* : ass. *Ḫimuni*, un /a/ prétonique s'est changé en /ə/ dans mb. *piṭati*, *piṭaš-*, *tiban*; les deux derniers mots peuvent difficilement être rattachés à un autre schème que *qatālu* > *saḏám*, donc /patás/tabán/. Les deux voyelles se rencontrent côte à côte dans *n-amsuḫa* et *n-imšaḫu* (en outre *n-abnasu*). Mb. *Iriya-* vient de /aríy/ (cf. § 56) mais /ḥaríy/ donne encore en assyrien *ḫari-* à côté de *ḫiri-* (cf. *iḫri-*, § 62). Tout comme pour l'article (§ 62), le /ə/ relève plutôt du néo-égyptien vulgaire, mais, étant donné que le /a/ atone subsistait dans divers schèmes, un certain flottement semble avoir été admis. On retrouve celui-ci dans ass. *-imāu* ~ *-arau* (§ 59). La chute de /a/ dans les pluriels /ḫapīru/ḫapo'ru/ = *ḫpir-*, *ḫu(')ru-* des trois noms royaux peut être due à leur complexité (cf. *Ḫikuptaḫ*). Pour ass. *-unubu*, cf. *urṭe-* ci-dessus.

Ainsi que l'ont déjà montré Sturm et Edel, *Vokalisation*, p. 37-39, toutes ces données infirment la théorie de K. Sethe (*Vokalisation*, e.a. p. 180) selon laquelle la réduction des voyelles atones, au même degré qu'en copte, remonte au Moyen Empire (ca. 2000 av. J.-C.) et peut-être même à l'Ancien Empire.

59 /i/ en syllabe atone prétonique

mb.	ass.	nb.	gr.-c.
	Niḫt-eš-arau		
	Ṣa-ḫp-imāu		
Min-mua-ria			
Min-paḫta-ria			
pišid			ⲯⲓⲧ
	Ḫar-siya-ešu		Ἁρσιησις
šina			ⲤⲚⲀⲨ

Albright, 22, qualifie *min-* de « verbal adjective » signifiant « enduring », tandis qu'il appelle *riḫ*, dans *Pariḫnāwa* (44) un participe perfectif actif, qu'il traduit par « he who knows ». Edel, IX, fait remarquer que dans les deux cas on a plutôt affaire au participe présent (ou imperfectif). Fecht, § 81 et Anm. 128, se prononce en faveur du participe perfectif. Nous avons interprété *min-* comme l'état construit du *sḏm.f* perfectif, *máyna-* (*Oplossing*, p. 16 ; 17 ; 46) mais, dans sa recension, Edel a fait remarquer qu'une telle réduction de la voyelle est impossible au XIIIe siècle av. J.-C. Il propose alors de voir dans *min-* et *riḫ-* des participes perfectifs, mais qui se traduisent en allemand par des participes imperfectifs, p.ex. « dauernd » (*BiOr*, 21 [1964], p. 162). Nous avons accepté cette argumentation de Edel en ce qui concerne *min-* et nous avons attribué à ce mot la valeur d'un participe perfectif, *miníy*, dont la désinence est tombée à l'état construit (*Orientalia*, 34 [1965], p. 363). Ceci ne peut toutefois pas s'appliquer au nom de Memphis, où *min-* est accentué. C'est pourquoi nous croyons maintenant que *min-* est un adjectif du type *qatīlu* : *mayín* > *min*, comme *wanim* > ⲟⲩⲛⲁⲙ, (main) droite; *damiḏ* > A_2 ⲧⲙⲉⲧ, entier (voir B 14 aux § 79 et 85). Ce mot monosyllabique (cf. inf. *māyan* > *mān* > ⲙⲟⲩⲛ) demeurait inchangé dans *mín-nuf(r)u* et, atone, dans *min-mua-ria*, etc. Les noms « Rē est durable en ordre cosmique / en puissance » offrent ainsi un parallèle parfait avec *Napẖu'ruriya*, *Waš-muaria*, qui présentent également un adjectif déterminé par un substantif.

Nous classons ici mb. *pišid*, neuf, en supposant qu'il appartient au schème *qitīlu*. Le /i/ prétonique dans ce mot ainsi que dans *šina*, deux, équivaut probablement à /ə/.

Ass. *-arau*, opposé à *-imāu*, offre un exemple où le /i/ prétonique s'est changé en /a/ comme le /i/ final. Il est corroboré par /pa-ati/ > *Paṭa-* (§ 61).

Ass. *Ḫarsiyaešu* semble présenter une réduction moins grande que Ἀρσιησις et montrer que *sꜣ*, fils, était vocalisé *siꜣ* > *siy*.

60 /u/ en syllabe atone ou ne portant pas l'accent principal

mb.	ass.	nb.	gr.-c.
	Pi-šan-ẖuru		Ψεννυρις, cf. Ψαν-οσιρις etc.
Šuta-ẖapšap			
		Tiẖut-arṭē-si	Θοτορται(ο)ς
		Tiẖut-artai-s	
	Puṭ-ubešti	*Paṭ-uastu*	Πετουβε/αστις
uputi			
	P-uširu		ⲡⲟⲩⲥⲓⲣⲓ, *Βουσι-ρις*

Pour le classement sous ce paragraphe de *Šutaẖapšap*, voir *S/Šūta*, § 57.

Nb. *Tiẖut-* montre que *ḏ̆ ḥawt̆*, en perdant l'accent dans la composition, est devenu *dəḥəwt-*. L'égyptien de cette période en est donc au même stade que le copte, où ⲑⲟⲟⲩⲧ devient *ⲑⲟⲩⲧ-, rendu en grec par Θοτ-. Dans les mots simples de l'époque assyrienne, /u/ prétonique vient, de la même manière, de *wəbístat*, *wəsīru*, éventuellement après interversion en *əw*. La forme ancien-égyptienne *ỉputỉ*, messager, ne permet pas d'affirmer avec certitude que la voyelle prétonique de mb. *uputi* dérive également de *wə-*, mais la graphie, beaucoup plus fréquente, *wpwtỉ* le laisse supposer. C'est une des raisons pour lesquelles nous envisageons l'existence d'un /ə/ à partir du néo-égyptien vulgaire, langue dont dépendent mb. *piṭati*, *piṭaš*, *tiban* (§ 58), *iḫripita* (§ 62).

Ass. *Pi-šan-ḫuru*, le seul exemple ne possédant pas de /w/ devenu voyelle, semble offrir un cas où un /u/ prétonique (ϣⲉ-ⲛ de *šúryu*) est devenu /a/ comme le /u/ final.

61 Formes verbales atones ou portant un accent secondaire

mb.	ass.	nb.	gr.-c.
sḏm.f perfectif			
	Ḫatp-imuni		
	Niḫt-eš-arau	*Naḫtu-ḫappi*	
	Ṣa-ḫp-imāu		
	Ṣi-ḫā	*Ṣi-ḫa'*	
	Ṣi-ḫū		
sḏm.f prospectif			
Mana-ḫpirya	*Ḳuni-ḫuru*		
Miya-re	*Naḫti-ḫuru-an-seni*		
	Uṣi-ḫanša		
sḏm.n.f			
Marni-ptaḫ			
Šatepna-ria			
Participe perfectif actif et passif			
An-ḫāra			
Mai-/Ma'ia-/amana			
May-<y>āti			
Mai-riya			
Participe imperfectif actif			
P-a/iriḫ-nāwa			
Forme relative néo-égyptienne			
	Puṭi-ḫuru	*Paṭ(a)-esi*	Πατα/εῦρις, Πα-τα/εησις
	Puṭu-m-ḫēše	*Paṭan(i)-esi*	Πετενιησις
	Puṭ-ubešti	*Paṭ-uastu*	Πατουβε/αστις
		Paṭ-m(i)ustū	Πετεμε/οστους
		Paṭ-niptēmu	
Verbe de propriété (démotique et copte)			
		Na'a-esi	

Les quelques observations qui suivent mises à part, ces formes doivent être examinées dans la Morphologie syntagmatique.

La chute de la désinence montre que les participes sont atones. Les autres formes verbales ont relativement bien conservé la qualité de leurs voyelles (cf. notre *Oplossing*) et elles peuvent être considérées comme portant un accent secondaire. À remarquer l'opposition entre p.ex. mb. *mana-* et ass. *uṣi-*; cf. *'Οσε-υρις, 'Οτε-υρις* « Qu'Horus soit bien portant ».

Quant à la forme relative *pa-adi-* = /pa-ati-/, « celui qu'a donné... », pour autant que le second *a* est assuré dans nb. *Paṭa-*, il offre un nouvel exemple d'un /i/ prétonique qui s'est changé en /a/, comme le /i/ final (cf. § 59). Le premier /a/ s'est conservé, à côté de formes en /ə/, jusqu'en copte : la forme parallèle *pa-aḏdi-* = /pa-ačti-/, « ce que... dit » survit dans AA_2 ⲡⲁϫⲉ-. Il existe des transcriptions grecques *Πατα-ΰρις/ησις, Πατε-, Πετα-*, mais *Πετε-* est de loin la plus courante. Eu égard à ces faits, *Puṭu/i* doit dépendre de l'une ou de l'autre particularité phonétique de l'assyrien (/a/>/o/ atone ?).

62 Morphèmes et nisbé atones

mb.	ass.	nb.	gr.-c.
Article			
P-azi[te]	*P-aḫ-nuti*		
P-a/iriḫ-nāwa	*Pa-ḳruru*		
Pa-ḫam-nata	*Pa-tu-resi*		
Pa-ḫa-nate	*Iš-pi-māṭu*		
pa-ḫatum	*Pi-šan-ḫuru*		
Pa/i/u-ḫura	*Pu-yama*		
pu-sbiu			
Pa-wura			
Pa/i-wuri			
Pa/u-'uru			
pi-paru			
d-aspu	*Ḫar-ti-bū*		
n-abnasu	*Bukk-una-nnīpi*		
n-amsuḫa			
n-imšaḫu			
Article + suffixe			
	Tap-naḫti	*Amunu-tapu-naḫti*	

Suffixe		
Šuta-ḫapšap	**Buk-un-rinip*	
ḫamtum-šunu, etc.		
Pronom enclitique		
Ria-maše-ša	*Am-urṭe-še*	*Tiḫut-arṭē-si*
Ria-mše-ši	*Iptim-urṭe-šu*	*Tiḫut-artai-s*
Pronom possessif		
Pa-maḫū		*Pa-muni*
	Na-ṭḫū	
Génitif indirect		
zab-na-kū	*Naḫti-ḫuru-an-seni*	
piṭaš-ni-mu'da	*Bukk-una-nnīpi*	
	**Buk-un-rinip*	
Datif		
		Paṭa-ni-esi
Prépositions		
Pa-ria-m-aḫū	*Mant-im-eḫē*	
ku-yiḫ-ku		
Nisbé		
Napt-era		
Natt-era		
in-si-bya		
iḫri-pita	[*Ḫat-ḫari-ba*]	
	ḫar-ṭibi	
[*Iriya-mašša*]		
	Iš-pi-māṭu	
uputi		

Nous supposons, avec Fecht (Anm. 378), que l'article était à l'origine vocalisé *paꜣ*, *taꜣ*, *naꜣ*; que le pronom enclitique masc. sing. était *su*(*w*) par opposition au fém. *si*(*y*) (§ 448; cf. ar. *húwa*, *híya*), et le morphème du génitif *ni*(*y*) (Fecht, e.a. § 147 : *yanéy*).

Nous proposons pour la graphie *-ša* l'interprétation suivante. Le pronom enclitique *su* fut déjà en moyen-égyptien traité comme la plupart des désinences masculines en *-u* (§ 63), c.-à-d. /u/ perdit sa valeur et fut remplacé par la voyelle neutre /a/. En néo-égyptien vulgaire, ce /a/ atone fut prononcé /ə/ et c'est celui-ci qu'on retrouve dans les graphies *Riamšeši*, *Amurṭeše* ainsi que dans les articles *pi*, *ti*, *ni*, où le *u* représente une manière différente de rendre /ə/ en accadien. Le suffixe /-if/ (*rinip*) comparé à /-af/ (*ḫapšap*) s'explique de la même manière. Cette correspondance entre /a/ et /ə/ dans deux niveaux parallèles de la langue peut, à notre avis, être comparé avec celle qui existe entre /a/ et /e/ dans l'arabe moderne, p.ex. *madina(tun)* et *medine/a*.

Comme dans les désinences en *-i* (§ 63), le /i/ du pronom enclitique *si* commença seulement à devenir /a/ dans la langue savante du néo-égyptien et il s'ensuivit alors une confusion générale, non seulement entre *sw* et *sy* mais aussi entre ceux-ci et *s.t*, *sn* (Erman, *Neuäg. Gramm.*, § 90). Le même phénomène affecta le /i/ du génitif (*zab-na-kū*), bientôt remplacé dans la langue vulgaire par le /ə/ qu'on trouve, soumis à une interversion, comme en copte, dans ass. *-un-*; mais cf. mb. *piṭaš-ni-mu'da*. Dans nb. *ni*, le datif /nij/ = S ⲛⲁⲓ : A ⲛⲉⲓ, est abrégé en /ni/.

À côté du suffixe de la 3e pers. masc. sing. /-af/ de *ḫapšap* nous possédons peut-être le suffixe de la 3e pers. plur. /-sun/ dans *ḫamtum-šunu*, etc. Dans la liste, éditée par Smith-Gadd (§ 47), comprenant les noms de nombre de deux à dix, W. F. Albright lit, en effet, *ḫamtumšunu aḫ* (ou *iḫ*) et ainsi de suite, jusqu'à « dix ». À supposer que la tablette fut écrite par un Asiatique, cela devrait signifier « qu'est-ce que leur *ḫamtum* ? » = « que veut dire *ḫ*. en égyptien ? ». La réponse était inscrite à côté, dans la partie accadienne, sous la forme de trois traits (= « trois »). Il en résulterait que ég. *-sn* et probablement aussi *-ṯn* (2e pers. plur.) auraient conservé la voyelle /u/ du protosémitique :

2e pers. Pl. masc. acc. *kunu*; h. *kem*; ar. *kum(u)*; fém. acc. *kina*; h. *ken*; ar. *kunna*

3e pers. Pl. masc. acc. *šunu*; h. *(he)m*; ar. *hum(u)*; fém. acc. *šina*; h. *(he)n*; ar. *hunna*.

La nisbé *ḥaríy* « celui qui est au-dessus de » s'est conservée, accentuée, jusqu'en assyrien dans le toponyme et « composé ancien » *Ḫatḫa-riba* (§ 50; 58). Devenue atone dans mb. *iḫripita*, elle a perdu le *a* prétonique, probablement dans la langue vulgaire, et un /ə/ prothétique doit permettre l'articulation de la suite /ḥr-/. Le /i/ accentué est tombé et /j/ est devenu /i/. On la retrouve dans le titre *Φρι-NN*, « NN le divinisé », dans *ῥι-σι-γετ-ου* = *ḥry-š-w3ḏ-wr*, « le préposé au lac La-Très-Verte » (références dans Fecht, Anm. 34); *ῥι-σηις*, « le préposé au lac »; *φερι-τωβ* = *p3-(ḥry-ḥb)-ḥry-tp*, « (lecteur en) chef, magicien ». Dans ces mots, le substantif se trouve vis-à-vis de la nisbé dans la même relation qu'envers la préposition dont celle-ci dérive. Cette relation peut aussi être génitivale et la nisbé se trouve alors à l'état construit. C'est ce qui arrive au dernier exemple dans la forme sous laquelle il fut emprunté en assyrien : *ḫar-ṭibi*, et en hébreu : **ḥarṭom* (plur.. *ḥarṭummîm*); cf. aussi *'Αρ-σαφης* : *ḥry-šfy.t* « celui qui est préposé à la *šfy.t* (majesté, considération) ». Ass. *-ṭibi* représente à son tour la nisbé *tapíy*, ou plutôt *təbíy*. De la première dérive, selon nous, ⲧ-ⲗⲁⲡⲉ' « le chef »; la seconde est attestée par ⲧⲃⲁⲓ-ⲧⲱⲟⲩ, « celui qui est sur la (sa) montagne », épithète d'Anubis; ass. *ṭ* rend le /t/ non aspiré de la syllabe atone.

La forme de *aníy* correspondant à *iḫri-* se trouve peut-être dans ⲃⲉⲛⲓⲡⲉ, « fer », litt. « le métal appartenant au ciel ». L'autre forme, *an-*, devient /ən/ dans le titre royal mb. *insibya*, peut-être parce qu'il se compose de 3 éléments : *ny-sw.t-bỉty* « celui qui appartient au roseau et à l'abeille » (cf. *Ḫikuptaḫ* et *Ḫininši*). Elle est attestée dans gr. *(Σι-)ονσιος* /ənsīw/ < *ny-sw.t* « roi de Haute-Égypte » ainsi que dans les noms du type *ny-sw/sỉ-NN*, « il, elle appartient à NN », p.ex. *'Εσ-αμουνις*, *'Εσ-θωτης*, *'Εσ-μινις*. À ceci correspond ass. *Iš-pimāṭu*.

La nisbé *aríy*, « se rapportant à », remplace un suffixe dans *Napt-era*, *Natt-era*, « la belle s'y rapportant » = « sa belle » ou « la plus belle ». C'est pourquoi nous croyons qu'elle occupe ici une position enclitique et qu'elle est atone, comme *iḫri*. La substitution de /a/ à /i/ s'explique alors de la même manière que dans *si*(*y*) et le génitif *ni*(*y*). Il est intéressant de constater que, contrairement à *iḫri*, la forme atone de *aríy* se termine en *a* dans *ỉry-ḥms* « celui/celle qui appartient à l'habitation » > « Wohngenosse, -genossin » qu'on rencontre dans le nom *pꜣ-dỉ-ỉry-ḥms-nfr*, *Πετ-ρα-εμσ-νουπις*, *Πατ-ρα-ο/ενσ-νουφις* et varr., épithète de Shou le Nubien, parèdre de Tefnout. L'état construit de cette nisbé se trouve dans le nom le plus fréquent du dieu *'Αρ-ενσ-νουφις*, ainsi que dans *'Ορ-πεει*, *'Ορ-παιις* : *ỉry-pʿ.t* « celui qui appartient à la noblesse ». Pour sa forme absolue, signifiant « compagnon », voir *Iriya-mašša*, § 56.

uputi est une nisbé dont le /uː/ a retenu l'accent, cf. *wnwty* : ⲙ̅ⲛⲟⲩⲧ, portier (cf. § 87, 4 a).

63 Voyelle atone post-tonique

mb.	ass.	nb.	gr.-c.
Noms masculins			
Amana/u	*Un-amunu*	*Pamunu*	

Mai-Amana	Ḫatp-imunu	Amunu-tapu-naḫti
Ana	Unu	
	Ḫat-ḫari-ba/i	
[ḫaman]	Ḫimuni	
ḫamtum		
	Uṣi-ḫanša	
		Ḫapi-menna
		Naḫtu-ḫappi
Ḫāra-mašši	Ḫuru (cf. § 49)	
	Naḫti-ḫuru-an-seni	
pa-ḫatum		
	Pi-ḫattiḫuru-npiki	
	Puṭu-m-ḫēše	
Pa-ḫura		
Pu-ḫura/i/u		
	Pu-yama	
Kaši/a (?)	Kūsu/i	Kūšu
	Pa-ḳruru	
	Iš-pi-māṭu	
	Me/impi	Membi
piṭaš-ni-mu'da		
muṭu		
Ria-napa		
	Bukk-una-nnīpi	
Pa-ḫam-nata	P-aḫ-nuti	
Pa-ḫa-nate	Zab-nūti	
pi-paru		
	Pa-tu-resi	
-riya (cf. § 50)		
-ria (id.)		
	Saya	
pu-sbiu		
šapḫa		
	Pi-šaptu	
	Šiyāutu	
	Šuāni	
S/Šūta		
Šutti		
		Paṭ-nip-tēmu

	*P-ušir*u	
*weḫ*u/i		
*we'*a/u		
*Pa-wur*a/i		
*Pi-wur*i		
*Pa/u'ur*u		
Pluriel		
*n-abnas*u		
*n-amsuḫ*a		
*n-imšaḫ*u		
*Nap-ḫu(')*ru*-riya*		
*Nib-ḫu*ru*-riya*		
Nib-ḫurri-riya		
*pitat*i/a/e		
*piṭat*i/u/iu		
	*P-unub*u	
Duel		
*nib-tāw*a		
Noms féminins		
[*Pa-ria-m-aḫū*]	[*Mant-im-eḫē*]	
*Aman-app*a/i		
*d-asp*u		
*in-si-by*a		
	*Ḫar-siya-eš*u	*Paṭa(ni)-es*i
		*Na'a-es*i
*An-ḫār*a		
[*Nim-mahē*]	[*Na-ṭ-ḫū*]	
[*Pa-maḫū*]		
*-mu*a- (§ 54)		
	*Tap-naḫt*i	*Amunu-tapu-naḫt*i
*namš*a		
	*Pi-ḫattiḫuru-npik*i	
*Min-paḫt*a*-ria*		
*Iḫri-pit*a		
*raḫt*a		
	*Ṣa'an*u	
*šaḫ-šiḫ*a*-šiḫa*		
	*P/Bi-n-ṭeṭ*i	
*ubd*a		

	*Puṭ-ubešt*i	*Paṭ-wast*u
Pseudoparticipe		
*Aman-ḫatp*a/i		
*Ḫā-mašš*i		
*Ḫāra-mašš*i		
*Ria-mašš*i		
*Taḫ-mašš*i/a		
*Aman-maš*a		
*Iriya-mašš*a		
		*Ḫapi-menn*a
*Waš-mua-ria-naḫt*a		
*Ri-wašš*a		

Parmi les noms masculins, mb. *ḫatum*, *mu'da*, *sbiu*, ass. *yama* n'avaient pas de terminaison vocalique en égyptien, l'adjectif *napa* représente /nāfa(r)/, le substantif mb. *nata/e*, ass. *nuti* dérivent de /nāta(r)/, mb. *paru* probablement de /pāraj/. Tous les autres, à notre avis, se terminaient originairement en *-u*, y compris *ri(y)a* < /rī'u/ et, probablement, *S/Šūta* < /Sútḫu/. Il résulterait donc de ce tableau que /u/ fut remplacé très tôt, sans doute déjà en moyen égyptien, par la voyelle neutre /a/. C'était le premier pas vers la disparition de la terminaison, attestée par le copte. Mb. *Amanu*, qui figure à côté de *Amana* dans une proportion de 9:23, fut, de l'avis de Sturm, p. 66, et de Fecht, Anm. 622, doté d'une terminaison accadienne (quelquefois même avec mimation : *-um*). Celle-ci apparaît notamment dans le vocabulaire édité par Smith-Gadd (*ḫamtum*, *ḫatum*, *muṭu*, *paru*, *sbiu*). Par une sorte de phénomène d'hyperurbanisme, le scribe omet la terminaison dans *ḫaman*, huit, où elle se justifiait parfaitement, cf. ass. *Ḫimuni*, ϣⲙⲟⲩⲛ, et dans *pišid* : ⲯⲓⲧ, neuf. Sa fréquence dans les deux périodes suivantes (*amunu*, etc.) pourrait indiquer que la finale avait alors disparu en égyptien et que les conquérants assyriens et perses, plus familiarisés avec cette langue que les scribes moyen-babyloniens et hittites, assimilaient ces substantifs à ceux de l'assyrien et du néo-babylonien, qui se terminaient toujours en *-u*. D'autre part, les variantes mb. *nate*, *ḫuri*, *wuri*, *Šutti* attestent la substitution de /ə/ à /a/ dans la langue vulgaire de l'époque amarnienne, analogue à celle que nous avons déjà rencontrée dans l'article (§ 62). Le /i/ de ass. *Paturesi*, dérivé de /j/, est plutôt à rapprocher de celui du pseudoparticipe *mašši* (voir ci-après) et celui de *seni* a peut-être la même origine. Enfin, la question se pose de savoir si la terminaison des toponymes du Delta, ass. *Ḫatḫiribi*, *Mempi*, *Paḫnuti*, *Zabnūti* ne représente pas déjà le /i/ caractéristique du bohaïrique.

Si, comme nous le supposons, les noms royaux *Nap*/*Nib-ḫu(ʾ)ru-riya* sont de facture moyen-égyptienne, la conservation de la désinence du pluriel dans *ḫu(ʾ)ru* n'a rien d'étonnant. L'unique graphie *ḫurri* doit reposer sur une fantaisie du scribe étranger. L'exemple *nimšaḫu*, d'un siècle plus ancien que *namsuḫa*, ainsi que *nabnasu*, semblent indiquer que le /u/ atone du pluriel, à cause de sa charge fonctionnelle, a mieux résisté à la neutralisation que celui de /Amānu/Ḥāru/ etc. Mais *piṭati*, qui lui est contemporain, en atteste la disparition après /j/ au plus tard en néo-égyptien. L'état lui précédant immédiatement est en effet, selon nous, /patítju/ et le /i/ final remplaçant /j/ de même que le /a/ de *pitata* sont à assimiler aux finales de *maššī*/*mašša*. L'alternance « vulgaire » de /a/ se trouve dans *pit(t)ate*, tandis que *piṭatiu*, *piṭatu* présentent la terminaison accadienne ; il en est de même pour ass. *Punubu*.

Quant au duel, mb. *tāwa*, étant donné notre reconstitution /taʾá-waju/ > /táwju/ (§ 55), le /a/ final y remplace le /i/ dérivé de /j/ comme dans *pitata*.

Dans les noms féminins /aḥūja/ « devant », /maḥīja/ « vent du nord », /maḥūja/ « (déesse) Méhit », le /a/ disparut après /j/ comme le fit le /u/ du qualitatif /másju/ (voir ci-après) ; mais ici le /j/, au lieu de se changer en /i/, s'amuit lui aussi. Étant donné que /a/ se maintient dans /mūʿa/ « ordre cosmique », la perte de la finale ne peut pas être due à la voyelle longue, comme le veut Edel (*Vokalisation*, p. 40). *Natḫū*, de /ḥāwa/, montre qu'au plus tard à l'époque assyrienne /-wa/ était tombé lui aussi. Là où la finale subsiste, la conservation du timbre /a/ est générale dans les noms féminins attestés en moyen-babylonien. L'exemple *-appi* offre une terminaison accadienne dépendant de la préposition *ana* (Fecht, Anm. 622) ; pour *d-aspu* = *tꜣ ỉsb.t* et *tꜣ ỉsp.t*, « la chaise », il y a lieu de renvoyer à la variante *ỉsbw*. Cette terminaison était donc, en tant que caractéristique du genre, plus stable que le /a/ qui s'est substitué au /u/ des substantifs masculins. Mais, à la période assyrienne, elle a accompli une évolution vers /ə/ ou /i/, la finale bohaïrique /i/ figurant probablement déjà dans les toponymes ass. *Piḫattiḫurunpiki*, *P*/*Binṭeṭi* et dans le nom divin *ubešti*, qui appartiennent tous au Delta. Une exception se présente dans *Ṣaʾanu* (de *ḏʿn.t*, ϫⲁⲁⲛⲉ : ϫⲁⲛⲓ), « Tanis », doté d'une désinence accadienne.

Il y a une distinction à faire entre les pseudoparticipes mb. *ḫatpa, naḫta, wašša*, nb. *menna*, dérivés de /ḥátpu/náḫtu/wás(r)u/mǽjnu/ et celui du verbe 3. Inf. *mašši, maš(š)a*, dérivé de /másju/. Dans les premiers, comme dans les substantifs masculins, le /u/ fut évincé par la voyelle neutre /a/, sans doute déjà en moyen égyptien; en même temps le /u/ est tombé après /j/ et celui-ci est devenu /i/ : /mási/. Le dernier changement a aussi affecté le pluriel *piṭati*, le duel **tāwi*, l'adjectif substantivé *resi* et probablement *seni*. En néo-égyptien, le /a/ a à son tour commencé à se substituer à ce /i/ (cf. *si(y)* > *sa* § 62) : *maš(š)a, pitata, tāwa*. Ce phénomène ne s'est cependant pas généralisé mais il a donné lieu à une différenciation dialectale, dont on trouve les traces en copte. En BF, le /i/ provenant de /j/ dans les 3. Inf., les pluriels des mots en *-īti*, ne s'est pas seulement maintenu (B ⲙⲟⲥⲓ, né; ⲙⲉⲛⲣⲁϯ, bien-aimés) mais il s'est substitué au /a/ de toutes les terminaisons féminines et même de celles de masc. *nāta(r)* > ⲛⲟⲩϯ; de l'adjectif *nāfa(r)* > ⲛⲟⲩϥⲓ, du verbe *ḫāpa(r)* > ϣⲱⲡⲓ etc. (Quelques exceptions en F, voir **S** 56). Dans les autres dialectes, le /a/ a remplacé le /i/ des 3. Inf. et des pluriels en question et, devenu /ə/ dans la langue vulgaire du Nouvel Empire (ex. *Amanḫatpi, pit(t)ate*), il s'est confondu avec la finale du féminin, qui a suivi la même évolution : S ⲙⲟⲥⲉ : A ⲙⲁⲥⲉ; Plur. ⲉⲃⲓⲁⲧⲉ, vendeurs de miel; ⲙⲉⲣⲁⲧⲉ (aussi ⲛⲟⲩⲧⲉ, ⲛⲟⲩϥⲉ, ϣⲱⲡⲉ, etc.). Le /u/ des qualitatifs et des substantifs masculins singuliers a disparu partout en copte: ϩⲟⲧⲡ : ϩⲁⲧⲡ; ⲛⲁϣⲧ : ⲛⲁϩⲧ; ⲙⲏⲛ; ⲁⲙⲟⲩⲛ; ϩⲱⲣ. Au pluriel, il s'est conservé sous forme de /ə/i/ dans certains cas (cf. § 40).

Toutefois, Edel a observé que le /i/ final représentant un ancien /j/ s'est conservé dans une variété de A_2 où le /u/ et /a/ originels sont généralement rendus par /ə/ (§ 41 et **S** 56). Pour ce qui est des qualitatifs des verbes 3. Inf. (ϫⲁⲥⲓ, élevé), des pluriels en /-ju/ (ϩⲁⲗⲉϯ, oiseaux; ⲉⲓⲁϯ, pères) et de certains substantifs (ⲥⲁⲛⲓ, voleur), ce subdialecte a par conséquent conservé l'état attesté par les textes cunéiformes. Edel trouva ici la confirmation de son hypothèse sur l'extension resp. des finales /i/ en BF et /a/ > /ə/ en SAA_2 qu'il avait proposée antérieurement et dont nous avons rendu compte dans l'alinéa précédent [1]). Fecht, § 438-450 s'est rallié à cette théorie.

[1]) Voir Edel, XII; Id., *Vokalisation*, p. 40-43; Id., *Neues Material zur Herkunft der auslautenden Vokale* -ⲉ *und* -ⲓ *im Koptischen*, dans *Z. äg. Spr.*, 86(1961), p. 103-106.

Conclusion

64 Les données des §§ 49 à 63 sont schématisées dans le tableau qui suit. Conformément à l'hypothèse sur les noms royaux (§ 50), les particularités qui s'y rapportent sont mises sur le compte du moyen égyptien : /oʾ/ et /-é/ accentués, /-a/ final atone pour /-u/. Les autres transcriptions moyen-babyloniennes sont considérées comme représentant tantôt un état savant tantôt un état vulgaire du néo-égyptien. La phonologie du premier ne diffère guère de celle du moyen-égyptien ; celle du second s'en distingue principalement dans les syllabes atones. Les transcriptions assyriennes et néo-babyloniennes rendent les phonèmes vocaliques du démotique, à peine différents de ceux du copte. Seule la réduction des voyelles atones dans les mots composés et en syllabe prétonique est poussée plus loin dans cette dernière langue.

Les différences relevées entre les deux états du néo-égyptien ne nous permettent pas de parler de deux langues différentes. C'est pourquoi, dans notre tableau du § 2, nous avons omis la ligne pointillée par laquelle Stricker représentait un néo-égyptien parlé à côté du néo-égyptien écrit. Dans le domaine de la morphologie également, le néo-égyptien se montre encore fortement influencé par le moyen égyptien à l'époque qui nous occupe (XVIIIe et XIXe dynasties) ; ce n'est que vers la fin de la XXe dynastie qu'il arrive au terme de son évolution autonome (B. H. Stricker, *De indeeling der Egyptische taalgeschiedenis*, p. 21-27).

On a relevé des traces de dialectes dans les textes de la période assyrienne. Mais celles-ci se manifestent déjà aussi à l'époque moyen-babylonienne dans la distinction entre /a/ et /i/ final (*maššа/i*). La présence de /á/ accentué dans *piṭati*, *nāwa*, *šina*, à la même période, fait supposer la coexistence, dans un autre dialecte, du /æ/ qui s'est conservé jusqu'en AA_2FO. Le changement /a/ accentué > /ò/ qui caractérise SB n'est attesté que dans nb. *Paṭm(i)ustū* = /tow(ə)/. Il ne semble donc être intervenu qu'entre le VIIe et le VIe siècle. Par contre, le /oʾ/ en moyen égyptien révèle qu'en ce temps un dialecte différent devait avoir conservé le /a/ puisque celui-ci s'est maintenu en FO.

Voyelles accentuées *

ancien égyptien	a:	i:	i:	u:	a	aꜣ	i	-i	u
moyen égyptien	a:	i:	i:	u:	a	aꜣ/oꜣ	i	-é	u
néo-égyptien savant	a:	i:	i:	u:	a	aꜣ/oꜣ	i	-é	u
néo-égyptien vulgaire	a:	i:	é:	u:	à	àꜣ/oꜣ	æ/á	-æ	u
démotique, copte	ó:	i:	é:	è:	à/ò	à/ò	æ/á	-æ	è

Voyelles atones

ancien égyptien	a	i	u	-a	-i	-u
		prétoniques			finales	
moyen égyptien	a	i	u	a	i	a [1])
néo-égyptien savant	a	i	u	a	a/i [2])	a
néo-égyptien vulgaire	ə(a)	ə(a)	ə(a)	ə/i [3])	ə/i	ə/i [4])
démotique, copte	ə(a)	ə(a)	ə(a)	ə/i	ə/i	ə/i

Étant donné que copte /é:/ et /-æ/ sont resp. des allophones de /i:/-á/ et en comptant le /u:/, qui est un phonème du point de vue synchronique, nous obtenons les 8 phonèmes mentionnés dans **S** 65, à savoir /ó:/i:/u:/è:/à-ò/æ -á/è/ et le /ə/ atone.

* Les voyelles entre parenthèses sont des variantes libres d'un même état de langue. Le trait oblique indique des différences dialectales.

[1]) Excepté dans les désinences du pluriel masculin.

[2]) *-i* devient *-a*, excepté lorsqu'il dérive de /-ju/, mais la confusion apparaît déjà en mb.; ensuite distribution uniforme -ə ou *-i* selon les dialectes sauf dans un subdialecte de A_2. P conserve *-a*. F présente -ə lorsque la syllabe comprend un *ʿayin* (§ 28 g).

[3]) Excepté dans la terminaison des noms féminins, où /a/ demeure stable.

[4]) ə/i dans les rares cas où la désinence n'est pas tombée, p.ex. dans quelques pluriels masculins.

APPENDICE

Liste des mots égyptiens en transcription cunéiforme

Note. Les mots empruntés aux textes moyen-babyloniens se trouvent dans les pages KM 7 à 26 ; ceux des textes assyriens dans KM 26 à 38 et les mots attestés dans les documents néo-babyloniens et perses dans KM 38 à 42.

Amana KM 7 (3 lettres d'EA) ; ajouter EA 87.5 et 11 documents dans KBo I et KUB III (Sturm, p. 66). *Amānu* KM 7 (3 lettres d'EA), *Amanum* (2 lettres). Transcrivent *ỉmn*, ⲁⲙⲟⲩⲛ, le nom du dieu Amon.

Amanappa KM 7, transcrit *'Imn-m-ỉp.t* « Amon est dans son harem (c.-à-d. le temple de Louxor) », avec chute de *m* comme dans gr. *'Αμενωφις*. *Amanappi* attesté une fois.

Amanḫatpi KM 8, revient de nombreuses fois dans deux lettres (EA 185 ; 186) de Rib-Addi au roi et se réfère au prince d'une cité syrienne. *Amanḫatpa* est l'expéditeur de deux lettres envoyées au prince de Ta'annek (Albright, 2a). A. Malamat l'identifie avec Amenhotep II (*Scripta hierosolymitana*, VIII, Jérusalem, 1961, p. 218-227). Ces formes transcrivent *'Imn-ḥtp.w* « Amon est content », gr. *'Αμενωθης*.

Amanmaša KM 8 ; Albright, 3. Cité 4 fois dans trois lettres de Rib-Addi au roi. Transcription de *'Imn-ms.w* « Amon est né ».

Amunutapunaḫti KM 38 (nb.) transcrit *'Imn-tȝ.f-nḫt.t* « Amon est sa force ». Le nom égyptien est attesté dans *Ann. Serv.*, 41 (1941), p. 382 ; Ranke, *PN*, I, 415.17 cite dans les *Nachträge 'Imn-tȝ.ỉ-nḫt.t* « Amon est ma force » (Edel, p. 16, n. 22).

Amurṭeše KM 27, transcrit *'Imn-ỉ.ỉr-dỉ-sw* « C'est Amon qui l'a donné ». Nous analysons *Am-urṭe-še* à cause de *Iptim-urṭe-šu* et *'Αμ-ορται(ο)ς*, *'Αμον-ορταισις*. La graphie *'Αμυρταιος* rendrait aussi *Amu-rṭe-še* plausible. Sur *ỉ.ỉr-dỉ-sw* qui a remplacé un ancien participe perfectif *rdỉ-sw*, voir J. Vergote, *Oplossing*, p. 31 sv. et 51. Selon KM 27, le nom pourrait aussi se lire *Aḫarṭeše* = *ỉ'ḥ-ỉ.ỉr-dỉ-sw* « C'est la lune qui l'a donné ». Pour *-arṭe-* cf. *Tiḫutarṭēsi*.

Ana KM 8 = *ỉwnw*, la ville de On-Héliopolis.

Anḫāra. Remplace *Ḫāra* de KM 10 ; voir Ranke, K II. Transcrit le nom divin *ỉn-ḥr.t* « Celui qui est allé chercher la (déesse) lointaine »; gr. *'Ονουρις*. À remarquer ici que le *n*, tout en étant séparé de /ó:/ par *ḥ*, a changé celui-ci en /u:/.

Bibḫururiyaš. Voir *Nibḫururiyaš*.

Bukkunannīpi. KM 27 donne comme prototype *bꜣk-n-nfy* « Le serviteur du souffle ». Le dernier élément serait donc ⲛⲓϥⲉ, vent, souffle. Nous l'interprétons comme *bꜣk-n-nꜣ-nfy* « le serviteur des vents, ou des souffles ».

**Bukunrinip.* Correction de *Bukurninip* KM 27 = *bꜣk-n-rn.f* « Le serviteur de son nom » (ⲣⲓⲛϥ), en grec *Βοχορινις*, qui se retrouve sous une forme abrégée dans le nom du roi *Βοκχορις*, de la XXIVe dynastie.

daspu Smith-Gadd, p. 237, l. 9. Représente *tꜣ-ỉsb.t* « la chaise, le trône » (Albright, *JEA*, 12 [1926], p. 189).

Ḫa'api. Selon Albright, 4, forme abrégée d'un nom contenant l'élément *Ḥʿpy* « dieu de l'inondation ». KM 21 avait lu *Ḫaꜣib(p)*.

ḫaman Smith-Gadd, p. 232, l. 13, = *ḫmn(w)* ϣⲙⲟⲩⲛ : ϧⲙⲟⲩⲛ « huit ».

Ḫāmaššī KM 10, doit être distingué de *Ḫāramaššī* selon Albright, 6; 11. Edel, p. 23-24, y voit le nom *Ḥ-ms* (Ranke, *PN*, I, 234.15), dans lequel, selon Ranke, *Ḥ-* est une abréviation pour *ỉmn-ḥtp*. Ce nom signifierait donc « Amenhotep est né ».

ḫamtum Smith-Gadd, p. 232, l. 8, = *ḫmt*, ϣⲟⲙⲛ̄ⲧ : ϧⲁⲙⲧ̄ « trois ».

Ḫapimenna, KM 38 identifie ce nom avec *Ḥp-mn* « Apis est durable ». Le second élément est le pseudoparticipe ⲙⲏⲛ qu'on retrouve dans *Σοκμηνις*, *Θοτμηνις* « Sobek, Thot est durable ».

Ḫāramaššī KM 10. Doit être distingué de *Ḫāmaššī* (Albright, 11; 6). Le nom représente *Ḥr-ms.w* « Horus est né ».

Ḫaršiyaešu KM 28 transcrit *Ḥr-sꜣ-ꜣs.t* « Horus, fils d'Isis »; gr. *'Αρσιησις*.

Ḫartibū. KM 28 propose comme prototype, pourvu d'un point d'interrogation, *Ḥr-tꜣ-bꜣ.t* « Horus de l'arbre ». Nous croyons en reconnaître la forme grecque dans *'Αρτβως*. *WB*, I, 416 traduit toutefois *bꜣ.t* par « Busch, Gebüsch »; Crum, *CD*, s.v. ⲃⲱ traduit par « tree » et ajoute « Properly *wood, plantation of trees* ».

ḫarṭibi. Dans KM 37, Ranke a pensé à un rapprochement avec les *ḥarṭummîm* de Gen., 41, 8 etc. mais l'a rejeté (note 1). En fait, les deux mots rendent la dernière partie du titre *ḫry-ḥb-ḥry-tp* « lecteur, ritualiste en chef ». À partir de la Basse Époque et en démotique *ḥry-tp* « chef » s'emploie avec le sens de « magicien » qui est propre également à son parallèle hébraïque (cf. J. Vergote, *Joseph en Égypte*, p. 66-73). Héb. **ḥarṭom* repose peut-être sur une réinterprétation : *ḥry ḏmʿ* « celui qui est préposé au livre (ϫⲱⲱⲙⲉ) », cf. Yahuda, *Die Sprache des Pentateuch*, p. 88 sv.; gr. *φερι-τωβ* résulterait alors d'une contamination des deux titres.

ḫasaya KM 28, écrit *ḫa-sa-a-a*, rend *ḥsy*, S ϩⲁⲥⲓⲉ' : B ⲉⲥⲓⲉ' gr. *Ἁσιης*, *Ἐσιης*, litt. « quelqu'un qui est loué », titre des personnes divinisées par noyade dans le Nil.

Ḫatḫariba, *Ḫatḫiribi* KM 28, désigne la ville *ḥ.t-(tꜣ-)ḥry-ib* « le Château du (pays du) milieu », ⲁⲑⲣⲏⲃⲓ, gr. *Ἀθριβις* (mais aussi *Ἀθαρραβις*, *Ἀθαραμβης*), l'actuel Tell Atrîb dans le Delta. Sur la formation de ce « composé ancien », voir Fecht, § 119-126. Nous le vocalisons *ḥawat(taꜣ)ḥaríyyubbu* > *ḥat(taꜣ)ḥaríybu* > *ḥatḥarību*.

Ḫatp-imunu, Johns, *Assyrian Deeds and Documents*, 39, 10 = *ḥtp-imn* « Amon est satisfait ».

Ḫikuptaḫ KM 10, transcrit *Ḥw.t-kꜣ-Ptḥ* « le Château du ka de Ptah », un nom de Memphis qui est à l'origine de *Αἴγυπτος* et de minoen *Aikupitijo* « égyptien »; voir M. C. Astour, *Greek Names in the Semitic World and Semitic Names in the Greek World*, dans *JNES*, 23, [1964], p. 193-201).

Ḫimuni KM 28, la ville *Ḫmnw*, ϣⲙⲟⲩⲛ, dont le nom signifie « huit » et se réfère à son Ogdoade divine, gr. *Ἑρμοῦ πόλις* (et varr.), actuellement el-Ashmuneïn.

Ḫininši. KM 29 a reconnu ici le nom égyptien d'Héracléopolis Magna, copte ϩⲛⲏⲥ, mod. Aḥnās. L'étymologie donnée par Ranke doit être remplacée par *Ḥw.t-nn-ny.sw.t* « le Château de l'enfant du roi » (cf. Fecht, § 34). ϩⲛⲏⲥ montre, d'après nous, que *nin* porte l'accent et que le nom est un « composé ancien » (*BiOr*, 18 [1961], p. 211).

Ḫūru KM 29. Nom d'un scribe, appelé d'après le dieu *Ḥr(w)*, Horus.

Iḫripita. KM 20 lit *Aḫ(iḫ,uḫ)ribi(pi)ta* et y voit un nom de personne. Albright, 16, l'interprète comme représentant *ḥry-pḏ.t* « commandant d'armée » (litt. « chef [de la troupe] des archers »), cf. *WB*, I, 571. Dans mb. *Iḫri-* la nisbé *ḥaríy* « celui qui est au-dessus de » montre une plus grande réduction des voyelles que dans le toponyme ass. *Ḫat-ḫari-ba*, où elle est fossilisée dans une forme plus ancienne. Il existait probablement aussi un mot *ẖry-pḏ.t* « celui qui est en-dessous de, qui porte l'arc », survivant dans B. *ⲫⲣⲓⲫⲓⲑⲓ, corrigé de ⲫⲣⲓⲧⲓⲑⲓ, nom du *Sagittarius*, signe du zodiaque, par J. Černý, dans *Festschr. H. Grapow*, p. 31-32.

insibya KM 10, depuis lors édité dans KUB III 66 vs. 1, nous donne la vocalisation du titre *ny-sw.t-by.t* « roi de Haute et de Basse Égypte », litt. « celui qui appartient au roseau et à l'abeille ». Fecht, § 71-77 a montré que ce mot appartient aux « composés de formation ancienne, qui sont accentués sur l'antépénultième syllabe. Il a aussi retrouvé dans le nom de personne *Σι-ονσιος* la transcription grecque de *sꜣ-ny-sw.t* (=/ənsīw/) « fils du roi de Haute-Égypte » (Fecht, § 34).

Iptimurṭešu doit remplacer *Iptiẖartēšu* de KM 29, voir G. Fecht, dans *Festschrift H. Junker*, II, (*MDAIK*, 16 [1958], p. 112-119). Le prototype en est *Nfr-tm-ỉ.ỉr-dỉ-sw* « C'est Nefertem qui l'a donné ». Le nom divin sans le *n* initial se retrouve dans *Ἰφθιμις* et *Πετ-ευτημις*. Cf. *Paṭniptēmu*.

Iriyamašša. Albright, 17, a repéré ce nom dans EA 130, 11 et il l'interprète comme *ỉry-ms*(.*w*) « un compagnon est né ».

Išpimāṭu. KM 29 y reconnaît le nom de personne *ns-pꜣ-mdw* « celui qui appartient au bâton (sacré) » et renvoie à W. Spiegelberg, dans *Rec. Trav.*, 25 (1903), p. 184-190 (cf. Id., dans *OLZ*, 15 [1912], col. 9, n. 2). Le /a/ exclut un rapprochement avec *Ἐσπεμηθις*, *Ἐσπμητις* etc. Celui-ci représente probablement un autre nom, écrit en démotique *ns-pꜣ-mty*. G. Mattha identifie *mty* avec *mꜣ*ʿ*ty* « just, righteous » (*Demotic Ostraca*, Le Caire, p. 211). Le mot *mdw* « parole », que nous avons vocalisé *mādaw* (*Plural*, p. 83), étant écrit avec l'idéogramme du bâton *mdw*, celui-ci présentait peut-être une forme similaire : /mádwu > mádu/, ce qui justifierait l'interprétation de Spiegelberg.

yarꜣū KM 29, transcrit *ỉtr.w* ʿ*ꜣ* « le grand fleuve », désignant le Nil, S ⲉⲓⲉⲣⲟ : B ⲓⲁⲣⲟ. *yarꜣū* n'est pas nécessairement bohaïrique puisque dans d'autres mots composés /a/ atone s'est aussi conservé à la période assyrienne.

Kaši KM 11, transcrit *kꜣš*, *kš*, la Nubie.

kuyiḫku KM 11. Transcrit *kꜣ-ḥr-kꜣ* « ka sur ka », le nom d'un vase, ainsi appelé d'après la fête dans laquelle il joue une rôle ; plus tard aussi le nom du 4ᵉ mois égyptien, S ⲕⲟⲓⲁϩⲕ. Le mot copte appartient clairement aux « composés anciens ». Fecht, § 176-178 suppose que le /i/ de *ḥi*(*r*) « sur » (c. ϩⲓ) a subi une métathèse : *koꜣíḥkoꜣ* donna ensuite *koyíḥko*.

Ḳuniḫuru, Johns, *Assyrian Deeds and Documents*, 102, l. Rv. 3. Transcrit *ḳn-Ḥr(w)* « Que Horus soit puissant ».

Kūsi, *Kūsu* KM 30 = *kꜣš*, *kš*, la Nubie.

Kūšu KM 39 = idem.

Mai-Amana KM 12. Épithète *mry-'Imn* « l'aimé d'Amon » accompagnant souvent le nom de Ramsès II dans les textes de BK. Pour les références, voir *Riamašeša*. La variante *Riamšeši ma'ia Amana* dans KUB III, 124, 10 (Edel, XVIII) rappelle *Μαιε-υρις* « l'aimé d'Horus » et la variante *Μαιε-θωτις* de *Μαιθωτις* « l'aimé de Thot ».

Mayāti. Albright, 27, voit dans *Ma-ia*[*ya*]-*a-ti* = *Mryty* un hypocoristique de *Mry.t-'Itn* « l'aimée d'Aton », le nom d'une fille d'Amenhotep IV - Ekhnaton (cf. Id., dans *JEA*, 23 [1937], p. 191 svv.; 203, n. 1; *J.bibl.Lit.*, 61 [1942], p. 304). G. Fecht, *Amarna Probleme*, 1, dans *Z.äg.Spr.*, 85 (1960), p. 83-91, considère *yāta* comme la transcription du nom d'Aton (-*i* est désinence de génitif accadienne). En nous fondant sur les arguments de Fecht, nous proposons l'évolution suivante du nom divin : /jātinu/ « celui (le disque solaire) qui voyage » > /játnu/ > /játna/ > /játa/.

Mairiya, *Rev. d'Assyr.*, 19 (1922), p. 100 (Albright, 21). Nom d'un particulier de la période amarnienne, père de Ḫanni. *mry-rʿ* (Ranke, *PN*, I, 160 + Z) signifie « l'aimé de Rē ».

Manaḫpirya, *Manaḫpiya*. KM 12 y voit la transcription de *Mn-ḫpr-Rʿ*, prénom de Thoutmosis III. Ranke, K III, analyse la vocalisation du nom et l'interprète comme hypocoristique. Albright, 22, se rallie à cette conception. C'est en tout cas une forme abrégée (cf. *Namḫurya*) du nom d'intronisation de Thoutmosis IV : *Mn-ḫpr.w-Rʿ*. *Maná-* est le *sḏm.f* prospectif, *ḫpir-* (de *ḫapīru*) le pluriel d'un substantif *ḫāpar* (cf. ΝΟΥΤΕ - Ν̄ΤΗΡ) et le nom signifie « Que les hypostases de Rē soient durables » (J. Vergote, *Toutankhamon dans les archives hittites*, voir *Napḫu'ruriya*).

Manē. KM 12 ne propose pas d'équivalent égyptien. Pour Albright, 23, c'est le nom commun *mniw* « berger » employé comme anthroponyme. Contrairement à cet auteur, nous assimilons celui-ci au participium conjunctum ΜΑΝ-, ΜΑΝΕ- et nous l'interprétons comme un substantif dérivé du participe actif *maníy* « celui qui fait paître » et conservé au pluriel dans c. ΜΑΝΗΥ (cf. *Oplossing*, p. 31; 51). Voir aussi Fecht, § 72 et Anm. 635.

Mantime<*an*>*ḫē* KM 30, corrigé en *Mantimeḫē*, représente le nom *Mnṯw-m-ḥ3.t* « Montou est devant », gr. *Μοντομης* et *Μεντεμης*. Pour un intéressant parallèle, datant de la période moyen-babylonienne, voir *Pariamaḫū*, où la structure de *ḥ3.t* est examinée.

Marniptaḫ. Ce nom du successeur de Ramsès II est attesté dans KUB III, 38. Cf. Albright, 25, qui traduit le prototype *mr-n-ptḥ* (Ranke, *PN*, I, 156.22) par « celui que Ptah aime ». Nous l'assimilons plutôt à *šatepnaria* c.-à-d. que nous y voyons le *sḏm.n.f* narratif avec complément direct sous-entendu : « Rē (l') a pris en affection » (*Oplossing*, p. 39 ; 55).

Mempi, *Mimpi* KM 30 ; *Membi* KM 39, nom de la ville de Memphis, *mn-nfr*, S ⲙⲛ̄ϥⲉ, ⲙⲉⲛⲃⲉ : B ⲙⲉⲙϥⲓ, ⲙⲉϥⲓ etc. À l'origine, *mn-nfr-pypy* « durable en beauté est Pépi » était le nom de la pyramide de Pépi Ier et de la ville adjacente, près de Saqqara. Sur ce composé ancien, voir Fecht, § 81-84, qui le vocalise *mínn˘f˘r*. Nous croyons que *mínnufru* > *mínf(r)u* (avec adjectif substantivé de type *qútlu*) est préférable.

Minmuaria KM 12, édité dans KBo I, 25, 5, cf. Albright, 29. Prénom de Séti Ier, *mn-m3ʿ.t-Rʿ* « Rē est durable en ordre cosmique ».

Min-paḫta-ria KM 13, corrigé dans Ranke, K IV, édité dans KBo I, 7, Vs. 5. Nom d'intronisation de Ramsès Ier, *Mn-pḥty-Rʿ* « Rē est durable en puissance » ; cf. Albright, 30.

Miyare KM 12. Père du vizir Ḫaya (Albright, 31 ; 13a) ; cf. W. Helck, *Zur Verwaltung des Mittleren und Neuen Reiches*, (*Probleme der Ägyptologie*, Leiden-Köln, 1958), p. 304. Le /e/ final est nettement marqué : *mi-ia-ri-e*. Le verbe se trouve, selon nous, au prospectif : *məyá* < *mayyá* < *maryá* « Puisse Rē (l') aimer » (*Oplossing*, p. 23 ; 48).

muṯu Smith-Gadd, p. 232, l. 15 = *mḏ*, ⲙⲏⲧ « dix ».

Na'aesi. KM 39 propose comme prototype, avec point d'interrogation, *N3-ʿ3-3s.t* « Isis est grande ».

nabnasu Smith-Gadd, p. 237, l. 8 = *n3-bnš.w* « les montants de porte ».

Naḫtiḫuruanseni KM 30, équivaut à *nḫt-Ḥrw-n-šn.w*. Il faut voir, à notre avis, dans *naḫti-* un *sḏm.f* prospectif et traduire par « Puisse l'Horus des arbres être puissant ». Nous supposons que ϣⲏⲛ « arbre » dérive de la formation *qútlu* : *šúnyu* avec sens premier « le rond ». Le singulier est-il déjà employé ici pour le pluriel, comme en copte ? (voir, au contraire, Fecht, § 172).

Naḫtuḫappi KM 39 représente le nom *Nḫt-ḥp* « Apis est puissant », non encore attesté.

Namḫurya. Voir *Napḫu'ruriya*.

namsuḫa. Edel, *Vokalisation*, p. 35, signale ce mot dans une liste de présents qu'un roi égyptien offre à un roi assyrien (Budge-King, *Annals of the Kings of Assyria*, I, 1902, p. 128 svv.). Il la date soit de 1243-1207 soit de 1071-1054. Edel y reconnaît le pluriel copte (avec terminaison accadienne de l'accusatif) ⲛⲉⲙⲥⲟⲟϩ « les crocodiles ».

namša KM 13, transcrit *nms.t*, le nom d'un vase.

Napḫu'ruriya, *Napḫururiya*, *Napḫūriya*, etc. KM 14; Albright, 34 (Pour *Nipḫurririya* de EA 9, 1, voir *Nibḫururiya*<*š*>). Nom d'intronisation d'Amenhotep IV - Ekhnaton, *Nfr-ḫpr.w-Rʿ* « Rē est beau en métamorphoses ». Je considère cette forme comme représentant **Nap-ḫpu'ru-ria*, c.-à-d. le pluriel *ḫpo'ru* de *ḫíparu*, c. ϩⲣ̄ⲃ, forme (J. Vergote, *Toutankhamon dans les archives hittites* (*Uitg. Ned. Hist.-archaeol. Inst. te Istanbul*, 12), Istanbul, 1961). *Namḫurya* est une forme abrégée du même nom; voir Sturm, p. 167, n. 1; Albright, dans *JEA*, 23 (1937), p. 194.

Naptera. KM 14 donne comme prototype *Nfr.t-ỉry* « Sa Belle » ou « La plus belle », le nom de la grande épouse royale de Ramsès II, Néfertari. Pour les références dans les textes de BK voir Edel, VI : 74/e et KBo I, 29, 1, où la lecture *Nattera*, selon cet auteur, n'est pas tout à fait certaine. Contrairement à Albright, 35, qui vocalise *erā(y)*, Edel propose *'ĕra* en renvoyant à la restitution *ⲏⲣⲉ de *ỉry*, imaginée par Spiegelberg. Cette interprétation est acceptée par Fecht, § 139; 376; 445. B ⲏⲣ « compagnon » fut trouvé par R. Kasser dans le P.Bodmer III (cf. Id., *Compléments au Dictionnaire de Crum*, no. 66 b). À cause de la difficulté que présente le /é:/ de *'ĕra* à cette époque (au lieu de /i:/ ou /u:/) nous préférons rattacher *-era* à la nisbé *ariy*; cf. *Iriyamašša*.

Nattera. Voir *Naptera*.

Naṭḫū KM 31. Deux villes de ce nom sont mentionnées dans Rm., 92 et 97. Le prototype proposé par Ranke est à remplacer par *Nȝy-tȝ-ḥw.t* (remarquer ass. *ṭ* pour ég. *t*). Le nom complet était « Ceux du Château de Ramsès (III), souverain de On », cf. Gardiner, *On.*, II, 146*-148*; J. Yoyotte, *Rev. d'Assyr.*, 46 (1952), p. 213; Id., *CR du GLECS*, 8 (1957-60), p. 75. Les deux villes correspondent peut-être aux deux Léontopolis du Delta, à l'endroit de l'actuel Tell Muqdâm et de Tell el-Yahûdîyah. Hérodote, II, 165, transcrit par *Ναθω*. Une transcription plus régulière de /ḥō(wə)/, avec *υ*, se trouve dans le nom de la déesse *Nb.t-ḥw.t*, *Νεφθυς*, ⲛⲉⲃⲑⲱ (litt. « la dame du Château »).

Ni', *sic*, c.-à-d. *Ni-i'* plutôt que *Ni'i*. KM 31 y reconnaît ég. *nìw.t*, Thèbes, litt. «(la) Ville», c. ΝΗ ; VC. ΝΕ ; gr. *Πανη(ς)*, *Πανε(ς)*, *Φανης*. Ces variantes révèlent une formation *qútlu-qútlat*, donc *nú(ywat)*. Le changement /u/ > /i/ en finale est propre à l'akhmimique, le parler local de Thèbes (§ 38). Pour héb. *nô'* et *nô'-'amôn* voir *ibid.*, et § 57. Interprétation différente : W. Vycichl, dans *Z.äg.Spr.*, 76 (1940), p. 82 sv.

Nibḫururiya<*š*>. Edel, VII, a signalé ce nom, pourvu de la terminaison hittite *-š*, dans KUB, XXXIV (1944), no. 24. Une variante, *Bibḫururiyaš*, était déjà connue par KBo, V, 6, III, 7 et Edel lui a assimilé aussi *Nibḫurriríya* de EA 9, 1 (KM 14). Il l'interprète comme le prénom de Toutankhamon *Nb-ḫpr.w-Rʿ* « Rē est le maître des métamorphoses ». Nous y voyons une abréviation de **Nib-ḫpu'ru-riya* ; voir *Napḫu'ruriya*.

Nibmuariya, *Nimmū(a)riya*, [*Nim*]*mūwariya*, *Mimmūriya* KM 14 sv. ; 13. Nom d'intronisation d'Amenhotep III, *Nb-mꜣʿ.t-Rʿ* « Rē est le maître de l'ordre cosmique ».

Nibtāwa KUB, III, 28, 1 ; 66, Vs. 1 (selon Sturm, p. 167 ; Edel, *Vokalisation*, p. 35). Transcription de *nb-tꜣ.wy* « Le maître des Deux Pays », en grec *Πετε-νεβθως*, *Πετε-νεβθους* pour *ΤΟΟΥ(Ε), comme l'atteste *Σεμ-θωυς* = *smꜣ-tꜣ.wy* « Celui qui unit les Deux Pays », plus tard *Σομ-τους*. Une variante propre au Fayoum est *Σεμθευς* ; cf. *Paṭm(i)ustū*. Sur la vocalisation du mot voir J. Vergote, *Duel*.

Niḫtešarau KM 31, transcrit *Nḫt-ꜣs.t-ìr.w* « Isis fut puissante contre eux », cf. *Νεχθφερως*, *Νεχθφαρους*, *Νεκφαραους* « il fut puissant contre eux », aussi B ΝΙϢΤΕΡϢΟΥ.

Nikkū, *Nikū* KM 31. Transcrit ég. *Nkꜣw*, dans Rm., 90 le nom d'un prince de Memphis et de Saïs, plus tard le nom de son petit-fils *Νεκως*, *Νεχαω*, de la XXVIe dynastie. Sur l'origine probablement nubienne de l'anthroponyme voir H. De Meulenaere, *Herodotos over de* 26e *dynastie* (Louvain, 1951), p. 50.

Nimmaḫē KM 24. Albright, 37, y a reconnu le nom *nb-mḥy.t* « Le seigneur du vent du nord » et Edel (p. 24) avait fait, indépendamment de lui, la même identification. D'autre part, A_2 ΜϨΗ « souffle, haleine » est considéré par Polotsky comme dérivé de *mḥy.t* (*JEA*, 25 [1939], p. 113). Nous croyons que la forme première pourrait être le schème adjectival *qatīlat* : *maḫīyat* « la septentrionale ».

nimšaḫu. Th. O. Lambdin, *Another Cuneiform Transcription of Egyp-*

tian msḥ «*Crocodile*», dans *JNES*, 12 (1953), p. 284-285, signale la présence de ce mot dans les inventaires de Qatna, antérieurs à ca. 1370 av. J.-C. (éd. J. Bottéro, dans *Rev. d'Assyr.*, 43 [1949], p. 148 et p. 16). Il y voit la transcription de *nꜣ-msḥ(.w)* «les crocodiles».

Paḫamnata KM 15, transcrit *Pꜣ-ḥm-nṯr* «le serviteur du dieu», un titre sacerdotal que les Grecs rendaient par προφήτης et qui sert parfois de nom de personne au Nouvel Empire (Albright, 14). La variante, plus fréquente, *Paḫanate* se trouve déjà plus près du mot copte ϩⲟⲛⲧ «prêtre (païen)». Ce dernier montre que nous avons affaire à un «composé ancien», accentué sur l'élément *ḥam* (Fecht, § 78-80 et *Nachtrag zu* § 318).

paḫatum Smith-Gadd, p. 237, l. 10 = *pꜣ-ḥʿt* «le lit».

Paḫnuti KM 31. En renvoyant à Παχναμουνις, nom de la capitale du nome sébennytique, J. Yoyotte suggère «sous toutes réserves» *Pꜣ-ỉhw-n-nṯr* «Le camp (ⲟϩⲉ) du dieu» et, pour Π., le sens «Le camp d'Amon» (*Rev. d'Assyr.*, 46 [1952], p. 214).

Paḫura (varr. *Piḫura, Puḫura/i/u*) KM 15; 17; Albright, 41. Transcrit *Pꜣ-ḫꜣrw* «Le Syro-Palestinien», fréquemment usité comme anthroponyme au Nouvel Empire. Un ostracon bilingue donne comme équivalent Πχοιρις (Hess, dans *Z.äg.Spr.*, 30 [1892], p. 119 sv.); cf. l'adjectif Χορραιος.

Paḳruru. KM 31 y reconnaît *Pꜣ-ḳrr* «La grenouille», c. ⲕⲣⲟⲩⲣ. Le nom existe aussi en transcription grecque : Ποκρουρις. La variante Πακρευρις indique que *ḳrwrw* = /ḳ̆rúwruw/ pouvait donner d'une part /ḳrūr/, d'autre part /ḳréwrew/.

Pamaḫū. KM 15 ne tente pas d'expliquer le nom. Albright, 42, l'identifie avec *Pamaḫā* (accusatif) de KM 24 et l'interprète comme un titre : *pꜣ-mḥ-ỉb* «commissioner (litt. ‚plenipotentiary')». Discussion plus détaillée du mot *pamaḫa'u* dans *JEA*, 23 (1937), p. 200-201, n. 4. Edel, p. 24, dissocie les deux noms et il voit dans le premier la transcription de *Pꜣ-n-Mḥy.t* «Celui de Méhit». Voir sur cette déesse H. Bonnet, *Reallexikon d. äg. Rel.-Gesch.*, s.v. Selon Sethe, *Urgeschichte*, § 23, son nom signifie «la pleine». La vocalisation lui donne l'aspect d'un nom abstrait de qualité *maḥū(yat)* «la plénitude».

Pamunu KM 39, nom de personne, *Pꜣ-n-ỉmn* «Celui d'Amon».

Pariamaḫū KM 16, édité dans KUB, III, 67. Albright, 43, accepte le même prototype que Ranke : *Pꜣ-Rʿ-m-ḥb* «Le dieu-soleil est en fête». Edel, VIII, au contraire, y reconnaît, selon nous à bon droit, un nom (qui n'est toutefois pas encore attesté) *Pꜣ-Rʿ-m-ḥꜣ.t* « Le dieu-soleil est devant». Il fait remarquer que cela nous fournit un intéressant parallèle avec le nom ass. *Mantime<an>ḫē* « Montou est devant». Nous voyons dans *aḫu* le nom abstrait *ḥaꜣūyat* > *aḥū(ya)*, litt. « devanture», S (ⲉ)ϩⲏ : A (ⲉ)ϩⲓ.

Pariḫnāwa (2 fois), *Piriḫnāwa* (4 fois). Ranke, K V, cite ce nom d'un messager dans les textes de BK et donne comme prototype, selon H. Schäfer, *Pꜣ-rḫ-nw* « Celui qui sait voir ». Références dans Albright, 44; Edel, IX et dans *BiOr* 21 (1964), p. 162. Contrairement à ces auteurs, nous interprétons *nāwa*, non comme /nāwe(j)/ ou /nāwaj/, mais comme /náwə/, avec /á/ antérieur bref, équivalant à SB ⲛⲁⲩ voir (A_2F ⲛⲉⲩ : A ⲛⲟ). *-a/iriḫ-* rend, selon nous, l'état construit /ereḫ/ du participe imperfectif actif /araḫḫíj/ (*Oplossing*, p. 33; 34; 52; *Orientalia*, 34 [1965], p. 364-366).

Paturesi KM 31, transcrit *pꜣ-tꜣ-rsy* « Le pays du sud», c.-à-d. la Haute Égypte, gr. *Παθουρης*, *Φαθωρης*. *resi*, c. ⲣⲏⲥ, dérive, selon nous, d'une formation *qútlu* : *rúsyu* « le sud» (adjectif substantivé).

Paṭaesi KM 39; *Paṭesi* KM 40 = *Pꜣ-dỉ-ꜣs.t* « Celui qu'Isis a donné», gr. *Παταησις*, *Πατεησις*, *Πατησις*, *Πεταησις*, *Πετεησις*, *Πετησις* etc.

Paṭan(i)esi KM 40 = *Pꜣ-dỉ-n.ỉ-ꜣs.t* « Celui qu'Isis m'a donné», gr. *Πετενιησις*.

Paṭm(i)ustū KM 40 (époque de Darius). Le prototype égyptien donné ici doit être remplacé par *Pꜣ-dỉ-ỉmn-nb-ns.wt-tꜣ.wy* « Celui qu'a donné Amon, le seigneur des Trônes des Deux Pays (Karnak)» (Ranke, *PN*, I, 122.6), gr. *Πετεμοστους*, *Πετεμεστους*. La graphie la plus ancienne et la plus correcte se trouve dans le nom *Μεστωϋς*, où l'on retrouve nettement *ⲧⲟⲟⲩ(ⲉ). Cf. *Nibtāwa*.

Paṭniptēmu KM 40 = *Pꜣ-dỉ-nfr-tm* « Celui que Nefertem a donné». Cette transcription correspond à gr. *Νεφθημις*. À cause de la graphie *Πετε-* et *Τεε-νεφθιμις* nous croyons que *tm* possédait un /i:/ à l'origine. Voir aussi les formes sans *n-* dans *Iptimurṭešu*.

Paṭuastu KM 40. Cf. *Puṭubešti*.

Pawura, *Pawuri*, *Piwuri*, *Pa'uru*, *Pu'uru* KM 16; 17; 24; Albright, 45. Transcrit *pꜣ-wr* « le grand», employé tantôt comme nom de personne tantôt comme titre : « le chef». En grec *Πουηρις*, *Πουερις* et *Πουερ*. Nous concluons de ces variantes que le *η* est bref et que le mot présente un schème *qútlu* créant des adjectifs substantivés : *wúrru* (*Verhouding*, p. 63; 43; 100).

pazi[*te* ?] dans EA 71, 1. EA II, p. 1492 propose d'y voir la transcription de *pꜣ-ṯꜣty* « le vizir ». Ce titre serait alors à vocaliser, non pas *pe-cīte* (Albright, 13a), mais *aṯīti* < *ṯaꜣīti* (prononcé /p-ač̄hīti/). Ceci s'accorde parfaitement avec notre théorie sur l'origine de certaines voyelles prothétiques (§ 28 c).

Piḫattiḫurunpiki KM 32. Le toponyme égyptien proposé par Ranke doit être remplacé par *Pr-Ḥw.t-Ḥrw-nb.t-Mfkꜣ.t* ou *-nb.t-Fkꜣ.t* « La maison d'Hathor, dame de *Mfkꜣ.t* ou *Fkꜣ.t* » (Cf. H. Gauthier, *Dict. des noms géogr.*, II, p. 118). Cette hypothèse de Daressy (1912) fut reprise par J. Yoyotte, dans *Rev. d'Assyr.*, 46 (1952), p. 213 sv. Les textes égyptiens de Basse Époque attestent l'existence de deux centres hathoriens appelés *Mfkꜣ.t* « La Turquoise » ou *Fkꜣ.t* « id. », qui, l'un et l'autre, sont parfois désignés par le nom cité ci-dessus. Le plus célèbre est l'actuel Abu Billo, dans le S.W. du Delta ; l'autre est situé sur la frontière orientale de la Basse Égypte. *-piki-* montre que la vocalisation en était *m̆fíkꜣat* (Fecht, *Nachtr. z.* § 373) et *fíkꜣat.*

P/*Binṭeṭi.* KM 32 identifie ce nom avec *Pr-bꜣ-nb-ḏd.t* « La maison du bélier, seigneur de Djédet ». La fusion de *Pr* et *bꜣ* en *Pi-* ou *Bi-* est donc déjà attestée à l'époque assyrienne. Elle fit en sorte que *Μενδης* désignait aussi bien la ville précitée (Hérodote, II, 42) que la divinité locale (id., II, 46). Le même nom divin se retrouve dans *'Εσβενδητις* « Celui, celle qui appartient au bélier, seigneur de Djédet ». La graphie plus ancienne *Ḏdw.t* suggère la vocalisation *Ḏúdwat.*

piparu Smith-Gadd, p. 237, l. 5, représente *pꜣ-pr* « la maison » (cf. Fecht, Anm. 251). Les mots qui suivent celui-ci, *pusbiu* « la porte », *nabnasu* « les montants de porte », *daspu* « la chaise », *paḫatum* « le lit » se réfèrent en effet à des parties de la maison et à des meubles et ils sont accompagnés de l'article. L'interprétation de D. B. Redford (*JNES*, 22 [1963], p. 121), c.-à-d. *pr-pr-ꜥꜣ* « la maison du roi, le palais » pourrait se justifier phonétiquement, mais elle ne s'accorde pas avec le contexte, d'autant plus que l'article y fait défaut.

Pirꜣū KM 32 transcrit le titre royal du Nouvel Empire *pr-ꜥꜣ*, litt. « la (plus) grande maison », désignant antérieurement le palais. Il a donné en copte (π-)ⲣ̄ⲣⲟ « roi » par aphérèse du *p*, interprété erronément comme article masculin. Par l'intermédiaire de gr. *Φαραω* (dans les Septante), il a donné naissance à notre mot « Pharaon ». Une autre transcription grecque est *Φερως* (Hérodote, II, 111).

Pišanḫuru. Nom du prince d'une des deux villes appelées *Naṯḫū*. Transcrit, selon KM 32, *p3-šrì-n-Ḥr(w)* « le fils d'Horus », mais *PN*, II, 312.21 rejette cette origine et renvoie à un nom rarement attesté *Sn-n-Ḥr(w)* « le frère d'Horus ». Même si ϣ(ⲉ)ⲛ-, dérivé de ϣⲏⲣⲉ ⲛ̄- (< *šúryu*), est normalement transcrit dans *Ψεννρις*, *Ψενωρος*, on trouve aussi *Ψανοσιρις*, *Ψανουβαστις*, *Ψανσαβτις*. La première interprétation doit donc être retenue.

Pišapṭi3ā. KM 32 donne sous toutes réserves l'interprétation de Steindorff : *Pr-Spdw-ʿ3*, que celui-ci traduit par « La maison du grand Sopdou ». Outre Ṣafṭ el-Ḥenna, Yoyotte signale un **Pseptis* dans le Delta central et une *Pr-Spdw* un peu au Nord de Memphis, consacrée à « Sopdou Seigneur des Deux-Buttes » (*Rev. d'Assyr.*, 46 [1952], p. 214). Fecht, § 430, observe que *-i3ā* rappelle la forme fayoumique de ce mot, comme dans ⲗⲉⲙⲙ-ⲉⲗ, ⲣⲉⲙⲙ-ⲉⲗ « homme riche, litt. grand ». Il voudrait par conséquent localiser cette ville dans le Fayoum et il fait remarquer que l'ordre dans lequel les villes sont énumérées dans Rm. ne s'y oppose pas : *Pišapṭi3ā* est en effet citée entre *Piḫattiḫurunpiki*, dans le Delta, et *Paḫnūti*, non encore identifiée; mais celle-ci est immédiatement suivie de *Šiyāutu* (Assiout) et *Ḫimuni* (el-Ashmouneïn). D'autre part *Ψεπταο* signalée par Gardiner (*JEA*, 10 [1924], p. 95) et vocalisée comme S ⲣⲙ̄ⲙⲁⲟ : B ⲣⲁⲙⲁⲟ se trouve dans le Delta oriental et est peut-être à assimiler à l'une des deux *Pr-Spdw* précitées.

Pišaptu KM 33, transcrit *Pr-Spdw* « La maison de Sopdou », à identifier ici avec l'actuel Ṣafṭ el -Ḥenna, dans le Delta oriental (J. Yoyotte, *Rev. d'Assyr.*, 46 [1952], p. 214). Le nom divin s'écrit en grec *Νεκτ-σαφθις*.

pišid Smith-Gadd, p. 232, l. 14 = *psḏ*, ⲯⲓⲥ : B ⲯⲓⲧ « neuf ».

piṭašnimu'da (nous lisons *ṭ*, comme Albright). Smith-Gadd, p. 232, l. 4 proposent le prototype *pds-n-m3wḏ* « cage dans laquelle on enferme de petits animaux ». Ce mot est classé sous /u/ (§ 57) mais il pourrait aussi présenter un /a/ > /o/ devant /'/.

piṭati (4 lettres), *pitati* (40 lettres), *piṭatiu* (1 fois), *pit(t)ate* (11 lettres), *piṭatu* (4 lettres), *pitatu* (5 lettres), *pitata* (3 lettres) KM 16-17. Malgré l'objection de Ranke nous lui attribuons, comme Albright, 16, et Fecht, Anm. 134, le prototype *pḏty.w* « les archers ». Le singulier est vocalisé, selon nous, *padīti* et il devient au pluriel *padītiwu* > *padītiyu* > *padítyu* (cf. *Plural*, p. 87, modifié infra, § 67 Rem. et 87, 1). Après le changement /i/ > /á/ accentué et la réduction du /a/ atone, *piṭati* et *pitati* rendent exactement ce pluriel, la forme avec *t* au lieu de la transcription savante avec *ṭ* étant de loin la plus fréquente.

Puyama. KM 27 écrit *Bu'āma* ou *Bujama*, sans donner de prototype. G. Fecht, dans *Festschr. H. Junker*, II (*MDAIK.*, 16 [1958], p. 112-119) propose de lire *Pꜣ-ym* « la mer »; cf. *Παφιωμις* « Celui qui appartient à la mer »; *'Αμφιωμις* « Amon (est?) la mer » (Ranke, *PN*, I, 415.6; II, p. 402).

Punubu KM 33. J. Yoyotte (dans l'art. cité e.a. sub *Pišaptu*) a proposé de l'identifier avec *Pr-ỉnb.w* « La maison des Murs », appelée aussi *'Inb.w* « Les Murs », citée par plusieurs documents entre *Mfkꜣ.t* (Kôm Abu Billo) et *'Imꜣ.w* (Kôm et Ḥiṣn), dans le Delta occidental. Cela supposerait une vocalisation *yanàb*, Plur. *yanà'bu* ou *anàb*, Plur. *anà'bu*, les deux donnant *əno'b(u)*.

pusbiu Smith-Gadd, p. 237, l. 6 = *pꜣ-sbꜣ*, ⲡⲉ-ⲥⲃⲉ' « la porte ». Nous supposons un schème *qatīlu* : *sabíꜣ*.

Puširu KM 33, désigne la ville importante du Delta *Pr-Wsỉr*, Bousiris « La maison d'Osiris ». Le *p* initial est conservé dans le copte ⲡⲟⲩⲥⲓⲣⲓ comme dans ⲡⲟⲩⲧⲟ, ⲡⲟⲩⲃⲁⲥϯ. Le *b* de *Βουσιρις*, *Βουτω*, *Βουβαστις*, remontant à Hérodote, apparaît comme une particularité grecque, influencée peut-être par la valeur /ó:ʷ/ de *ου* à cette époque (cf. J. Vergote, *Le nom du roi « Serpent »*, dans *Orientalia*, 30 [1961], p. 360). B. ⲃⲟⲩⲥⲓⲣⲓ, ⲃⲟⲩⲧⲟ sont sans doute empruntés au grec.

Puṭubešti KM 33 = *Pꜣ-dỉ-Bꜣst.t* « Celui qu'Oubastet a donné », gr. *Πετουβεστις*, *Πετοβαστις*, *Πετουβαστις*. Cf. *Paṭuastu*.

Puṭumḫēše KM 34. L'identification, donnée ici sous réserve, doit être acceptée : *Pꜣ-dỉ-mꜣy-ḥsꜣ*. *ḫēše* équivaut à c. *ϩⲏⲥ, avec *êta* bref, dérivant de *ḥúsꜣu*, formation *qútlu* créant un adjectif substantivé. Le nom se traduit donc par « Celui qu'a donné le lion, le furieux ». La formation adjectivale *qátalu*, c.-à-d. *ḥāsaꜣ*, c. *ϩⲱⲥ, apparaît dans *Μι-υσις*, *Μι-ωσις* « le lion furieux » (cf. *Verhouding*, p. 63; 59).

raḫta. L'étymologie *rhd.t* « un vase », proposée sous réserve dans KM 24, est acceptée par E. Edel, *Vokalisation*, p. 40, à cause de S ⲣⲁϩⲧⲉ etc. « chaudron ».

Riamašeša KM 18; liste des références se rapportant à Ramsès II dans Friedrich, *OLZ*, 27 (1924), col. 705 (Albright, 48); cf. Edel, XVIII. Variante *Riamšeši* KUB, III, 124, 10. Dans le prototype *Rʿ-ms-sw*, *ms* est, selon nous, le participe perfectif actif vocalisé *masíy* de sorte que le nom signifie « C'est Rē qui l'a engendré » (*Oplossing*, p. 29; 31; 51). En grec Ῥαμεσσης, Ῥαμσης.

Riamašya n'est pas, comme le veut Ranke, K VI, une forme hypocoristique du nom de Ramsès II, mais le nom d'un messager, cité KBo, I, 21, Rs. 10 etc. (Edel, XIII). Il doit être une abréviation d'un nom commençant par *Riamašeša*. Fecht, § 440, l'interprète comme variante de *Riamašši*.

Riamašši. Edel, XII, cite différents exemples de ce nom dans des textes encore inédits de BK; transcription de *R*ʿ*-ms.w* « Ré est né ».

Rianapa KM 18; Albright, 49. Transcrit *R*ʿ*-nfr* « Le bon Rē ». Nom d'un haut fonctionnaire (général ?) d'el-Amarna.

Riwašša. Nom d'un prince de Taʿannek, vers le 3e quart du XVe siècle, voir Albright, 51, qui lit *Rēwašša* et qui propose comme prototype *R*ʿ*-wsr(.w)* « Rē est puissant » (cf. Ranke, *PN*, I, 217.13).

Saya KM 34, écrit *aluSa-a-a*, représente *S*ꜣ*w*, B ⲥⲁⲓ, la ville du Delta, Saïs.

Susinḳu. KM 34 identifie ce nom du dynaste de Bousiris dans Rm. avec ég. *Ššnḳ*. Voir *Šusanḳu*.

Sūta, *Šūta*. La seconde des deux formes figure dans EA 234 et 288. Albright l'interprète comme un nom hypocoristique, abrégé de *Sutáya*, lequel se retrouverait dans Σεθως. Le nom du dieu, *Sutaẖ*, est transcrit par Σηθ (voir *Šutaẖapšap*). Edel, XIV, identifie *Sūta*, attesté dans KUB, III, 57 Rs. 4, avec le nom ég. *Swty* (Ranke, *PN*, I, 321.17). Ce dernier est, selon cet auteur, une abréviation d'un nom comprenant celui du dieu Seth. Edel défend l'identité du personnage appelé *Šūta* dans les lettres de EA et *Sūta* dans celle de BK. Nous nous demandons si ces deux formes ne rendent pas le nom du dieu, qui serait plutôt *Sutẖa* (cf. *Šutaẖapšap*), représentant un ancien *Sútẖu*, de sorte que le nom divin serait à l'origine une formation *qútlu*. Dans ce cas, *Šutti* est une forme plus vulgaire que *Šūta*. Une évolution *qútlu* > *qūt˘l*, qui aurait donné **Sūtaẖ*, est possible au même titre que le changement *qítlu* > *qīt˘l*, mais nous n'en connaissons aucun exemple.

*Ṣa*ꜣ*anu* KM 34, rend ég. *Ḏ*ʿ*n.t*, ϫⲁⲁⲛⲉ, Τανις dans le Delta; mod. *Ṣān el-Ḥagar*. Cf. *Ṣi*ꜣ*inu*. Voir aussi W. Vycichl, dans *Z.äg.Spr.*, 76 (1940), p. 91-93.

Ṣaẖpimāu. KM 35 lit *Saẖ-* et propose le prototype *Ṯ*ꜣ*-Ḥp-ìm.w*. Étant donné que le même signe a, entre autres, la valeur *saẖ-* et *ṣaẖ-*, nous préférons cette dernière en tant que transcription régulière de ég. *ṯ*. Le nom signifie « Apis les a saisis (c.-à-d. les ennemis) » ou « Puisse Apis les saisir » (cf. *Oplossing*, p. 15 et n. 1).

Ṣiꜣinu, peut-être à lire *Ṣeꜣenu*. KM 34 l'identifie, pourvu d'un point d'interrogation, avec *Ṣaꜣanu*, Tanis. La forme fayoumique, ϫεεнι, conviendrait en effet. Mais il est peu probable que, dans Rm., la même ville soit mentionnée deux fois à quelques lignes d'intervalle et attribuée à deux dynastes différents. Pourquoi aussi une variante fayoumique pour une ville du Delta ?

Ṣiḫā, *Ṣiḫū*, nb. *Ṣiḫa'* KM 34; 38; 42. Edel, *Vokalisation*, p. 35, les fait tous dériver de *ḏd-ḥr*, ϫεϩο, gr. *Τεως*. Ce nom est fréquent à la Basse Époque de même que ceux dont il est l'abréviation, p.ex. *Τεε-βησις*, *-νεφθιμις*, *-φ-ιβις* (pour ϫεϩε-) « Le visage de Bès, de Nefertem, de l'ibis a dit ». Il y a ici une allusion à la consultation d'un oracle avant ou après la naissance de l'enfant (cf. Fecht, § 151 et Anm. 254). La formule complète se trouve p.ex. dans *Θαρεφ [ωνυχος]* « Horus, ou plutôt (en supposant une haplologie de *Ḏd-ḥr-Ḥrw*) Le visage d'Horus a dit : il sera (ou : qu'il soit) vivant ».

Šabakū KM 35, transcrit *Šꜣbꜣkꜣ*, gr. *Σαβακων*, *Σαβακως*, nom nubien (?) d'un roi de la XXVe dynastie.

šaḫšiḫašiḫa. KM 18 signale ce mot dans EA 316.16 avec la remarque « ägyptischer Beamter (?) », mais sans essai d'interprétation. Albright, 53, y voit le prototype *sẖ-šʿ.t* « scribe de lettre », auquel le mot /šiʿa/ « lettre » fut rajouté de manière pléonastique : « epistolary secretary ». Il serait donc le précurseur de l'*ἐπιστολογράφος* de l'époque ptolémaïque et de l'*ab epistulis* romain. On pourrait aussi bien lire *sẖ-sẖꜣw*, Schreiber des Aktenstückes (Memorandum) (*WB* IV, 234.18.19; cf. III, 480.10), ce qui en ferait un *ὑπομνηματογράφος* (*a libellis*). Le pléonasme gênant peut être éliminé par la lecture *sẖ-sẖꜣw-šʿ.t* ou *sẖ-šʿ.t-sẖꜣw* : Ṯꜣy ou Zay, sous Merneptah, cumulait les deux fonctions, cf. *WB* Belegstellen, III, p. 133, référence de 480.10 <1583>. Pour/síḫaꜣu/>/síḫ(ꜣ)u/ cf. § 75, A 9.

šapḫa Smith-Gadd, p. 232, l. 12 = *sfḫ*, cαϣq : cαϩq « sept ».

Šatepnaria KM 18. Élément final de la titulature de Ramsès II (références : voir *Riamašeša*) : *stp-n-Rʿ*. On voit généralement dans la forme verbale le *sḏm.n.f* relatif « Celui que Rē a élu » (Albright, 55; Edel, *AG*, § 532; 667). Nous l'interprétons comme *sḏm.n.f* narratif avec le complément direct *sw* sous-entendu : « Rē (l')a élu » (*Oplossing*, p. 39 et 55).

[*ša*]*u* Smith-Gadd, p. 232, l. 11 = *sis*(*w*), cooγ : cα(α)γ « six ».

Šiyāutu KM 35. Prototype *S3wty*, ⲥⲓⲟⲟⲩⲧ, Lycopolis, l'actuelle Assiout.

šina Smith-Gadd, p. 232, l. 6, 7 = *sn.wy* ou *sn.w*, ⲥⲛⲁⲩ : ⲥⲛⲉⲩ « deux ».

Šuāni. Doit remplacer *Tayani* de KM 35 et représente *Swn.w*, ⲥⲟⲩⲁⲛ, *Συηνη*, act. Assouan; voir G. Fecht, *Festschrift H. Junker*, II (*MDAIK*, 16 [1958], p. 112-119).

Šusanḳu dans C. H. W. Johns, *Assyrian Deeds and Documents*, no. 324, Rs. 12, à ajouter à KM 35, nom du premier témoin dans un contrat et beau-fils du roi Sennachérib. Correspond mieux que *Susinḳu* (voir ce nom) à ég. *Ššnḳ*, *Σεσωγχις*, héb. *Šišaq* et *Šúšaq* (LXX : *Σουσακιμ*). Le roi égyptien de ce nom, fondateur de la XXIIe dynastie, était d'origine lybienne.

Šūta. Voir *Sūta*.

Šutaḫapšap. Ranke, K VIII, signale ce nom d'un fils de Ramsès II dans KUB, III, 70 (cf. Albright, 57). Il correspond à *Stḫ-ḥr-ḫpš.f* « Seth est sur son cimeterre ». La préposition *ḥr* est tombée ici comme *m* dans *Amanappa*; *ḫ* peut s'être assimilé à *ḫ* mais il est plus probable qu'il avait disparu, comme le montre la graphie fréquente *Swty* du nom du dieu (cf. *Sūta*, *Šutti*). Dans les sources égyptiennes, le prince s'appelle presque toujours *'Imn-ḥr-ḫpš.f* « Amon est sur son cimeterre ».

Šutti, attesté, selon KM 25, dans EA 5.19. Albright, 58, ajoute Davies, *Amarna*, IV, 25 et considère ce nom comme hypocoristique. Il pourrait être simplement une forme plus vulgaire de *Šūta*.

Taḫmašši KM 18. Cf. Albright, 60, qui propose le prototype *Ptḥ-ms(.w)* « Ptah est né » et qui cite un exemple de *Taḫmašša* (EA 284.9, lettre de Šuwardatas).

Taḫmaya KM 18; Ranke, K XII, est, selon Albright, 59, le même personnage que *Taḫmašši* et ce nom (ég. *Ptḥ-my*, Ranke, *PN*, I, 140.6) est une abréviation de celui-ci. La variante *Ataḫmaya* est peut-être attestée dans *Ataḫ*[....] de KUB, III, 57 (Edel, III). Elle provient de **Aptaḫmaya*, le *a* prothétique devant permettre de prononcer la séquence *pt-*.

Tapnaḫti KM 35, transcrit *t3.f-nḫt.t* « Sa force », gr. *Τεφναχθις*.

Tarḳū KM 35, représente le nom nubien *Thrḳ*, *Τεαρκων*, *Ταρακος* du roi Taharqa, de la XXVe dynastie (héb. *Tirhāqāh*).

tiban. Ranke, K X, signale ce mot dans une lettre d'el-Amarna éditée par G. Dossin dans *Rev. d'Assyr.*, 31 (1934), p. 125 svv., et le rapproche du nom égyptien de l'unité monétaire *dbn*. Il rend, selon

Ranke, *ⲧⲃⲁⲛ. Dans ce mot d'un usage fréquent, l'orthographe savante (*ṭ* = ég. *d*) a été abandonnée.

Tiḫutarṭēsi, *Tiḫutartais* KM 41, transcrit *Ḏḥwty-ỉ.ỉr-dỉ-sw* « C'est Thot qui l'a donné », gr. *Θοτορται(ο)ς*. Cf. *Amurṭeše*.

Tuya. Edel, XV, a identifié ce nom, qui figure dans KUB, XXXIV, 2, avec celui de l'épouse de Séti Ier et de la mère de Ramsès II. Il a en égyptien la forme *Twy* (Ranke, *PN*, I, 379.8). Cet anthroponyme pouvant appartenir à un homme aussi bien qu'à une femme, il se retrouve dans le nom *Tūya* (pour ancien /Tūju/) de EA 162.69 (KM 25). Albright, 63, a lui aussi rapproché *Tūya*, dans EA, de ég. *Twy*.

ṭiu Smith-Gadd, p. 232, l. 10 = *dỉw*, ϯⲟⲩ « cinq ».

ubda KM, 26, sans étymologie. Th. O. Lambdin, *Egyptian Words in Tell El Amarna Letter No.* 14, dans *Orientalia*, 22 (1953), p. 362-369, y reconnaît ég. *ʿfḏ.t* « coffre, cage ». Ce mot serait donc vocalisé *ʿufḏat*.

Unamunu KM 36 = *Wn-ʾImn*, n. pers., Wenamon. Fecht, § 99, Anm. 159, voit dans *wn* un participe et traduit « Der Existierende ist Amun ».

Unu KM 36, la ville de On-Héliopolis (*ʾIwnw*).

uputi, *uput*. KM 26 hésite à rapprocher ce mot de *wpwty* « messager ». Albright, p. 24, tient cette identification pour certaine et se représente l'évolution comme suit : *wapúwatey* > *ewpúwtey* (*upūti*) > *upēt*.

uruššu. KM 19 identifie *urušša* (accusatif) avec ég. *wrš* « chevet ». Edel, XIX, en fournit un nouvel exemple dans KUB, III, 39, Rs. 9, qui rend caduque l'interprétation de Ranke. Le mot est probablement babylonien.

Uṣiḫanša. KM 36 en reconnaît le prototype dans *Wḏȝ-Ḫnsw*. Nous interprétons *Uṣi-* comme *sḏm.f* prospectif « Que Khonsou soit indemne » (*Oplossing*, p. 22). Cf. *ʾΟτε-υρις*, *ʾΟσε-υρις*.

Wašmuaria KM 19; Albright, 65. Nom d'intronisation de Ramsès II, *Wsr-mȝʿ.t-Rʿ* « Rē est riche en ordre cosmique », transcrit *Οὐωσιμαρης* et *Οὐσιμαρης* par Manéthon (ed. Waddell, p. 220; 236). Contrairement à notre interprétation dans *Oplossing*, p. 15, nous considérons maintenant *waš-* comme l'état construit de l'adjectif *wāsar* (cf. ⲛⲟⲩϥⲉ).

Wašmuarianaḫta, dans KUB, III, 66, Vs. 14 (cf. Ranke, K IX), est le nom d'un ambassadeur égyptien à la cour hittite (Albright, 66).

La restitution de ce nom par Forrer est confirmée par KUB, III, 68, Vs. 12 (Edel, XVI). Il signifie « Ramsès II est puissant ».

weḫu, weḫi, weꜣu, weꜣa etc. KM 19 = *wʿw*, qui, toutefois, doit se traduire par « soldat ». La lecture *wiḫu* etc. serait tout aussi possible, mais les variantes *ú-e-eḫ, ú-e-e* plaident en faveur de /é:/.

Y = /j/. Voir après *I*.

Zabnakū KM 20. Vase de pierre appelé *ṯb-n-kꜣ* « vase du ka ».

Zabnūti KM 36. Ville du Delta, *Ṯb-nṯr* « Le veau du dieu », ϫⲉⲙⲛⲟⲩϯ, en grec *Σεβεννυτος*, l'actuel Samanoud.

Deuxième Partie

MORPHOLOGIE SYNTHÉMATIQUE

65 Cette partie de la morphologie s'occupe des rapports entre le copte et l'égyptien dans le domaine des morphèmes lexicaux et de la structure des sémantèmes (cf. **S** 73). Tout comme pour la phonétique et la phonologie, ces rapports ne peuvent être valablement élucidés si l'on n'essaie pas de remonter aux origines en établissant une comparaison avec les données sémitiques et protosémitiques.

L'étude synchronique a montré que, sur ce plan, l'égyptien présente le même caractère que ce groupe de langues : large prédominance des sémantèmes simples, qui se différencient entre eux au moyen de morphèmes du type 2, c.-à-d. par la nature et la disposition de leurs éléments phonétiques. Ces éléments sont ici les voyelles des sémantèmes; secondairement il y a aussi la réduplication de certaines de leurs syllabes. Les sémantèmes dérivés, c.-à-d. formés par l'adjonction de morphèmes du type 1, sont assez rares, par opposition avec les langues indo-européennes, où les caractérisateurs et les ligaments lexicaux sont presque exclusivement représentés par des préfixes et des suffixes. Les sémantèmes composés, notamment les substantifs, du copte se construisent eux aussi en grande partie comme en sémitique : le premier élément de la composition perd son accent et subit une réduction de la voyelle. Il sera montré que l'égyptien, dans un certain état de la langue, a en outre connu un mode de composition dans lequel le premier élément porte l'accent et où le second élément subit une réduction.

L'exposé qui suit, relatif à la formation des sémantémes simples, est fondé sur notre étude *Verhouding* (cf. § 6), assortie de diverses corrections.

A. Les sémantèmes simples

Du protosémitique à l'ancien égyptien. La relation accent-syllabe

66 *État protosémitique.* Une reconstitution hypothétique, fondée sur l'accord entre l'arabe et l'accadien (cf. Moscati e.a., § 10.5-7), fournit les règles suivantes. 1. L'accent remonte vers le début du mot jusqu'à ce qu'il rencontre une syllabe longue, c.-.à-d. une syllabe à voyelle longue ou une syllabe fermée. 2. Si le mot ne comprend que des syllabes brèves, l'accent affecte la première syllabe du mot. 3. Tous les substantifs, les adjectifs et les noms verbaux se terminent en *-u*.

Voici quelques exemples, avec nunation (*-un*), empruntés à l'arabe classique; l'accent circonflexe caractérise une voyelle qui est en même temps longue et accentuée :

	qátalu : *ḏáqanun* barbe	qātilu : *ḍâribun* frappant
fém.	qátalatu : *sámakatun* poisson	qātilatu : *ḍâribatun* id.
avec préfixe	*mádrasatun* école	*mámlikatun* royaume

67 *État protoégyptien.* 1. L'accent remonte vers le début du mot jusqu'à ce qu'il rencontre une syllabe longue, dans le sens défini ci-dessus. 2. Mais si la 4e syllabe à partir de la fin est fermée, 3. ou si le mot ne comprend que des syllabes brèves, l'accent ne peut remonter au-delà de l'antépénultième. 4. La terminaison *-u* s'est conservée dans les catégories de mots susmentionnées.

La loi de la limitation de l'accent à la troisième syllabe brève fut découverte par G. Fecht, *Wortakzent*, grâce à l'analyse de certains mots composés en copte qui présentent une structure particulière. Il l'appela le « Dreisilbengesetz » et montra, au moyen de certains toponymes, qu'elle était encore en vigueur dans le Delta sous l'Ancien Empire (cf. supra, § 11). Cette « loi de l'antépénultième » donna lieu au déplacement de l'accent protosémitique dans plusieurs types structuraux et *cette place demeura déterminante, dans les schèmes en question, pour toute la durée de l'histoire de la langue.*

Dans les exemples qui suivent, nous conservons le paradigme qtl pour les deux états, I qtl représentant l'état protosémitique et II qtl l'état protoégyptien. L'accent circonflexe, dans les mots égyptiens, marque la voyelle longue accentuée, le trait la voyelle longue atone.

L'accent protosémitique conserve sa place :

— conformément à la règle 1° dans :

II qātilu : *ḏâȝiyu*, bateau [litt. celui qui fait traverser l'eau]

II qātilatu : *šâpisatu*, celle qui est noble (le fém. correspondant). Aussi dans II *yamînatitu*, la région de l'ouest, dérivé d'un mot nisbé *yamînati*, l'ouest [le côté droit]. Remarquons que Fecht n'a pas reconnu que le « Dreisilbengesetz » ne s'applique pas aux schèmes qui ont déjà en protosémitique une voyelle longue.

II qítlu : *ʿíyḳu*, entrée, et fém. II qítlatu : *ḳírsatu*, ensevelissement
II qútlu : *wúʿbu*, prêtre et fém. II qûtlatu : *múȝʿatu*, vérité
II qatúltulu : *ḳarúwruwu*, grenouille
II qálqalu : *mánmanu*, secouer
II qílqilu : *bísbisu*, espèce de canard
— conformément à la règle 3° dans :
II qátalu : *nátaru*, dieu II qátulu : *máȝuyu*, lion
II qítalu : *šíȝayu*, porc, *ḫíparu*, forme.

L'accent protosémitique recule :

— en vertu de la règle 1° dans la plupart des schèmes des pluriels (première syllabe longue (fermée) à partir de la fin du mot) :
II *ḏâȝiyu*, bateau : *ḏāȝíywu* II *šâpisatu*, (dame) noble : *šāpíswatu*
II *náṯaru*, dieu : *naṯírwu* II *ḫíparu*, forme : *ḫipárwu*
— en vertu de la règle 2° dans les féminins des schèmes précités :
I qálqalatu > II qalqálatu
I qílqilatu > II qilqílatu
— en vertu de la règle 3° dans :
I qútatilu > II qutátilu
les féminins des schèmes précités :
I qátalatu > II qatálatu I qátulatu > II qatúlatu
I qítalatu > II qitálatu

Remarque. — Dans notre étude intitulée *Verhouding* nous n'avons pas tenu compte de cet état intermédiaire entre le protosémitique et l'ancien égyptien. C'est G. Janssens, dans un article *Contribution to the Hamito-Semitic and the Egyptian Phonetic Laws* (dans *Chron. d'Ég.*, 42 [1967], p. 86-122), qui attira l'attention sur cet état, qu'il appela, en commettant un *latius hos*, « Hamito-Semitic » mais aussi, occasionnellement, « Proto-Egyptian » (p.ex. p. 103). Comme les règles de l'accent établies par Janssens nous paraissaient être en contradiction avec notre reconstitution de certaines formes du pluriel, nous avons récusé ces données dans *The Plural of Nouns in Egyptian and in Coptic* (dans *Orientalia*, 38 [1969], p. 77-96) et dans *Egyptian* (cf. supra, § 6). Janssens revint à la charge dans un article *Word Accent and Vocalisation in Old Egyptian* (dans *Chron. d'Ég.*, 44 [1969], p. 241-262), où il examina aussi notre travail relatif au pluriel. Les résultats divergents de cet auteur se fondent essentiellement sur deux caractéristiques du protosémitique, à savoir la terminaison généralisée *-u* et le fait qu'une syllabe longue est non seulement une syllabe à voyelle longue mais aussi une syllabe fermée. À propos de l'innovation introduite par le protoégyptien, selon laquelle une syllabe fermée précédant l'antépénultième ne retient pas l'accent (notre règle 2°) et qui donnerait I *mádra-*

satun > II *madrásatun*, Janssens fit remarquer que *madrása(tun)* existe effectivement dans l'arabe du Caire. Ceci ne prouve évidemment rien pour l'égyptien, mais constitue néanmoins un parallèle intéressant. La constatation que, dans le tableau des types structuraux protosémitiques (cf. § 69), les syllabes à voyelle longue et les syllabes fermées portent toujours l'accent montre que la théorie de Janssens est valable pour cette langue. Mais il y a surtout la question de savoir pourquoi la voyelle longue retient l'accent dans ég. *šâpisatu*, (dame) noble, alors que ceci n'est pas le cas au pluriel, *šāpíswatu*, ni dans le pluriel que j'avais reconstruit *ḏaʒíyuwu*, bateaux. Cette anomalie disparaît si l'on admet, avec Janssens, que dans l'état protoégyptien également la voyelle fermée est longue et qu'elle porte l'accent pourvu qu'elle ne dépasse pas l'antépénultième. Il faut alors reconstituer le pluriel de *ḏâʒiyu* en *ḏāʒíywu* mais on explique en même temps la place de l'accent dans les autres pluriels : *naṯírwu*, *ẖipárwu*, etc.

68 *État ancien égyptien.* Nous entendons par là l'état le plus ancien de l'égyptien auquel la plupart des formes coptes nous permettent de remonter directement. Il est caractérisé par plusieurs changements importants. 1. La terminaison *-u* du masculin se conserve dans seize, duel *-tayu.* schèmes substantivaux, mais elle disparaît dans les autres, de même que dans les schèmes adjectivaux et verbaux. Elle tombe dans la terminaison du féminin *-atu*, plur. *-watu*, duel *-tayu*. 2. La syllabe fermée n'a plus la valeur d'une longue et n'attire pas l'accent. Sinon des formes telles que qálqal, qatâlat, issues de II qálqalu, qatâlatu, deviendraient *qalqál, *qatālát. 3. L'accent ne peut reposer que sur la dernière ou l'avant-dernière syllabe du mot. Il se maintient à la place qu'il occupe en vertu des règles en vigueur au stade protoégyptien, mais le mot se conforme à la nouvelle loi, si besoin en est, par la syncope de la voyelle atone se trouvant en syllabe ouverte après l'accent. Ce « Zweisilbengesetz » ou « loi de la pénultième » est, selon G. Fecht, déjà en vigueur dans la langue de la Haute-Égypte au début de l'époque historique. 4. Les syllabes qui modifient leur structure à la suite de ces changements s'adaptent aux nouvelles règles de la quantité : la syllabe accentuée ouverte a une voyelle longue, la syllabe accentuée fermée a une voyelle brève; la syllabe atone, ouverte ou fermée, a toujours une voyelle brève.

Il faut supposer que les règles énoncées sub 1° avaient sorti tous leurs effets avant que celles du 3° et 4° entrent en action. Dans le cas contraire, on ne voit pas pourquoi, par exemple, II qatálatu n'aurait pas donné *qatáltu plutôt que qatâlat (cf. accadien *rápašu* > *rápšu*; fém. *rapáštu*). C'est à ce stade intermédiaire que devait être arrivée la langue de la Basse-Égypte sous l'Ancien Empire puisque les exemples du « Dreisilbengesetz » de Fecht présentent des compositions de mots d'où la terminaison -*u* a disparu, p.ex. *ḥámnaṯ̆r*, serviteur du dieu (de II *ḥámu* + *náṯaru*) > ϩⲟⲛⲧ, prêtre ; *rínnaf̆r*, beau nom (de II *rínu* + *náfaru*) > -*ρεμφις* ; *jaꜣḫéjb̆ȷ̆t*, le fourré de papyrus de l'abeille (cf. B ⲁϧⲓ + II *bîyatu* [?], abeille) > -*χηβις* et *Χεμμις*, *Χεμβις*, ville du Delta.

Nous donnons ici quelques exemples illustrant les changements les plus caractéristiques provoqués par les nouvelles règles (no. entre parenthèses) et choisis parmi les schèmes du paragraphe précédent. Afin de ne pas répéter toujours l'indication « ancien égyptien » nous adoptons pour les schèmes de cet état de langue le paradigme sḏm « entendre ».

II qātilu : sáḏmu = *ḏâꜣiyu* > *ḏáꜣyu* > ϫⲟⲓ, bateau (3 + 4)
II qātilatu : sáḏmat = *šâpisatu* > *šápsat* > VC ϣⲁⲡϣⲓ, (dame) noble (1 + 2 + 3 + 4)
II qatīlati : saḏímti = *yamînati* > *yamínti* > ⲉⲙⲛ̄ⲧ, ouest (3 + 4)
II qatīlatitu : saḏímtit = *yamînatitu* > *yamíntit* > ⲁⲙⲛ̄ⲧⲉ, Hadès (1 + 2 + 3 + 4)
II qálqalu : sámsam = *mánman* > B ⲙⲟⲛⲙⲉⲛ, secouer (1 + 2)
II qalqálatu : samsāmat = *maḫmāḫat* > ⲙⲉϩⲙⲟⲩϩⲉ, pourpier (1 + 2 + 4)
II qílqilu : símsim = *bísbis* > ⲃⲁⲥⲃⲥ, canard (1 + 2)
II qilqílatu : simsīmat = *tiltīlat* > ⲧⲗ̄ⲧⲓⲗⲉ, goutte (1 + 2 + 4)
II qátalu : sāḏam = *nāṯar* > ⲛⲟⲩⲧⲉ, dieu (1 + 4)
II qatálatu : saḏāmat = *naṯārat* > ⲛ̄ⲧⲱⲣⲉ, déesse (1 + 2 + 4)
II qítalu : síḏmu = *šíꜣayu* > *šíꜣ(yu)* > ϣⲉ, porc (3)
II qitálatu : siḏāmat = *šiꜣāyat* > *išāyat* > ⲉϣⲱ, truie (1 + 2 + 4)
II qátulu : sāḏum = *máꜣuyu* > *māꜣuy* > *māy(uy)* > ⲙⲟⲩⲓ, lion (1 + 2 + 4)
II qatúlatu : saḏūmat = *maꜣūyat* > *mayū(yat)* > ⲙⲓⲏ, lionne (1 + 2 + 4)

Les schèmes protosémitiques des sémantèmes

69 En nous fondant sur C. Brockelmann, *Grundriss*, I, H. Bauer - P. Leander, *Historische Grammatik der hebräischen Sprache des Alten Testamentes*, I (Halle a.S., 1922) et W. von Soden, *Grundriss der akkadischen Grammatik*, (*Analecta orientalia*, 33, Rome, 1952), nous reproduisons dans le tableau qui suit les différents types structuraux qu'on peut reconstruire pour le protosémitique d'après les formes attestées dans les langues du groupe. Il nous a paru utile d'indiquer, en italiques et entre crochets, les schèmes qui ne sont pas attestés. S. Moscati e.a., *Introduction*, § 12.9, 11, 12, tiennent compte de l'existence des types qíttalu, qittālu, qíttilu, qutállu, qítlalu mais n'en donnent aucun exemple. Nous avons mis entre parenthèses, par exemple, (qátalu/-atu) afin de faire remarquer qu'il ne se trouve pas seulement en parallèle avec qátilu/-atu, qátulu/-atu mais aussi avec les schèmes de la 2e et de la 3e colonne.

Pour éviter de répéter le tableau, nous avons, en anticipant sur notre analyse, imprimé ici en capitales les 46 schèmes (28 masc. et 18 fém.) représentés en égyptien.

(Voir p. 108).

Les schèmes communs au protosémitique et à l'égyptien

70 Les tableaux des § 71-73 comprennent le schème protosémitique, avec le numéro qu'il occupe dans le tableau du paragraphe 69. Celui-ci est imprimé en caractères gras lorsque le même type structural est aussi bien substantival qu'adjectival ou verbal. Il est imprimé en italiques lorsqu'il est faiblement représenté (< >) dans une deuxième de ces catégories. Suit la forme ancien-égyptienne qui correspond généralement au mot copte figurant dans **S** 78 et portant le no. de ce tableau (X.o = la catégorie X de la classe o). La juxtaposition des formes masculine et féminine permet de vérifier les correspondances établies dans **S** 96-99. Entre les deux se trouve le no. d'ordre que le schème aura dans les paragraphes qui suivent et où les substantifs masculins ayant conservé le *-u* final en égyptien, imprimés ici en retrait, seront groupés sous la lettre A.

69 TABLEAU DES SCHÈMES PROTOSÉMITIQUES

	a	b	c	d
1	QATLU/-atu	QALU/-ATU	QĀLU/-ATU	
	QITLU/-ATU	QILU/-ATU	QĪLU/-ATU	
	QUTLU/-ATU	qulu/-atu	qūlu/-atu	
2	QÁTALU/-ATU	(qátalu/-atu)	(qátalu/-atu)	
	qátilu/-atu	QÍTALU/[-*ATU*]	qítilu/-atu	qútilu/-atu
	QÁTULU/-ATU	qútalu/-atu	qútulu/-atu	
3	qātalu/[-*atu*]	(qātalu/-atu)	(qātalu/-atu)	
	QĀTILU/-ATU	[*qītalu/-atu*]	[*qītilu/-atu*]	qaitălu/[-*atu*]
	[*qātulu/-atu*]	?qūtalu/[-*atu*]	[*qūtulu/-atu*]	qautălu/-atu
4	QATĀLU/[-*ATU* ?]	(qatālu/-atu)	(qatālu/-atu)	
	QATĪLU/-ATU	qitālu/-atu	qitīlu/[-*atu*]	qutaílu
	QATŪLU/-ATU	qutālu/-atu	qutūlu/-atu	qaitūlu
5	qáttalu/-atu	(qáttalu/-atu)	(qáttalu/-atu)	
	qáttilu/-atu	[*qittalu/-atu*]	[*qittilu/-atu*]	qúttilu/-atu
	qáttulu/-atu	qúttalu/-atu	qúttulu/-atu	qíttulu/-atu
6	QATTĀLU/-ATU	(qattālu/-atu)	(qattālu/-atu)	
	qattīlu/-atu	[*qittālu/-atu*]	QITTĪLU/[-*atu*]	
	qattūlu/-atu	quttālu/-atu	quttūlu/[-*atu*]	qittūlu
7	QATÁLLU/-ATU	(qatállu/-atu)	(qatállu/-atu)	qallu
	[*qatíllu/-atu*]	qitállu/-atu	qitíllu/-atu	qillu
	qatúllu/-atu	[*qutállu/-atu*]	qutúllu/-atu	qullu
8	(qálqalu)		QÁLQALU/-ATU	
	qálqilu		QÍLQILU/-ATU	
	?qálqulu		qúlqulu/-atu	
9	qalqālu			qalāqilu
	QALQĪLU/[-*ATU*]			*qilăqilu*
	qalqūlu			qulāqilu
10	QÁTLALU	(qátlalu)	(qátlalu)	qátilalu
	[*qátlilu*]	[*qitlalu*]	[*qitlilu*]	
	qátlulu	qútlalu/-atu	qútlulu	
11	QATLĀLU	(qatlālu)	(qatlālu)	
	qatlīlu	qitlālu	qitlīlu	
	qatlūlu	QUTLĀLU	qutlūlu	
12	(qatáltalu)		QATÁLTALU	
	qatáltilu		QATÍLTILU	
	qatáltulu		QATÚLTULU	QÚTATILU/-atu
13	qataltālu			
	QATALTĪLU/[-*ATU*]			qatāqilu
	qataltūlu			

71 *CLASSE a*

Substantifs

1b qálu : *raꜣ* ⲣⲟ XI.o	B1	qálatu : *ḏārat* ⲧⲱⲣⲉ II.o
1c qālu : *ḥāru* ϩⲱⲣ X.o	A1	qālatu : *ḥārat* (*'Ου*)-*ουρις* II.o
1a <qátlu> : *kāꜣ̆m* ϭⲱⲙ X.o	B2	
2a qátalu : *gāraḥ* ϭⲱⲣϩ I.o	B3	qátalatu : *naṯārat* ⲛ̄ⲧⲱⲣⲉ XII.o
2a qátulu : *māꜣuy* > *māyuy* ⲙⲟⲩⲓ X.o	B5	qátulatu : *maꜣūyat* > *mayūyat* ⲙⲓⲏ IX.e
3a qātilu : *wásru* ⲟⲩⲟⲥⲣ IV.o	A2	qātilatu : *ránpat* ⲣⲟⲙⲡⲉ VII.o
		ḳáꜣyat ⲕⲟⲓⲉ V.o
4a qatālu : *gabáꜣ* ϭⲃⲟⲓ III.o	B6	[?qatālatu : *ḥatārat* ϩⲧⲱⲣⲉ XII.o]
6a qattālu : *ḥakkāꜣu* B ⲁϫⲱ VIII.o	A3	qattālatu : *saddāꜣat* ⲥⲁⲧⲱ IX.o
7a qatállu : *ḥakáꜣꜣu* S ϩⲁⲕⲟ	A4	qatállatu : *sadáꜣꜣat* ⲥⲁⲧⲟ
8c <qálqalu> : *ḏáꜣḏaꜣ* ϫⲱϫ X.o	B7	qálqalatu : *maḫmāḫat* ⲙⲉϩⲙⲟⲩϩⲉ XV.o
10a qátlalu : *ságnan* ⲥⲟϭⲛ IV.o	B8	
11a qatlālu : *ʿaꜣpāpu* ⲁⲫⲱⲫ VIII.o	A5	
qatlállu : *ʿaꜣpáppu* *'Απωφις*	A5	
11b qutlālu : *ḫuprāru* *χφυρις*	A6	
12d qútatilu : *sušāšin* B ϣⲱϣⲉⲛ I.o	B9	
4 Rad. *ḫánmas* ϣⲟⲗⲙⲉⲥ VI.o	B11	

Adjectifs

2a qátalu : *wābaḫ* ⲟⲩⲱⲃϣ I.o	B4	qátalatu : *wasāḫat* -*εσυσις*

Verbes

1a qátlu : *sātˇp* ⲥⲱⲧⲡ I.o	B2
4a qatālu : *ḥalág* ϩⲗⲟϭ III.o	B6
8c qálqalu : dém. *ḥátḥat* ϩⲟⲧϩⲧ VI.o	B7
12c qatáltalu : *ḫatártar* ϣⲧⲟⲣⲧⲣ̄ XIII.o	B10
dém. *sadáꜣdaꜣ* ⲥⲧⲱⲧ VIII.o	
4 Rad. *wásṯan* B ⲟⲩⲟⲥⲑⲉⲛ VI.o	B11
másḏay ⲙⲟⲥⲧⲉ VII.o	

72 *CLASSE i*

Substantifs		
1b qílu : *hip* ϩⲁⲡ XI.i	B12	qílatu : *pīḏat* ⲡⲓⲧⲉ II.i
1c qīlu : *pīnu* ⲡⲓⲛ X.i	A7	qīlatu : *mīnat* ⲙⲓⲛⲉ II. i
1a qítlu : *sīf˘ṯ* ⲥⲓϥⲉ I.i	B13	qítlatu : *ḏídfat* ϫⲁⲧϥⲉ VII.i
1a qítlu : *ʿíyḳu* ⲁⲉⲓⲕ IV.i	A8	**qítlatu** : *ḏídmat* ϫⲁⲧⲙⲉ VII.i
		pisšat ⲡⲁϣⲉ V.i
2b qítalu : *míynu* ⲙⲁⲉⲓⲛ IV.i	A9	qítalatu : *šiʾāyat* > *išāyat* ⲉϣⲱ IX.o
4a qatīlu : **wašíb* ⲟⲩϣⲁⲡ III.i	B14	qatīlatu : *ḳaʾībat* ⲉⲕⲓⲃⲉ XII.i
4a qatīlu : *sapīru* ⲥⲡⲓⲣ VIII.i	A10	
6c qíttīlu : dém. *girrīgu* ϭⲉⲣⲏϭ VIII.e	A11	
8c <qílqilu> : *bísbis* ⲃⲁⲥⲃⲥ VI.i	B15	qílqilatu : **tiltīlat* ⲧⲗ̄ⲧⲓⲗⲉ XV.i
9a qalqīlu : **salsīlu* ⲥⲉⲗⲥⲓⲗ	A12	qalqīlatu : **laflīfat* ⲗⲉϥⲗⲓϥⲉ XV.i
10c/b qítli/alu : *típni/an* ⲧⲁⲡⲛ IV.i	B16	
13a qataltīlu : **ẖatartīru* ϣⲧⲣϯⲣ	A13	qataltīlatu : **sarafrīfat* ⲥⲣⲉϥⲣⲓϥⲉ
4 Rad. *sínḥim* > *sinníḥ*(əm) ⲥⲁⲛⲛⲉϩ VI.i	B17	
Adjectifs		
4a qatīlu : *wabíẖ* B ⲟⲩⲃⲉϩ III.i	B14	qatīlatu : *ḥayīmat* ⲥ-ϩⲓⲙⲉ II.i
Verbes		
1b <qílu> : *niw* ⲛⲁⲩ XI.i	B12	
1a qítlu : *mīẖ˘ʾ* ⲙⲓϣⲉ II.i; *ḳīm˘ʾ* ⲕⲓⲙ X.i	B13	
	A8	**qítlatu** : *ṯísyat* > *ṯíysat* ϫⲓⲥⲉ II.i; *ríšwat* ⲣⲁϣⲉ V.i
4a « qatīlu » : « ⲥⲣⲓⲧ » VIII.i	A10	
8c qílqilu : dém. *ḳisḳis* ⲕⲁⲥⲕⲥ VI.i	B15	
12c qatíltilu : dém. *ḳarímrim* ⲕⲣⲙ̄ⲣⲙ̄ XIII.i	B18	

sa/iníd̠ ⲥⲛⲁⲧ III.i
wa/id̠íȝ ⲟⲩϫⲁⲓ III.i

73 *CLASSE u*

Substantifs

1a qútlu : *úrpu* ⲏⲣⲡ I.e *šúmmu* ϣⲏⲙ X.e *ẖúnwu* ϩⲟⲩⲛ X.u	A14 qútlatu : **músyat* ⲙⲏⲥⲉ II.e *múȝʿat* ⲙⲉ XI.e *súr<w>at* ⲥⲟⲩⲣⲉ II.u
4a qatūlu :*bayūnu* ⲉⲃⲓⲏⲛ VIII.e *parūẖu* ⲡⲣⲏϣ VIII.e	A15 qatūlatu : *kamūmat* ⲕⲙⲏⲙⲉ XII.e A16 *ẖapūrat* ϣⲡⲏⲣⲉ XII.e
12c qatúltulu : *ḳarúwruw* ⲕⲣⲟⲩⲣ VIII.u	B19

Verbes

12c qatúltulu : *harúwruw* ϩⲣⲟⲩⲣ VIII.u	B19

Origine des schèmes égyptiens et coptes

74 Dans les paragraphes qui suivent, nous donnerons pour chaque type structural égyptien un choix d'exemples, précédés de leurs parallèles dans les principales langues sémitiques. Ceci permettra de voir comment le schème protosémitique est représenté dans les différents idiomes, quelles transformations il y a éventuellement subi et jusqu'à quel point la signification générale de la catégorie (« class-meaning ») s'est maintenue.

Ces questions, ou certaines d'entre elles, seront traitées dans les paragraphes de l'Interprétation, qui est suivie des Données. Dans celles-ci, les mots accadiens, hébreux et arabes, empruntés respectivement à von Soden, Bauer-Leander, Brockelmann, seront accompagnés de la traduction allemande de ces auteurs afin d'éviter tout reproche d'interprétation tendancieuse. La traduction anglaise des mots coptes est donnée d'après W. E. Crum, *A Coptic Dictionary* tandis que certains mots égyptiens sont cités d'après la *Altäg.Gr.*, d'E. Edel.

Les substantifs masculins ayant conservé en égyptien la terminaison *-u* ainsi que leurs pendants féminins seront examinés en premier lieu.

Celle-ci subsiste partout en accadien et dans l'arabe classique; elle a disparu complètement en hébreu et dans l'arabe moderne. Sa préservation partielle est liée à une innovation de l'ancien égyptien : le *-u* final y est devenu un morphème de transposition ou de translation, dans le sens donné à ces mots respectifs par Ch. Bally (cf. § 75) et par L. Tesnière, *Éléments de syntaxe structurale*, Paris, 1959.

En caractérisant ainsi comme substantifs un certain nombre de schèmes, l'égyptien a, vis-à-vis du protosémitique, renforcé l'opposition entre cette « partie du discours » et, d'autre part, les adjectifs et les verbes. En même temps ces derniers sont, de noms verbaux, davantage devenus des infinitifs comme dans nos langues modernes. Cela se remarque, par exemple, dans le traitement différent de qítlu (A8 et B13) : *'íyḳu*, entrée solennelle du roi, est marqué comme nom abstrait d'action; *ḳīm˘ȝ*, jeter, est un verbe. Dans la plupart des exemples appartenant aux schèmes qātilu (A2), qattālu (A3), qittīlu (A11) nous trouvons une notion verbale transposée d'une autre manière en mot primaire, à savoir en nom d'agent. Les types qālu (A1), qútlu (A14), qatūlu (A15, 16) présentent des notions de propriété ou de procès transposées en noms d'êtres ou de choses : exx. *ḥāru*, celui qui est loin; *wú'bu*, celui qui est pur; *bayūnu*, personne pauvre. Ceci n'est pas le cas pour les substantifs qui ont perdu le *-u* final, p.ex. dans les types qál(u) (B1) : *raȝ*, bouche; *san*, frère; qíl(u) (B12) : *hip*, loi; *ḳis*, os; qátal(u) (B3) : *gāraḥ*, nuit; *ānar*, pierre; qítlu > qīt˘l (B13) : *sīf˘ṯ*, résine; *sīb˘ȝ*, étoile. Si, exceptionnellement, on y décèle une parenté avec un mot exprimant une des notions précitées, p.ex. *ḥiḏ*, argent — *ḥḏ*, (devenir) blanc; *bāȝ˘k*, serviteur — *bȝk*, travailler, il faut bien admettre que le substantif ne fut pas considéré comme dérivé du verbe. On peut même se demander si l'inverse n'avait pas eu lieu.

La terminaison *-u* caractérise en outre comme substantifs une autre espèce de mots, à savoir les deux catégories de « noms d'abondance » qīlu : *pīnu*, souris (A7) et qatīlu : *sapīru*, côte (A10).

Lorsque la finale *-u*, ligament lexical, fait défaut, la même structure peut être commune à des substantifs et à des adjectifs, à des substantifs et à des verbes, qui deviennent de ce fait des sémantèmes purs. Elle est commune aux trois espèces de sémantèmes, comme en copte, dans le schème qátal(u), assimilé au type qátl(u) : *gāraḥ*, nuit; *wābaḫ*, blanc, *sāt˘p*, en réalité *sātap*, choisir. Pour le reste, les types de sémantèmes purs ne coïncident que rarement avec ceux du copte;

on les trouvera dans les §§ 71-73 en comparant les schèmes précédés d'un nombre en caractères gras ou en italiques.

La valeur morphématique de la terminaison *-u* s'affaiblit très fort lorsque, en moyen égyptien déjà, elle fut remplacée par la voyelle neutre /a/ (cf. § 63). Elle devint nulle lorsque le *-i* final se changea à son tour en /a/ et que le /t/ de la terminaison féminine *-at* s'amuit, peut-être en même temps que le /r/ dans des mots tels que *nāṯar*, dieu. Ces changements eurent lieu en néo-égyptien savant (§ 64), les derniers sans doute peu de temps avant 1350 av. J.-C. (cf. § 44). C'est pourquoi le *-u* final a généralement disparu en copte, sauf l'une ou l'autre survivance sous la forme /ə/, en particulier dans le schème qûtlu (cf. A14).

Interprétation

A. *Sémantèmes à finale* -u *et féminins correspondants*

75 A1. Le nom concret qālu - qālatu.

On fait dériver *ḥāru*, le nom du dieu Horus, du verbe *ḥr* « être loin » et on le traduit par « celui qui est loin ». Il s'ensuit qu'il trouve son pendant féminin dans la deuxième partie, *ḥārat*, du nom divin *ỉn-ḥr.t* « Celui qui est allé chercher la (déesse) lointaine », vocalisé *An-ḫāra* en moyen-babylonien, c. ⲁⲛ-ϩⲟⲩⲣⲉ, gr. *'Ονουρις*. Les deux autres mots de la série dont l'étymologie est transparente apparaissent également comme des notions de propriété transposées en noms de choses : *'āḏu*, graisse ; *ḫāyu*, le haut. Ils forment un parallèle avec h. *ṭôḇāh* et peut-être avec *dôḏ*.

H. *ḥôl*, sable, signifie vraisemblablement « ce qui tourne, tourbillonne ». L'étymologie du mot correspondant ég. *šā'u* est inconnue, mais on aura l'occasion de signaler d'autres cas où un mot égyptien, tiré d'une racine différente, présente une structure identique à celle du mot sémitique ayant le même sens.

A2. Le participe actif qātilu - qātilatu.

En accadien et en arabe, *qātilu* est le participe actif du radical de base des verbes actifs et il manifeste une tendance à se muer en substantif. En hébreu, où il s'emploie également comme participe actif Qal, cette tendance est encore beaucoup plus accentuée, de sorte qu'il sert même à créer des dénominatifs, p.ex. *šô'ēr*, gardien de porte, de *ša'ar*, porte; *bôqēr*, vacher, de *bāqār*, gros bétail. L'éthiopien ne possède plus que des adjectifs et des substantifs de ce type, p.ex. *rāte'*, véridique; *wāres*, héritier; il s'est créé un nouveau participe *qatālī*. Nous avons montré qu'en égyptien il existe également un nouveau participe actif de type *sadmíy* (perfectif) et *sadammíy* (imperfectif) (cf. *Oplossing*, p. 28-35 = 50-53 et infra, § 88). Il est par conséquent naturel que dans cette langue *qātilu* et *qātilatu* ne survivent qu'en tant que substantifs.

Notre opinion est fondée sur la réapparition du *i* de la seconde syllabe au pluriel. Les formes féminines corroborent celles du masculin, montrant qu'on n'a pas affaire ici à une espèce de pluriel interne comme dans le schème B3 : *nāṯar*, dieu; pl. *naṯíruu*. Outre les exemples m. *ḏa3íywu*, bateaux (voir § 30 h; 67) et f. *šapíswat*, (femmes) nobles (§ 30 d; 67) nous citerons ici :

m. *haríwwu* > AA₂ ϩⲣⲉⲩ;
pl. de *hāriwu* > *hárwu* > *háwwu* > ϩⲟⲟⲩ, jour [celui qui éclaire], cf. ar. *whr*, éclairer.
f. *ḏaríywat* > *ḏa'īwa* > *aḏīwa* > ⲉϫⲏ;
pl. de *ḏāriyat* > *ḏárya* > *ḏá'(y)a* > ϫⲟ(ⲓ)ⲉ, mur [ce qui est solide].

Cette théorie explique comment des mots aussi différents que h. *yārēaḥ* et S ⲟⲟϩ : B ⲓⲟϩ, lune, peuvent remonter à une même forme. Celle-ci est le mot protosémitique *wâriḥu*, apparenté à ar. √ *ḥwr*, revenir- √ *rwḥ*, aller, partir; à h. *'āraḥ*, aller, voyager; *'oraḥ*, chemin (M. Cohen, *Essai*, no. 130), et qui signifie « celui qui voyage (continuellement) ». Dans les deux idiomes, *w* se change régulièrement en *y*. Appartenant à un verbe intransitif, *yāriḥu* devint normalement *yārēaḥ* en hébreu au lieu de **yōrēaḥ*. En égyptien, l'évolution suivante eut lieu : *yāriḥu* > *yárḥu* > *yá'ḥu*, avec *'ayin* au lieu de *'aleph* par assimilation avec *ḥ*. Après le changement général /'/ > /'/ et /ḥ/ > /h/, *'aleph* disparut dans B ⲓⲟϩ ; dans S ⲟⲟϩ le *yod* tomba à la suite d'une incompatibilité apparente entre *yod* et /'/. Cf. aussi *ḫānisu*, « celui qui traverse en voyageant » > *ḫánsu* > c. ⲡⲁ-ϣⲟⲛⲥ, nom du dieu lunaire Khonsu.

A3. Le n o m d ' a g e n t qattālu - qattālatu.

W. Vycichl découvrit, le premier, que ce schème est à l'origine de B ⲁϫⲱ < *ḥakkā3o* (ou *-3aw*), magicien; de ⲥⲁⲛⲟⲩⲑ, poltron, et de fém. ⲥⲁⲧⲱ, éventail [litt. ce qui tremblotte] [1]). Pour ce dernier

[1]) W. Vycichl, *Ein Nomen Actoris im Ägyptischen*, dans *Le Muséon*, 65 (1952), p. 1-4;

mot, il cita comme parallèle arabe *naššāša*, chasse-mouches. Nous avons ajouté les autres exemples, parmi lesquels *tawwātu*, image, signifie originellement [celui qui ressemble à autre chose]; *ṯaʾʾāyat*, pince [ce qui saisit] et *ḏaʾʾāyat*, vipère [ce qui rampe, ou se tortille]. En égyptien, ce schème n'a pas créé des noms de professions, comme en accadien et en arabe.

A4. L e s u b s t a n t i f qatállu - qatállatu.

S ϩⲁⲕⲟ, magicien, est, selon Vycichl, dérivé d'une variante dialectale *ḥakkāʾ* > *ḥakkáʾ*. Nous croyons plutôt qu'il remonte à un autre schème protosémitique, à savoir *qatállu*. Celui-ci a, à notre avis, joué en outre un rôle dans la formation du *sḏm.f* imperfectif : *saḏámm-af*, il entend < « entendeur — lui » (cf. *Oplossing*, p. 18-20 = 47 sv.). Dans acc. *agarrum*, mercenaire; *ḫadaššatum*, mariée, ce schème n'a pas un sens de classe bien marqué. Les exemples du haoussa sont des participes passifs : *sanannē*, su; *dafaffē*, bouilli [1]). Le sens de « nom d'agent » semble donc être propre à l'égyptien.

Pour autant que B ϭⲁⲗⲟϫ, pied, est à considérer comme un nom d'agent (Vycichl, *BIFAO*, 58 [1959], p. 53) il est à classer ici plutôt que sous A3. Le nom divin *Θοωνις* (cf. J. Yoyotte, *MDAIK*, 16 = *Festschr. H. Junker*, II, 1958, p. 423-430) ne dérive probablement pas de **dawánnu* mais il est une forme locale rendant *dawwānu* > *twōn*, comme *Θουνις*, parce que dans le dialecte d'Oxyrhynque, lieu de culte de ce dieu, /ò/ se substitue régulièrement à /ó:/.

Remarquons, enfin, que *'Οφωις* et *Οὐφωρ* représentent des « composés anciens », sur lesquels cf. § 93.

A5. L e s s u b s t a n t i f s qatlālu et *qatlállu.

Les noms égyptiens, cités par E. Edel, *AG*, § 229, qui présentent la gémination de la 3e radicale, *iʾḫḫw*, le brillant, etc., sont manifestement des noms d'agent. Bien que l'étymologie de *ʿaʾpāpu* ne soit pas claire, nous vocalisons les mots en question comme celui-ci et nous considérons leur « class-meaning » comme une innovation de l'égyptien. Ce même sens semble pouvoir être attribué à la formation *sanfāru*,

Id., *Neues Material zur Form des ägyptischen Nomen Agentis* qattāl, dans *OLZ*, 48 (1953), col. 293-294; Id., *Was bedeutet « Sanuth » im koptischen Kambyses-Roman ?*, dans *Aegyptus*, 36 (1956), p. 25 sv.

1) W. Vycichl, *Ein passives Partizip im Ägyptischen und im Haussa* (*British Nigeria*). *Die passive Konjugation* sḏmm. f, dans *Le Muséon*, 70 (1957), p. 353-356.

celui qui rend beau, ou bon [1]). Le parallélisme entre ce schème et ceux de A3, A4 résulte aussi de l'existence d'une forme *ʿaȝpáppu.*

A6. L e n o m d ' a n i m a l qutlālu.

Étant donné la présence de ce schème protosémitique en accadien nous croyons pouvoir y rattacher les noms d'animaux égyptiens mentionnés par E. Edel, *AG*, § 222 et Nachtr. (p. xxxvii). Nous écrivons VC *χφυρις*, *χφουρις* en caractères grecs afin de faire remarquer que ce mot est conforme au système de transcription grec : *υ* = /ó:/ et *ου* = /ó:ʷ/. La chute de *r* ici et dans *ḥuḏ(r)ā-ru* a un pendant dans c. ⲭⲡⲟ < *tšpro* (*dỉ.t-ḫpr*) ainsi que dans *wa(r)ārat* : *-υρις* (cf. B4).

76 A7. L e n o m d ' a b o n d a n c e qīlu - qīlatu.

Dans une communication au 23ᵉ Congrès International des Orientalistes nous avons fait observer que les mots monosyllabiques à *ī* long se réfèrent, en égyptien et en copte, à des animaux, des plantes ou des objets qui se présentent normalement en groupes [2]). Ceci paraît aussi applicable à la formation sémitique *qīl*, si l'on en juge d'après les exemples de Bauer-Leander, § 61p-q, de sorte qu'on puisse parler ici d'une espèce de collectif. Une appellation plus exacte est peut-être celle de « nom du grand nombre », donnée à un certain type de mots par les grammairiens arabes et qui se traduit aussi par « nom d'abondance ». La valeur phonématique de *ī* a empêché le changement en /é:/ au contact d'une sonante (cf. § 34).

Ég. *rīʿu* > c. ⲣⲏ (/é:/ à cause du *ʿayin*), « soleil », doit faire allusion, d'après l'étymologie ar. *raʿraʿa* « briller », etc., à l'ensemble des rayons solaires. Il n'est pas toujours facile de distinguer entre le féminin de ce schème et celui du schème B12. Nous rangeons ici h. *mîn*, ég. *mn.t* : c. ⲙⲓⲛⲉ parce que le sens abstrait de « manière » s'apparente plutôt à un collectif.

A8. Le n o m d ' a c t i o n qítlu - qítlatu.

Sur les noms concrets issus de ce schème, voir B13.

Le type *qítlu* survit dans les substantifs égyptiens, énumérés par E. Edel, *AG*, § 235, 236, 239, qui sont des noms d'action ou dérivés

[1]) W. Vycichl, *Wie hiess König Snofru wirklich?*, dans *Riv. degli studi orientali*, 36 (1960), p. 213-217. J. Černý, *The True Form of the Name of King Snofru*, *ibid.*, 38 (1963), p. 89-92.

[2]) J. Vergote, *Observations sur la vocalisation de l'égyptien*, dans *Proceedings of the 23rd International Congress of Orientalists, Cambridge 21st-28th August 1954*. Edited by Denis Sinor, Londres, 1956, 78 sv.

de ceux-ci, p.ex. « nourriture » < « alimentation » (pour les noms abstraits de qualité, voir *qútlu*, A14). Lorsque la 1re radicale est *w*, elle manifeste une tendance à tomber. Le /i/ final de A2 ⲕⲉⲕⲉⲓ et ⲟⲩⲉⲉⲓ provenant d'une terminaison /ju/ (§ 63), ces mots apparaissent comme des noms abstraits dérivés de verbes signifiant « être obscur », « être seul ».

Le féminin *qítlatu* sert lui aussi, comme dans les langues sémitiques, à former des noms abstraits d'action ou des dérivés de ceux-ci, p.ex. *ḏídmat*, tas [rassemblement]. Il a probablement supplanté le masculin dans cette fonction, ce qui expliquerait pourquoi celui-ci présente si peu d'exemples.

En égyptien, il donne en outre naissance à de véritables infinitifs. On distingue d'une part un infinitif qu'on appelle l'infinitif IInd : il appartient aux verbes Tertiae *yod* ou *waw* (3ae Inf.) qui ont pris en copte les formes ⲣⲁϣⲉ, ⲥⲉⲉⲡⲉ, ϩⲉ, ⲕⲛ̄ⲛⲉ. L'infinitif *qítlat* est aussi le propre de certains verbes causatifs (*sdb*, cf. § 90).

L'infinitif Ier des verbes Tertiae *yod* doit être dérivé du même schème. Celui de *prỉ* : ⲡⲉⲓⲣⲉ, sortir (plantes, astres) s'explique le mieux si l'on admet qu'il est basé sur *píryat*, comme ⲡⲣ̄ⲣⲉ (même signification), mais qu'il est le résultat d'une interversion : *píyrat* [1]. L'interversion régulière du *w* de *-wu* dans le pluriel des noms nous incite à croire qu'un phénomène analogue est à l'origine de la catégorie importante des verbes du type ϫⲓⲥⲉ (cf. **S** 106). Dans ce cas, la forme ϥⲓ, porter, dérive de *fíy(ꜣat)* < *fíꜣyat* ainsi que nous l'avons supposé en nous fondant sur d'autres arguments (**S** 58). Quant aux verbes 4ae inf., *ḥmsỉ*, s'asseoir; *šmsỉ*, servir, par exemple, ne peuvent avoir formé leurs infinitifs B ϩⲉⲙⲥⲓ; S ϣⲙ̄ϣⲉ que par analogie avec les 3ae Inf., étant donné que leur radicale finale a disparu sans laisser de trace.

A9. L e n o m c o n c r e t qítalu - [qítalatu]

Dans *Wortakzent*, § 364, G. Fecht a proposé de voir dans B ⲛⲟϩ, paupière, le pluriel ou le duel de SA (ⲉ)ⲛϩ, sourcil. Nous reconstituons ce pluriel comme suit : *ináḥwu* > *ináwḥu* > *(i)ná'ḥu* > S *ⲛⲟⲟϩ : B ⲛⲟϩ et nous concluons à l'existence d'un sg. *ínaḥu*. Nous retrouvons le même type dans c. ϩⲣ̄ⲃ, forme, ressemblance, et son pluriel **ḫpo'r* dans les graphies cunéiformes des noms d'Amenhotep IV

[1]) Une interversion est aussi admise par W. Spiegelberg, dans *Z. äg. Spr.*, 53 (1917), p. 135 svv. et par T. W. Thacker, *Relationship*, p. 285 sv.

et de Toutankhamon (voir § 30 d). Un pluriel analogue, présupposant une origine *míyanu* de ⲙⲁⲉⲓⲛ, est peut-être sousjacent au toponyme *Μεμνώνια* (cf. *Verhouding*, p. 39 = 96). L'appartenance au même schème du mot ϣⲉ, porc, est, malgré sa réduction extrême, assurée par le féminin correspondant.

Quoique *qítalatu* ne semble pas être attesté dans les langues sémitiques, l'égyptien en possède plus d'un représentant. L'un de ceux-ci se trouve dans le pluriel S ϩⲓⲟⲙⲉ : A ϩⲓⲁⲁⲙⲉ < *ḥiyá'mat* < *ḥiyáwmat* < *ḥiyámwat*, femmes. Au lieu de *ḥiyāmat* > *ϩⲓⲱⲙⲉ, son singulier est ⲥ-ϩⲓⲙⲉ, appartenant au schème B14. Cette racine est, selon nous, apparentée à ar. $\sqrt{}$*ḥrm*, qui exprime la notion de « tabou »; d'où ar. *ḥurma*, femme mariée (schème *qútlat* A14) et *ḥarīm*, cf. A10.

Les mots dont on peut retracer l'étymologie dérivent de verbes; d'où le *-u* caractéristique des déverbatifs. *Míyanu* peut s'interpréter comme [ce qui sert à durer] (*mnw* = monument), *ínaḥu* [ce qui sert à entourer, encadrer], *mísayu* [ce qu' on vient d'engendrer], *ḥiyāmat* [celle qui est l'objet d'un tabou]. Un sens de classe analogue se retrouve dans le suffixe grec *-μα* et dans le suffixe *-āw/yat* du § 87.2.

A10. L e n o m d ' a b o n d a n c e (?) qatīlu.

Il existe une nette distinction, en égyptien, entre cette classe et celle où protosém. *qatîlu* est devenu *sadím* (B14). Cette dernière est bien représentée dans les langues sémitiques, mais personne n'a reconnu une classe de structure identique qui aurait le sens de « nom d'abondance ». Cependant Gesenius, dans son dictionnaire, qualifie de collectif le mot *šāmîr*. Nous croyons que les quatre autres mots, cités au § 82, peuvent lui être assimilés. En arabe, nous n'avons repéré jusqu'à présent qu'un seul exemple : le substantif *ḥarīm* signifie, selon le *Vocabulaire* de J.-B. Belot, des « choses sacrées pour quelqu'un », les « alentours d'un palais, d'une maison ».

En tout état de cause, ainsi que nous l'avons montré aussi pour *qīlu* (A7), l'égyptien a donné un développement particulier à ces deux schèmes se référant à des objets qui se présentent normalement en groupes. Étant donné que ϣϩⲓϭ, poussière, correspond à h. *šaḥaq*, il semble bien que le vocalisme ait été adapté ici à la « class-meaning ». La même observation vaut pour ⲧⲣⲓⲣ, four, si l'on voit, avec Albright, dans ég. *trr*, écrit en orthographe syllabique, un mot emprunté à can. *tannûr* (cf. aram. *tannûrâ* et acc. *tinûru*). Les rapports de fouilles font parfois état de la découverte de groupes de petits fours et l'existence de ce fait est attestée aussi par le toponyme ég. **Tinnūr(a)*, gr. *Θαννουριον* = aram. *Tannûrîn*, les fours, ar. mod. *Tell Tuneinīr* (diminutif d'ar. *tanānîr*) « les petits fours » (W. F. Albright, *The Vocalization of the Eg. Syllabic Orthography*, New Haven, 1934, X C 18; IX D 3).

Le seul verbe appartenant à ce type est ⲥⲣⲓⲧ, glaner. En égyptien, outre un exemple de *srd*, sans déterminatif, le mot est écrit en orthographe syllabique *sȝrwtyt*, ce qui le caractérise comme mot d'emprunt (cf. *WB*. IV 204.17 et W. F. Albright, *op. cit.*, X C 17). Il est intéressant de noter que le schème *qatîl*, en hébreu, crée précisément des mots désignant les travaux des champs (voir Bauer-Leander, § 61 q*a*).

A11. L'adjectif-participe qittīlu.

Ar. *qittīl* dérive de *qattīl*, intensif de *qatīl*, et sert à créer des adjectifs et des participes. Ces derniers sont parfois substantivés de manière à former des noms d'agent : h. *bārīᵃḥ*, fugitif; ar. *širrīb*, *sikkīr*, buveur, ivrogne. En accadien, *šakkūru* (*qattūlu*) correspond à ce dernier (W. von Soden, § 55, no. 25). Telle est aussi la valeur qui revient à l'unique exemple égyptien identifié par W. Vycichl (référence sub A3). Le pluriel ϭⲉⲣⲁϭⲉ fournit la preuve que dans ϭⲉⲣⲏϭ le /é:/ dérive de /i:/. La différence avec *qattālu* réside apparemment dans le caractère intensif du mot.

A12. Le participe qalqīlu - qalqīlatu.
A13. Le participe qataltīlu - qataltīlatu.

Ces substantifs dérivent tous de verbes qui sont attestés en copte mais non en égyptien; leur caractère de déverbatifs permet de restituer la désinence *-u* et explique le /i:/ long au masculin. Leur sens est clairement celui d'un participe passif. C'est pourquoi nous les considérons comme des variantes à racine redoublée de l'adjectif-participe protosémitique *qatīlu-qatīlatu* B14. Le développement qu'ont connu en égyptien les verbes à réduplication (voir B7 et B15) explique pourquoi ces deux schèmes ne se retrouvent pas dans les langues sémitiques. W. Vycichl a proposé pour ces substantifs, avec quelque hésitation, des prototypes *barbūr*, *ḫatartūr*, ce qui les rattacherait plutôt au participe passif protosém. *qatūlu-qatūlatu* de A16 (*Le Muséon*, 76 [1963], p. 441-442).

Pour les substantifs d'aspect identique ⲧⲗ̄ⲧⲓⲗⲉ, ϩⲉⲗϩⲓⲗⲉ, voir B15.

77 A14. L'adjectif substantivé qútlu - qútlatu.

En même temps que nous avons signalé l'existence, en égyptien, de noms abstraits de qualité dérivés du schème protosém. *qatūlatu* (cf. A15), nous avons attiré l'attention sur l'adjectif substantivé *qútlatu*, p.ex. *mú3ʿat*, le vrai, (lat. « verum »), qui peut avoir le même sens abstrait, « vérité, justice », ainsi que sur son pendant masculin *qútlu* [1]). Étant donné que ce dernier produit lui aussi, en accadien, en arabe, et notamment en hébreu, des noms abstraits de qualité, nous croyons le retrouver dans les mots *sẖw*, *wsrw*, etc., que E. Edel, *AG*, mélange avec les noms d'action que nous vocalisons *qítlu* (cf. A8). Ces mots semblent avoir été supplantés de bonne heure par ceux du type *qatūlatu*. En égyptien, *qútlu* a conservé son sens d'adjectif substantivé dans plusieurs mots, qui se distinguent nettement comme tels des adjectifs de type *qátal(u)* (voir, au § 83, A14 et au § 84, B4, les exemples depuis *wr(r)* jusqu'à *w3ḏ*). Dans d'autres mots, il a évolué de manière à produire des noms de personnes et de choses; le même développement est peut-être à l'origine des noms de parties du corps.

Au sujet des mots où *u* + *w* a donné /u:/, qui est, de variante combinatoire, devenu un phonème en copte, voir le § 39.

A15. L'adjectif qatūlu et le nom de qualité qatūlatu.

De ces deux formes, bien représentées en hébreu, le masculin, substantivé, ne se retrouve en égyptien que dans ⲉⲃⲓⲏⲛ, emprunté en hébreu sous la forme *ebyôn* (cf. § 38 et 57). Le féminin s'y est, au contraire, bien développé.

A16. Le participe passif qatūlu et le nom abstrait d'action qatūlatu.

En accadien, ces deux formes sont rares et le participe n'y apparaît que dans des textes poétiques. En arabe, *qatūlu* a la fonction d'un participe actif, rarement celle d'un participe passif, d'ailleurs substantivé. En hébreu, il crée le participe passif usuel. L'égyptien l'a transposé en substantif en conservant la désinence *-u*. La forme du participe passif substantivé d'un mot à 4 radicales se conserva dans B ϣⲏⲣⲓ, pain. Il s'oppose par son sens aux noms abstraits d'action.

[1]) J. Vergote, *Les prototypes égyptiens des mots coptes* me - mēi *« vérité, justice »*, dans *BIFAO*, 61 (1962), p. 72-76.

B. *Sémantèmes sans finale* -u

78 B1. Le nom concret qálu-qálatu.

L'égyptien possède ici, comme les langues sémitiques, des noms de parties du corps, d'animaux et d'objets. En tant que représentants des noms de parenté, nous n'avons que ég. *san* - *sānat*. Les prototypes de ϣⲟⲙ, beau-père; ϣⲱⲙⲉ, belle-mère, s'écrivent *šꜣm* et *šꜣm.t* (?). Si *sw.t*, froment, est vraiment féminin et si ⲥⲟⲩⲟ (masc.) en dérive (cf. E. Edel, *AG*, § 215), il en résulterait que l'égyptien, comme l'accadien, a possédé à côté de *qálat* = *past*, un féminin *qalát* = *pasāt* (cf. *aḫātum*, *emētum*).

B2. Le nom concret-nom verbal qátlu.

Dans *Vokalisation*, p. 204 sv., K. Sethe voit dans ce nom verbal l'origine de l'infinitif Ier des nombreux verbes à 3 radicales fortes tels que ⲥⲱⲧⲙ̄. La transformation, qu'il n'explique pas, est maintenant claire pour nous. Puisque *qátlu* devint en égyptien un véritable infinitif, il perdit le *-u*. Les lois de la syllabe n'autorisant pas l'existence de deux consonnes finales, il se développa entre elles une voyelle; de ce fait, la 1re syllabe s'ouvrit et sa voyelle accentuée fut allongée. En hébreu, où le *-u* final tomba partout, le svarabhakti *e* s'introduisit entre les deux consonnes et provoqua le changement *a* > *e* dans la 1re syllabe. Ces mots sont appelés pour cette raison des « noms ségolés ». Toutefois, lorsque la 2e ou la 3e radicale était une laryngale, la voyelle anaptyctique était *a*.

Afin de marquer son caractère de voyelle anaptyctique, nous ne notons que sa présence par la graphie *sād˘m*, etc., au § 84 (cf. B13 au § 85). Nous ne doutons cependant pas qu'elle fut la voyelle neutre /a/ tout comme celle qui s'intercale devant le suffixe dans *ẖápšaf*, son cimeterre (cf. mb. *ẖapšap* au § 62). D'une part, il y a le parallélisme des verbes 4ae Inf. et des verbes à 4 Rad., comme *másḏay*, haïr; *sápdaḏ*, préparer, où le /a/ est assuré par les formes pronominales coptes ⲙⲉⲥⲧⲱϥ, ⲥⲃ̄ⲧⲱⲧϥ̄. D'autre part, pour ceux qui admettent que l'alternance entre infinitifs Iers et IInds jouait en égyptien un rôle plus important qu'en copte les oppositions suivantes, hypothétiquement reconstruites mais acceptées aussi par G. Fecht, plaident en faveur de notre thèse : *māḳaḥ* (ⲙⲟⲩⲕϩ) : *maḳáḥ* (ⲙ̄ⲕⲁϩ); *ẖānan* (ϩⲱⲛ) : *ẖanán* (A ⳉⲛⲁⲛ); *nāẖat* (ⲛⲟⲩϣⲧ) : *naẖát* (ⲛ̄ϣⲟⲧ); *mādan* (ⲙⲟⲩⲧⲛ̄) : *madán* (ⲙ̄ⲧⲟⲛ) (*Orientalia*, 24 [1955], p. 290 et n. 2).

Les verbes égyptiens à 2 radicales, tels que *ip*, compter; *‘š*, crier; *mḥ*, remplir; *mn*, demeurer, sont pour la plupart des Med. *y* qui ont perdu cette consonne, ainsi qu'il appert des substantifs des schèmes *qātilu-qātilatu* et *qítalu* qui leur correspondent (cf. § 81, A2 et § 82, A9). Ceci confirme l'hypothèse énoncée par T. W. Thacker, *Relationship*, p. 49-55.

Contrairement à l'existence en sémitique de nombreux noms concrets du type *qátlu* on n'a jusqu'à présent identifié qu'un seul exemple égyptien, apparenté à h. *kérem*, ar. *karm*, à savoir *kaȝm* > *kāȝ̆m* > ϭωμ, vignoble, jardin.

B3. Le nom concret qátalu - qátalatu.

L'hébreu et l'arabe possèdent beaucoup de substantifs primaires de ce type. Tout aussi nombreux sont en égyptien les noms ne dérivant pas d'une racine verbale et présentant en copte la même structure que ϭωρϩ, nuit. Les représentants de cette classe *nṯr* : ⲚⲞⲨⲦⲈ, dieu, et *bȝk* : ⲂⲰⲔ, serviteur, furent vocalisés *náčīr*, *báȝīk* par W. Vycichl à cause de leurs pluriels ⲚⲦⲎⲢ, ⲈⲂⲒⲀⲒⲔ. Si l'on considère les relations existant entre le masculin et le féminin dans les autres schèmes protosémitiques hérités par l'égyptien, il s'avère que le masculin correspondant à *naṯārat*, déesse; *baȝākat*, servante, doit avoir un /a/ dans la seconde syllabe. Les exemples du guèze invoqués par cet auteur, masc. *ḥaddīs*, nouveau; *ṭabīb*, sage; fém. *ḥaddās*, *ṭabāb*, illustrent une particularité de cette langue, affectant le schème adjectival *qatīlu* (W. Vycichl, dans *ZDMG*, 105, N.F. 30 [1955], p. 261-270).

B4. L'adjectif qátalu - qátalatu.

Le même schème que dans B3 sert aussi à former des adjectifs dans les langues sémitiques. En accadien, il se limite à cette fonction (cf. W. von Soden, § 55e : *ḫatanum*, beau-fils, est incertain). En égyptien, il est tout aussi fréquent. Contrairement aux substantifs de cette classe, les adjectifs sont souvent apparentés à des racines verbales. Le *-u* final étant tombé ici, il faut en conclure que cette désinence ne caractérisait comme déverbatifs que les substantifs.

Tous les auteurs considèrent ⲚⲞϤⲢⲈ, ⲂⲞⲞⲚⲈ comme les féminins de ⲚⲞⲨϤⲈ, ⲂⲰⲰⲚ, ce qui les ramène à un prototype **qátlatu* (p.ex. E. Edel, *AG*, § 333 et 335; B. H. Stricker, *Het demotische adjectief*, dans *OMRO*, 43 [1962], p. 26). Cependant W. E. Crum, *CD*, traite ces vocables comme des substantifs et les traduit par « good, profit, advantage» et «evil, misfortune». Il y a donc lieu de les rattacher au schème participial protosém. *qātilatu* de A2 avec le sens de «ce qui est bon», «ce qui est mauvais». La signification «Celle qui est belle» survit dans /naft-/ < /náf(ra)t-/ du nom mb. *Napt-era*, *Natt-era* «Sa Belle» ou «La plus belle» (cf. p. 90). D'autre part, le nom composé ⲉⲓⲉⲣ-ⲃⲟⲟⲛⲉ, mauvais œil, doit s'interpréter comme «l'œil du mal» tout comme ⲙⲟⲩ-ϩⲙ̄ⲙⲉ, eau chaude, signifie en réalité «eau de chaleur» (voir **S** 79).

Un véritable adjectif féminin est, au contraire, conservé dans le toponyme *T-χονεμ-υρις* = *tꜣ-ḫnm.t-wr.t* «la grande source», qui représente c. *ⲧ-ϩⲟⲛⲃ̄(ⲉ)- (ⲟⲩ)ⲱⲣⲉ. Si l'on admet, avec la plupart des égyptologues, que *wr* est en réalité une 2ae Gem., *wrr*, cette forme ne peut dériver que de *warārat*, soit par la simple chute du premier *r* soit en passant par *awrāra* > *awāra* > *wāra* (cf. *huprāru* etc., sub A6).

Les autres mots de structure identique que nous avons découverts sont tous devenus des substantifs. Il n'y a cependant pas lieu de supposer qu'il y a eu, comme pour ⲛⲟϥⲣⲉ, ⲃⲟⲟⲛⲉ, substantivation en ce sens qu'ils en sont arrivés à signifier «ce qui est neuf», «ce qui est large», etc. Ici la chose concrète à laquelle l'adjectif se réfère demeure sous-entendue. Tout comme en français *du gros rouge* vise du vin de consommation courante et *le large*, la haute mer, de même on sous-entend les mots mis ici entre parenthèses dans *maꜣāwat* «la (terre) neuve» (terrain nouvellement conquis sur le fleuve); *wasāḫat* «la large (salle du temple)», etc.

B5. Le nom concret qátulu - qátulatu.

On ne connaît pas de parallèle, en égyptien, des adjectifs arabes créés sur ce type ou de ceux, très nombreux, existant en hébreu (*'ādōm*, rouge; *qāṭōn*, petit, etc.); on n'y trouve pas non plus un pendant des noms féminins abstraits dérivés de ce schème en hébreu (*g^e^dullāh*, splendeur) ni des participes. L'égyptien ne possède qu'un nom d'animal présentant la même structure que le mot désignant l'hyène en hébreu et en arabe. Bauer-Leander, § 61, p. 467, observent à propos de celui-ci qu'on ne peut affirmer s'il s'agit d'une substantif primaire ou d'un nom dérivé d'un adjectif.

K. Sethe, *Vokalisation*, p. 202, et W. F. Albright, dans *JNES*, 5 (1946), p. 25 proposent, l'un une origine différente, l'autre une évolution plus compliquée de ces deux mots, ne tenant pas compte de la chute de la désinence dans le nom concret masculin. L'assimilation à distance du *'aleph* est illustrée par des exemples cités sub A15.

B6. Le nom verbal-nom concret qatālu - [qatālatu ?].

Qatālu est le plus ancien infinitif sémitique correspondant au parfait actif en *a*. Il s'est conservé en accadien et en hébreu; en arabe principalement dans les radicaux dérivés dont la 1re voyelle *a* devint *i* : 3. *qitāl*, 4. *'iqtāl* (cf. les radicaux dérivés 7-10). Il n'y a par conséquent pas lieu de s'étonner qu'il soit bien représenté aussi en égyptien. Il sert ici d'infinitif IInd, exprimant en général l'acquisition d'une propriété, aux verbes à 3 radicales fortes et aux 2ae Geminatae. K. Sethe avait certainement raison lorsqu'il rapprocha de *qatāl* ég. *naḫát* > ᵉ*nḫát*. Il s'abusait seulement quand, en choisissant comme exemple ar. *salām*, paix, salut, il prit ce mot pour l'infinitif du verbe de qualité *salima* (*Vokalisation*, p. 205). On y voit maintenant plutôt un substantif primaire (Bauer-Leander, § 61, *fa*). La différence avec sém. *qatāl* est due à la chute de *-u* final dans cette forme verbale et à l'abrègement de la voyelle accentuée dans la syllabe devenue fermée.

De même qu'en sémitique, *qatālu* crée en égyptien, outre des infinitifs, des noms concrets. Ceux qui n'étaient pas déverbatifs perdirent normalement la désinence *-u*. Lorsqu'ils montrent quelque rapport avec une racine verbale, ils ne peuvent pas dériver d'un participe passif, ainsi que W. Vycichl les interprétait (dans *Kush*, 7 [1959], p. 36), mais nous devons y reconnaître des infinitifs qui acquirent un sens plus concret. Dans notre hypothèse, *ḥabás* : ϩⲃⲟⲥ subit à peu près la même évolution sémantique que le nom d'action français *habillement* : de « l'action d'habiller » il devint « ce dont on est habillé ».

Parmi les noms d'animaux, qui se rencontrent en égyptien comme en sémitique, nous faisons remonter *ʿꜣ*, âne, à un prototype *yaʿáꜣ* à cause de (h. ar. *ʿayr*), éth. *ʿewāl*, ânon; berbère *a-ġjul*, âne, et à cause d'un plur. ég. *iʿꜣ* (cf. W. Vycichl, *MDAIK*, 16 [1958], p. 380).

Un féminin *qatālatu* ne semble pas être attesté en sémitique; la forme masculine s'y réfère même à des femelles d'animaux. C. ϩⲧⲱⲣⲉ : *ḥatārat*; ⲟⲩϩⲱⲣⲉ : *wahārat*; ⲉⲓⲱ : *yaʿāꜣat* pourraient remonter à ce schème, mais ils peuvent aussi bien dériver de *qátalatu* (B3). Les formations *waʿāyati* : ⲟⲩⲱⲧ; *šawāyati* : ⲉϣⲱⲧ fournissent un argument en faveur de l'existence de *qatālatu* si elles remontent au protoégyptien, mais pas si elles appartiennent à l'égyptien propre, comme c'est probablement le cas pour *wanāwati* : ⲙ̅ⲛⲟⲩⲧ (cf. § 87,

4a). Les variantes ϩⲧⲟⲟⲣⲉ, ⲟⲩϩⲟ(ⲟ)ⲣⲉ ne s'expliquent pas du point de vue phonétique. Elles sont peut-être les plus originelles et créées en vue de distinguer les féminins appartenant à ce schème de ceux du type *qátalatu*. Dans cette hypothèse, les formes précitées montreraient qu'à la longue elles n'ont pas résisté à la pression de l'analogie.

B7. L e n o m c o n c r e t qálqalu - qálqalatu.

Les langues sémitiques ne possèdent que des substantifs de cette catégorie. L'égyptien en offre un exemple masculin et trois féminins. Le premier, *ḏáꜣḏaꜣ*, tête, présente un vocalisme différent de celui des mots acc. *gulgullu*, h. *gulgōleṯ*, aram. *gôgolta*, crâne, mais cf. saho *kalkalî*.

Puisque ég. *mḫmḫ.t* n'est attesté qu'en orthographe syllabique, il est peut-être un mot d'emprunt. Malgré l'absence d'un prototype hiéroglyphique, nous tenons B ϫⲓϭⲱⲓ, boucle, tresse de cheveux, pour un nom authentiquement égyptien parce que la forme *qálqalatu* s'oppose ici à la forme sémitique *qílqilatu* : h. *ṣîṣiṯ* (cf. B15). C'est pourquoi ⲕⲉⲗⲕⲱⲗⲉ, ⲕⲉⲗⲕⲟⲩⲗⲉ, quoique seulement attesté en copte, peut aussi être égyptien.

Par contre, l'arabe possède un infinitif *qalqālu* : cf. *zalzāl*, erschüttern ; *qalqāl*, bewegen ; *balbāl*, Aufregung, Sorge (Brockelmann, § 183). Ar. *qaṣqāṣ*, briser, dérive de la même racine que c. ϭⲟϫϭ(ⲉ)ϫ, tailler, tuer en frappant. Leurs rapports s'expliquent peut-être par l'hypothèse que les verbes à réduplication ont conservé en arabe l'infinitif *qatālu* du sémitique commun (cf. B6) alors que l'égyptien généralisa ici l'infinitif *qátlu* (B2) des verbes transitifs, qui s'emploie aussi pour beaucoup de verbes transitifs en arabe.

Il sera montré sous B15 que les verbes du type *qílqilu* ont en général une valeur d'onomatopée. Puisque celle-ci ne convient pas, à cause de leurs significations, aux verbes à réduplication énumérés par E. Edel, *AG*, § 429-430, on peut supposer qu'ils étaient vocalisés *qálqal*.

B8. L'a d j e c t i f - l e n o m c o n c r e t qátlalu.

En hébreu, ce schème produit des adjectifs et des substantifs. L'appartenance à ce type d'ég. *sgnn* est assurée par les transcriptions *σαγδας*, *ψαγδαν*. Ces substantifs sont trop rares, en égyptien, pour pouvoir déterminer si la réduplication les distingue en rien de ceux à 4 Rad. (B11).

B9. Le nom concret qútatilu.

Le hasard de l'emprunt de ce mot en hébreu permet d'établir que B ϣωϣєn, lis, appartient à ce schème.

B10. L'adjectif-nom d'action qatáltalu.

En hébreu et en arabe, ce type est uniquement représenté par des adjectifs, pour la plupart à sens intensif. Il forme des noms d'action en tigré et en tigrigna.

Un infinitif à sens itératif, comme en égyptien, existe en éthiopien sous la forme *qataltālu* : *naṣafṣāf*, *naṭabṭāb* « tropfeln », *gabaṭbāṭ* « Bauchgrimmen »; cf. h. *p*^{e}*qaḥqō*^{a}*ḥ* « Helläugigkeit ». On peut, pour ses rapports avec l'égyptien, observer la même chose qu'à propos d'ar. *qalqālu* vis-à-vis d'ég. *qálqalu* (B7).

B11. Le nom concret à 4 Rad. 1á23a4u.

Tout comme les langues sémitiques, l'égyptien possède peu de mots à 4 radicales, à l'exception des mots composés et des mots à réduplication d'une ou de plusieurs syllabes. Il est d'autant plus surprenant que, même dans ces exemples rares, les deux groupes de langues offrent une certaine correspondance sémantique. C'est ainsi que de part et d'autre, dans notre tableau, on trouve des noms de (menus) animaux; h. *ṣawwâr* et ég. *nánšam* sont des noms de parties du corps.

L'égyptien possède en propre quelques rares verbes qui sont soit des 4ae Infirmae, soit à 4 radicales fortes. La création de verbes causatifs à préfixe *s*- a augmenté le nombre de ces verbes (cf. § 90).

79 B12. Le nom concret qílu - qílatu.

On remarquera que les mots signifiant « nom », « bois », « base, siège » appartiennent à ce schème tout en présentant des racines différentes en sémitique et en égyptien. La comparaison entre ég. *lis*, h. *lāš-ôn*, ar. *lis-ānu*, langue, à côté de berbère *ils* soulève la question de savoir si les deux mots sémitiques ne possèdent pas une désinence *-ān*, bien attestée par ailleurs mais ayant ici une valeur difficile à déterminer.

Les mots *p.t* : πє, ciel, etc. posent un problème spécial. Comme ils sont féminins, le *-t* ne peut pas faire partie du radical comme dans *ḫt* : ϣє, bois. À moins de les assimiler à ce dernier mot et de supposer qu'ils devinrent féminins à cause de la terminaison (cf. ég. *sit* : h. *šēṯ*) il nous faut admettre qu'ils ne possèdent qu'une seule radicale. De toute manière, il paraît difficile de faire dériver *p.t* du verbe *wpi*, séparer, ouvrir (cf. h. *pĕʾāh*, ar. *fiʾa*), ainsi que G. Fecht, *Wortakzent*, Anm. 526, le propose en se ralliant à l'opinion d'Ember.

Étant donné que sém. *qílu* ne produit pas de verbes, nous ne pouvons expliquer l'origine de ϫⲁⲕ, ⲛⲁⲩ, ϣⲉ.

B13. Le nom concret qítlu - qítlatu.

Ce type fut déjà étudié sub A8, où il apparut que le féminin et, à notre avis, aussi le masculin servent en égyptien à créer des noms d'action; le féminin forme en outre de nombreux infinitifs de verbes 3ae Infirmae.

Lorsque le masculin donne naissance à des noms concrets, il perd le *-u* final, fournissant ainsi une nouvelle illustration de notre thèse selon laquelle cette désinence caractérise des déverbatifs. Il s'est alors développé, comme dans le schème *qátlu* (B2), un svarabhakti entre les deux consonnes finales. Le *i* de la première syllabe, désormais ouverte, fut allongé. Une voyelle anaptyctique, à savoir *e*, naquit aussi en hébreu, où ces mots sont par conséquent appelés des « noms ségolés ». A propos de la nature de la voyelle égyptienne les mêmes observations valent que pour celle de *sād͝m* : il est donc probable qu'elle fut *a*.

En égyptien, la présence d'une dernière radicale *ꜣ*, *y*, *w* semble déterminer l'appartenance à ce schème non seulement de substantifs mais aussi de verbes et d'adjectifs. Dans ⲣⲓⲣ, ⲥⲓⲟⲩ, le /iː/ se conserva sans doute, contrairement à celui de B ⲛⲏⲃ, grâce à leur assimilation aux noms du grand nombre (les porcs étaient élevés en troupeaux : ⲙⲁⲛⲉⲣⲓⲣ). Le *i* originel de ⲛⲏⲃ est assuré par les transcriptions (*Νεχθε-*)*ναβυς* = *níbw*(*af*) « puisse son seigneur être fort » et *Θυ-ναβ-ουνουν* = *tꜣ-ḥꜣ.t-nbw.i-wnn.f* « le château (le tombeau) de 'Mon seigneur est son existence' » [1]). La chute de la 3e radicale fit naître A₂ ⲛⲉⲡ < *nib*, dont la voyelle allongée apparaît dans *Νεχθ-νιβις*, *Ναχθε-νειβις* « Son seigneur (*nībaf*) a été fort ». À côté de *ḏíbꜣat* > *díꜣba* > *díyba* : ⲧⲁⲓⲃⲉ, coffre, cercueil, le /ʾ/ s'est maintenu dans S ⲧⲏ(ⲏ)ⲃⲉ : A ⲧⲉⲉⲃⲉ. Le changement /ʾ/ > /j/ est noté dans l'orthographe « historique » *ḫꜣyb.t*, ombre; remarquons que les synonymes h. *ṣēl*, ar. *ẓill* appartiennent au même schème. Le /i/ bref qui donne naissance à ⲣⲁⲧ⸗ϥ, son pied, suppose la chute d'une consonne. Par comparaison

[1]) Voir J. Vergote, *Oplossing*, p. 18-21 pour notre interprétation de ce nom, différente de cette de G. Fecht, *Wortakzent*, Anm. 231; cf. *ibid.*, Anm. 257.

avec h. *regel*, ar. *riǧl* nous substituons *ríd꜠af* et à l'état absolu ég. *rd* = *rīd˘꜠*.

Les verbes qui présentent une 3e radicale *꜠* ressemblent en copte au type ϫⲓⲥⲉ (A8) lorsqu'ils expriment une action, p.ex. ⲙⲓϣⲉ, combattre. Lorsqu'ils expriment l'acquisition d'une propriété, ils prennent une forme telle que ⲁϣⲁⲓ, dérivant manifestement de *'˘ší꜠*, devenir nombreux. L'opposition étant exactement la même que celle entre *mādan* : ⲙⲟⲩⲧⲛ̄ et *madán* : ⲙ̄ⲧⲟⲛ (cf. B2), on les appelle resp. des Infinitifs Iers et des Infinitifs IInds. Les deux formes sont des innovations de l'égyptien et à cause du parallélisme précité G. Fecht propose de les vocaliser *mīḫi꜠* et *'iši꜠*. Il écrit au sujet de leur origine : « Die Ursache für die Verbindung der *i*-Klasse mit den Verben III *꜠* ist dunkel. Lediglich als vage Hypothese lässt sich vermuten, dass ein Zusammenhang besteht zwischen dem öfters zu beobachtenden Wechsel von Stämmen III *꜠* und III *j* einerseits, und der diesen Stämmen gemeinsamen *i*-Vokalisation des Infinitivs andererseits» (*Orientalia*, 24 [1955], p. 290 et 401). Notons que, malgré leur forme, ⲥⲓϭⲉ et B ⲃⲓϫⲓ expriment l'entrée dans un état. La présence dans cette classe des verbes ⲥⲛⲁⲧ : *siníḏ*, avoir peur; ϣⲧⲁⲙ : *ḫitím*, fermer; ϭⲛⲁⲧ : *ḳiníd*, se fâcher, etc. (voir **S** 106, 2 et 2a) demeure inexpliquée.

Nous faisons figurer parmi les rares adjectifs de cette catégorie B ⲓϧ, démon, parce que ég. *꜠īḫ˘y*, le glorifié (à propos d'un mort), signifie étymologiquement «le brillant». Pour le *y* final voir *꜠ḫ.t* : -αχις, horizon § 81, A2 et E. Edel, *AG*, § 339.

B14. L'adjectif-participe qatīlu - qatīlatu.

Ce schème produit en accadien, selon W. von Soden, des « substantivierte Verbaladjektive» et des « substantivische Ersatzbildungen zum Infinitiv des Grundstammes». En hébreu, il est très fréquent dans la fonction d'adjectif, dérivé d'un substantif ou d'un verbe (espèce de participe à sens actif ou passif) et en outre souvent substantivé. L'arabe possède beaucoup d'adjectifs et de nombreux participes passifs *qatīl*; en outre les participes actifs de racines à sens actif, la plupart substantivés, ne sont pas rares.

Tout en n'étant pas largement représentée en égyptien, cette forme s'y retrouve avec les différents sens précités, excepté celui du participe actif. Les mots à réduplication *qalqīlu*, *qataltīlu* (A12; A13), qui dépendent de ce schème et qui sont substantivés (masculin en -*u*), n'équivalent, eux, qu'à d'anciens participes passifs. Le rapport de ⲟⲩⲛⲁⲙ avec ég. *wnmy* n'est pas clair. La plupart des fois il signifie « main droite » et il est alors féminin. Mais il peut aussi se référer à autre chose et être masculin. C'est pourquoi nous croyons qu'il dérive de l'adjectif masc. *wanim*, devenu invariable. Au contraire, -ⲟⲩⲃⲓϩ s'accorde peut-être avec un substantif féminin, ϭⲁⲗ, tandis que ⲁⲗ, déterminé par ⲟⲩⲃⲉϩ, est certainement masculin. Avec ⲟⲩϣⲁⲡ : *wašíb* [garanti] un autre mot était probablement sous-entendu de sorte qu'il put signifier « prêt » sans être substantivé (cf. B4); *wšb* signifie « répondre » et « répondre de ».

Les auteurs qui jusqu'à présent ont essayé d'expliquer ϩⲓⲟⲙⲉ comme pluriel de ⲥϩⲓⲙⲉ, femme, ont négligé le *s* initial de ce dernier mot. Or celui-ci représente clairement le substantif *s.t* et l'on doit donc supposer à côté de lui un adjectif *ḥayīmat* > *ḥyīma* > *ḥīma*, le tout signifiant « personne du sexe féminin ». Pour la vocalisation de l'ancien mot *ḥm.t*, qui devenait normalement ϩⲓⲟⲙⲉ au pluriel, voir A9. Étant donné que ϩⲓⲙⲉ équivaut à *θήλεια*, il en vint lui aussi à s'employer, comme le mot grec, dans le sens de « femme ».

Le mot ⲟⲩⲁⲁⲧ⸗(ϥ), (lui) seul etc. doit dériver de *wa'í't⸗* < *wa'íyt⸗* (cf. § 30 c) et présuppose une forme absolue *wa'īyat* appartenant à ce schème avec le sens abstrait de « solitude ».

B15. Le nom concret qílqilu - qílqilatu.

Par opposition aux noms concrets sémitiques, l'imitation de sons ou de bruits semble jouer un rôle prépondérant dans ce type en égyptien. C'est sans doute parce qu'on n'en a que faire dans la notion de « boucle, tresse de cheveux » que la forme *qálqalatu* de c. ϫⲓϭⲱⲓ correspond à h. *ṣ̌iṣit*. Une onomatopée se présente au contraire dans ⲧⲗ̄ⲧⲓⲗⲉ, goutte, etc. Quant au nom du « sistre », la graphie *sššš*, existant à côté de *sšš.t*, nous interdit de voir dans ce mot, à l'exemple de W. Vycichl, un nom d'agent **saššāšat*. Nous croyons plutôt que ce vocable se vocalisait *sišsīšat* > *sišīša* et qu'après la chute de la 1re syllabe (cf. *saꜣšūrat* > B ϣⲏⲣⲓ, A16; *sušāšin* > B ϣⲱϣⲉⲛ, B9) il donna naissance à *σεῖστρον*. La ressemblance avec le verbe *σείω* exerça sans doute une influence et le suffixe montre que les Grecs interprétaient ce terme comme « ce qu'on secoue ».

L'étymologie de *dírḏir* : ϫⲁϫⲉ fut étudiée par J. Černý dans *Coptic Studies W. E. Crum* (Boston, 1950), p. 35-47, où il traite aussi de certains verbes appartenant au schème B7. Sur l'origine des mots similaires ⲃⲗ̄ⲃⲓⲗⲉ, ⲗⲉϥⲗⲓϥⲉ, qui ne sont pas des onomatopées, voir A12.

La fonction d'infinitif est ici aussi une innovation de l'égyptien. Un cas qui s'y apparente existe en éthiopien dans le mot *nefnef*, bruine.

B16. [L e n o m c o n c r e t qítlilu/qítlalu ?].
B17. L e n o m c o n c r e t à 4 R a d. lí23i4.

Un schème *qítli/alu* n'est pas attesté en sémitique. Pour ég. *típni/an* même observation que pour *qátlalu* (B8) : rien ne permet de déterminer si la réduplication différencie ce schème de celui à 4 Rad.

Ég. *snḥm*, sauterelle, est apparenté à h. *solʿām* < **salʿam* ou **sulʿam*. Son vocalisme *i* vise peut-être à une imitation de son (cf. B15) ou bien il dépend du fait que ces insectes se déplacent par nuées (cf. A10). C. ⲥⲁⲛⲛⲉϩ, de même qu'une certaine graphie hiéroglyphique donnent à penser qu'une étymologie populaire transforma *sínḥim* en *si-n-níḥm* (avec forme *qítlu* de *nḥm*) : « le fils du pillage » = « le pillard ». C. ϩⲛ̄ⲕⲉ, bière, ne saurait dériver d'ég. *ḥḳ.t*; les variantes *ḥḳn.t*, *ḥḳr*, *ḥnḳ* suggèrent, à notre avis, l'existence d'un mot *ḥínḳir*. Le vocalisme hypothétique de *ẖílpiꜣ*, nombril, trouve une corroboration dans agaw, chamir *hərbir* (M. Cohen, *Essai*, no. 123).

B18. L ' a d j e c t i f - n o m d ' a c t i o n qatíltilu.

Les exemples de ce tableau sont les seuls que donne C. Brockelmann, § 174, sous le titre « *qatiltil* ou *qutultul* ». Une fois de plus le nom verbal égyptien ne trouve un pendant que dans les langues d'Éthiopie. Il n'y a cependant pas lieu, à notre avis, de voir dans ces thèmes une influence spécifiquement couchitique ou africaine (cf. G. Lefebvre, *Chron. d'Ég.*, 11 [1936], p. 279). Pour une langue comme l'égyptien, où les morphèmes sont essentiellement représentés par la nature ou par la disposition des éléments phonétiques du sémantème, la réduplication de la racine ou d'une partie des consonnes radicales était le principal moyen pour développer l'inventaire des sémantèmes. Le procédé servait surtout à imiter des sons ou des mouvements. Notons que dans le présent schème le vocalisme *i* a lui aussi, en égyptien, une valeur d'onomatopée.

80 B19. L e n o m d ' a c t i o n qatúltulu.

Le parallèle tigrigna *sewunwun* paraît le plus sûr parmi ceux que Brockelmann, § 174, donne, mais on a vu que les exemples cités sub B18 peuvent, d'après lui, appartenir aussi au présent schème.

L'appartenance à ce schème du verbe B ϩⲣⲟⲩⲣ, cesser, être tranquille, est démontrée au § 39. Ainsi que l'a montré J. Černý, *Festschr. H. Grapow*, p. 34, le mot F ⲧⲣⲟⲩⲣ, vitesse, qui doit remplacer ⲧⲕⲟⲩⲣ de Crum, *CD*, p. 406b, dérive d'un verbe *trr*, signifiant « faire la course en bateau ».

Les mots de **S** 99, 1 qui présentent la même structure que ⲕⲣⲟⲩⲣ, grenouille (cf. § 39), à savoir *gsr* : ⲕⲥⲟⲩⲣ, anneau ; *sr* : ⲥⲓⲟⲩⲣ, eunuque ; *gbyr* : A2 ϭⲃⲟⲩⲣ : S ϩⲃⲟⲩⲣ, gauche, devraient, d'après les règles énoncées, se vocaliser *gasúwruw*, etc.

Les données

REMARQUE. Les listes qui suivent donnent en premier lieu la transcription du mot égyptien ; une consonne placée entre parenthèses y indique une variante orthographique : *pr(y)w* s'écrit tantôt *pryw* tantôt *prw*. Dans les mots vocalisés et dans les mots coptes, les parenthèses indiquent l'amuissement d'un phonème.

A. *Sémantèmes à finale* -u *et féminins correspondants*

81 A1. Le nom concret qālu - qālatu.

Acc.

kāpum Fels	*pānum* Gesicht
F. *bāmtum* Hälfte	*bābtum* Tor, Stadtviertel

H.

ṭôḇ gut	*dôḏ* Liebling
ḥôl Sand	*kôs* Becher
ḥôaḥ Dorn, Haken	*śeh* Schaf
F. *ṭôḇāh* Gutes, Güte	

Ar.

mā' Wasser	*šā'* Schaf

Eg.

ḥr ϩⲱⲣ *ḥāru* Horus	*'ḏ* ⲱⲧ *'āḏu* fat
it ⲉⲓⲱⲧ *yātu* barley	*š'(y)* ϣⲱ *šā'u* sand
mt ⲙⲟⲩⲧ *mātu* sinew, neck	*ẖy* ϣⲱⲓ *ẖāyu* what is high, above
F. *ḥr.t* MBab. *ḫāra* the far (goddess)	

A2. Le participe actif qātilu - qātilatu.

Acc.

pārisum scheidend	*rāpidum* laufend

pāqidum übergebend   *lāmidum* lernend
ālikum Bote   *ṣāḫitum* Ölschläger
F. *sābītum* Schankwirtin

H.
qōṭēl tötend   *zāqēn* älternd, Greis
kōhēn Priester [der dienende]   *šāḵēn* wohnend, Bewohner
F. *ḥômāh* Stadtmauer [*ḥāmiyat* : die schützende]
ʻ*ôlāh* Brandopfer [ʻ*āliyat* : die hinaufsteigende]
qôrāh Balken [*qāriyat* : die aufnehmende, zusammenfassende]

Ar.
*šāmi*ʻ hörend   *rākib* reitend, Reiter
kātib schreibend, Schreiber   F. *kātiba* schreibend

Eg.
ȝsḫ ⲟϩⲥ *ȝáḫsu* < *ȝásḫu* < *ȝāsiḫu* sickle [a mowing one]
(*ỉnḥw*) ⲟⲛϩ *anḥu* < *āniḥu* yard, court [an enclosing one]
wsr(*w*) ⲟⲩⲟⲥⲣ *wásru* < *wāsiru* oar [a rowing one]
(ʻ*š*) (ⲧⲁϣⲉ-)ⲟⲉⲓϣ ʻ*áyšu* < ʻ*āyišu* (proclaim by) herald [1])
(*mḥ*) ⲙⲟⲉⲓϩ *máyḥu* < *māyiḥu* a mesure [a filling one]
nkw ⲛⲟⲉⲓⲕ *náyku* < *nákyu* < *nākiyu* adulterer
kȝpw *Π-χωιφις*, (ʻ*Αρ-*)*κοιφις* *káypu* < *kāyipu* < *kāȝipu* fowler [a skulking one]
ḥbs ϩⲟⲃⲥ *ḥábsu* < *ḥābisu* covering, lid
(*snỉ*) S ⲥⲟⲟⲛⲉ *sá*ʼ*nu* < *sáynu* < A_2 ⲥⲁⲛⲓ < *sányu* < *sāniyu* robber [a strolling one] [2])
ḏȝy ϫⲟⲓ *ḏáȝyu* < *ḏāȝiyu* ship, boat [one ferrying across]
F. *ỉp.t* ⲟⲉⲓⲡⲉ *áypa* < *āyipat* a mesure [a counting one]
(ʻ*ḏȝ*) B ⲟϫⲓ ʻ*áḏȝa* < ʻ*āḏiȝat* iniquity [something wrong]
wmt.t ⲟⲩⲟⲙⲧⲉ *wámta* < *wāmitat* tower heavily built
wgw.t ⲟⲩⲟ(ⲟ)ϭⲉ *wá*ʼ*ga* < *wáwga* < *wágwa* < *wāgiwat* jaw, cheek [3]) [a masticating one]
rnp.t ⲣⲟⲙⲡⲉ *ránpa* < *rānipat* year [a rejuvenating one]
*mn*ʻ*.t* ⲙⲟⲟⲛⲉ *má*ʻ*na* < *mán*ʻ*a* < *māni*ʻ*at* nurse [suckling (woman)]
nfr.t ⲛⲟϥⲣⲉ *náfra* < *nāfirat* profit, advantage [something profitable]
ḳȝy.t ⲕⲟⲓⲉ *ḳáȝya* < *ḳāȝiyat* field [something high lying]
(*ḏrỉ*) ϫⲟ(ⲓ)ⲉ *ḏáȝa* < *ḏáȝya* < *ḏárya* < *ḏāriyat* wall [something strong]
sḫm.t VC ⲥⲁϫⲙⲓ < *sāḫimat* the powerfull (goddess)

[1]) Cf. B. H. Stricker, dans *Z. äg. Spr.*, 91 (1964), p. 133 sv.
[2]) E. Edel, *ibid.*, 86 (1961), p. 103-106.
[3]) Cf. franç. *mâchoire.*

šps.t VC ϣⲁⲡϣⲓ < *šāpisat* the noble (woman)
wḏꜣ.t οὐατιον *wáḏꜣa* < *wāḏiꜣat* the *wedjat*-eye of Horus [something uninjured]
ꜣḫ.t (ʽΑρ-μ-)αχις *ꜣáḫya* < *ꜣāḫiyat* horizon [something resplendent]

A3. Le nom d'agent qattālu - qattālatu.

Acc.

šarrāqum Dieb
gallābum Barbier
errēšum Landmann
F. *kaššaptum* Hexe
dajjālum Spion
maḫhum, maḫḫā'um Prophet

H.

gibbōr stark, Held
gannāḇ Dieb
ṭabbāḥ Schlächter
F. *kappōreṯ* Deckplatte
ḥallāš Schwächling
dayyān Richter
rakkāḇ Reiter

Ar.

naǧǧār Zimmerer
ṭabbāḫ Koch
fallāḥ Landmann
tayyās Bockhalter
ḫabbās Bäcker
kallāb Hundezüchter

Eg.

ḥkꜣw B ⲁϫⲱ *ḥakkāꜣu* magician
(*snḏ*) ⲥⲁⲛⲟⲩⲑ *sannādu* coward
ỉḳdw ⲉⲕⲱⲧ *yaḳḳādu* builder
twt(w) ⲧⲟⲩⲱⲧ *tawwātu* idol
msnw (ʽΑρ-)εμσυνις *massānu* harpooner
dwn <ʽ*n.wy* > Θουνις *dawwānu* he who spreads (his wings)
kꜣpw (ʽΑρ-π-)χυφις/κωβις < *kaꜣꜣāpu* fowler [skulker]
F. (*sdꜣ*) ⲥⲁⲧⲱ *saddāꜣat* fan
ṯꜣ(y).t ⲉ/ⲁϫⲱ *aṯā(ya)* < *ṯaꜣꜣāyat* tongs, pincers
(*ḏꜣỉ*) B ⲁ/ⲉϫⲱ *aḏā(ya)* < *ḏaꜣꜣāyat* viper

A4. Le substantif qatállu - qatállatu.

Acc.

agarrum Mietling
F. *ḫadaššatum* Braut

Eg.

ḥkꜣw S ϩⲁⲕⲟ *ḥakáꜣꜣu* magician
B ϭⲁⲗⲟϫ foot
šmꜣ ϣⲙ̄ⲙⲟ *šamáꜣꜣu* stranger [traveller]
wp-wꜣ.wt 'Οφω-ις *wapáyyu-(e)wī* the way-opener

wp-rꜣ Οὐφω-ρ *wapáyyu-r(aꜣ)* the mouth-opener
(*ḏd-ḥr-*) *wꜣḥw* (Τε-αρ-)οως *waꜣáḥḥu* he who remains
F. (*sdꜣ*) ⲥⲁⲧⲟ *sadáꜣꜣat* fan

A5. Les substantifs qatlālu et *qatlállu
Eg.
ʿꜣpp B ⲁⲫⲱⲫ *ʿaꜣpāpu* Apophis *wbnnỉ wabnānu* der Glänzende
ỉꜣḫḫw aꜣḫāḫu Leuchtender *ḥnmmỉ ḥanmāmu* Genosse, Freund
nwrrw nawrāru der Zitternde *wꜣššỉ waꜣšāšu* der Angesehene
<*ḥw.t-*>*Snfrw* ⲥ(ϩ)ⲃⲱⲛ Lat. *A-sfynis* : *saꜣfānu* < *sarfānu* < *sanfāru*
(Manetho : Σηφουρις?) der, welcher schön, gut macht
ʿꜣpp Ἄπωφις, Ἄποπις *ʿaꜣpáppu* Apophis

A6. Le nom d'animal qutlālu.
Acc.
kulbābum Ameise *burmāmum* Stachelschwein
Eg.
ḫprr VC χφυρις, χφουρις : *ḫupāru* < *ḫuprāru* Skarabäuskäfer
ḥḏrr, ḥḏr : *ḥuḏāru* < *ḥuḏrāru* eine Tierbezeichnung
pꜣṯṯ puꜣṯāṯu Pavian *ḥdqq ḥudqāqu* Ratte
wnšš wunšāšu Wolf, Wölfchen

82 A7. Le nom d'abondance qīlu - qīlatu.
Acc.
kīsum Beutel *zīmum* Gesichtszüge
ṭīṭum Lehm F. *bīrtum* Festung
H.
ṭîṭ Lehm *sîg* Schlacke
rîr Speichel *sîr* Kochtopf
ʿîr Stadt *sîrîm* Dornen
qîr Mauer *sîs* Schwalbe
**mîn* Art *śîaḥ* Strauch
F. *bînāh* Einsicht *šîḥāh* Grube
qînāh Klagelied **ṭîrāh* Zeltlager
Eg.
pnw ⲡⲓⲛ *pīnu* mouse *hnw* ϩⲓⲛ *hīnu* vessel
sm(w) ⲥⲓⲙ *sīmu* herbs *sr* ⲥⲓⲣ *sīru* hair
sbw, sb.t ⲥⲓⲃ *sību* tick (insect) *ḳỉ* ϭⲓ-ⲛ̄ *ḳīyu* act, manner of —

r' ⲣⲏ *rī'u* sun

F. *mn.t* ⲙⲓⲛⲉ *mīnat* sort, manner

by.t MBab. *-bya* < *bīyat* bee

w'w MBab. *weʾ/ḫu* < *wī'u* soldier

sw.t MBab. <*in*>*si*-<*bya*> < *sīwat* reed

A8. Le nom d'action qítlu - qítlatu.

Acc.

šiprum Sendung, Werk
širkum Schenkung, Geschenkter
inḫu Seufzer
rīmum < **ri'mum* Erbarmen
F. *simittum* Gespann
nērtum Mord
(*w*)*ilittum* Wurf von Vieh, Kind
dīktum Tötung
šimmatum Lähmung
ṣimdatum königliche Verordnung

(*w*)*ildum* Zeugung, Kind
(**j*)*isqum* Abschneidung, Anteil
rībum Erdbeben
mīlum Hochwasser
šīmtum Schicksal
qibītum Geheiss
ḫidūtum Freude
lîtum < **li'ītum* Kraft
nisḫatum Abgabe(?)

H.

zḗḵer Andenken
ḥḗleq Teil
hḗleḵ Besuch
F. *ṭiḇḥāh* Schlachten
śimḥāh Freude
śin'āh Hass

'ḗmer Ausspruch
šḗḇer Bruch
yḗša' Hilfe
ḥemdāh Begehren
'eḇrāh Zorn
ḥerpāh Schmach

Ar.

'ilm Wissen, Wissenschaft
libs Kleidung
ḥiḏr Vorsicht

kisb erwerben
qism teilen
'izz Macht

Eg.

(*w'b*) *'bw* (*w*)*í'bu* Reinigung
(*wšb*) *šbw* (*w*)*íšbu* Speise
wnmw wínmu Nahrung

pr(*y*)*w pír*(*y*)*u* Aufstieg
ḥ'(*y*)*w ḥí'*(*y*)*u* Jubel
ks(*y*)*w kís*(*y*)*u* Verbeugung

'ḳy ⲁⲉⲓⲕ *'íyḳu* consecration (church etc.) [solemn entry of the king]
kkw S ⲕⲁⲕⲉ : A_2 ⲕⲉⲕⲉⲓ *kíkyu* darkness
ḥmw, *ḥmy* (ⲣ-)ϩⲙ̄ⲙⲉ *ḥím*(*y*)*u* guidance
w' S ⲟⲩⲁ : A_2 ⲟⲩⲉⲉⲓ *wí'yu* one [loneliness]
F. (*ḏdb*) *ḏdm.t* ϫⲁⲧⲙⲉ *ḏídmat* heap
ḳrs.t ⲕⲁⲓⲥⲉ *ḳírsat* embalming
pšs.t ⲡⲁϣⲉ *píš*(*š*)*at* division
(*mr*) ⲙⲣ̄ⲣⲉ *míyrat* joint, chain

(*isḳ*) ⲁⲥⲕⲉ *ísḳat* delay
(*wšd*) ⲟⲩⲁϣⲧⲉ *wíšdat* worship
F. *ḳn* ⲕⲛ̄ⲛⲉ *ḳínyat* be fat, sweet
mrỉ ⲙⲉ *mí'ya* < *míryat* love
ršw ⲣⲁϣⲉ *ríšwat* rejoice
sdb ⲥⲁⲧⲃⲉ *sídbat* ruminate
ṯsỉ ϫⲓⲥⲉ *tíysa* < *tísyat* exalt

ϣⲛ̄ⲧⲉ *šínṯat*(?) plaited work
ỉsw.t ⲁⲥ *íswat* old [the past]
smỉ ⲥⲙ̄ⲙⲉ *símyat* appeal
hꜣỉ ϩⲉ *híꜣyat* fall
spỉ ⲥⲉⲉⲡⲉ *sí'pa* < *sípyat* remain over
sḏd ϣⲁϫⲉ *síḏdat* speak
fꜣỉ ϥⲓ *fíyꜣa* <*fíꜣyat* bear

A9. Le nom concret qítalu - [qítalatu]

Acc.
šikarum, šikrum Bier
zikarum, zikrum Mann

H.
šēḵār Rauschtrank
ṣēlā' Rippe
'ēnāḇ Weintraube
nēḵār Fremde

Ar.
ḍila' Rippe
'inab Weintraube

Eg.
mnw ⲙⲁⲉⲓⲛ *míynu* < *míyanu* sign, mark
ỉnḥ (ⲉ)ⲛϩ *ínḥu* < *ínaḥu* eyebrow
dém. *ḫbr* ϩⲡ̄ⲃ *ḫípru* < *ḫíparu* form, likeness
wnn<-*nfr*> *ⲟⲩⲛ̄ Οὐν-νεφις, 'Ομφις *wínnu* < *wínanu* (the good) being
ms ⲙⲁⲥ *mís*(*yu*) < *mísayu* young (of animal or bird)
šꜣỉ ϣⲉ *šíꜣ*(*yu*) < *šíꜣayu* swine
F. *šꜣy.t* ⲉϣⲱ *išā*(*ya*) < *šiꜣāyat* sow
mỉy.t ⲉⲙⲟⲩ *imā*(*ya*) < *miāyat* cat
ḥm.t **ḥyōma* < *ḥiyāmat* woman : Pl. ϩⲓⲟⲙⲉ *ḥiyámwat*

A10. Le nom d'abondance(?) qatīlu.

H.
šāmîr Dornen, Dorngehege
šānî Karmesinfarbe
F. *qᵉṣî'ah* Cassia
qāṣîr Ernte
'asîf Einsammlung
**šārîr* Bauchsehnen, -muskeln
'onî Flotte
bāṣîr Weinlese
ḥārîš Pflugezeit

Eg.
spr ⲥⲡⲓⲣ *sapīru* rib
trr ⲧⲣⲓⲣ (f.) oven
ⲗⲗⲓⲗ, ⲉⲙⲓⲙ field mouse
ϩϯⲧ beet
skm ⲥⲕⲓⲙ *sakīmu* gray hair
ḥꜣd ϩⲓⲉⲓⲧ *ḥayīdu* < *ḥaꜣīdu* pit
ϩⲓⲉⲓⲃ lamb
ⲧⲣⲓⲙ trefoil, clover

ϣϩⲓϭ dust　　ϭⲁϫⲓϥ ant

(*srd*) *s3rwtyt* ⲥⲣⲓⲧ glean

A11. L'adjectif - participe qittīlu.

H.

kabbīr gross　　*'ārīṣ* Gewalttätiger, Tyrann

šallīṭ mächtig, herrschsüchtig　　*bārīᵃḥ* Flüchtling

Ar.

hizzīl viel scherzend　　*širrīb* Zecher

ḏikkīr viel erwähnend　　*sikkīr* trunken

Eg.

dém. *grg* ϭⲉⲣⲏϭ *girrīgu* (gr. κρηκις) hunter

A12. Le participe qalqīlu - qalqīlatu.

Eg.

B ⲥⲉⲗⲥⲓⲗ *salsīlu* orderly [an adorned one]

B ϭⲉⲃϭⲓⲃ *gabgību* fragment(s) [trodden to pieces ?]

F. ⲃⲗ̄ⲃⲓⲗⲉ *balbīlat* single grain [something burrowed]

ⲗⲉϥⲗⲓϥⲉ *laflīfat* fragment, crumb [something rotten]

A13. Le participe qataltīlu - qataltīlatu.

Eg.

ϣⲧⲣ̄ⲧⲣ *ḫatartīru* hasty, rash person [a disturbed one]

F. ⲃⲉⲣⲃⲓⲣ *ḫabarbīrat* missile [thrown down]

ⲥⲣⲉϥⲣⲓϥⲉ *sarafrīfat* what falls, droppings [dropped]

83 A14. L'adjectif substantivé qútlu - qútlatu.

Acc.

dumqum Gutes　　*uzzum* Zorn

nūrum Licht　　*kūrum* Kürze

ṭūbum Schönes　　*kūsum, kussum* Kälte

šuplum Tiefe　　*zuqtum* (Berg)spitze

F. *tubuqtum* Ecke　　*tūltum* Wurm

ušultum Ader　　*puluḫtum* Furcht

nukurtum Feindschaft　　*ṭūbtum* Freundlichkeit

uggatum Grimm　　*surtum* Falschheit

H.

'ózen Ohr　　**ḥófen* hohle Hand

ḥóṣen Busen　　*rómaḥ* Lanze

'óref Nacken　　*'óhel* Zelt

F. *ʿarlāh* Vorhaut	*'onîyāh* Schiff
ʿómeq Tiefe	*kóšer* Angemessenheit
'óreḵ Länge	*góḏel* Grösse
ʿóšer Reichtum	*m^e'oḏ* < *mo'eḏ* Menge
qošṭ Wahrheit	*nóʿem* Annehmlichkeit
ḥómeṣ Essig [Säure]	*yóšer* Geradheit
'óḏem roter Edelstein	*ḥómer* Ton [Röte]
F. *ṭoh^{a}rāh* Reinheit	*ṭum'āh* Unreinheit
ḥokmāh Weisheit	*ḥorbāh* Trümmerstätte

Ar.

'uḏn Ohr	*lubb* Herz
ʿusr Schwierigkeit	*qubḥ* Schande
šukr Dank	*šuġl* Geschäft
ḥulw süss	*murr* bitter

Eg.

(*wsḫ*) *sḫw* (*w*)*úsḫu* Breite	*nḫtw núḫtu* Stärke
wsrw wúsru Stärke	*špsw šúpsu* Angesehenheit
nfrw núfru Schönheit	*nḏm núdmu* Annehmlichkeit

ȝwyw *ⲏⲩ : *ⲉⲩ *ȝúw(y)u* Länge (*'Αχον-)ρ-ης/ρ-ευς*
ḏbʿ ⲧⲏⲏⲃⲉ *dúʿbu* < *dúbʿu* finger
ỉb VC ⲩⲃ⸗ϥ *yúbbu* heart; *ιηβ* et *ιεβ* (cf. Fecht, *Wortakzent*, Anm. 205)
ỉrp ⲏⲣⲡ *úrpu* wine; cf. *ἔρπις* (Hipponax), O. Nub. ⲟⲣⲡ
mrš ⲙⲏⲣϣ : ⲙⲉⲣϣ : ⲙⲣ̄ϣ *múršu*, *Π-μερσις*
dém. *bry* ⲃⲣ̄ⲣⲉ, ⲃⲏⲣⲉ *búryu* new thing, new
ḥkr ϩⲏⲕⲉ *ḥúk(r)u* poor person [a hungry one]
wʿb ⲟⲩⲏⲏⲃ : ⲟⲩⲉϥ *wúʿbu* priest [a pure one]
šrỉ ϣⲏⲣⲉ *šúryu* son, child [a small one]
km(m) ⲕⲏⲙⲉ *kúmmu* Egypt [a black (land)], *Π-κημις*, *Π-κεμις* [the black (man)]
mšʿ ⲙⲏⲏϣⲉ *múʿšu* < *múšʿu* multitude
mḏ(w) A$_2$ ⲙⲏⲧ *múdwu* depth
nḥḥ ⲉ-ⲛⲉϩ ⲛⲏϩⲉ *núḥḥu* eternity [in perpetuum]
wr(r) *ⲟⲩⲏⲣⲉ *wúrru* great, *Π-ουηρις*, *Π-ουε(ρις)*, *'Αρ-οηρις* « Horus the Great »
dšr *ⲧⲏⲣϣ *duršu* < *dúšru* red, *'Αρ-τῆς*, *'Ορ-τησις*, « Horus the Red »
ḥsȝ *ϩⲏⲥ *ḥúsȝu* grim, Ass. (*Puṭu-*)*m-ḫēše* « the lion, the grim one »
štȝ *ϣⲏⲧ *šútȝu* mysterious, *'Αρ-ψηθις* « Horus the Mysterious »
wȝḏ *ⲟⲩⲉⲧ *wúȝdu* green (*ῥι-σι-)γετ-ου* sea [the Great Green]

rsy ⲣⲏⲥ *rúsyu* Ass. *Pa-tu-resi*, *Πα-θου-ρης*, *Φα-θω-ρης* « the land of the south »
F. *dwꜣ.t* VC ⲧⲏ(ⲓ) *dúwꜣat* underworld [(place of) morning twilight]
(*ms*) ⲙⲏⲥⲉ *músyat* interest [offspring of money]
mr.t ⲙⲏⲣⲉ, ⲙⲉⲣⲉ : ⲙⲏⲓⲣⲓ *mú'ra* < *múyrat* bundle
mtr.t ⲙⲉⲉⲣⲉ *mú'ra* < *mútrat* midday [the middle]
mt.t ⲙⲏ(ⲏ)ⲧⲉ *mú'ta* < *mút'a* < *mútrat* middle
mꜣʿ.t ⲙⲉ(ⲉ) *múꜣᶜat* truth, justice
pʿ.t VC ⲡⲏ *púʿyat* patricians, *'Ορ-πεει*, *'Ορ-παις*
šry.t ϣⲉⲉⲣⲉ *šú'ra* < *šúyra* < *šúryat* (ϣⲏⲏⲣⲉ) daughter
km(m).t ⲕⲏⲙⲉ *kúmmat* Egypt [the black (land)]
wr(r).t *ⲟⲩⲏⲣⲉ *wúrrat* (*'Εσ-)ο(υ)ηρις* « the Great (goddess) »
šps.t *šúpsat* *Τ-σεψις*, *Σαιψις* « the noble (woman) »

ḫnw ϩⲟⲩⲛ *ḫúwnu* < *ḫúnwu* inward part
ⲕⲟⲩⲣ *kúwru* deaf person
ḳni ⲕⲟⲩⲛ= *ḳúwnu* < *ḳúnwu* bosom
(*gꜣw*) ⲕⲟⲩⲓ : ⲕⲟⲩϫⲓ *gúwyu* < *gúywu* < *gúꜣwu* small, few; a little
F. *sr.t* ⲥⲟⲩⲣⲉ *súwra* < *súrwat* thorn, spike, dart, needle

A 15. L'adjectif qatūlu et le nom de qualité qatūlatu.

Acc.

malultum Lustbarkeit

H.

ʿāṣûm stark — *ʿārûm* schlau
bāṭûᵃḥ vertrauensvoll

gᵉḇûrāh Stärke — *ḥᵃlûšāh* Schwäche
gᵉḏûlāh Herrlichkeit — *'ᵉmûnāh* Treue
mᵉlûḵāh Königtum

Ar.

ʿarūs Bräutigam [der Frohe] — *farūq* très peureux
ǧahūl très ignorant — *kasūl* très lent
F. *ḍarūra* Not

Eg.

(*bin*) ⲉⲃⲓⲏⲛ *abyūn* < *bayūnu* poor, wretched person
kmm.t ⲕⲙⲏⲙⲉ *kamūmat* darkness — *mꜣʿ.t* (ⲁ)ⲙⲏⲉ *maꜣūᶜat* truth
ʿšꜣ.t ⲁϣⲏ *ʿašūꜣat* multitude — *ʿꜣ.t* ⲁⲓⲏ=ⲥ *ʿayū(ya)* < *ʿaꜣūꜣat* size
(*ḫꜣi*) ϣⲓⲏ *ḫayū(ya)* < *ḫaꜣūyat* length — *iꜣḳ.t* ⲏϭⲉ *aꜣūḳat* leek

ḫ3y.t, ḫ3w.t ⲁϩⲏⲩ *aḫūwat* < *ḫa3ūwat* nakedness
ḫr.t ϩⲓⲏ *ḫayū(ya)* < *ḫarūyat* road [die Ferne]

A16. Le participe passif qatūlu et le nom abstrait d'action qatūlatu.

Acc.

karūbum gesegnet
ra'ūmum, rūmum geliebt
arurtum Zittern
ba'ūlum beherrscht, Untertan

H.

qāṭûl getötet
šāḵûn (be)wohnend
lāḇûš gekleidet

šemû'āh Kunde [Gehörtes]
neḇû'āh Prophezeiung
'arûḵāh Heilung
šeḇû'āh Eid
yešû'āh Hilfe

Ar.

rasūl Gesandter

Eg.

(*swn*) B ⲥⲟⲩⲏⲛ *sawūnu* well known, famous person
(*prḫ*) ⲡⲣⲏϣ *parūḫu* thing spread, mat, cloak
(*ỉwd*) ⲁⲩⲏⲧ *awūdu* company of persons, monastery [a separated one]
(*s3ṯw*) ⲉⲥⲏⲧ *sa3ūtu* ground [a sprinkled one]
(*ḫbr*) ϣⲃⲏⲣ *ḫabūru* (cf. h. *ḥaḇêr*) companion, partner [an associated one]
F. *s3šr.t* B ϣⲏⲣⲓ (*ša3*)*šūra* < *sa3šūrat* bread [thing baked, or : toasted ?]
ḫpr.t ϣⲡⲏⲣⲉ *ḫapūrat* wonder [happening]
(*grg*) ϭⲣⲏϭⲉ *garūgat* dowry [equipment]
tm3y.t ⲧⲙⲏ *tamūyat* < *tamū3at* mat of reeds [plaiting]
(*ḏb3*) ⲉ-ⲧⲃⲏⲏⲧ= *ir-dabū3at* because of [in requital]

B. *Sémantèmes sans finale* -u

84 B1. Le nom concret qálu - qálatu.

Acc.

aḫum Arm, Seite
abum Vater
F. *aptum* Fenster
aḫātum Schwester
aḫum Bruder
idum < **jadum* Arm
šattum < **šantum* Jahr
emētum Schwiegermutter

H.

yāḏ Hand
dāḡ Fisch

šāḏ Brust	*dām* Blut
'āḇ Vater	*dāl* Tür
'āḥ Bruder	*tāw* Zeichen
F. *šānāh* Jahr	*'āmāh* Magd
śāfāh Lippe	*qéšeṯ* Bogen

Ar.

yad Hand, Arm	*ḥam* Schwiegervater
'ab Vater	*'aḫ* Bruder

Eg.

rꜣ ⲣⲟ *raꜣ* mouth	*mw* ⲙⲟⲟⲩ *maw* water
ḥr ϩⲟ *ḥar* face	*rꜣ* ⲣⲟ *raꜣ* goose
sꜣ ⲥⲟⲓ *saꜣ* back	*pỉ* ⲡⲟⲓ *pa(y)* bench
sn ⲥⲟⲛ *san* brother	*ḏw* ⲧⲟⲟⲩ *daw* mountain
kꜣ VC ⲕⲟ *kaꜣ* bull	*ʿẖ* ⲁϣ *ʿaẖ* furnace
F. *ḏr.t* ⲧⲱⲣⲉ *dārat* hand	*nh.t* ⲛⲟⲩϩⲉ *nāhat* sycamore
sn.t ⲥⲱⲛⲉ *sānat* sister	*sẖ.t* ⲥⲱϣⲉ *sāẖat* field
nr.t ⲛⲟⲩⲣⲉ *nārat* vulture	*ỉn.t* (ⲡⲁ-)ⲱⲛⲉ *ānat* valley

B2. Le nom concret-nom verbal qátlu.

Acc.

kalbum Hund	*qerbum* Inneres
eqlum Feld	*kāsum* < **ka'sum* Becher
(w)arḫum Monat	*qātum* < **qat'um* Hand

H.

kéleḇ Hund	*'éreṣ* Erde
šémen Öl	*béṭen* Leib
kérem (Wein)garten	
héreg̱ Morden	*ʿéreḇ* Abend [(Sonnen)untergang]
páḥaḏ Schrecken	*ráʿaḏ* Beben
ṭéḇaḥ Schlachten	*péṯaḥ* Öffnung > Tür
šémaʿ Hören, Gehör	*sāḥû* Schwimmen

Ar.

kalb Hund	*ʿarḍ* Erde
šams Sonne	*baṭn* Leib
karm Weinstock	
qatl Töten	*fahm* Verstehen
qaṭf Pflücken	*šarb* Trinken

Eg.

kꜣm ϭⲱⲙ *kāꜣ̆m* garden, vineyard

sḏm ⲥⲱⲧⲙ̄ *sād˘m* hear	*stp* ⲥⲱⲧⲡ *sāt˘p* choose
ḳdf ⲕⲱⲧϥ *ḳād˘f* gather	*ḫdb* ϩⲱⲧⲃ̄ *ḫād˘b* kill
isḳ ⲱⲥⲕ *ās˘ḳ* delay	*swr* ⲥⲱ *sā(w˘r)* drink
ip ⲱⲡ *āp* < *āy˘p* count	*kꜣp* ⲕⲱⲡ *kāꜣ˘p* hide
ʿš ⲱϣ *ʿāš* < *ʿāy˘š* cry	*mḥ* ⲙⲟⲩϩ *māḥ* < *māy˘ḥ* fill

B3. Le nom concret qátalu - qátalatu.

H.

zāqān Bart	*zānāḇ* Schwanz
bāśār Fleisch, Mensch	*'aḏām* Mensch
lāḇān Milch	*rāḥām* Aasgeier
kānāf Flügel	*pārāš* Pferd
F. *n^{e}mālāh* < *námalat* Ameise	*b^{e}rāḵāh* Segen
'^{a}ḏāmāh Erde	*ṣ^{e}ḏāqāh* Gerechtigkeit

Ar.

ḏáqan Bart	*ḏánab* Schwanz
bášar Haut	*'ádam* Haut
lában Milch	*ráḫam* Aasgeier
kánaf Seite	*fáras* Pferd
F. *báraka* Segen	*ḥáraka* Bewegung
šáfaqa Mitleid	

Eg.

grḥ ϭⲱⲣϩ *gāraḥ* night	*wnš* ⲟⲩⲱⲛϣ *wānaš* wolf
ꜣpd ⲱⲃⲧ *ꜣāpad* goose	*ḫpš* ϣⲱⲡϣ *ḫāpaš* arm, foreleg
rmṯ ⲣⲱⲙⲉ *rāmaṯ* man, human being	*nṯr* ⲛⲟⲩⲧⲉ *nātar* god
inr ⲱⲛⲉ *ānar* stone	*bꜣk* B ⲃⲱⲕ *bāꜣak* servant, slave
F. *nṯr.t* ⲛ̄ⲧⲱⲣⲉ *natārat* goddess	*irṯ.t* ⲉⲣⲱⲧⲉ *arātat* milk
gꜣb.t ϭⲱⲃⲉ *gaꜣābat* leaf	*bꜣk.t* B ⲃⲱⲕⲓ *baꜣākat* servant

B4. L'adjectif qátalu - qátalatu.

Acc.

rapšum breit	Ass. *ṣaḫrum* klein
mādum, ma'dum viel	*(w)aqrum* kostbar
iš(a)rum in Ordnung	*sāmum* rotbraun
F. *ṭābtum* Gutes	*sāmtum* Braunstein, Karneol

H.

ḥāḏāš neu	*zāḵār* männlich
ḥāḵām weise	*'eḥāḏ* einer
yāšār gerade	*qāṭān* klein

F. *ḥᵃdāšāh* neu *qᵉṭānāh* klein
yᵉšārāh gerade

Ar.
ḥádaṯ neu *ḏákar* männlich
ḥákam Schiedsrichter *'áḥad* einer

Eg.
(*wbḫ*) ⲟⲩⲱⲃϣ *wābaḫ* white *bἰn* ⲃⲱⲱⲛ *bā(y)an* bad
šmʿ ϣⲱⲱⲙⲉ *šāʿma* < *šāmaʿ* light, *nḏm* B ⲛⲟⲩⲧⲉⲙ *nādam* sweet fine
(*ḥr-*)*wr*(*r*) (ϩ-)ⲟⲩⲱⲣ *wār*(*ar*) great (« the great face »)
dšr ⲧⲱⲣϣ *dāraš* < *dāšar* red : *'Αρ-τυσις*, *'Ερ-τωσι* « the red Horus »
(*mꜣἰ-*)*ḥsꜣ* *ϩⲱⲥ *ḥāsaꜣ* grim : *Μι-υσις* « the grim lion »
štꜣ VC ϣⲱⲧ *šātaꜣ* mysterious : *'Αρ-συθης*, *'Αρ-σωτης* « the mysterious Horus »
wꜣḏ dém. *p-k-wt*, glosse : ⲟⲩⲱⲧ *wāꜣad* green « the vigourous bull »
F. (*tꜣ-ḫnm.t-*)*wr.t* (*τ-χονεμ-*)*υρις* *wārat* < *warārat* « the big well »
mḏw.t ⲙ̄ⲧⲱ *madāwat* depth (of sea)
mꜣw.t ⲙⲟⲩⲉ *maꜣāwat* new (land)
wsḫ.t (*'Αρ-μ-*)*εσυσις* *ašōša* (?) < *asōša* < *wasāḫat* large (hall)
(*mrš*) ⲙ̄ⲣⲱϣⲉ *marāšat* clay-vessel [reddish (vessel)]

B5. L e n o m c o n c r e t qátulu - qátulatu.

H. Ar.
**ṣāḇōᵃʿ* Hyäne *ḍábuʿ* Hyäne

Eg.
mꜣἰ ⲙⲟⲩⲓ *māy* < *māyuy* < *māꜣuy* lion
F. *mꜣ*(*y*)*.t* ⲙⲓⲏ *amyū* < *mayūya* < *maꜣūyat* lioness

B6. L e n o m v e r b a l - n o m c o n c r e t qatālu - [qatālatu ?]

Acc.
parāsum scheiden *nadānum* geben
akālum essen *lamādum* lernen

atānum Eselin *šamû* < *šamā'ū* Himmel

H.
qᵉṭōl töten *ʿᵃnôš* strafen
ra'ōh sehen *nᵉṯôn* geben

'āṯôn Eselin *šālôm* Wohlfahrt
ʿārôḏ Wildesel *'ᵃrôn* Kasten

Ar.	
halāk untergehn	*ṭawāf* umgehn
raǧā' hoffen	
'atān Eselin	*samā'* Himmel
Eg.	
ḥlg ϩⲗⲟϭ *ḥalág* be sweet	*mdn* ⲙ̄ⲧⲟⲛ *madán* be at rest
wmt ⲟⲩⲙⲟⲧ *wamát* become, be thick	*ẖmm, šmm* ϩⲙⲟⲙ *ẖamám* be hot
ḳbb ⲕⲃⲟ *ḳabáb* be, become cool	*w'b* ⲟⲩⲟⲡ *wa'áb* be pure
ḥbs ϩⲃⲟⲥ *ḥabás* covering, garment	*mtr* ⲙⲧⲟ *matár* presence
ỉhm (ⲁϣ)-ⲁϩⲟⲙ *ahám* sigh	*ḥtr* ϩⲧⲟ *ḥatár* horse
gḥs ϭϩⲟⲥ *gaḥás* gazelle	*gbꜣ* ϭⲃⲟⲓ *gabáꜣ* arm
*'gn ⲁϭⲟⲗ *'agál* calf	*'ꜣ* VC ⲉⲟ *(y)a'áꜣ*
F. (*ḥtr.t*) ϩⲧⲟⲟⲣⲉ, ϩⲧⲱⲣⲉ mare	*whr.t* ⲟⲩϩⲟ(ⲟ)ⲣⲉ, ⲟⲩϩⲱⲣⲉ female dog
'ꜣ.t ⲉⲓⲱ *yāꜣat* < *ya'āꜣat* she-ass	

B7. L e n o m c o n c r e t qálqalu - qálqalatu.

Acc.	
kakkabum < *kabkabum* Stern	*pappasum* Brei
qaqqadum < *qadqadum* Kopf	*šaššaṭum* Gelenkkrankheit
šaššarum Säge	*lallarum* Heulpriester
H.	
kôḵāḇ < *kaukab* Stern	*dardar* Dornen
galgal Rad	*qo'qa'* Einätzung
F. *kalkālāh* Korb	*qaśqéśeṯ* Schuppe
Ar.	
dakdak Ebene	*dabdab* Pauke
qarqar Boden	
Eg.	
ḏꜣḏꜣ ϫⲱϫ *ḏáꜣḏaꜣ* head	
F. *mẖmẖ.t* ⲙⲉϩⲙⲟⲩϩⲉ *maẖmāẖat* purslane	ⲕⲉⲗⲕⲱⲗⲉ pustule

B ϫⲓϭⲱⲓ *ṯiṯāya* < **ṯayṯāyat* lock, plait of hair

dém. *ḥtẖt* ϩⲟⲧϩⲧ *hátẖat* inquire	*twt* ⲧⲟⲟⲩⲧⲉ *táwtaw* gather, collect
mnmn B ⲙⲟⲛⲙⲉⲛ *mánman* shake	*kẖkẖ* ⲕⲁϩⲕ(ϩ) *káẖkaẖ* hew out
dgdg ⲧⲟϭⲧϭ *dágdag* press firmly	*ṯẖṯẖ* ⲧⲁϩⲧϩ *táẖtaẖ* mix, confuse
ẖrẖr ϣⲟⲣϣⲣ̄ *ẖárẖar* upset, overturn	*ḳẖḳẖ* ϫⲁϩϫϩ (ϭⲁϩϭϩ) strike, gnash
ⲃⲟⲗⲃⲗ̄ *bálbal* burrow, delve	ⲗⲟϥⲗϥ *láflaf* become, make rotten

B8. L'adjectif-le nom concret qátlalu.

H.

ra'^{a}*nān* üppig — *ša'*^{a}*nān* friedlich

pirḥāḥ Brut

Eg.

sgnn ⲥⲟϭⲛ̄ *ságnan* ointment (*εὐώδης*) *ἰwšš* ⲟⲟⲩϣ *áwšaš* gruel

B9. Le nom concret qútatilu.

Eg.

sššn B ϣωϣⲉⲛ *susāšin* lily > H. *šûšān* lily

B10. L'adjectif-nom d'action qatáltalu.

H.

h^{a}*fak̲fak̲* verkehrt — *'*^{a}*d̲amdām* rötlich

'^{a}*qalqallôt̲* krumme — *y*^{e}*raqraq* grünlich

Ar.

'arakrak stark — *gašamšam* kühn

sama'ma' schnell — *ḥawarwar* weiss

Tigré — Tigrigna

hatamtam κενοφωνία — *galtamtam* Verwirrung

Eg.

dém. *ḳrḳr* ⲥⲕⲟⲣⲕⲣ̄ *saḳárḳar* roll — *ḥbrbr* ϩⲃⲟⲣⲃⲣ̄ *ḥabárbar* throw (down)

ϣⲧⲟⲣⲧⲣ̄ **ẖatártar* disturb — *sd̓d̓* ⲥⲧⲱⲧ *sadád̓ad̓* tremble

B11. Le nom concret à 4 Rad. 1á23a4u.

Acc.

aqrabum Skorpion

H.

'aqrāḇ Skorpion — *gôrāl* < *gawral* Los

'ak̲bār Maus — *sol'ām* Heuschrecke

gôzāl < *gawzal* junger Vogel — *ṣawwâr* < *ṣáw'ar* Hals

Ar.

'aqrab Skorpion — *ǧawzal* junger Vogel

'akbar Maus — *ǧarwal* Steinchen

'arnab Hase — *šam'al* links

Eg.

ẖnms ϣⲟⲗⲙⲉⲥ *ẖálmas* gnat — *nnšm* ⲛⲟⲉⲓϣ *náyš(am)* <*nánšam* spleen

sbty ⲥⲟⲃⲧ *sábtay* wall (of town) — *wst̲n* B ⲟⲩⲟⲥⲑⲉⲛ *wástan* become, make broad

spdd̲ ⲥⲟⲃⲧⲉ *sápdad* prepare

msdi MOCTE *másday* hate

mini MOONE *má'na* < *máynay* be made fast

85 B12. L e n o m c o n c r e t qílu - qílatu.

Acc.

ilum Gott

F. *iltum* Göttin

išātum Feuer

šin-ā(n) zwei

dimtum Turm

H.

ēl Gott

bēn Sohn

'ēṣ Holz

**gēl* Kot

F. *baṯ* (< *bint*) Tochter

šēm Name

šēṯ (< *šit*) Basis

šen-ayim (< *šin*) zwei

lāš-ôn Zunge

pe'āh Ecke, Seite

Ar.

ibn Sohn

ism Name

F. *bint, ibna* Tochter

'iḍa Holz, Baum

ist Gesäss, Unterlage

iṯn-āni zwei

lis-ānu Zunge

fi'a Ecke

ri'a Lunge

Eg.

hp ϩⲁⲡ *hip* judgment

ḥd ϩⲁⲧ *ḥid* silver

ḳs ⲕⲁⲥ *ḳis* bone

ḥs ϩⲁⲥ *ḥis* dung

ẖt ϣⲉ *ẖit* wood

rn ⲣⲁⲛ *rin* name

db ⲧⲁⲡ *dib* horn

'r ⲁⲗ *'il* pebble

ns ⲗⲁⲥ *lis* tongue

sn.wi, sn.ti ⲥⲛⲁⲩ, ⲥⲛ̄ⲧⲉ *siníw(a)yu, síntay(u)* two

F. *p.t* ⲡⲉ *pit* heaven

s.t ⲥⲉ, ση-ς *sit* seat

'n.t (ⲉ)ⲓⲛⲉ *'īnat* thumb

ḳd.t ⲕⲓⲧⲉ *ḳīdat* double drachme

dém. *ḫ.t* ϩⲉ *ḫit* manner

ḫ.t VC *ḫe* < *ḫit* fire

pḏ.t ⲡⲓⲧⲉ *pīdat* bow

nw ⲛⲁⲩ *niw* look

šm ϣⲉ *šim* go

ϫⲁⲕ clap hands

B13. L e n o m c o n c r e t qítlu - qítlatu.

Acc.

kibrum Ufer

rīmum < **ri'mum* Wildstier

F. *rimtum* Wildkuh

išdum Fundament

terḫatum Brautpreis

tišētum < **tiši'tum* neun
zibbatum < **zinbatum* Schwanz

H.

'ēgel Kalb
**pēšeṯ* Flachs
**'ēṣel* Seite
be'ēr < **bi'r* Brunnen
ze'ēḇ < **ḏi'b* Wolf
F. *'eglāh* Kalb

'ēšel Tamariske
šēn Zahn
tēša' neun
re'ēm Wildstier
se'ēr Fleisch
dim'āh Träne

Ar.

riǧl Fuss
zift Pech
ẓill Schatten

sinn Zahn
dibs Honig

Eg.

sfṯ ⲥⲓϥⲉ *sīf˘t* tar
ḥkꜣ ϩⲓⲕ *ḥīk˘ꜣ* magic
tkꜣ ϯⲕ *tīk˘ꜣ* spark
sbꜣ ⲥⲓⲟⲩ *sīb˘ꜣ* star
F. *ḏdf.t* ϫⲁⲧϥⲉ *ḏídfat* reptile
mtw.t ⲙⲁⲧⲟⲩ *mítwat* poison

nbw B ⲛⲏⲃ *nīb˘w* lord
rry ⲣⲓⲣ *rīr˘y* swine
dmỉ ϯⲙⲉ *dīm˘y* village
šnf.t ϣⲛ̄ϥⲉ *šínfat* scale of fish
dhn.t ⲧⲉϩⲛⲉ *díhnat* forehead

rr.t ⲣⲁⲓⲣⲉ *ríyra* < *ríryat* sucking pig
ḏbꜣ.t ⲧⲁⲓⲃⲉ *díyba* < *díꜣba* < *ḏíbꜣat* chest, coffin
ḫꜣyb.t ϩⲁ(ⲉ)ⲓⲃ=ⲥ : ϩⲁ(ⲉ)ⲓⲃⲉ *ḫíyba* < *ḫíꜣbat* shade, shadow

ḳmꜣ ⲕⲓⲙ *ḳīm˘ꜣ* move
mḫꜣ ⲙⲓϣⲉ *mīḫ˘ꜣ* fight
**bgꜣ* B ⲃⲓϫⲓ *bīg˘ꜣ* be wrecked (ship)

sgꜣ ⲥⲓϭⲉ *sīg˘ꜣ* become rigid
wḏꜣ ⲟⲩⲉⲓⲧⲉ *wīd˘ꜣ* waste away

šrỉ ϣⲓⲣⲉ *šīr˘y* small
F. *šr.t* B ϣⲁⲓⲣⲓ *šíyra* < *šíryat* small

ꜣḫy B ⲓϧ *ꜣīḫ˘y* demon

B14. L'adjectif-participe qatīlu - qatīlatu.

Acc.

talīmum Geschenkter
zaqīpum Aufgerichtetes, Pfahl

maḫīrum Empfangenes, Gegenwert
F. *talimtum* Lieblingsschwester

H.

yāmîn rechts
ḥāsîr fromm
F. *ḥasîrāh* Storch (avis pia)

nā'îm angenehm
ṣā'îr klein

nāḇî' Prophet, Verkünder
pāqîḏ Aufseher

pālîl Richter   *māšîᵃḥ* Gesalbter
'āsîr Gefangener

Ar.

kabīr alt   *kaṯīr* viel
ḥazīn traurig   *ṣaǵīr* klein
    F. *kabīra* alt
ḥasīb Rechner   *qatīl* getötet
'arīf kundig   *nasīǵ* gewebt
ḫadīm Diener   *naḥīr* geschlachtet

Eg.

(*wnmy*) ⲟⲩⲛⲁⲙ *waním* right   ⲁⲗⲁⲩ white
wbḫ B (ⲁⲗ-)ⲟⲩⲃⲉϩ *wabíḫ* bald-headed person

(*wšb*) ⲟⲩϣⲁⲡ *wašíb* loan [warranted]   *dmḏ* VC, A₂ ⲧⲙⲉⲧ *damíd* entire [assembled]
prt ⲉⲃⲣⲁ *aprít* < *parít* seed   *ìwn* ⲁⲩⲁⲛ *awín* colour
F. (ϭⲁⲗ-)ⲟⲩⲃⲓϩ *wabīḫat* bald-h. person A ϭⲃⲓⲣ left hand
(*s.t-*)*ḥm.t* ⲥ-ϩⲓⲙⲉ *ḥīma* < *ḥyīma* < *ḥayīmat* woman
ⲟⲩⲁⲁⲧ⸗ *wa'íyt*⸗ < *wa'īyat* loneliness   *ḳ3b.t* ⲉⲕⲓⲃⲉ *aḳība* < *ḳa3ībat* breast [doubled]

B15. Le nom concret qílqilu - qílqilatu.

Acc.

kikkišum Rohrhütte   *kimkimum* Handgelenk
F. *sissiktum* Gewandsaum

H.

ṣelṣᵉlîm Zymbeln   F. *ṣîṣiṯ* Locke, Quaste
ṣinṣénet Korb   *šaršᵉrāh* Kette

Ar.

F. *silsila* Kette   *ṣīṣiya* Hahnensporn etc.

Eg.

bsbs ⲃⲁⲥⲃⲥ *bísbis* kind of duck   *wḥwḥ* B ⲃⲉϩⲃⲉϩ *wíḥwiḥ* barking
(*ḏrḏr*) ϫⲁϫⲉ *ḏírḏir* enemy   *ḳmḳm* ⲕⲙ̄ⲕⲙ̄ *ḳímḳim* drum
F. ⲧⲗ̄ⲧⲓⲗⲉ *tiltīlat* drop   ϩⲉⲗϩⲓⲗⲉ **ḫilḫīlat* death rattle
sšsš, sšš.t : *sišsīšat* > *sišīša* > *šīša* : σεῖστρον *sistrum*

dém. *ḳsḳs* ⲕⲁⲥⲕⲥ *ḳísḳis* whisper   *hmhm* ϩⲙ̄ϩⲙ̄ *hímhim* roar, neigh
ⲧⲗ̄ⲧⲗ̄ *tíltil* drip   ⲃⲣ̄ⲃⲣ̄ *bírbir* boil
ⲕⲙ̄ⲕⲙ̄ *ḳímḳim* strike an instrument   ϭⲛ̄ϭⲛ̄ make music
ϩⲣ̄ϩⲣ̄ snore (Ar. *ḫarḫar*)   ⲃⲉⲉⲃⲉ bubble, well up (H. *b'b'*)

B16. [Le nom concret qítlilu/qítlalu ?]
Eg.
tpnn ⲧⲁⲡⲛ *típnin/típnan*(?) cumin

B17. Le nom concret à 4 Rad. 1í23i4.
Acc.
išqippu Regenwurm
H.
ḥermēš Sichel
Eg.
snḥm ⲥⲁⲛⲛⲉϩ *sinníḥ(mu)* ~ *sínḥim* grasshopper
NE *ḥnḳ(r)* ϩⲛ̄ⲕⲉ *ḥínḳir* beer
ḫpꜣ, dém. *ḫlpꜣ* ϩ(ⲉ)ⲗⲡⲉ *ḫílpiꜣ* navel
rwhꜣ ⲣⲟⲩϩⲉ *ríwhiꜣ* evening

B18. L'adjectif-nom d'action qatíltilu.
H.
yᵉfefîyāh sehr schön
Syr.
ḥᵉḇelḇᵉlē Epheu
Tigré
ḥenfesfes ἀκαταστασία
Amh.
qebezbez umherirren
qᵘerčemčemīt Fussknöchel
Eg.
dém. *ḳrmrm* ⲕⲣⲙ̄ⲣⲙ̄ *karímrim* murmur
snny ⲥⲛⲁⲉⲓⲛ *saníyniy* skip, stroll

86 B19. Le nom d'action qatúltulu.
Tigrigna
sewunwun Bewegung
Eg.
(*hr*) B ϩⲣⲟⲩⲣ *harúwruw* cease, be quiet
trr F ⲧⲣⲟⲩⲣ *tarúwruw* speed

ḳꜣr, *ḳrwrw* ⲕⲣⲟⲩⲣ *ḳarúwruw* frog

B. Les sémantèmes dérivés

Les suffixes

87 Les suffixes égyptiens qui se reconnaissent encore dans les substantifs dérivés coptes sont :

1. *-īti*, ligament lexicalisé créant des noms d'agent et des noms de professions. Parmi les mots cités, **S** 100.1, les suivants sont attestés en égyptien :

iwty celui qui... ne pas; VC ⲁⲓⲧ *awīti* celui qui n'existe pas
ḥ3wty ϩⲟⲩⲉⲓⲧ *ḥa3wīti* le premier
mḥty (au plur. *mḥty.w*) ⲙ̄ϩⲓⲧ *maḥīti* l'homme du nord
bỉty ⲉⲃ(ⲉ)ⲓⲧ *abyīti* < *bayīti* vendeur de miel
mrwty (?) ⲙⲉⲣⲓⲧ *maryīti* amant, bien-aimé
sẖty (?) ϣϯⲧ *(sa)ẖtīti* tisserand
cf. *pḏty* : **padīti*, voir supra, Appendice, s.v. *piṭati*.

La transcription *-ītiy*, qu'avec les autres égyptologues nous avons adoptée antérieurement, doit être abandonnée si l'on accepte les règles énumérées au § 67 : d'après la règle 1° le pluriel de ces mots devrait donner **ḥa3witíywu* alors qu'il porte l'accent sur le premier /i/: ϩⲟⲩⲁⲧⲉ (cf. § 30 f). Cela implique la valeur *-īti* dès le proto-égyptien.

2. *-āw/yat*, ligament lexicalisé qui crée des noms féminins exprimant « ce qui subit l'action » ou « l'objet avec lequel, l'endroit où s'accomplit l'action » (**S** 100.2), par extension aussi « celle qui accomplit l'action » :

3tpw.t ⲉⲧⲡⲱ *3atpāwat* charge [ce qu'on charge]
sb3y.t ⲥⲃⲱ *sab3āyat* enseignement [ce qu'on enseigne]
sm3y.t *Σμυ* *sam3āyat* la clique de Seth [ce qui s'est associé]
nḳʿw.t ⲉⲗⲕⲱ *naḳʿāwat* figue du sycomore [ce qui est entaillé]
mry.t ⲙ̄ⲣⲱ *marāyat* endroit d'amarrage (de ⲙⲟⲩⲣ lier)
ḥbsw.t ϩⲃⲥⲱ *ḥabsāwat* vêtement [ce qui sert à couvrir, ou ce qui couvre]
wb3y.t servante [celle qui ouvre (les cruches)].

On a confondu ce suffixe avec le $w + t$ qui constitue la 3e radicale dans les mots de type qátalatu, p.ex. *madāwat* : ⲙ̄ⲧⲱ profondeur, et sur la foi des mots signifiant « enseignement, charge », etc., on a cru qu'il servait à créer des noms abstraits (e.a. E. Edel, *AG*, § 234-242). Nous avons établi sa valeur dans l'article *Le nom du roi ,Serpent'*, dans *Orientalia*, 30 (1961), p. 355-365. À peu près en même temps W. Vycichl a reconnu la signification « ce qu'on charge » : *Z.äg.Spr.*, 85 (1960), p. 70-76.

3. *-ūw/yat*, ligament lexicalisé servant à former des noms collectifs féminins.

Il n'y a que trois prototypes des mots de **S** 100.3 qui sont attestés en égyptien, et seulement en graphies défectives. L'ancienneté de la formation est cependant assurée par d'autres mots égyptiens.

rmy.t ⲣ̄ⲙⲉⲓⲏ *r˘myūyat* larme, pleurs

ḏw.t ⲧⲟⲩ(ⲉ)ⲓⲏ *d˘wyūwat* massif montagneux (1er *y* ajouté par analogie ?)

šnwy.t ϣⲛⲏ *š˘nwūyat* verger

rḫw.t, rḫy.t VC ⲗϧⲏ *r˘ḫūwat* plébéiens, humanité

ȝpdw.t volaille

ḫtw.t mobilier

4. *-í, -íy,* ligament lexicalisé donnant au substantif la signification « celui de — ».

Contrairement aux suffixes précédents, qui ne sont pas hérités du protosémitique, celui-ci est considéré comme identique au morphème protosém. *-îyu.* Dans les langues sémitiques, *-îyu* crée des adjectifs du second degré, c.-à-d. des adjectifs qui n'expriment pas une propriété mais une relation avec un être ou une chose (ex. *cornélien, planétaire*) ou avec une notion de temps ou de lieu (ex. *antérieur, inférieur,* all. *heutig, hiesig*) (cf. **S** 77). Ces adjectifs, très nombreux en français, sont appelés des « adjectifs de relation ».

En sémitique, on trouve, par exemple (cf. Moscati e.a., § 12.23) :

acc. *aššûrūm* (<*íyum*) assyrien ; *maḫrūm* (< *íyum*) antérieur, premier

hébr. *raglî* piéton ; **taḥtî,* fém. *taḥtîya, taḥtît* inférieur(e)

arabe *'arḍīy* terrestre ; *ḫalfānīy* postérieur.

Par une curieuse coïncidence les grammairiens arabes ont appelé *nisbé* « relation » la désinence *-īy* ; on parle par conséquent d'« adjectifs nisbés » à propos de cette formation.

À l'encontre des grammaires de l'égyptien, qui traitent comme des adjectifs tous les mots comprenant ce morphème, nous les considérons comme des substantifs. Une autre innovation de l'égyptien, c'est que le suffixe n'a pas monopolisé l'accent, mais le nouveau mot dérivé suit les règles en vigueur en protoégyptien :

a) l'accent remonte jusqu'à ce qu'il rencontre une syllabe longue (fermée ou à voyelle longue) et le suffixe se réduit à *-i.*

kȝšy : *kaȝāši* > *akāši* ⲉϭⲱϣ nubien

nḥsy : *naḥāsi* nubien, nègre, cf. hébr. *pi-nəḥās* n.p.

ḫfty : *ḫífti* adversaire, ϣⲁϥⲧ(ⲉ) impie

rḫty : *ráḫti* ⲣⲁϩⲧ laveur (schème qátlu)

ít : *yāti* ⲉⲓⲱⲧ père (schème qālu)

Exceptions : *kaȝmíy* ϭⲙⲉ jardinier ;*taȝšíy* ⲧⲉϣⲉ voisin

La réduction du suffixe doit en effet dater du protoégyptien étant donné que le pluriel de ⲉϭⲱϣ conserve l'accent sur le /a/, cf. § 30 d; autrement on aurait obtenu **akāšíywu*. Ceci prouve que le morphème *-īti* (ci-dessus, 1°) est un élargissement de la nisbé propre à l'égyptien.

Parmi les mots nisbés (masculins) dérivés de noms féminins à syllabe longue, nous distinguons :

ỉmnty : *yamīnati* > *yamínti* ⲉⲙⲛ̄ⲧ ouest
ỉꜣbty : *yaꜣībati* > *yaꜣíbti* ⲉⲓⲉⲃⲧ est

wpwty : *wapūwati* > *wapūti* mb. *uputi* messager, chargé de mission
wnwty : *wanāwati* > *wanāti* prêtre horaire ; ⲙ̄ⲛⲟⲩⲧ portier
wʿty : *waʿāyati* > *waʿāti* ⲟⲩⲱⲧ l'unique
šwyty : *šawāyati* > *awšāti* ⲉϣⲱⲧ négociant

ʿḥꜣwty : *ʿaḥꜣāwati* > *ʿaḥꜣáwti* combattant, mâle; ϩⲟⲟⲩⲧ mâle
sꜣwty : *si/aꜣāwati* > *si/aꜣáwti* ⲥⲓⲟⲟⲩⲧ n.l., Assiout
ḏḥwty : *ḏaḥāwati* > *daḥáwti* ⲑⲟⲟⲩⲧ le dieu Thot

Dans le premier exemple, le substantif de base est manifestement *yamīnat,* la main droite. Dans le deuxième groupe, *wpwty* a toutes les chances de dériver d'un nom abstrait d'action *wapūwat,* message, mission. On pourrait, comme Albright (voir supra, p. 100), songer à une évolution *wapūwati* > *wapúwti* > *upūti* mais la sonante qui semble accompagner le changement /uw/ > /u:/ fait défaut ici (cf. § 39). Le mot est donc plutôt, à l'instar de *wanāwati,* devenu conforme à la règle de la pénultième par la simple suppression de /wa/. La même chute d'une syllabe à consonne faible s'est produite, selon notre hypothèse, dans le titre *ny-sw.t-by.t,* roi de Haute et de Basse Égypte : *ansīwabiya* > mb. *insibya*; dans *wp-rꜣ* : *wapáyyu-raꜣ* > οὐφωρ, celui qui ouvre la bouche; *wp-wꜣw.t* : *wapáyyu-(e)wī* > Ὀφωις celui qui ouvre les chemins (cf. *BiOr,* 18 [1961], p. 208-214). L'existence, en protoégyptien, du mot *wanāwat* : ⲟⲩⲛⲟⲩ, heure, suppose, comme pour les deux substantifs de base qui suivent, un schème protosém. I qatālatu. Si nous connaissons peu d'exemples de ce schème, c'est sans doute dû en partie à sa fusion avec le schème I qátalatu > II qatálatu > anc. ég. saḏāmat. Mais comme le titre *wnwty* n'est attesté qu'à partir du Moyen Empire, il est tout aussi possible que *wanāwat* appartienne à ce dernier schème et que le mot nisbé ait été créé à cette époque de la manière qu'on vient de décrire.

Le *w* s'est conservé dans les mots du 3e groupe parce que, appartenant au suffixe *-āwat,* il était indispensable au sens : *ʿaḥꜣāwat* signifie en effet « arène », « l'endroit où on se bat »; *si/aȝāwat* peut se traduire par « corps de garde ». L'étymologie du nom de Thot est encore inconnue.

Exception : *ȝḫty* : *ȝaḫyatíy* Ἁρ-αχθης Horus habitant de l'horizon. Le *yod* de *ȝáḫyat*, horizon, est postulé par le /a/ bref de (Ἁρ-μ-)αχις, Horus (est) dans l'horizon. Tout ce qu'on peut observer, c'est que ce mot appartient au schème qátlu/-atu tout comme celui dont dérive ϭⲙⲉ, ci-dessus.

b) lorsque le mot ne comprend que des syllabes brèves, l'accent demeure sur *-îyu*, devenu *-íy* en ancien égyptien [1]). Pour ces nisbés, dérivées de prépositions, voir le § 62.

aníy celui de — *ẖaríy* B ϧⲣⲁⲓ : S ϩⲣⲁⲓ le dessous

aríy celui qui appartient à

ḥaríy celui qui est au-dessus de; B ϩⲣⲏⲓ : S ϩⲣⲁⲓ le dessus

tapíy ⲧⲃⲁⲓ-ⲧⲱⲟⲩ, celui qui est sur sa montagne; ⲧ-ⲁⲡⲉ' le chef

88 Il est difficile de croire que le suffixe protosémitique *-îyu* > *-íy* n'intervient pas aussi en égyptien dans la création du participe actif, l'imperfectif *sa̱dammíy* et le perfectif *sa̱dmíy*. Celui-ci a, en effet, avec la nisbé égyptienne une certaine substantivation en commun, en ce sens qu'il ne signifie pas « entendant », « ayant entendu » mais « celui qui entend », « celui qui a entendu ». Pour cette raison il peut remplir la fonction primaire (sujet, objet direct et indirect) dans la proposition indépendante; employé en fonction secondaire, c.-à-d. en apposition, il constitue une proposition qui se traduit dans nos langues par une relative déterminative. Mais tandis que la nisbé a un morphème lexical, qui n'intervient dans la dérivation qu'à partir d'un nombre limité de substantifs ou de prépositions, *-íy* est ici un morphème syntaxique, formant des participes avec tous les verbes en nombre illimité. S'il est né de protosém. *-îyu*, celui-ci s'est donc pratiquement scindé en deux morphèmes, ce qui explique leur traitement différent : le *-íy* du participe garde toujours l'accent, indépendamment de la structure de la syllabe qui précède.

Le participe actif se trouve en parallèle avec un participe passif, formé au moyen d'un morphème *-úw*, d'origine inconnue. Il a les mêmes caractéristiques : l'imperfectif *sa̱dammúw* signifie « celui qu'on

[1]) G. Janssens, *Word Accent*, p. 246 (cf. supra, § 67, Rem.) signale l'existence d'un phénomène analogue dans les dialectes arabes du Maghreb : déplacement de l'accent de *-îy-* après une syllabe longue, p.ex. *baḥrîyu* > *báḥri* « marin, de la mer »; maintien de l'accent après syllabe brève : *ġanîyu* > *ġní* « riche ».

entend», le perfectif *sadmúw* « celui qu'on a entendu». Ses fonctions sont par conséquent aussi les mêmes.

Le fait que ces deux ligaments syntaxiques sont lexicalisés et signifient « celui qui —», « celle/ce qui — » a fait en sorte que les participes égyptiens sont graduellement devenus de véritables substantifs, mais seulement dans leurs formes perfectives, qui ont usurpé la valeur durative des formes imperfectives disparues. Le phénomène qui avait fait du participe protosémitique qātilu/-atu un substantif égyptien (cf. § 75 et 81, catégorie A2) s'est donc répété à une époque tardive. Le suffixe accentué *-e*, issu des deux morphèmes en question, est devenu un ligament lexical, servant à caractériser une série fermée de substantifs.

Parmi les exemples énumérés en **S** 100.4 citons :

matríy ⲙⲛ̅ⲧⲣⲉ témoin [celui qui est présent, qui témoigne]
sabȝíy ⲥⲁⲃⲉ homme sage
ḥatrúw ϩⲁⲧⲣⲉ jumeau [celui qui est jumelé]
ḥasyúw ϩⲁⲥⲓⲉ le divinisé par noyade [celui qui est loué].

D'autre part, des participes actifs d'un grand nombre de verbes s'unissent, à l'état construit, à un substantif pour créer des substantifs composés (cf. **S** 87.2 et 104). Cette forme est appelée par les grammairiens le « participium conjunctum». Le mot ⲙⲁⲛⲉ' pâtre, comparé avec ⲙⲁⲛⲉ-ⲣⲓⲣ porcher; ⲙⲁⲛ-ⲉⲥⲱⲟⲩ, berger; *(Ψι-)μαν-ωβετ,* gardien d'oies, montre qu'il s'agit du même mot. La graphie *mny.w* (pluriel) *ḥtr.w* (pluriel), signalée par J. Černý dans un ostracon de Deir el-Médine (*Coptic Studies W. E. Crum*, Boston, 1950, p. 35-47) montre que sous le Nouvel Empire le mot composé était encore un syntagme virtuel du type « éleveur de cheval » (cf. **S** 88). Des exemples similaires existent en démotique (cf. F. Lexa, *Gr. dém.*, § 281, no. 10-11). Le procédé de composition avec l'état construit ⲙⲁⲛ(ⲉ)- (et la relation génitivale) est donc propre au copte et à la langue populaire dont il est issu.

La présence d'un /'/ se substituant resp. à /j/ et /w/ au pluriel (cf. § 30 c et d), p.ex. dans ⲥⲁⲃⲉⲉⲩ(ⲉ) et ϩⲁⲧⲣⲉⲉⲩ(ⲉ) prouve que les deux semi-voyelles se sont conservées en égyptien.

Les préfixes

Préfixes protosémitiques en égyptien.

L'égyptien a hérité du protosémitique quelques préfixes qui sont encore reconnaissables comme tels (formations motivées). Ces préfixes étant différents pour les substantifs et les verbes, ils les marquent comme tels et ils sont donc à considérer comme des ligaments lexicaux. Ils sont en outre lexicalisés, ainsi qu'il sera montré ci-après. Remarquons que nos langues occidentales ne possèdent que des suffixes jouant ce rôle (cf. **S** 75.4b ; 86.2).

89 Dans les substantifs, on distingue (cf. Moscati e.a., § 12.16) :

1. *m*-, exprime le plus souvent l'instrument ou l'endroit où l'action se produit; parfois il a un sens temporel ou abstrait. On trouve les formes máqtal, míqtal, míqtil, máqtul, múqtal et les mêmes avec la 2e voyelle longue, certains aussi avec une terminaison féminine. Exemples :

acc. *mālakum* (< *ma'lakum*, de *'lk*, aller) chemin
mūšabum (< *maušabum*, de (*w*)*šb*, habiter) demeure
maṣallum couche (de *ṣll*, se coucher)
mazūktum (de *zwk*) mortier
mīšarum (< *maišarum*, de *yšr*, devenir droit) justice

hébr. *mōšāb* (< *mawθab*) habitation
maptēaḥ clé (de *ptḥ*, ouvrir)
migdol tour (de *gdl*, être grand)
mišpāṭ jugement
malbūš vêtement (de *lbš*, s'habiller)
mamlākā royauté
mišpāḥā clan, famille

arabe *máktab* bureau (endroit où l'on écrit)
márkab monture, vaisseau (lieu où l'on monte)
mīlād (< *miwlād*) époque de la naissance
míftaḥ clé
máġrib le couchant, occident (*ġurûb* coucher du soleil)
mádrasa école supérieure
míknasa balai

Les mots égyptiens qui suivent survivent en copte :

mtn : *máytan* ⲙⲟⲉⲓⲧ chemin (de *ỉtn*, marcher)

mḏnw, *mḏn.t* : *mádnay*, *mádnat* (*'Αρ-)μωτνης*, *-μωτης*, Horus de M., nom d'un nome, signifiant « couteau » (de *ḏnỉ*, barrer < couper), cf. Ch. Nims, *Arch. orientální*, 20 (1952), p. 343-346.

mꜣḳ.t : *máꜣḳat* B ⲙⲟⲩⲕⲓ échelle (de *ỉꜣḳ*, grimper)

mḫꜣ.t : *máḫꜣat* ⲙⲁϣⲉ balance (de *ḫꜣỉ*, mesurer)

msḏr : *mísḏar* B ⲙⲁϣϫ > *míšda‘* P ⲙⲁϣⲧⲁ : A2 ⲙⲉϣⲧⲉ > *mí‘ḏa* S ⲙⲁⲁϫⲉ oreille (l'endroit sur lequel on dort, *sḏr*).

m‘ḥ‘.t : *ma‘ḥí‘wat* S ⲙ̅ϩⲁⲁⲩ : A2 ⲙ̅ϩⲉⲉⲩ : A ⲙ̅ϩⲱ tombeau (de *‘ḥ‘*, stèle)

mhw.t : *mihá*ꜣ*wat* VC ⲙ̅ϩⲁⲟⲩⲉ clan, famille (de *h*ꜣ*w*, parent) (J. Černý, *Festschr. H. Grapow*, p. 30 sv.)

*mfk*ꜣ*.t* : *mafík*ꜣ*at* *ⲛ̅ϥⲉⲕⲉ turquoise, dans ass. (*Piḫattiḫuru-*) *npiki*, supra, p. 94.

G Fecht, *Wortakzent*, § 373 et Nachtr., qui a identifié le premier et les deux derniers de ces mots, rejette le caractère de nomina instrumenti, qui leur est généralement reconnu, aux mots ⲁⲙⲣⲏϩⲉ (masc.), bitume, et ⲥⲧⲏⲙ, *στιμ(μ)ι*, (masc.), antimoine, kohl. Ils représentent plutôt *marūḫu* « celui qu'on étale » (de *mrḫ*, oindre) et *sadūmu* « celui qu'on étale comme fard » (de *sdm*, farder).

2. *n-* est en accadien souvent un allophone de *m-*, par dissimilation avec une autre labiale dans le mot. Il existe cependant aussi comme préfixe indépendant, mais sa signification est difficile à déterminer.

acc. *m* > *n* dans *nāmarum* miroir (de *'mr*, voir)
narkabtum char (de *rkb*, monter)
nērebtum entrée, défilé (de *'rb*, entrer)
n indép. : *nanzāzum* résidence
nindānum don

ég. *m* > *n* : *npr(ỉ)* : *níprat* ⲛⲁⲡⲣⲉ blé (*pry.t*, fruits de la terre)
npr.t marche d'escalier (*prỉ*, monter)
*np*ꜣ*w.t* pain d'offrande (*p*ꜣ*w.t*, id.)
n indép. : *níḥḏat* > *ní‘ḏat* S ⲛⲁⲁϫⲉ > *níḏḥat* B ⲛⲁϫϩⲓ dent (*ḥḏ*, blanc)
ns.t : *nīsat* ⲛⲏⲥⲉ siège (cf. *s.t* ⲥⲉ-,-*ση* id.)
nḏḥ‘ lasso (*ḏḥ‘*, cuir)
nḏ.t serfs (*ḏ.t*, serf)
*nḏ*ꜣ éclat de bois (cf. S ϫⲏ : B ϫⲏⲓ, éclat)

(données d'après E. Edel, *AG*, I, p. xxxix; G. Fecht, *Wortakzent*, § 374).

90 Pour le verbe, il existe un préfixe à sens causatif qui est *š-* en accadien, *h-* en hébreu et *'-* en arabe. On considère ce dernier comme un changement de *h-* mais leur rapport avec *š-* n'est pas clair. On arrive aussi à leur construire des formes premières qui sont similaires. Ainsi la conjugaison à suffixes serait à l'origine : acc. *šaqtala*, héb. *haqtala*, ar. *'aqtala* (cf. Moscati e, a., § 16.74). Seul le dernier s'est conservé tel quel (la IVe forme du verbe) tandis que diverses analogies ou l'intervention de règles phonétiques ont produit acc. *šuqtul*, héb. *hiqtīl* (l'ainsi nommée forme *hif'īl*). Leurs infinitifs sont resp. acc. *šuqtulum*, héb. *haqtel*, arabe *'iqtāl*.

Le préfixe *s-* qui a en égyptien un sens causatif est, selon l'opinion générale (cf. p.ex. Moscati e.a., § 16.11), d'origine protosémitique, quoique la correspondance acc. /š/ - ég. /s/ ne soit pas régulière. D'après les exemples conservés en copte, où ils ne se reconnaissent plus comme tels, les verbes causatifs sont vocalisés comme suit :

a) verbes à 3 radicales

s'ḥ' : *sá'ḥa'* ⲥⲟⲟϩⲉ (re)dresser (*'ḥ'*, se tenir debout)
s'nḫ : *sá'naḫ* ⲥⲁⲁⲛϣ nourrir (faire vivre, *'nḫ*)
sḥwr : *sáḥwar* ⲥⲁϩⲟⲩ maudire (rendre méprisable, *ḥwr*)
sgrḥ : *ságraḥ*, rendre paisible, calmer (? *grḥ*, être fatigué), Qual. ⲥϭⲣⲁϩⲧ étant tranquille
snḳ ⲥⲱⲛⲕ allaiter (de **sinḳ*, cf. héb. *ynq*, têter)
snḥ ⲥⲱⲛϩ lier (? cf. *inḥ*, entourer, enfermer)
sáwdan ⲥⲟⲟⲩⲧⲛ̄ (re)dresser, étendre (cf. *dwn*, (s')étendre)

b) verbes à 2 radicales

smn : *símniyat* > *símnat* B ⲥⲉⲙⲛⲓ établir, (re)dresser (faire tenir, durer, *mn*)
Stat. pron. *simníyt⸗* > *simnīt⸗* > B ⲥⲉⲙⲛⲏⲧ⸗
simínyat A_2 ⲥⲙⲛ̄ⲛⲉ > *simíynat* S ⲥⲙⲓⲛⲉ id.
sḏd : *síḏdat* B ⲥⲁϫⲓ : S ϣⲁϫⲓ parler, raconter (de *ḏd*, dire)
sḥn : *sáḥnat* ⲥⲁϩⲛⲉ pourvoir, ordonner (de *ḥn*, ordonner)
s'b : *sí'bat* châtrer ; ⲥⲃ̄ⲃⲉ circoncire
sdb : *sídbat* ⲥⲁⲧⲃⲉ mâcher

Même si le verbe de base des deux derniers exemples est inconnu, l'infinitif en *-t* et la vocalisation les caractérisent comme des causatifs ; à côté de *s-db* il existe un verbe qui a apparemment une préformante *n* : *n-db*, boire, avaler (cf. Edel, *AG*, § 427).

Les nouveaux préfixes

91 Préfixes des substantifs

Le copte s'est créé une série de nouveaux préfixes, énumérés en **S** 101. Ceux-ci sont nés de substantifs ou d'autres mots indépendants du moyen égyptien et ils apparaissent encore comme tels ou dans des substantifs composés en démotique (ci-après Sp et L renvoient aux paragraphes de la grammaire démotique de W. Spiegelberg, resp. de F. Lexa). Tandis que, dans la langue ancienne, les noms d'agent, les noms abstraits de qualité, etc. étaient caractérisés par la structure du sémantème ou, plus rarement, par l'adjonction de suffixes (morphèmes lexicaux), il s'y est ajouté à partir du Nouvel Empire un nouveau procédé fondé sur des constructions syntaxiques. Mais de celles-ci sont nés en copte de nouveaux morphèmes lexicaux, en l'occurence des préfixes. La synthèse a cédé la place à l'analyse et celle-ci de nouveau à la synthèse. Outre dans le domaine de la morphologie synthématique, ce phénomène s'est produit dans une mesure beaucoup plus large dans celui de la morphologie syntagmatique. C. T. Hodge a attiré l'attention sur ce fait et l'a illustré par quelques exemples de la conjugaison copte. En représentant par sM l'état de langue où les procédés morphologiques, par Sm celui où les constructions syntaxiques prédominent, il trace l'évolution : ancien égyptien sM - néo-égyptien Sm - copte sM. Il suppose pour le proto-hamitosémitique l'état *Sm et il obtient ainsi pour l'égyptien la spirale qu'on a souvent postulée pour l'évolution des langues en général (*The Linguistic Cycle*, dans *Language Sciences* [Indiana University], no. 13, décembre 1970, p. 1-5).

Voici les préfixes du copte.

1. ⲁⲛ- formant des noms abstraits de numéraux, p.ex. ⲁⲛⲥⲁϣ̄ϥ̄ : *ἑβδομάς*, se retrouve en moyen égyptien sous la forme *hbs.w* ‘ 5, cinq pièces de vêtements, ou ‘ *n ṯbw.t*, une pièce (une paire) de sandales.

ⲁⲛ- de ⲁⲛϣⲟ, chiliarque, etc., remonte à des expressions telles que m.ég. *ʿꜣ n št*, chef des receveurs de contributions (cf. Gardiner, *On.* I, no. 110). Ni Sp ni L ne mentionnent ces morphèmes parmi les préfixes démotiques.

2. ⲁⲧ- de ⲁⲧⲛⲟⲃⲉ, celui qui n'a pas de péché; innocent, etc., a comme prototype le mot *ỉwty* qui, en démotique, sert de préposition, p.ex. dans *ỉwty mn*, sans tarder; *ỉwty sp nb*, sans aucun arriéré (Sp § 30; L § 338).

3. ⲗⲁ-, p.ex. dans B ⲗⲁϥⲱⲓ, velu, est d'origine inconnue. L'étymologie proposée, *ny-*, appartenant à, ne doit pas être retenue (cf. Fecht, *Wortakzent*, Anm. 598).

4. ⲙⲛ̄ⲧ-, ligament lexical pur créant des noms abstraits de qualité et d'action, ex. ⲙⲛ̄ⲧⲥⲁⲃⲉ', sagesse; ⲙⲛ̄ⲧⲙⲛ̄ⲧⲣⲉ', témoignage, dérive de *mdw* > *md.t*, parole, chose. Ces mots sont donc nés des expressions « affaire de sage », « affaire de témoin ». La construction

syntaxique qui est à leur origine apparaît en néo-égyptien, p.ex. dans le Pap. de Neskhons, l. 66 et 65, dans *md.t nb bỉn*, toute mauvaise chose = tout mal; *md.t nb n mw.t*, toute chose de mort = la mort (Maspero, *Mém. Miss. fr.*, I, p. 594-614). En démotique, elle s'est transformée en un mot composé dont le premier élément peut se mettre au pluriel, donc une construction syntaxique de type « fils de fonctionnaire », p.ex. Setne 4.25 *nꜣ mdw bỉn*, les maux; 4.27 *nꜣ mdw ỉꜣy.t*, les malheurs (Sp § 31; L § 271-272). Le décret de Rosette rend le mot « honneurs », gr. *τίμια*, par *mdw pḥtw* « choses du pouvoir » en démotique tandis que le texte égyptien emploie diverses locutions trahissant l'embarras que cause la traduction de termes abstraits (voir F. Daumas, *Les moyens d'expression du grec et de l'égyptien*, (*Suppl. Ann. Serv. Antiq. Ég.*, Cah. no. 16), Le Caire, 1952, § 114-115).

5. ⲣⲁ- est tantôt un ligament lexical pur formant des noms abstraits d'action (ex. ⲣⲁⲱϩⲥ, moisson) tantôt il est lexicalisé et exprime une notion de lieu ou de temps (ⲣⲁ(ⲛ)ϣⲁ, [région du] levant). Il existe en ancien égyptien un mot *rꜣ*, acte, activité. Il s'emploie aussi bien seul qu'en composition avec des substantifs : ex. *rꜣ ʿ.wy*, activité des bras = travail; *rꜣ n prỉw*, l'activité de la montée (Edel, *AG*, § 259). Il se combine avec ʿ, qui signifie « état, condition » et *rꜣ-ʿ* prend le même sens, p.ex. *m rꜣ-ʿ kꜣ.t*, « en état de construction » = néo-ég. *m rꜣ-ʿ bꜣkw*. Associé à ʿ « région, endroit », il prend aussi cette signification, p.ex. *r rꜣ-ʿ.f n sf* « vers sa place d'hier » (voir Fecht, *Wortakzent*, Anm. 293). On comprend aisément comment les deux emplois de notre préfixe sont nés de ces substantifs composés. En démotique, *rʿ* ne figure que dans les mots suivants, qui sont sans doute encore des substantifs composés : *rʿ ḥtp*, *rʿ ẖʿ*, région du coucher, du lever; *rʿ wẖ(ꜣ)*, créance, « état de demande » (Sp § 33; L § 275).

6. ⲣⲉϥ- forme avec des verbes des noms d'agent (ligament lexical lexicalisé) : ⲣⲉϥϫⲓⲟⲩⲉ, voleur. ⲣⲉϥⲙⲟⲟⲩⲧ, le mort, correspond à néo-ég. *rmt ỉw.f mwt*, à dém. *rm(t) ỉw.f mwt.ty*, l'homme qui est mort (Sp § 27; L § 259). La construction syntaxique que nous trouvons ici survit même dans le dialecte copte P, que nous tenons pour protosahidique (cf. **S** 5 et **S** p. 56). Selon que le mot est déterminé ou non il devient en effet ⲣⲙ̄ⲉⲧ- ou bien ⲣⲙ̄ⲉϥ- ⲣⲙ̄ⲉⲥ-, ⲣⲙ̄ⲉⲩ- conformément aux règles de la proposition relative.

7. ϭⲓⲛ- (B ϫⲓⲛ-) est un ligament lexical pur qui forme des noms d'action : ϭⲓⲛϣⲁϫⲉ, conversation, etc. Il dérive de *ḳỉ n*, signifiant « forme, manière ». Déjà en néo-égyptien, dans le Pap. de Neskhons,

4.1 ; 5.26 (cité supra, sub 4°) on trouve *pꜣ ḳi wnm* et *pꜣ ḳi swr*. Il est fréquent en démotique, où on le transcrit par *gi* et où il est tantôt accompagné de *n*, tantôt pas. Dans ces deux états de langue il est masculin, alors qu'il est généralement féminin en copte (Sp § 32 ; L § 273). Étant donné qu'il serait le seul préfixe, il est hautement probable qu'il forme encore avec l'infinitif un substantif composé : « la manière de manger », « la manière de boire » pour « le boire et le manger ».

92 Préfixe du verbe

Le préfixe ⲧ- associé avec -ⲟ accentué à la finale est un ligament lexical puisqu'il marque le mot comme verbe ; il est lexicalisé parce qu'il lui confère un sens causatif, ex. ⲧⲁⲛϩⲟ, vivifier (de ⲱⲛϩ, vivre), cf. **S** 109. Le ⲧ- représente l'infinitif *dy*(.*t*) du verbe *rdi*, donner, faire en sorte que. Il était suivi d'une forme du verbe, le prospectif, qui a l'accent après la dernière radicale du mot : ⲧ-ⲁⲛϩⲟ=ϥ vient de *d*(*iy*)-*ʿanḫá=f* et signifiait à l'origine « faire qu'il vive ». Le verbe étant devenu transitif en copte, ϥ est devenu complément direct : « le vivifier ».

En démotique, le verbe *rdi* est encore conjugué, ex. Setne 3.28 *tw=f ʿnḫ=w* « il fit en sorte qu'ils vivent ». Mais lorsque le verbe est à l'infinitif il se construit avec un complément direct, comme en copte : P.Mag.L.L. 6.15 *iir.i dy.t-mḫ n-im=k* « c'est ... que je t'ai allumé (litt. : fait brûler) » ; cf. ⲛ̄ⲧⲁⲓⲧⲙ̄ϩⲟ ⲙ̄ⲙⲟⲕ (Sp § 115 ; L § 401-403).

C. Les sémantèmes composés

Les composés anciens

93 G. Fecht, dans *Wortakzent*, défend la thèse que, pendant la période préhistorique, les substantifs composés dont le second élément compte deux syllabes étaient accentués sur l'antépénultième syllabe. Si le premier élément de la composition était dissyllabique et accentué sur la première syllabe, cet accent se déplaça. Ainsi, d'après Fecht. *wā̆ꜣeḏ* donna naissance au mot composé *waꜣéḏwurʾr*, « la grande verte » = « la mer ». Déjà au début de la période historique le « Zweisilbengesetz » ou la loi de la pénultième était entrée en vigueur dans le parler du Sud. Le titre *ny-sw.t* « roi de Haute Égypte », que l'auteur considère comme appartenant à ce parler et qu'il accentue *jínzᵒwᵕt*, s'était conformé à cette loi en devenant *jínziw*.

Le dialecte du Nord, devenu la langue officielle pendant l'Ancien Empire, continua à créer des noms et des mots composés, fondés sur la loi de l'antépénultième, jusqu'après le Moyen Empire. Le parler du Sud les adapta à sa structure propre en supprimant la dernière syllabe ou par la syncope de la pénultième syllabe : ainsi *waȝéḏwurᵕr* devint *waȝéḏwu*, annonçant déjà la forme tardive -γετου; *mínnafᵒr*, le nom de la capitale, devint *mínfᵕr*, d'où ⲙⲛ̄ϥⲉ, Memphis. Sous le Nouvel Empire, la langue officielle fut graduellement évincée par le néo-égyptien, qui émanait de Thèbes et qui, abondant en éléments populaires, avait fait disparaître ou avait adapté à la loi de la pénultième les composés anciens (§ 319-324).

Fecht distingue 47 mots qui furent créés selon le procédé des composés anciens. Ceux qui survivent en copte sont (nous omettons les noms propres) :

9a* *táȝ-rid*, « terre, sol du pied », escalier : ⲧⲱⲣⲧ, id.
16 *ḥám-naṯar* « serviteur du dieu », classe de prêtres : ϩⲟⲛⲧ, prêtre païen
22 *ḫaríy-aḥ[y]u*, chef de l'étable : ϩⲁⲣⲏϩⲉ : ϩⲁⲣⲉϩ, garder, surveiller
25 *gᵕráȝ-ni-pit*, oiseau du ciel : ϭⲣⲟⲟⲙⲡⲉ, pigeon
26 *bíȝ-ni-pit*, bouc du ciel : ⲃⲁⲁⲙⲡⲉ, bouc, chèvre
27 *ba(yᵕȝ)-ní-pit*, métal du ciel : ⲃⲉⲛⲓⲡⲉ, fer
29 *síȝ-taȝ*, « fils de la terre », serpent : ⲥⲓⲧⲉ, basilic
32 *yᵕnī-mᵕȝ* : ⲛⲓⲙ, qui ? quoi ?
33 *kaȝ-ḥí(r)-kaȝ*, « ka sur ka », nom d'une fête : ⲕⲟⲓⲁϩⲕ, nom d'un mois
34 *ma-rāȝ-ʿiy*, « en fait », aussi : ⲣⲱ, aussi, en effet
42 **rís-taȝ*, « réveil du pays », dém. matin, demain : ⲣⲁⲥⲧⲉ, demain
43a *mík-ḥᵕȝ*, « protecteur de l'occiput », nuque : ⲙⲁⲕϩ, nuque
add. *sᵕšᵋ(r)-insiw*, toile royale : ϣⲛ̄ⲥ, fine toile, byssus.

Dans notre compte rendu de l'ouvrage (*BiOr*, 18 [1961], p. 208-214), nous avons fait observer que les arguments invoqués pour démontrer une vocalisation *jínziw(ᵕt)* du mot *ny-sw.t* ne sont pas pertinents. Le seul exemple où celui-ci apparaît sous un aspect inaltéré, dans un

* Nous donnons le numéro de la liste entre les p. 136-137 et nous adaptons certains mots à notre système de transcription et de vocalisation. On remarquera qu'hormis les numéros 22-27 et 33 les structures de ces mots se confondent en copte avec celles des mots simples.

« nouveau composé », est le nom propre *Σι-ουσιος* « le fils du roi de Haute Égypte ». Cela équivaut à /ənsīw/ et prouve que sa forme première était *ansīwat* ; mb. *insí-bya* en est un dérivé normal.

Si, à l'exemple de Fecht, nous considérons ce titre royal comme mot-type des composés dans le dialecte du Sud, il en résulte que la règle énoncée plus haut ne s'applique pas à ce parler : l'accent se trouve ici sur le dernier élément du composé. D'autre part, il faut, pour le dialecte du Nord, établir la règle de la composition de manière à y inclure les composés à dernier élément monosyllabique. La règle peut alors le plus simplement être formulée comme suit : dans le parler du Nord, l'accent se met sur le premier des deux (et l'avant-dernier des trois) éléments du substantif composé ; dans le dialecte du Sud, il se met sur le dernier élément. On retiendra que cet idiome applique le même procédé de composition que le sémitique, p.ex. l'hébreu, tandis que le premier procédé y est inconnu. Remarquons que les substantifs composés du copte et d'innombrables toponymes et anthroponymes ne s'expliquent pas comme des composés anciens adaptés à la loi de la pénultième par la syncope d'une syllabe. L'origine de ces composés — qui n'est pas élucidée par Fecht — ne peut se trouver que dans la règle que nous venons de reconstituer pour le dialecte du Sud.

D'après une autre hypothèse de Fecht, on créa, après l'unification du pays, pour le titre de « roi du Sud » une nouvelle forme selon les règles du dialecte du Nord : *ny-sw.t* devint *janéjs˘w˘t* > *janéjs˘w* (d'après notre système : *aníysiwat* > *anīsu*) [1]. La première, dépendant du parler du Sud, demeura cependant la forme officielle. La variante  du titre royal, attestée à la XIXe dynastie (représentée aussi par Thot ou le babouin portant l'œil *wḏꜣ.t*), s'accorde parfaitement avec la vocalisation de ce composé. Elle comprend le participe perfectif de *ỉnỉ* et le pronom enclitique et signifie « celui qui l'a apporté ». Dans notre système elle équivaut à *aníy-su* > *anīsu*. Cette forme se trouve en parallèle avec les nombreux autres composés présentant une nisbé accentuée dans le dialecte du Nord ; voir dans la liste, entre les p. 136-137, les nos. 8a, 9, 13, 19, 21, 22, 24, 30, 35, 36, 37, 40, 43. Cela explique, à notre sens, l'alternance des nisbés *ʿαρ-* et *ʿρι-* (de *ḥaríy*) etc. que nous avons signalée au § 62. La première dépend du dialecte

1) Nous croyons, contrairement à Fecht, que la graphie 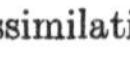, *nzw*, rend précisément cette variante du Nord. Elle apparaît à la fin de l'Ancien Empire lorsque /z/ est déjà devenu /s/. Le *z* = /s/ s'écrit donc parce qu'il accompagne un autre signe horizontal, le *n*, et il n'a rien à voir avec une éventuelle assimilation /ns/ > /nz/.

du Sud (comme *an-sīwat*), la seconde du dialecte du Nord. Cette dernière a continué à créer des composés lorsque le procédé de la langue du Sud, avec l'accent sur le dernier élément, s'était généralisé : /əḥripīta/, *ῥι-σηις* etc.

Le nombre incomparablement plus élevé des composés opisthotoniques ne plaide pas en faveur de l'opinion de Fecht, qui assimile le dialecte du Nord à la langue officielle de l'Ancien et du Moyen Empire. Il trahit plutôt une fusion ancienne des deux parlers, avec prédominance des caractères propres à la langue du Sud et généralisation de la loi de la pénultième. La cause pourrait en être la plus grande étendue et la majorité numérique des habitants de la Haute Égypte, mais, davantage encore, une tendance générale à passer de la loi de l'antépénultième à la loi de la pénultième parce que celle-ci constitue un état plus avancé de l'évolution. Le dialecte du Nord s'est ainsi à son tour, à partir du début du Moyen Empire, adapté à cette loi, permettant la création d'une langue uniforme, le moyen égyptien. Avant cette époque, le contact des deux parlers avait provoqué une certaine confusion, de sorte que des mots et des noms appartenant à la langue du Sud furent adoptés dans le Delta et inversement. Par exemple, l'épithète d'Osiris *'Ομφις* et variantes, dérivée de *wínn˘f˘r*, « l'être bon », semble se rattacher à Abydos ; le nom *'Ονουφις*, dérivé de *win(nu)nāf˘r* (même signification), se rapporte au taureau Mnevis de Memphis et ⲡⲁⲛⲟⲩϥ est le nom de deux villes de Basse-Égypte (voir aussi Fecht, § 320, Anm. 440a et Nachtr.). Fecht lui-même croit que dans le parler du Nord, devenu langue officielle, les mots simples se sont conformés sous l'Ancien Empire (avant la 6e dynastie) à la loi de la pénultième par la syncope, si besoin en était, de la voyelle se trouvant dans la syllabe ouverte après l'accent. Mais l'adaptation des mots composés à cette loi y aurait eu lieu beaucoup plus tard (§ 346, 381-387, 388-391). Nous ne croyons pas que cette dernière conclusion puisse être tirée de l'exemple isolé de mb. *paḫamnata* = /ḥámnata/ ni de la création, peut-être au temps des Hyksos, des mots du type ϭⲣⲟⲟⲙⲡⲉ, pigeon (cf. § 323). La structure des trois substantifs en *n-p.t* diffère d'ailleurs en plusieurs points de celle des composés anciens (§ 160).

Les nouveaux composés

94 Ce nom désigne, par opposition aux « composés anciens », les substantifs composés qui ont l'accent sur le dernier élément de la composition, avec perte de la voyelle du premier élément, ex. *hrw ms.t* : ϩⲟⲩ-ⲙⲓⲥⲉ, jour (ϩⲟⲟⲩ) de la naissance, anniversaire (cf. **S** 87). Le procédé, propre au dialecte du Sud (cf. § 93), s'est généralisé en moyen égyptien. C'est à bon droit que ce mode de composition, appelé le génitif direct, est traité dans la Morphologie par les auteurs des grammaires égyptiennes. Tout comme l'allemand, l'égyptien forme ces composés librement, dans la parole ou le discours. Ils constituent une série ouverte et sont toujours motivés; ils appartiennent par conséquent à la morphologie syntagmatique. En français, au contraire, les mots composés autres que les « virtuels » forment un groupe fermé; ils relèvent de la morphologie synthématique et du lexique. C'est parce que les composés coptes répondant au critère décrit ci-dessus présentent ce même caractère que ce type de composition est mentionné ici.

Les mots ⲥϯ-ⲛⲟⲩϥⲉ, bonne odeur, parfum; ⲣⲙ̄ⲡ-ϣⲓⲣⲉ « petite année » = famine, etc., montrent que le copte, à l'instar du français (*vinaigre, rond-point*), peut créer des composés avec le syntagme substantif + adjectif. On n'a pas encore, à notre connaissance, étudié la question de savoir si ce phénomène appartient à un état de langue plus ancien; mais voyez ci-après.

Il y a des substantifs qui se combinent plus volontiers que d'autres avec plusieurs noms (cf. **S** 87.1 et 103). Certains d'entre eux, énumérés au § 91, sont ainsi devenus des préfixes en copte.

D'autres, qui présentent la même particularité, n'ont pas subi cette évolution. Il faut mentionner en particulier (cf. E. Edel, *AG*, § 260-262):

1. *s.t*, siège, place, prend la signification « activité » et se traduit dans nos langues par un nom d'action : ex. *s.t-ỉb*, « activité du cœur » = affection, souhait; *s.t-sk3*, labourage.

2. *bw*, après évolution sémantique « lieu » > « situation = condition » (cf. all. *Stelle* > *Lage*), produit des syntagmes que nous traduisons par un nom abstrait de qualité : *bw ỉḳr*, « condition excellente » = excellence; *bw m3ʿ*, « condition vraie » = vérité, réalité.

3. *tp*, tête, s'emploie, quoique plus rarement, de la même manière : *tp nfr*, correction; *tp mtr* exactitude.

TABLE DES MATIÈRES - TOME Ia

Ire Partie

PHONÉTIQUE ET PHONOLOGIE

IIe Partie

MORPHOLOGIE SYNTHÉMATIQUE

TABLE DES MATIÈRES - TOME Ib

Ire Partie

PHONÉTIQUE ET PHONOLOGIE

IIe Partie

65 MORPHOLOGIE SYNTHÉMATIQUE

ORIENTALISTE, P.B. 41, B-3000 Leuven